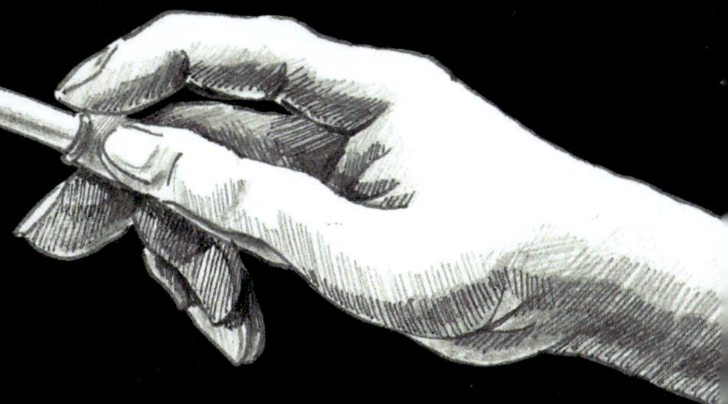

리더십 [2판]

경영과 행정의 이론과 실제

임창희 · 홍용기

LEADERSHIP

비앤엠북스

개정판을 내면서……

대형서점에 펼쳐진 수많은 리더십 관련 책을 바라보면서 어딘가 한쪽 구석이 허전함을 느꼈던 것은 대학에서 교재로 쓸 수 있도록 이론적으로 풀어 쓴 책이 안 보였기 때문이었다. 이것이 처음 우리가 리더십 교재를 세상에 내놓은 이유였다. 그로부터 수년이 흐르고 난 지금에도 상황은 별로 달라지지 않았다. 리더십에 관한 이런 저런 책이 수백 권이지만 이론 교과서가 별로 없다는 지적은 여전하다. 그래서인지 우리가 부족하게나마 정리한 책이 지금까지도 교강사님과 학생들에게 사랑을 많이 받아왔던 것 같다.

지난 수년간 다방면에서 여러 경로를 통해 들어온 충고와 격려를 모아 두었다가 개정판에 추가하면서 상황에 맞지 않는 지난 사례와 내용은 삭제하고 업데이트된 주장을 보충하였다. 개정하고 있는 도중에 들어온 사례도 실었지만 학문과 이론은 한 걸음 뒤처져 걸어가기 마련이며 저자들의 능력적 시간적 한계를 극복하기도 어려웠음을 고백한다.

비즈니스 세계만 보더라도 Jack Welch, Steve Jobs, Bill Gates의 전성시대가 가고 창조경영의 전도사 Richard Branson, 아마존 창업자 Jeffrey Bezos, 페이스북 설립자 Mark Zuckerberg, 테슬라의 Elon Musk, 구글 창업자 Larry Page 등 새롭게 떠오른 별들도 있다. 그러나 이론적 차원에서 본다면 과거의 리더들과 신성 리더들의 특성의 차이는 크지 않다. 100여 년의 리더십 이론은 세계적으로 크게 변하지 않고 있다. 이러한 대세적인 흐름이 저자들로 하여금 초판의 개정을 차일피일 미루게끔 한 것이 사실이다.

세상은 점차 실용주의로만 흘러가고 당장 손에 잡히는 도구로서의 리더십에 초점을 맞춘 주장들이 만연한데, 근본 이론에 집착하여 실무와 연결시키는 작업이 얼마나 어려운지는 리더십 교과서를 써 보신 분들은 많이 실감하셨을 것이다. 균형을 잃고 넘어지지 않기 위해 많이 애썼지만 주제에 따라서는 너무 이론에만 치우친 적도 많았다. 따라서 독자들도 저자와 동일한 생각을 갖고 이 책을 공부해 주면 좋겠다. 그러다 보면 응용력도 생기고 보편적인 원리도 깨달을 수 있을 것이다.

스타덤의 시대에서 팬덤의 시대로 바뀌었다. 우리들은 이 책이 스타덤에 오르는 것을 전혀 원하지 않았다. 팬들이 이해하고 애용하고 조언하고 이끌어 가는 책이 된다면 그것으로 우리는 행복하다. 저자의 안테나는 항상 높이 세워져서 전국의 교강사와 학생들이

뿜어내는 찬사와 불평에 귀를 기울이고 있다. 독자들이 추구하는 것이 무엇이든지 간에 이 책이 한 걸음이라도 동반해 줄 수 있다면 저자들은 그것으로 큰 보람을 느낀다.

이 책의 개정에 함께 정열을 쏟아주신 B&M Books의 정광식 사장님과 정경식 부장님 및 출판사 모든 가족들의 노고에 감사할 따름이다. 그리고 특별히 30여 년 전 가장 존경받는 리더의 모델을 내게 직접 보여 주시고 세상을 일찍 하직하신 Tezenas du Montcel 지도교수님께 내면에서 우러나오는 깊은 감사를 드린다.

2019년 2월 서울

임창희 · 홍용기 씀

1판 머리말

리더십 : 사랑의 가시밭길

사랑 앞에서는 믿음도 소망도 필요 없는 것이 되어버린다. 리더십의 핵심도 바로 사랑에 있다. 사랑은 리더십을 통해 실천된다. 리더십을 주는 사람도 리더십을 받는 사람도 사랑이 있어야 하기 때문이다. 동쪽으로 잘 가고 있는 사람을 동쪽으로 가도록 리드할 필요는 없다. 가만히 있거나 다른 방향으로 가는 사람을 동쪽으로 가게 만드는 자가 리더이다. 즉 리더는 다른 사람들을 바람직한 방향으로 바꿔 가도록, 그것도 열심히 가도록 이끄는 사람이다. 잘 가고 있는 사람에게도 더 나은 길을 택하도록 변화를 강요해야 한다. 이렇듯 사람들이 그동안 고수하던 것을 버리고 돌아서도록 이끌어야 하기 때문에 리더로 산다는 것은 곧 피곤한 삶을 사는 것이다.

그런데 이끄는 대로 방향을 바꾼다고 해서 리더가 그들에게 줄 수 있는 대가는 별로 없다. 방향을 제대로 잡을 수 있을지도 의문이고 변화했다고 해서 그 결과가 그들에게 반드시 도움이 되리란 보장도 없기 때문이다. 따라서 이러한 난관을 이겨내고 변화를 가져오려면 리더에게는 원래 가지고 있는 지위와 권력만이 아니라 그 이상의 무엇인가가 더 있어야 한다. 왜냐하면 사람들은 변화가 아닌 안정을 원하기 마련이어서 항상 리더에게 저항하고 리더를 끌어내리려 하기 때문이다. 아마 한 번이라도 부하직원이나 혹은 자기 자식을 이끌어본 사람이라면 리더십이 직장에서나 가정에서나 얼마나 어렵고도 위험한 일인지를 잘 알 것이다. 참으로 리더가 되는 길은 가시밭길을 택하는 일이다. 부하들로부터 인기가 많은 리더는 어떤 의미에서 진정한 혁신적 리더라고 보기 어렵다. 진정한 리더의 위치는 외롭고도 인기 없는 자리이다. 자식 잘되라고 항상 개선과 개혁을 부추기는 부모님, 모범학생도 더 모범이 되라고 다그치는 선생님의 위치는 즐겁고 행복한 자리가 아니라 주변 사람이 등을 돌리는 자리이다. 그러므로 리더의 길은 고독한 가시밭길이다.

리더의 길이 그렇게 험난하다면 그냥 포기하는 편이 낫지 않은가? 왜 위험을 무릅쓰고 리더로 나서려 하는가? 돈을 벌고 출세하기 위함인가? 돈과 출세는 한계가 있고 명분은 없다. 진정한 리더십의 원동력은 사랑이다. 자식사랑, 제자사랑, 나라사랑이 아니라면 이내 지치기 마련이다. 돈과 명예 때문이라면 그것만 가지고는 외줄에 오른 곡예사처럼 줄타기를 계속하기 어렵다. 구경꾼들을 사랑하는 마음이 없이는 모든 비난을 감수하기 어렵다. 어머니는 자식을 사랑하기에 가기 싫다는 어린애를 유치원으로 이끈다. 의사가 환자를 사랑한다면 술과 담배를 끊도록 강압적으로라도 설득해야 한다. 대통령이 국민을 진정 사랑한다면 욕을 먹더라도 고칠 것은 고쳐야 한다. 존경스런 스승님은 제자에게 회초리로 지도하셨다. 그 조직이 잘못되면 모두가 불편한 줄 알고 있으면서 비겁하게 침묵하는 것은, 그리고 인기에만 연연하는 것은 조직을 사랑하는 진정한 리더가 못 된다.

이 책은 가시밭길을 요령껏 헤쳐가면서 구성원들의 도움을 얻어 조직을 살리고 나아가서 구성원과 이해관계자들에게 도움이 되는 조직을 만드는 좋은 리더십에 대한 그동안의 연구를 쉽게 풀어 설명해놓았다. 그 조직은 우리의 가정이요 내가 다니는 회사이며 동사무소, 대학, 병원, 군대 나아가서 국가, 세계를 아우른다. 주변의 모든 조직들이 훌륭한 리더에 의해 운영된다면 인류의 삶은 그만큼 행복해지는 것이다. 기업의 경영자가 훌륭한 리더라면 적은 비용으로 유용한 제품을 값싸게 만들어서 사람들에게 제공할 것이고, 그러면 그 구성원들은 즐겁고 보람 있게 일할 것이며 사회는 행복해진다. 리더십을 배우는 목적이 바로 이것이다.

리더십 교과서를 펴내면서

원시시대이든 오늘날이든 인간은 조직을 이루어 살아간다. 그리고 조직을 이룬다는 것은 그 조직 속의 누군가에 의해 이끌어진다(leading)는 의미도 된다. 그러나 문제는 대부분의 사람들이 막연하게 자신에게 리더적 자질이 꽤 있다고 자부하여 영향력을 행사하고 존경과 권위를 얻으며 복종보다는 지배, 이끌림보다는 이끄는 위치에 서야 한다고 생각하는 데 있다. 하지만 조직의 리더는 그리 많을 필요도 없으며 아무나 리더십을 가지고 있지도 않다. 그런 점에서 이 책이 리더가 되려 하고 리더십을 배우려 하는 학생들과 관리자 위치에 있는 일반인들에게 일종의 나침반이 되었으면 한다.

그동안 대학에서 학생들을 가르치면서 나름대로 리더십에 대하여 자신이 있었던 필자들은, 책을 저술하는 과정에서 리더십이 그리 호락호락한 주제가 아님을 알게 되었다. 리더십 이론들을 모아서 핸드북을 만들 것도 아니었고, 위인전과 같은 위인 이야기나 기업 창업주의 성공담을 모아서 일종의 교양리더십을 만들고자 한 것도 아니었다. 그렇다고 심리학, 사회학, 행정학, 군사학, 의회리더십학 등 경영학이 아닌 인접학문들의 전문가도 아닌 상황에서 이론과 실무를 논하기도 필자들에게는 벅찬 일이었다. 조직이라는 틀을 놓고 이야기해온 리더십과 실무에서 추구하고 있는 리더십을 어떻게 조화롭게 배치하며 어디에다 더 무게를 둘 것인가 하는 점이 글을 쓰는 내내 필자들을 괴롭혔던 것도 사실이다.

그러나 분명한 목적이 이 책에 고스란히 녹아 있다. 우선, 흥미 위주나 유행 따위의 리더십 이야기를 제공하기보다는 그간 연구되었던 리더십 연구의 성과와 공헌들을 철저하게 고증하면서 소개하고자 하였다. 둘째, 리더는 선천적인 이유와 후천적 설명이 모두 가능한 통합적 관점과 상호작용적 관점에서 관찰되어야 하기 때문에 리더십 본질에 대해서 충실하게 다루고자 하였다. 더불어 최근의 몇몇 독창적인 내용을 통해 현대를 살아가는 우리들에게 교훈이 될 만한 리더십을 비중 있게 다루고자 하였다. 마지막으로 우리 주변에 회자되는 위인, 영웅 등 정치, 경영 분야 인물들의 독특한 리더십 특징에 대해서 카툰, 이야기, 토론문제 등과 함께 독자와 그 의미를 공유해보고자 이 책에 포함하였다. 더 많은 리더십 이야기들을 읽고 그들의 논리와 개념에 대하여 토론하는 과정에서 글을 다듬고, 이야기를 쉽게 풀어가는 작업이 이어졌다. 그런 의미에서 독자들에게 사례연구, 리더십 카툰, 연구문제, 리더십 스토리 등은 더 많은 상상과 창의성을 향상시키는 촉진제 역할을 할 것이다.

감사의 글

필자들은 이 책이 세상의 빛을 보기까지 너무 많은 분들로부터 도움을 받았다. 먼저 리더십 관련 삽화를 직접 그려주시고 표지까지 디자인 해주신 박은선 디자이너와 예술작품을 내어주신 사진작가 임재문 님과 한광석 교수님께 감사드리며, 특히 자작시 중에서 리더십 관련 시를 직접 뽑아주신 시인 박제영 님, 시의 전재를 흔쾌히 허락해주신 이해인 수녀님, 중앙대 이승하 교수님, 시인 이성자 님께도 이 지면을 통해 감사드린다.

이 책의 내용이 주로 그동안의 리더십 연구들의 주요 이론을 다룬 만큼 이미 고인이 되신 분부터 오늘도 연구실에서 리더십 발전에 전력을 다하시는 도처의 리더십 연구자들의 고귀한 열매들을 허락도 없이 인용, 재인용하였다. 필자들은 그저 전달자일 뿐 스스로 실험하고 발견해낸 이론은 없다 보니 그저 송구스러울 따름이다. 그리고 마음 편히 책을 쓰게 만들어준 필자들의 두 대학의 동료 교수님들과 제자들에게 감사를 표한다.

끝으로 이 책을 컬러판으로 낼 것을 기꺼이 허락해주신 비앤엠북스의 정광식 사장님을 비롯하여 동분서주하면서 기일 내에 출판을 마무리해주신 정경식 부장님, 그리고 딱딱한 글을 예쁜 색과 디자인으로 멋지게 꾸며주신 미학의 박호주 실장님께 감사드린다.

이 책은 학생뿐 아니라 일반인, 직장인 혹은 경영자들에게 리더십을 학습하는 안내서가 되리라 확신한다. 서점의 경영학 코너에서 어떤 리더십 책을 고를 것인가를 고민하던 분들이 이제 이 책으로 소박한 행복에 젖는 모습을 감히 상상해본다.

임창희 · 홍용기 씀

2판 차례

1장 | 리더십 학습을 시작하며

2장 | 리더가 하는 일

5장 | 리더의 권력과 영향력

13장 | 리더십 이슈

1장

리더십 학습을 시작하며

1. 리더십이란?

(1) 리더십 정의
(2) 연구초점에 따른 리더십 의미의 차이
(3) 리더십은 전문화된 역할인가, 공유된 영향력인가?
(4) 이 책에서 리더십이란?

2. 리더십 : 더 깊게 이해하기

(1) 직접적 리더십과 간접적 리더십
(2) 리더와 관리자
(3) 리더십 효율성은 무엇으로 판단하는가?

3. 효율적 리더십을 향한 다양한 접근법

(1) 특성중심
(2) 행동중심
(3) 권력과 영향력 중심
(4) 상황중심
(5) 통합적 접근

4. 리더십 연구의 수준과 관점

(1) 리더십 수준의 문제
(2) 리더십 연구초점의 변화추세

내가 함께 일했던 탁월한 리더들은 대부분 키도 크지 않고 특별히 잘생기지도 않았다. 연설도 대개 보통수준으로 그다지 돋보이지 않았으며, 똑똑한 머리나 달변으로 청중을 매료시키지도 못했다. 그들을 구별 짓는 것은 명료하고 설득력 있는 생각, 깊은 헌신, 끊임없이 배우려는 열린 마음이었다. - 피터 드러커

리더십과 학습은 서로 불가분의 관계이다. - 존 F. 케네디

백 권의 책에 쓰인 말보다 한 가지 성실한 마음이 더 크게 사람을 움직인다. - 벤저민 프랭클린

아내 / 박제영

다림질하던 아내가 이야기 하나 해주겠단다

부부가 있었어. 아내가 사고로 눈이 멀었는데, 남편이 그러더래. 언제까지 당신을 돌봐줄 수는 없으니까 이제 당신 혼자 사는 법을 배우라고. 아내는 섭섭했지만 혼자 시장도 가고 버스도 타고 제법 불편함 없이 지낼 수 있게 되었대. 그렇게 1년이 지난 어느 날 버스에서 마침 청취자 사연을 읽어주는 라디오 방송이 나온 거야. 남편의 지극한 사랑에 관한 이야기였는데 아내가 혼잣말로 그랬대. 저 여자 참 부럽다. 그 말을 들은 버스 기사가 그러는 거야. 아줌마도 참 뭐가 부러워요. 아줌마 남편이 더 대단하지. 하루도 안 거르고 아줌마 뒤만 졸졸 따라다니는구만. 아내의 뒷자리에 글쎄 남편이 앉아 있었던 거야.

기운 내 여보,
실업자 남편의 어깨를 빳빳이 다려주는 아내가 있다
영하의 겨울 아침이 따뜻하다

1장

리더십 학습을 시작하며

리더십은 흥미로운 주제들 중에서 오랫동안 그리고 많은 사람들의 관심을 끌어온 주제 중 하나이다.Yukl, 2010 리더십이라는 용어에는 승승장구하는 군대를 지휘하거나 대제국을 통치하는 인물, 또는 한 국가의 운명을 좌우하는 강력하고 활동적인 특출난 인물의 이미지가 내포되어 있었다. 사실 용맹스럽고 지혜로운 리더는 줄곧 전설과 신화처럼 사람들의 이야기 속에 자주 등장하곤 한다. 인류가 기록해놓은 역사의 많은 부분에도 군사적, 정치적, 종교적으로 추앙받는 리더들의 말과 에피소드들이 있다. 그런 리더들은 역사적 사건이나 업적과 함께 존경받기도 하고 반대로 비난받기도 한다. 그런데 예나 지금이나, 직장에서나 국가적으로나 사람들이 리더십에 관심을 갖는 이유는 무엇일까? 다름 아니라 리더가 추종자들(followers) 삶(직장생활, 일상생활)에 어떻게든 영향(influence)을 미치기 때문이다.

그렇다면 간디의 리더십, 무함마드의 리더십, 마오쩌둥의 리더십 등 성공적인 업적을 이룬 리더들의 리더십에는 어떠한 특성이 있었기에 그들을 따르는 사람들이 그토록 강한 열정과 헌신을 바쳤던 것일까? 율리우스 카이사르, 알렉산드로스 대왕과 같은 리더들은 어떻게 그렇게 위대한 제국을 건설할 수 있었을까? 무엇 때문에 히틀러같이 별 볼일 없던 사람이 막강한 권좌에 오를 수 있었을까? 왜 처칠이나 마하트마 간디와 같은 리더들은 강력한 권력을 가지고 성공적인 업적을 이루어놓고도 갑자기 그 지위를 잃게 되었을까? 왜 어떤 리더에게는 자기 개인의 삶까지 포기하면서 고통을 감수하려는 충성된 부하들이 많은 반면에, 또 몇몇 리더에게는 암살음모를 꾸밀 정도로 적대감을 가진 사람들이 그 주변에 들끓는 것일까? 이러한 의문점 모두 효율적인 리더십(leadership effectiveness)이란 무엇인가 하는 문제와 연결된다.

본격적인 리더십 학습에 앞서 이 장에서는 리더십에 관한 다양한 정의, 리더십 효율성 평가기준, 앞으로 배울 리더십 이론의 요약, 연구수준 등을 논의할 것이다.

이 장에서 배울 것

- 리더십에 대한 정의가 매우 다양한 이유는?
- 리더십을 어떻게 정의할까?
- 리더십과 관리의 차이점은?
- 리더십 효율성을 판단하기 위한 기준은 무엇일까?
- 지난 50년간 연구된 리더십의 주요 내용은?

1 리더십이란?

리더십 연구의 초점은 효율적 리더십을 결정하는 요인이 무엇인지를 밝히는 것이다. 즉 무엇이 리더십의 효율을 높이는가 하는 문제이다. 이에 대한 관심과 질문들은 오랫동안 탐구의 대상이 되어왔지만 체계적이고 과학적인 연구는 20세기 들어서야 활발하게 논의되기에 이른다. 리더십 연구자들은 리더의 특성, 신분, 능력, 행동, 권력기반 또는 상황적인 요인들이 어떻게 리더로 하여금 그 부하들에게 영향력을 행사하도록 만들고 집단의 목표를 달성하게 하는지를 밝히려고 하였다.

또한 연구자들은 리더십을 하나의 팀이나 조직에서 서로 다른 구성원들로 하여금 각자의 생각과 관심과 노력을 공유하게 하는 과정으로 간주하고 어떻게 하는 것이 효율적인지 또는 비효율적인지를 밝히는 데 초점을 두어왔다. 그 밖에 주로 어떤 사람이 리더로 출현하는지와 어떤 요인이 리더의 행동을 결정하는지에 대해 관심을 두고 연구해왔다. 하지만 최종 목적이 효율적 리더십을 찾기 위한 것이었음은 두말할 필요도 없다.

리더십을 둘러싼 신비스러운 의문들을 푸는 데 상당한 진전이 있어왔지만 아직도 많은 궁금점들이 해결되지 못한 채 남아 있다. 이 책에서는 리더십 효율성에 대한 많은 이론과 연구결과들을 고찰해볼 것이며, 그것은 비즈니스 환경, 기업과 정부, 병원, 대학 같은 공공조직에서의 리더십에 초점을 맞출 것이다.

◆ 용어에 관한 약속

리더십에 대해 언급하려면 항상 리더와 부하의 관계를 전제하는데 사실 리더(leader)와 상대되는 개념으로 팔로워(follower : 추종자)라는 말이 있다. 하지만 이 책에서는 우리에게 익숙한 '부하'라는 표현을 주로 사용하려고 한다. 여기서 부하란 군대의 졸병만을 뜻하지 않는다. 앞으로 이 책에서 리더와 부하라 함은 회사의 상사와 직원 또는 팀장과 팀원, 교회의 목사와 교인, 군대의 상사와 하급자, 국가의 대통령과 국민, 동아리의 회장과 회원, 집단의 책임자와 멤버, 집안의 부모와 자식, 어느 조직의 최고경영자와 그 구성원들 등 지도자와 피지도자, 지배자와 피지배자의 관계를 의미한다. 그러나 리더십은 더 광범위한 의미로도 이해하여야 한다. 예를 들면 하급자가 오히려 상급자를 설득하거나 친구가 다른 친구를 옳은 길로 인도하려 할 때 설득하려는 쪽이 리더이고, 상대방이 부하라고 이해하고 이 책을 읽어나가는 것이 타당한 태도이다.

LEADERSHIP STORY 1.1 | 애플의 리더

타임지가 내린 빌 게이츠와 스티브 잡스에 대한 평판을 보면 빌 게이츠가 소프트웨어의 주인공이라면 스티브 잡스는 하드웨어의 주인공이다. 그들은 남을 따라서 흉내 내고 기존의 기준에 맞추는 사람이기보다는 혁명가요 창조자요 전통을 뒤집는 개혁가이다.

스티브 잡스는 초등학교 때는 월반할 정도로 영리했지만 사교성 없고 수줍음 많은 소년이었다. 양아버지 폴 잡스는 농부였고 샌프란시스코에서 자동차 수리를 취미이자 부업으로 하였는데, 스티브 잡스 역시 어려서부터 기계부품에 관심이 많았다. 항공제작사나 전기회사 기술자들이었던 이웃 아저씨들이 기계 고치는 것을 구경하고 가끔 부품수리 심부름을 해주고 용돈도 받았다. 스티브 잡스는 어렸을 때 괴짜였다. 개미에게 독약을 먹여본다든지 그것을 전깃줄에 얹어본다든지 선생님을 당황하게 했다. 그는 숙제도 하지 않을 정도로 학교에서 많은 수업시간을 낭비했다. 4학년 담임선생의 도움으로 스티브 잡스는 두 학년을 월반해서 6학년으로 올랐고 중학교에서는 특수반에 편입됐다. 고등학교 졸업 때는 장발에 찢어진 청바지 학생이었다. 그리고 1960년대 반전과 영제너레이션 운동의 정치사회적 격동기를 거치며 선불교에 심취해 인도로 가려고 대학을 중퇴했다. 한때는 일본에서 승려로 살려고도 했지만 일본 스승의 만류로 진로를 바꿨다. 그 스승은 나중에 잡스의 결혼식 주례를 섰다. 그가 경영철학으로 언급하는 직관의 힘은 이때의 영향이다. 그에게는 일찍부터 가까운 친구가 많았는데 그들은 때로는 충고자가 때로는 협조자가 되었다. 컴퓨터 부품수리를 하던 이웃 동네 친구 워즈니악과의 상호관계는 애플사의 초기 성공에 매우 중요한 역할을 한다. 전자공학과 기계에 빠져 살던 이 괴짜 소년이 '창의력'과 '집념'만으로 실리콘벨리에서 컴퓨터 혁명을 이끌어냈다. 자신이 창업한 애플사에서 쫓겨나면서 모든 것이 끝난 듯했지만 픽사(Pixar)를 사들여 〈토이스토리〉, 〈몬스터 주식회사〉, 〈니모를 찾아서〉 같은 애니메이션 영화를 통해 할리우드에 입성하였다. 그리고 10년 만에 애플에 돌아온 그는 iPad의 대성공으로 애플신화의 창조자가 된다. 스티브 잡스의 평전이라고 할 《iCON 스티브 잡스》에는 그가 한 프레젠테이션 장면이 나오는데, 마지막 슬라이드에 'iCEO' 곧 '임시(interim) CEO'라고 띄우고 "이제 이 제품설명회가 끝났으니 이제부터 임시 직함을 떼겠다"고 당당하게 말함으로써 관중들로부터 우레와 같은 기립박수를 받았다.

(1) 리더십 정의

리더십을 정의내리는 데 한두 가지 근본적으로 갖고 있는 어려움이 있다. 한 가지는 사랑, 자유, 행복과 같이 매우 복합적 개념인 리더십을 주관적으로 단순하게 해석하려는 경향이 있다. 대부분의 사람들은 사랑, 자유, 행복, 리더십 등에 대해 매우 감각적으로 이해하는 데 그쳐 간결한 정의를 내려 보려고도 안 한다. 다른 한 가지는 리더십이 정의되거나 이해되는 방식이 지나치게 특정인이 주장하는 입장에 강하게 영향을 받아 이루어지고 있다는 점이다. 이렇듯 성공한 몇몇 사람들의 개인적 특질에 초점을 두고 리더십을 바라보는 것 역시 옳지 않다.

◆ 전문용어이면서 일반용어

'리더십'이란 용어는 일반인들이 사용하는 보통어이면서 동시에 학자들이 사용하는 전문어이기도 하다. 따라서 일상적으로 쓰이는 많은 전문어들이 그렇듯이 리더십이라는 단어 역시 그 의미가 애매모호한 경우가 있다.Janda, 1960 예를 들어 유사한 현상을 설명함에 있어서 리더십(leadership)은 다른 용어들과 혼돈하여 함께 사용되고 있는데 주로 영향력(influence), 권력(power), 권한(authority), 경영(management), 관리(administration), 통제(control) 그리고 감독(supervision)이 그것들이다. 이에 대하여 베니스Bennis, 1959는 "리더십의 개념은 아직도 확실히 잡히지 않았고 그 모호성과 복잡성으로 인해 우리들이 리더십을 이해하는 데 힘이 든다. 지금까지 리더십을 다루는 데 수없이 많은 용어들이 고안되었으며 아직도 리더십 개념은 충분하게 정의되지 못하고 있다"라고 주장을 한다.

◆ 유사용어

리더십과 유사한 용어들 간에 분명한 개념 차이가 있는데도 불구하고 이것들에 대한 의미까지도 확실하게 정의되어 있지 않기 때문에 그 혼돈은 더욱 가중된다. 연구자들은 대개 리더십을 자신들의 최대 관심사 중의 한 가지 현상 또는 개인적 관점에서만 정의하려고 하였다. 그 결과 스토그딜은 리더십 문헌들을 종합적으로 고찰한 후, 리더십 정의가 연구한 사람의 수만큼 많다고 결론지었다.Stogdill, 1974 리더십에 대한 스토그딜의 고찰 이후에도 많은 새로운 정의가 파생되어 나왔다. 리더십은 리더의 특질, 리더의 행동, 리더의 영향, 부하와의 상호작용 스타일, 리더의 역할 또는 리더의 관리범위 등의 관점에서 해석된다.

| 도표 1-1 | 리더십과 유사한 용어들

구분		내용
영향력	influence	어떤 상황에 작용을 하는 데 실제 사용된 개인적 에너지
권력	power	어떤 상황에서 행동을 취하는 데 사용 가능한 개인적 에너지
권한	authority	타인을 위하여 일정한 법적 효과를 발생시킬 수 있는 자격
경영	management	사업이나 기업 등의 조직을 효과적이고 효율적으로 관리, 운영하는 활동
관리	administration	일정한 목적을 효과적으로 실현하기 위하여 여러 요소를 적절히 결합하여 그 운영을 조정하는 것
통제	control	기업의 목표달성을 위하여 기업 전체의 입장에서 희소한 자원을 종합적으로 관리하는 수단
감독	supervision	조직 내 일정한 사람의 행위를 감시하고 그에 대하여 필요한 명령을 함으로써 그 행위의 합법성을 보장하는 행위

◆ 학문적 정의

리더십은 조직의 목표달성에 공헌을 강화하도록 구성원에게 영향력을 행사하는 과정으로 정의된다.Hollander, 1985 ; Smith, 1995 이러한 정의는 구성원의 행동이 리더 한 사람에 의해 영향을 받는다는 뜻을 내포한다. 구성원의 행동은 조직의 목표를 효율적으로 달성하는 데 직접 영향을 미치고, 리더십은 그 구성원의 행동에 직접 영향을 미쳐서 결과적으로 조직의 효과적 목표달성과 직결되기 때문이다. 그러므로 리더란 구성원의 열정을 지배할 수 있는 능력까지 가지고 있다고는 못 하지만 적어도 조직을 위해 노력하는 사람들을 이해하고, 그런 사람들을 독려하여 자기 사람으로 보유하고, 그들을 채용하고 개발하는 능력은 가지고 있다고 보아야 한다.

도표 1-2는 지난 50년간 제기된 리더십에 관한 대표적 정의들을 정리한 것이다.

| 도표 1-2 | 리더십의 정의 Yukl, 2010

학자	내용
Hempbill & Coons(1957)	공유된 집단목표를 향한 집단의 활동을 지시하는 개인의 행동
Katz & Kahn(1978)	조직의 일상적이고 평범한 지시에 기계적으로 순응하는 행동 이상의 행동을 하도록 영향력을 발휘하는 것
Burns(1978)	구성원의 사기를 향상시키거나 업무에 몰두하게 하거나 사기를 북돋우기 위해 제도적, 정치적, 심리적으로 접근하든지 또는 기타의 자원들을 사용하는 것
Smircich & Morgan(1982)	한 사람이 다른 사람(부하)으로 하여금 자신의 실체를 찾고 자신을 형성해가도록 도와주는 과정
Rauch & Behling(1984)	목표를 달성할 수 있는 여건을 조성하고 환경을 창출하며 관련된 사람들에게 목표달성의 비전과 가치관을 갖추고 유형화하도록 도와주고 이끌어가는 것
Richard & Engle(1986)	조직에 영향력을 발휘하여 목표달성을 중심으로 집단을 조직화하는 과정
Jacobs & Jaques(1990)	집단에게 주어진 목표를 달성할 뿐만 아니라 그 목표를 높이고 완수해가는 의도적인 노력의 과정
Schein(1992)	조직의 발전과 조직문화의 진화적 변화과정이 더욱 잘 진행되도록 하는 능력
Drath & Palus(1994)	집단의 구성원이 서로를 이해하고 집단과업에 몰입하여 함께 일하게 만드는 과정
House et al(1999)	조직의 성공과 조직유효성에 공헌하도록 구성원에게 힘을 발휘하여 동기를 부여시키는 능력
Yukl(2010)	다른 사람들로 하여금 무엇을 어떻게 해야 할지에 대해 이해하고 공감하도록 하는 데 영향을 미치고, 공유된 목적을 달성하기 위해 그들의 노력을 촉진하는 과정

리더십 정의의 대부분은 집단이나 조직에서 구성원이 맺는 상호관계라거나, 그들의 활동을 체계화하고 촉진하며 그들을 인도하기 위해 의도적으로 발휘하는 영향력이라는 데 이견이 없다. 그럼에도 불구하고 리더십에 대한 수많은 정의들을 하나로 통일하기 어렵다. 예를 들어 리더십을 영향력이라 할 경우 영향력을 발휘한 결과인지, 영향력이 발휘되는 방식인지, 영향력을 발휘하게 되는 궁극적 목적인지, 심지어는 영향력을 행사하는 사람인지 등 다양한 측면에서 접근할 수 있다. 그런데 그 어려움은 단지 학자들이 어떤 개념을 사용하는지에 달려 있다기보다는 리더와 리더십 과정에 대한 범위를 정할 때 연구자들 간의 일치된 견해가 없다는 데에서 기인한다. 즉 그들이 리더십을 연구하면서 각자 서로 다른 관점에서 조사하고 분석하기 때문이다.

이처럼 리더십에 대한 다양한 관점과 자료를 가지고 연구하기 때문에 학문적으로나 실

LEADERSHIP STORY 1.2 | 왜 리더십을 공부하려는가?

에덴동산에서 최초의 인간을 만들어놓고 신은 아담에게 온갖 짐승과 새들을 지배하라고 권한을 주었다. 짐승과 새들에게 지배를 당했다면 오늘의 인간세상은 존재하지 않았을 것이다. 그 본성이 타인에 대한 지배로 연장된다. 인간은 애초부터 이 세상의 지배자가 되려 했지 지배를 당하기 싫어했다. 어머니는 자기 아이가 동네 꼬마들을 이끄는 골목대장이 되면 좋아하지만 끌려다니는 똘마니가 되면 싫어한다. 남을 리드하고 이끄는 방법은 원시인 때부터 부러움의 대상이었을 것이다. 대학과 박사만 없었을 뿐이지 누구나 밤낮을 구별 않고 타인 혹은 타 부족을 리드하는 방법을 연구하고 토론했을 것이다. 리드와 지배의 형태는 변했지만 우리의 공부도 그중의 일부이다. 골목대장의 방법이 아니라 좀 더 세련된 방법으로 타인에게 영향력을 행사하는 방법을 배우고자 하는 것이다.

무적으로 아직도 많은 의문이 남아 있음에도 불구하고 연구자들은 리더십이 조직 유효성에 중요한 영향을 미친다는 점에는 의견을 같이한다.

(2) 연구초점에 따른 리더십 의미의 차이

리더십을 연구하는 학자들의 접근법에 따라 리더십의 정의가 달라지기 때문에 리더십을 한마디로 정의 내리기 어려운 측면도 있다. 하지만 리더십의 정의에 대한 기본적 생각은 과거의 전통이론으로부터 현대이론까지를 총망라하여 어느 정도 일관되고 유사한 측면이 있다.

◆ 퍼스낼리티로서의 리더십

퍼스낼리티(personality : 성격) 접근법은 리더십의 좋고 나쁨이나 리더십의 형태가 어떤 개인특성에 의해 결정된다고 본다. 즉 리더는 보통사람과 다른 성격적 특성이 있다고 보고 그만이 가진 독특한 성격이 무엇인지를 밝히려고 한다. 이러한 리더특성을 가진 사람들은 다른 사람들에게 영향력을 행사하고 결국에는 리더가 되며, 그렇지 못한 보통의 특성을 가진 사람들은 그저 평범한 부하 또는 추종자가 된다는 것이다.

◆ 영향력으로서의 리더십

리더십을 일종의 영향력(influence)으로 파악하면 "리더행동은 부하들에게 영향을 끼침으로써 그들의 바람직한 행동을 이끌어낸다"라고 할 수 있다. 이러한 접근법에 의하면 리더십은 곧 '타인에게 영향력을 행사하는 것'이라고 정의할 수 있다.

◆ 행동으로서의 리더십

리더십을 리더가 조직의 공동목표를 달성하기 위해서 구성원을 이끌고 나갈 때의 그의 행동(behavior)이라고 정의한다. 실무에서 리더십을 관리행동 혹은 감독행동 등이라 칭하고 리더십을 발휘하라는 말이 부하들 앞에서 리더답게 명령하든지 꾸중하든지 어떤 행동을 취하라는 뜻으로 쓰인다면 이러한 접근법이라고 할 수 있다.

◆ 권력으로서의 리더십

권력(power)이란 어떤 사람이 다른 사람을 움직이게 할 수 있는 능력을 의미하는데, 이러한 권력을 통해 타인의 행동을 유도하고 인도하며 통제할 수 있는 것을 리더십으로 보는 접근법이다.

◆ 목표달성으로서의 리더십

리더십을 목표달성(goal achievement)을 위해 조직의 활동에 영향을 미치는 과정으로 본다. 따라서 목표와 리더십은 직결된다. 조직은 달성하고 싶어 하는 비전으로서의 목표가 전제되어야 행동이 일어나기 때문에 반드시 목표를 가지고 있어야 하며, 이때 리더십은 목표달성에 근거한다.

◆ 교환관계로서의 리더십

리더십을 리더와 추종자 사이의 교환관계로 이해하는 접근법이다. 부하 없는 리더는 있을 수 없으며 부하를 통솔할 수 있을 때 리더십이 생겨난다. 즉 리더와 부하가 일대일 관계를 통해 상호작용이 이루어질 때 비로소 리더십이 발생한다는 것이다.

위의 여섯 가지 접근법을 통해 리더십을 이해하고 리더십의 정의가 가지고 있는 함

축적 의미를 되새겨본다면, 리더십이란 멤버(그것이 국민이든 부하직원이든)와의 상호관계에서 행사되는 영향력이라고 요약할 수 있으며, 그 영향력은 집단이 목표를 달성하도록 지원하는 역할을 한다. 리더십에 관한 이러한 속성은 앞에서 기술한 어떤 접근법을 택하더라도 공통적으로 찾아볼 수 있는 리더십의 최종적 정의라고 할 수 있다.

LEADERSHIP STORY 1.3 줄 타는 곡예사

조직의 구성원은 혁신을 싫어한다. 현재의 안정된 삶을 뒤흔들어야 하고 기득권 상실의 위협도 있으며 변화하려면 추가적 노력이 들기 때문이다. 그래서 변화를 시도하려는 혁신적 리더를 적극 도와서 조직을 혁신하려는 부하들을 찾기가 어렵다. 결국 부하들로부터 인기가 많은 리더는 어떤 의미에서 진정한 혁신적 리더라고 볼 수 없다. 나아가 진정한 리더는 외로울 수밖에 없다. 즐겁고 행복한 위치에 있는 것이 아니다. 줄 위에서 아슬아슬하게 곡예를 부리지만 아무도 위로 올라와 대신 줄을 타주지 않으며 그저 아래에서 쳐다보며 구경이나 한다. 그냥 구경이나 하면 다행이다. 리더의 혁신이 계속되면 자신들의 기득권이 위협을 받으니까 리더의 옷자락을 잡아 끌어내리려고 한다. 옷자락을 당기는 행동이 비겁하게 보일까 봐 그렇게 못 하면 대신 줄 타는 곡예사의 옷에 묻은 티끌을 탓한다. 얼굴이 못났느니 연기를 못하느니 사생활이 어떠니 하면서 어떻게 해서라도 끌어내리려 야단들이다. 그러므로 리더의 길은 고독한 가시밭길이다.

리더의 길이 그렇게나 험난하다면 그냥 포기하는 편이 낫지 않은가? 왜 위험을 무릅쓰고 나서는가? 거센 저항에도 불구하고 포기해서는 안 되는 이유가 무엇일까? 아무도 귀를 기울이지 않는 절망적인 상황에서도 리더를 앞으로 나아가게 하는 원동력은 무엇인가? 그것이 돈과 명예라면 그것만 가지고는 혼자 줄타기를 계속하기 어렵다. 구경꾼들을 사랑하는 마음이 없이는 모든 비난을 감수하기 어렵다. 조직이 잘못되면 모두가 불편한 줄 알면서도 비겁하게 침묵하고, 대중의 저항이 무서워 인기에만 몰두한다면 조직을 사랑하는 진정한 리더가 못 된다. 그것이 귀찮거나 두렵다고 생각하는 사람은 여기서 리더십 공부를 중지하는 편이 나을 수도 있다.

(3) 리더십은 전문화된 역할인가, 공유된 영향력인가?

앞에서 우리는 이제까지 연구된 리더십의 정의와 의미를 이해했다. 이를 더 자세히 알아보기 위해 리더십에 관한 여러 주장들을 더욱 심도 있게 고찰해볼 필요가 있다. 우선 리더십이 전문화된 역할(specialized role)인가 혹은 공유된 영향력(shared influence)인가 하는 논쟁이 있다.

◆ 부하들과 구별되는 전문화된 역할

모든 조직이나 집단은 서로 역할을 분담하며 각각 전문화되어 있기 때문에 누군가는 리더로서의 책무와 기능을 가진 역할을 담당해야 한다는 주장이 있을 수 있다.Yukl, 2006 누군가가 그 역할을 맡아서 수행한다면 그의 역할을 수행하는 사람이 바로 리더이다. 즉 '리더'라는 직책은 '부하'라는 직책(역할)과 별개로 취급되어야 한다는 의미이다. 예를 들면 집단이나 조직에서 가장 영향력이 있는 사람이 지명되어 리더 역할을 맡고 다른 사람들은 부하로서의 역할을 담당하면 된다는 것이다.

◆ 부하들과 공유된 영향력

리더십을 공유된 영향력이자, 조직구성원 간의 상호작용 속에서 자연적으로 발생하는 영향력 관계로 이해한다. 즉 누구는 영향력을 독점하면서 지배하는 역할만 맡고 누구는 복종하는 역할만 맡는 것이 아니라, 한편으로는 남에게 영향력을 발휘하면서 또 한편으로는 함께 동조하고 서로 밀어주기도 하고 이끌어가면서 조직목표를 달성하는 과정이 리더십이라는 것이다. 공유된 영향력으로서 리더십을 보는 주장 중에 구별된 현상으로서 리더십에 초점을 두지 않는 분배적 리더십(distributive leadership)이 있다. 분배적 리더십은 조직 내 리더십은 조직 속의 거의 모든 구성원 혹은 대다수의 구성원들에게 분배되는 것이지 몇몇 사람의 역할에 있는 것은 아니라고 주장한다.Gronn, 2002 이렇게 보면 리더를 잘 따라주는 팔로워십(followership)도 리더십에 포함된다. 결과적으로 효율적이고 성공적인 리더십은 리더의 손에만 달린 것이 아니라 부하들이 어떻게 협조하고 따라주는지에도 달렸으므로 리더십을 모든 구성원들이 함께 공유하는 것으로 보아야 한다는 주장이다.

리더십 카툰

"수익이 올라간다고 해서 항상 리더십이 있는 것은 아니야!"

과연 리더십이란 무엇인가? 도대체 좋은 리더십이란 뭔가? 여러분의 의견은?

(4) 이 책에서 리더십이란?

앞서 설명한 것처럼 리더십에 관한 적절한 정의에 대한 논쟁을 해결하기 위한 시도 자체가 무의미하거나 실현 불가능할 수도 있다. 경영학 · 행정학에서 논의되는 많은 용어들이 그렇듯이 리더십 정의 역시 학자마다 다르며 주관적이다. 그래서 어떤 정의는 몇몇 학자에겐 매우 유용하지만 다른 사람에겐 의미가 약간 다를 수 있다. 그래서 리더십의 본질을 더욱 정확하게 파악하려면 정의부터 정확하게 내리려는 노력(이를 학문적으로는 작업정의[working definition] 혹은 조작적 정의[operational definition]라고도 한다)이 선행되어야 한다. 즉 복잡하고 다양한 측면을 가진 현상으로서의 리더십에 대한 여러 정의가 있다고 하더라도 이 책을 공부하면서 필자와 이야기를 주고받으려면 우리 사이에 공유해야 할 리더십의 개념이 필요하다는 뜻이다.

연구를 할 때 리더십의 조작적 정의는 학자의 목적이 무엇인가에 따라 달라질 수밖에 없다.Campbell, 1977 어떻게 리더를 선발하는지, 리더가 하는 일을 무엇으로 규명하는지, 왜 어떤 리더의 리더십이 효과적인지, 또는 리더가 필수적으로 가지고 있어야 할 특성은 무엇인지 등 리더십 연구를 통해 밝혀내려는 목적이 무엇인지에 따라서 리더십에 관한 정의는 달라진다. 다시 말해 모든 측면의 요소들을 포함시키면서 동시에 일반적인 리더십 정의를 내리는 것 그 자체가 매우 어려운 일이다.Karmel, 1978 그러므로 그동안의 리더십 연구들을 살펴보고 공통적인 것만 찾아서 광범위하게 정의하는 수밖에 없다.

이 책에서는 '리더십이란 공유된 목표달성을 위해서 구성원들을 목표수행에 의견을 일치시키고 그들의 집합적 노력을 이끌어내며 부하 개개인을 독려하기 위해 영향력을 행사하는 과정'이라고 정의한다. 이와 같은 정의는 구성원들로 하여금 조직의 현재 업무를 잘하도록 함은 물론이고 미래를 위해 도전하고 대비하도록 영향력을 행사하는 것도 포함한다. 도표 1-3 은 리더가 조직의 효율적 목표달성을 위해 행사하는 다양한 영향력들이다. 그러므로 우리는 리더십을 정의함에 있어서 전문화된 역할과 공유된 영향력 둘 모두의 입장을 취한다.

| 도표 1-3 | 리더가 행사하는 영향력

리더의 영향력	
부하들과 구별되는 전문화된 역할	**부하들과 공유된 영향력**
• 추구할 전략과 목표의 선택 • 목표달성을 하도록 부하들을 독려 • 부하들 간 상호신뢰 및 협력 • 업무활동의 조직과 조정 • 목표달성 업무를 위한 자원의 배분	• 부하의 능력과 자신감 개발 • 부하들에게 새로운 지식 학습과 공유 • 외부인과의 지원과 협력 조율 • 공식구조, 프로그램, 시스템의 설계 • 부하들과 신념과 가치관 공유

2 리더십 : 더 깊게 이해하기

리더십을 좀 더 깊게 이해하면 리더십이 그리 간단한 개념이 아니라는 것을 알게 된다. 리더가 리드할 대상과 직접적으로 관계할 수도 있지만 간접적일 수도 있다. 그리고 세상에는 관리자도 많고 사장도 많지만 사장이나 감독자가 모두 리더라고 할 수도 없다. 사장과 감독자 모두 우리가 이 책에서 다루려는 리더에 속하기는 하지만 리더십은 그리 단순하지 않다.

(1) 직접적 리더십과 간접적 리더십

효율적 리더십에 대한 많은 이론들은 주로 부하에게 직접적으로 영향을 미치는 리더의 행동에 초점을 두고 있지만 리더는 부하에게 직접 명령하거나 지시하지 않더라도 다른 무엇을 통해서 부하에게 영향력을 행사할 수 있다. 이때 리더가 직속부하가 아닌 다른 사람에게 영향을 미침으로써 부하에게 영향이 가도록 하는 것까지 설명하기 위해서 직접적 리더십(direct leadership)과 간접적 리더십(indirect leadership)으로 구분한다.Hunt, 1991 ; Lord & Maher, 1991 ; Yammarino, 1994

◆ 매개체를 통한 리더십

한 기업의 CEO는 자기 비서나 부사장, 전무와 상무에게 직접 지시를 통하여 리더십을 행사하는데 이를 직접적 리더십이라고 할 수 있다. 대통령은 청와대의 참모들에게 지시하고 명령을 내리고, 국무회의에서 장관들을 진두지휘하면서 직접적 리더십을 발휘한다. 그러나 대통령은 장관들에게 원유수입회사의 휘발유 유통가격을 통제하도록 함으로써 결과적으로 강원도 오대산 고갯길 주유소 사장이 휘발유 값을 낮추도록 할 수도 있다. 이것은 간접적 리더십이다. 마찬가지로 회사의 CEO는 조직에서 가장 낮은 직급의 신입사원에게도 영향력을 행사할 수 있는 다양한 수단과 방법을 가지고 있다. 그들에게 메모나 보고서를 보내는 것을 포함해서, e-메일로 소통을 시도하거나 해당 부서원들과 회의를 주재하기도 한다. 이처럼 간접적 리더십은 한 리더가 부하와 직접적으로 상호작용하지 않으면서도 다른 사람을 통해 혹은 다른 매개체를 통해 영향력을 행사하는 것을 의미한다.

◆ 본보기를 통한 리더십

한편 리더의 부하에 대한 명령과 진두지휘하는 행동이 직접적 리더십이라면, 간접적 리더십이란 직접 명령하지 않고 영향력을 끼치는 것을 의미한다. 윗물이 맑아야 아랫물이 맑다고 하였다. 리더가 어떤 모범적 행동을 솔선수범하니까 부하들이 따라서 했다면 이것은 리더가 부하들에게 영향을 미친 것이다. CEO에 의한 간접적 리더십은 소위 '캐스케이딩(cascading)식 관리'라고 한다. 이는 간접적 리더십이 계단식 폭포처럼 아래로 퍼져 나간다고 해서 붙여진 용어로Bass, Waldman, Avolio, & Bebb, 1987 ; Waldman & Yamamarino, 1999 CEO의 직접적인 리더십이 즉각적으로 조직의 거의 모든 권한계층으로 흘러 내려가는 것과 대비된다. 간접적 리더십의 영향력은 구성원들의 태도와 신념 또는 행동에 변화를 가져올 수 있다. 예를 들어 CEO가 윤리적으로 행동하면 그 본보기가 조직 내 거의 모든 사람들로 하여금 수행하도록 전파되면서 강요된다.

LEADERSHIP STORY 1.4 | **본보기식 리더십**

일본 시가 현의 오츠 시에는 '고베이'라는 과자회사가 있는데 품질이 뛰어나기 때문에 관서지방의 명품으로 알려져 있어서 오사카나 고베의 백화점에서는 이 회사의 과자를 앞다투어 들여놓고 있다. 그런데도 관서지방의 사람들은 한 달에 한 번쯤은 아이들을 데리고 공장까지 직접 가서 과자를 사 먹고 차를 마시고 돌아온다. 아이들에게 예절을 가르치기 위해서인데 그만큼 이 회사 종업원들의 몸에 밴 투철한 근무태도와 예절은 정평이 나 있으며 한마디로 손님을 감격시킬 정도라고 한다. 요즈음은 다른 기업체에서 사원교육을 위한 견학코스로 그곳을 활용하고, 견학을 간 사람들은 한결같이 교육비에 얼마나 투자하느냐고 묻는다고 한다. 이에 대한 시바타지(田淸次) 회장의 대답은 한결같다. "아닙니다. 저희 회사에서는 교육을 별도로 하고 있지 않습니다. 우리 사원들은 모두 나를 따라 하고 있을 뿐입니다." 이것이 시바타지 회장의 본보기식 리더십이다.

◆ 사람이 아닌 제도를 통해 발휘되는 리더십

예를 들어 장제스 총통이 장관에게 뇌물 받은 공무원을 헬리콥터에 매달아서 황해에 빠뜨려 죽이도록 명령한 것은 직접적 리더십을 발휘한 것이지만, 그것이 곧 제도화되어 법이 되고 다른 공무원들이 이 법 때문에 뇌물을 받지 않게 된다면 총통은 법을 제정하여 일반 공무원들의 행동에 영향력을 행사했기 때문에 간접적 리더십이 발휘되었다고 볼 수 있다. 이 경우 리더는 부하들에게 직접 영향을 미치는 것이 아니라 공식 프로그램, 관리시스템 또는 조직의 구조적인 기능에 영향력을 미치는 것이다.Hunt, 1991 ; Lord & Maher, 1991 많은 대규모 조직은 종업원들의 성과, 행동, 스킬, 태도에 영향을 미치는 제도와 법규, 전통과 격식 등의 관리시스템을 가지고 있다. 리더가 이러한 것들을 활용하거나 변형시키면서 구성원에게 영향력을 발휘한다면 이는 간접적 리더십을 행사하는 것이다.

이러한 예는 많다. 어떤 CEO가 조직을 혁신적이고 진취적으로 만들고 싶다면 인재를 채용할 때 인사채용 권한을 이용하여 창의적이며 진취적인 사람을 적임자로 선발하면 된다.Giberson, Resick, & Dickson, 2005 또는 조직구성원에게 경쟁적으로 열심히 일하라고 직접 명령하는 대신 회사의 보상제도를 성과연봉제로 고치면 구성원은 저절로 경쟁하면서 열심히 일할 것이다. 이처럼 리더는 제도를 만들고 수정할 권한을 가지고 있기 때문에 이를 이용하여 구성원의 행동에 간접적으로 영향력을 행사할 수 있다. 그러므로 대부분의 조직에서 최고경영자는 조직구조의 변화 혹은 신규제도의 도입으로 자신의 권한을 행사하려고 한다. 또한 간접적 리더십은 구성원의 공유된 신념과 가치로서 정의되는 일종의 조직문화에 영향력을 행사하는 형태로 나타나기도 한다.Schein, 1992

위와 같이 리더십 형태를 직접적 리더십과 간접적 리더십으로 구분하기는 하였지만 실무적으로는 리더가 발휘하는 영향력에 대하여 직접적인지 간접적인지 구별하는 일이 쉽지 않다. 더구나 직접적 영향력과 간접적 영향력은 상호 배타적인 것이 아니라서 더욱 구별이 어렵다. 오히려 이 둘은 함께 사용되어야 리더의 영향력을 더욱더 배가시킬 수 있다는 점이 중요하다.

(2) 리더와 관리자

리더십의 범위(scope)란 리더가 조직 내에서 가지는 영향력의 크기라고 할 수 있다. 앞에서 말했듯이 영향력, 권력, 권한, 관리, 통제, 감독 등이 리더십의 범위를 결정하는 것들이다. 리더십은 조직에서 어떤 사람이 다른 일반사람들보다 더 많이 가지고 있는 권한(authority)이다. 조직 속에서 가장 많은 권한을 가진 사람을 관리자, 경영자, 감독자라 한다. 그러므로 이들이 가진 관리적 영향력을 리더십으로 이해해도 된다. 결국 리더십과 관리, 리더십과 경영은 단단하게 연결된 하나의 끈과 같은 것이다.

그럼에도 불구하고 리더십과 관리(management)의 차이에 대하여 지속적인 논쟁이 있어 왔다. 꼭 관리자가 아니어도 리더가 될 수 있다는 것은 분명하다. 그리고 리더십 없는 관리자도 가능하다. 실제로 관리자 직책을 가진 사람일지라도 부하가 한 명도 없을 수 있다. 물론 리딩(leading)하는 것과 매니징(managing)하는 것을 명확하게 분리하여 설명하는 것 자체가 모순일 수 있다. 하지만 리딩과 매니징은 다르다. 경영자라고 다 리더가 될 수는 없기 때문이다. 이미 하기로 예정되었던 일을 제대로 돌아가게 하는 사람이 관리자라면, 리더는 새로운 일을 창조하거나 갑자기 닥친 문제를 해결하기 위한 일을 제대로 완성해놓는 사람이다.

| 도표 1-4 | 리더와 관리자의 차이

리더(leader)	관리자(manager)
Setting & Direction : 변화방향을 설정하고 제시함	Planning & Budgeting : 목표를 기획하고 목표달성을 위한 업무완수에 치중함
Vision : 미래 비전을 향해 구성원을 정렬시킴	Organizing : 목표달성을 위해 인적자원을 충원하고 조직화함
Inspiring : 조직구성원에게 혼과 에너지를 불어넣어 모두가 더 나은 미래로 변화하는 데 주체가 되도록 격려함	Controlling : 목표와의 차이를 발견하고 이의 원인이 되는 문제를 해결해나가며 자원을 통제함
혁신, 혼란, 갈등, 변화의 시기, 집단의 궁극적 방향과 비전제시	안정, 조화, 유지, 안정된 시기, 현재업무의 진행과 현상유지

그러므로 리더십은 관리와 다르다. 계획, 예산, 조직화, 통제, 조정, 전략개발, 문제해결 등 행동으로 표현되는 것들은 대부분 관리에 해당한다. 관리는 구성원의 행동과 직결된다. 반면에 리더십은 인간 존재 그 자체를 일컫는다. 대부분의 관리자 혹은 경

영자가 모두 리더는 아니라는 것이다. 유능한 경영자라고 해서 올바른 방향으로 사람들을 리드하고 격려하는 능력까지 갖추었다고는 볼 수 없다. 마찬가지로 유능한 리더라고 해서 관리자의 능력을 모두 가지고 있는 것도 아니다. 리더십은 사람을 사로잡는 기술이다. 그러나 사람은 본래 관리될 수 없는 존재이다. 그래서 사람은 리드되어야 하지 관리되어서는 안 된다.Estill, 2007

몇몇 사람들은 기술(art)로서 경영을 정의하고, 다른 이들은 학문(science)으로서 경영을 정의한다. 물론 경영이 기술인지 학문인지가 중요한 것은 아니다. 경영에는 기술적인 부분과 학문적인 것 모두 있기 때문이다. 경영은 조직목표를 달성하기 위해 사용되는 하나의 과정이다. 즉 조직이 성취하고자 하는 목표를 달성하기 위해 사용되는 일련의 과정이 경영이다. 그렇다면 리더와 경영자가 동일한 역할을 하는 것인가? 조직은 유일한 리더와 유일한 경영자만을 보유하게 되는 것일까? 매우 균형을 갖춘 조직은 성공하는 리더와 경영자를 모두 보유하고 있다는 점을 알게 된다.Kotterman, 2006

경영자는 경영과업이 할당된 담당자이며, 일반적으로 계획 및 예산, 조직구성 및 직원채용, 문제해결과 제어 등과 같은 핵심 기능을 통하여 목표를 달성하려고 하는 사람들이다. 반면에 리더는 지시하고 사람을 배정하고 동기부여하고 영감을 주는 일을 한다.Kotter, 2001 다른 연구자들은 리더가 영혼, 열정, 창의성을 가지고 있다면 경영자들은 경영마인드, 합리성, 인내심을 가진 사람들이라 말한다. 리더가 유연하고 혁신적이고 영감을 부여할 줄 아는 용감하고 독립적인 사람들이라면, 경영자들은 상담해주고, 분석해주고, 심사숙고하고 권위적이면서 안정적인 사람들이라고 말한다.Capowski, 1994

도표 1-5 에서는 리더와 경영자의 가장 중요한 차이점을 정리하고 있다.

| 도표 1-5 | 경영과 리더십 차이에 관한 비교 Kotterman, 2006

구분	경영자	리더
비전 설정	• 계획과 예산 • 과정단계, 시간소요 개발 • 비전과 목표에 대한 조직적 태도 표현	• 방향구성과 비전 개발 • 전략적 계획과 비전달성 개발 • 비전과 목표에 대한 매우 열정적 태도 표현
인적자원 개발과 네트워킹	• 조직구조 유지 • 비전추진 • 정책과 비전추진의 절차 마련 • 낮은 감성 표현 • 종업원 선택 제한	• 조직배열 • 비전, 미션, 소통 • 비전이해와 수용을 위한 공조, 팀과 파트너십 영향력 만들기 • 촉진된 높은 감성 표현 • 선택권 강화
비전 실행	• 과정통제 • 문제규명 및 문제해결 • 결과 모니터 • 문제해결을 위한 낮은 위험 부담 접근	• 동기부여와 영감부여 • 변화의 저항을 극복하는 데 종업원에게 활력부여 • 기본적 인간욕구의 충족 • 문제해결을 위한 높은 위험 부담 접근
비전 결과	• 예측가능하면서 순서적인 비전을 관리 • 리더십과 여러 이해관계자들에게 일관성 있도록 기대된 결과를 제공	• 향상된 노사관계를 위한 접근 • 새로운 제품과 같은 역동적이고 유용한 변화를 촉진

(3) 리더십 효율성은 무엇으로 판단하는가?

리더십에 관한 정의와 관점도 다양하지만 리더십 효율성(leadership effectiveness)에 대한 견해도 연구자마다 다양하다. 리더십 효율성을 평가하기 위한 판단기준 혹은 지표는 리더십을 어떻게 정의하느냐에 따라 달라진다. 대부분의 연구자들은 리더십 효율성을 하나의 조직, 집단, 팀, 개인에 대한 영향력의 결과로 평가한다. 즉 리더가 시키는 것을 어느 정도 따라주었느냐로 판단한다. 그러므로 리더가 다른 사람을 이끌 때 그의 영향력이 컸다면 리더십 효율성이 있었다고 평가한다. 이때 영향력이 클 수 있었던 요인이 무엇인지 밝혀내는 것이 중요하다. 리더들은 저마다 다른 개성이 있겠지만 발휘된 리더십에는 어떤 보편적이고 공통적인 것들이 있었을 것이다. 이런 공통의 패턴을 찾고 그것을 학습하는 사람이면 누구나 좋은 리더가 될 수 있다.

◆ 객관적 판단기준

가장 보편적으로 사용되는 리더십 효율성의 측정 지표는 리더가 이끄는 팀이나 조직이 얼마나 성공적으로 과업을 수행하였으며 목표를 달성했는지를 평가하는 것이다. 기업의 경우 객관적인 성과측정 기준으로 매출액, 순이익, 판매량, 시장점유율, 투자수익률, 생산성, 산출 대비 비용, 계획 대비 업적 등이 있으며 이것들의 변화량은 객관적 척도가 된다.

◆ 주관적 판단기준

리더십 효율성의 주관적인 측정 지표는 리더, 동료 또는 부하로부터 얻어진 자료, 예를 들면 부하의 조직에 대한 태도와 동기수준, 리더에 대한 충성적인 태도 등을 설문지 등의 방식으로 응답한 자료가 될 수 있다. 부하들의 태도는 통상적으로 설문지 또는 면접법으로 측정된다. 리더가 부하들의 욕구와 기대를 얼마나 잘 만족시키는가? 부하들은 리더를 좋아하고 존경하여 찬사를 보내고 있는가? 부하들은 리더의 요구를 실행함에 있어 적극적으로 참여하고 있는가? 또는 부하들이 리더의 요구에 대항하거나, 그 요구를 무시하고 있지는 않는가? 이러한 질문이 설문에 포함된다.

| 도표 1-6 | 리더십 효율성을 판단하기 위한 기준

객관적 판단기준	주관적 판단기준
• 성공 혹은 성과지표 수치 • 목표달성치 • 매출액, 순수익, 판매량 • 시장점유율, 투자수익률 • 판매 목표량 대비 실제 판매비율 • 생산성 • 단위산출당 비용, 계획 대비 실현비용	• 성공, 성과에 대한 평가 • 욕구와 기대 • 만족도 • 칭찬과 찬사 • 참여정도 • 반항과 무시의 정도 • 태도와 지각

3 효율적 리더십을 향한 다양한 접근법

리더십에 관한 아주 오래된 의문 중 하나는 리더는 태어나는가 아니면 후천적으로 만들어지는 존재인가 하는 점이다. 리더십은 유전되는가? 경영의 대가 드러커(P. Drucker)는 "타고난 리더도 없지는 않지만 그 수가 극히 적다. 리더십은 학습을 통해 대부분 얻어지기 때문이며, 리더의 정의를 내릴 수 있는 유일한 사람은 오로지 팔로워뿐이다"라고 말한다. 리더십이 조상으로부터 온 것이라면 어찌해볼 수 없겠지만 후천적 기술이라면 리더십 역량을 극대화하는 방법을 찾아야 할 것이다.

리더십은 연구자들의 리더십에 대한 관점과 주관적 선호도에 따라 다양하게 연구되어왔다. 그렇지만 각각의 연구들은 리더십 현상의 부분적인 측면만을 밝힐 뿐이다. 이들 연구를 종합해보면 리더십 효율성을 좌우하는 변수들은 대개 세 가지로 요약되는데 리더특성, 부하특성, 상황특성이다. 각 유형별 핵심변수의 예가 도표 1-7 이다.

| 도표 1-7 | 리더십 이론에서의 핵심변수들

리더특성
특질(동기, 성격, 가치관), 자신감과 낙천주의, 업무기술과 전문성, 행동, 정직성(성실, 가치관과 일치된 행동), 영향력 행사 전략, 부하에 대한 주관적인 생각
부하특성
특질(욕구, 가치관, 자아개념), 자신감과 낙천주의, 업무기술과 전문성, 리더에 대한 귀인, 리더와의 신뢰관계, 과업몰입과 노력정도, 직무와 리더에 대한 만족도
상황특성
조직유형, 조직규모, 리더의 권한정도, 리더의 위치와 권력, 과업의 구조와 복잡성, 과업의 상호 의존성, 조직문화, 환경 불확실성, 외부와의 의존성, 국가사회의 문화적 가치

그리고 대부분의 리더십 문헌들을 종합해보면 다음과 같은 다섯 가지 접근방법 중

하나를 취하고 있다.

| 도표 1-8 | 리더십 과정 간 인과관계

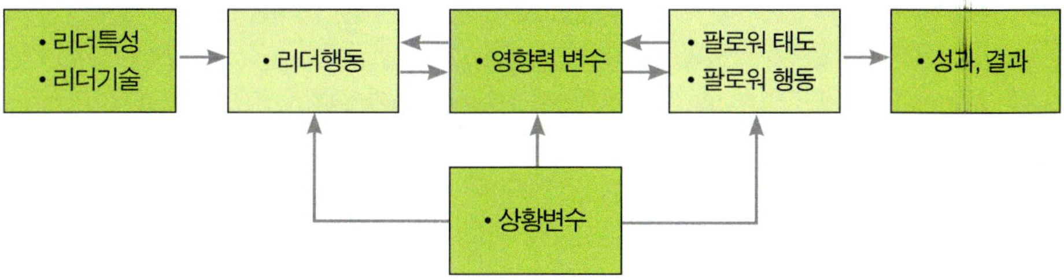

(1) 특성중심

리더십 연구가 처음으로 진행되었을 때의 접근법 중 하나가 바로 특성접근법(trait approach)이다. 이는 보통사람과 달리 리더가 갖고 있는 고유한 특질 혹은 특성, 예를 들면 리더의 성격, 동기, 가치관, 능력 등에 따라서 리더십이 달라지며 그에 따라 어떤 리더십은 효과를 발휘하고 다른 리더십은 실패를 한다고 보는 접근법이다. 따라서 좋은 리더의 특성이 무엇인지를 발견하려는 시도이다. 즉 리더가 가진 특성이 리더십의 효율성을 좌우하며, 따라서 리더의 특성이 매우 중요하다고 강조하는 접근법이다.

이러한 접근법은 어떤 사람의 경우 선천적으로 다른 사람에 비해 능력이 월등하며 특이한 자질을 가지고 태어난다고 가정한다. 그러므로 훌륭한 리더가 있으면 어떻게 해서라도 그의 특성을 있는 대로 찾아내고 다른 훌륭한 리더와 비교하여 공통적인 특성을 확정한다. 예를 들면 지칠 줄 모르는 리더의 에너지, 직감력, 미래통찰력, 설득력 등의 타고난 능력이 리더의 성공을 가져온다고 믿는다.

하지만 1930~1940년대에 수행되었던 특성접근법에 의한 수많은 연구를 보면 아직도 성공적인 리더십을 규명하는 특성이 무엇인지를 명확하게 밝혀내지 못하고 있다. 그 이유는 리더의 어떠한 특성이 어떠한 요인에 영향을 미쳐서 조직의 성과향상을 가져오는지에 대한 구체적인 인과관계를 밝히지 못하는 데 있다. 하지만 최근에는 어떠한 리더특성들이 리더십 효율성과 관련되어 있는지에 대한 보다 향상된 연구결과들이 많이 쏟아져 나오고 있다. 예를 들면 리더가 윤리적 가치관이 확실하면 그 집단은 리더를 잘 따르며 효율적이더라는 것이다. 이와 비슷한 특성으로는 윤리성 말고도 통찰력, 정직성, 창의성, 실력 등이 거론되었는데 이는 리더라면 우선 믿을 만하고 비전과 지도력을 갖춘 사람이어야 한다는 뜻이다. 특성이론은 위인들만 대상으로 연구해서 위인이론(the

LEADERSHIP STORY 1.5 **위인의 이중인격적 특성?**

- 자본가들에게 노동자의 임금을 착취하지 말라고 외쳐댔던 칼 막스(K. Marx)는 정작 자기가 고용하고 있던 가정부에게는 임금을 주지 않았다.
- 많은 교육이론과 《에밀》을 발표하고 오늘날까지 교육의 아버지로 불리는 루소(J. J. Rousseau)의 친자식들은 사실상 고아원에서 자랐다.
- 사랑을 논하고 사랑을 외쳐댔던 사르트르(J. P. Sartre)는 자기 애인 보부아르 부인을 기만하고 사취했다.
- 역시 사랑과 자비의 작가로 알려진 톨스토이(L. Tolstoi : **사진**)는 자신의 순진한 아내 소냐를 악처로 조작한 악부였다.

평소의 태도, 가치관, 신념과 실제 행동이 일치한 삶은 위인에게도 쉽지 않은 일이란 말인가?

great man theory)이라고도 한다.

(2) 행동중심

1950년대에 시작된 행동접근법은 리더특성이나 영향력 같은 내부적 원천이 아닌 부하들 앞에서의 리더행동에 초점을 두고 어떻게 행동해야 효과적인지를 밝히려 하였다. 왜냐하면 좋은 리더특성만을 찾다 보니 훌륭한 리더들이 지니고 있는 특성들 중 상호 모순되는 것이 많았기 때문이다. 예를 들면 냉정하고 야망이 크면 좋은 리더도 되지만 비효율적 리더도 되더라는 것이다. 그러므로 학자들은 리더의 내부 특성보다는 리더가 부하들 앞에서 어떻게 그들을 대하고 어떻게 리드하는지에 관심을 더 두게 되었다.

리더특성은 리더행동을 결정하기도 하지만 언제나 그렇지는 않다. 즉 온순한 특성을 가진 사람이 부하들을 다룰 때에는 냉정할 수도 있다. 그러므로 조직의 성과를 좌우하는 리더십의 원인으로 리더의 온순한 특성이 아닌 온순한 행동에 초점을 맞추고 연구하기 시작한 것이다. 지난 50년 동안 학자들은 이러한 접근법에 기초하여 리더행동의 여러 유형들과 리더십 효율성의 다양한 지표 간의 상관관계를 조사해왔다. 이를 위해서 실험실 연구, 현장조사 연구가 동원되었으며 효율적 리더와 비효율적 리더의 리더행동에 어떤 차이가 있는지 식별하려는 노력이 많이 진행되었다.

LEADERSHIP STORY 1.6 | **아버지의 사랑의 리더십 행동**

일본의 한 군주였던 구로다 요시다카는 병석에 누워 임종이 가까워지자 신경질이 매우 심하여 부하들을 자주 꾸짖곤 했는데, 때론 보기 민망할 정도이기도 했다. 하루는 아들 나가마사가 참지 못하고 부친의 머리맡으로 다가갔다. "아버님, 몸이 편치 않으시어 마음이 몹시 심란하시겠으나, 부하들이 매우 곤란해합니다. 조금 부드럽게 대해주실 수 없겠습니까?"

그러자 군주는 아들을 더 가까이 불러 귓속말로 이렇게 속삭였다. "내가 심하게 굴수록 부하들은 그만큼 더 너를 우러러보게 될 것이다. 내가 이러는 것은 모두 너를 위한 것이다." 아들은 아버지의 말씀에 고개가 수그러질 뿐이었다.

(3) 권력과 영향력 중심

권력-영향력접근법은 리더와 부하 사이의 권력관계에 관심을 갖는다. 즉 리더와 부하가 권력을 어떻게 나누어 갖는 것이 가장 효율적인 리더십인가에 초점을 두고 연구한 접근법이다. 권력은 상대적이기 때문에 리더의 영향력뿐만 아니라 부하들 각자의 영향력도 관심의 대상이 된다. 따라서 리더와 부하 간의 영향력 교환관계가 어떻게 발전하는지를 관찰하고 아울러 동료, 상사 혹은 조직 외부의 사람들, 즉 고객이나 공급자 등과의 관계가 어떻게 진행되는지에 대해서도 많은 논의가 있어 왔다.

권력을 통한 영향력이 관심대상이다 보니 리더가 부하에게 권력을 어느 정도 위임하는 것이 리더십 효율성인지를 밝히려고 많은 연구와 주장이 뒤따랐다. 그 과정에서 많은 연구자들은 부하에게 결정권을 위임하는 참여적 리더십(participative leadership)이 효율적이라고 주장했는데, 이들은 리더에게 부하와 권력을 공유하라고 강조한다. 즉 부하에게 권한을 위임하여 결정에 참여시키는 것, 곧 부하에게 힘을 실어주는 것(empowerment)이 가장 효율적 리더십이라고 하였고, 이 주장은 권력-영향력접근법의 대표적인 주장이 되었다.

(4) 상황중심

리더의 특성이나 리더행동이나 리더의 권력을 연구대상으로 한 접근법은 연구초점을 리더에게만 맞출 뿐이다. 그러나 상황접근법은 연구초점을 비단 리더뿐만 아니라 리더십이 발휘되는 순간의 주변환경(상황)에도 둔다. 즉 상황부터 파악하고 그 상황에 맞는 리더특성 혹은 리더행동이라면 효율적 리더십이며 반면에 그 상황에 맞지 않다면 아무리 좋은 리더행동이나 권한위임도 비효율적 리더십이 된다는 것이다.

여기서 상황변수란 부하의 특성(성격, 능력, 태도 등), 부하들이 맡은 업무의 본질, 조직의 분위기, 그리고 외부환경 등이다. 선진국에서는 민주적인 대통령이 권한을 위임하고도 국정을 잘 수행할 수 있지만 오랫동안 독재에 길들여진 후진국에서는 카리스마적이고 독재적인 리더가 더 인기가 있고 효율적 리더십을 발휘할 수 있다는 주장은 상황접근법의 전형적인 사례이다. 그렇다고 상황접근법으로 리더십을 연구하는 학자들이 독재적 리더십을 찬양하는 것은 아니다. 그들이 강조하는 것은 어느 상황에서나 최고인 하나의 리더십 형태가 아니라 상황에 따라 자주 변해가는 리더십이다.

그러므로 국가의 리더도 평화시와 전시, 경제개발기와 정치적 안정기에 필요한 리더 형태가 다를 것이며 기업의 CEO라면 초창기 소규모로 성장할 때와 대규모로 정착했을 때, 그리고 혁신이 필요할 때의 리더행동이 달라야 한다는 것이다.

LEADERSHIP STORY 1.7 | 상황부적합적 리더십

아들이 잘못하면 아버지는 아들을 할아버지 산소에 데려가 세워놓고 아들이 보는 앞에서 회초리를 들고 당신의 걷어 올린 종아리를 스스로 때렸다. 그러면 아들은 무릎을 꿇고 다시는 안 그러겠다고 아버지에게 사죄하곤 했다. 그로부터 20년 후 그 아들이 아버지가 되었다. 그는 아들의 잘못을 바로잡으려고 어렸을 때 자기의 아버지가 했던 대로 아들을 앞에 세워놓고 자신에게 매질을 했다. 그러자 놀란 아들이 엄마에게 달려가며 소리쳤다.

"엄마, 아빠 미쳤나 봐!"

(5) 통합적 접근

통합접근법은 문자 그대로 여러 리더십 접근법을 총동원하는 것이다. 즉 리더특성, 리더행동, 부하의 태도, 주변상황을 종합적으로 분석해야 효율적 리더십의 정체를 파악할 수 있다고 전제한다. 또한 리더십도 몇몇 유형을 통합적으로 사용하는 것이 효율적이기 때문에 어떤 리더십 유형끼리 조합해야 하는지를 밝히려 한다. 최근 연구에 의하면 리더십 유형을 두 개 이상의 유형으로 진행하는 것이 일반적인 상식이 되었다. 예를 들어 카리스마 리더십(charismatic leadership)은 리더의 특성도 중요하고 리더행동도 중요하다. 그리고 부하들의 태도 역시 이 리더십에 영향을 미치는 중요한 요소가 된다. 카리스마 리더십의 경우 추종자들이 왜 집단의 목적이나 사명을 달성하기 위해서 자

LEADERSHIP STORY 1.8 | **모두를 갖춘 리더?**

과거 더글러스 아이베스터(D. Ivester)는 30세에 최고재무담당 이사(CFO)를 거쳐 마침내 코카콜라의 최고경영자(CEO)가 된다. 그러나 최고경영자가 된 이후에도 계속 재무 관련 업무를 챙기느라 비전을 제시하고 전략을 세워야 하는 CEO의 역할을 등한시하다가 실패한 리더가 되고 만다. 상황이 바뀐다고 사람이 변하는가에 대한 논란은 아직도 해결되지 못했다. 심지어 리더십의 대가 피들러(F. E. Fiedler)마저 말년에는 상황이 바뀌자 리더십을 바꾸는 리더를 찾기 어려웠다고 고백했다. 그러나 2017년에 새로 부임한 코카콜라의 새 CEO 제임스 퀸시(J. Quincey)는 전통적 코카콜라 음료를 감축하고 생수 시판을 단행하려 한다. 그는 "코카콜라에서 무엇인가 다른 것을 시도하려 한다면 실패는 엄청난 것이다. 그러나 우리가 실수하지 않는다면 그것은 충분한 노력을 하지 않은 것과 같다"고 말한다. 그러면서 133년 전통을 가진 코카콜라가 가장 가치 있는 브랜드여야 한다는 데 집착하면서 변화를 가로막았던 '보신주의'를 깨뜨리려고, '실수하지 않으면 얻을 게 없다'라면서 '새로운 코크(Coke) 신드롬'이라는 이름의 캠페인을 시작했다. 현재 전 세계적으로 비만과 당뇨의 주범으로 인식된 소다수 판매는 감소하고 있으며 미국에서 '설탕세'를 도입하는 주들이 늘어나고 있는 추세이다. 회사의 2017년도 1분기 순익이 감소한 가운데 그는 경영상의 이유로 1,200여 명의 직원을 감축했다. 코카콜라의 긴 역사 동안 보지 못했던 리더십이다. 상황이 그를 새 리더로 변화시켰다.

기 자신을 희생하며 추가적인 노력을 기꺼이 행사하는지를 설명하는 데 한두 가지 접근법으로는 불가능하다. 즉 리더의 카리스마 특성도 필수적이며 리더의 행동과 부하들의 태도와 가치관, 그렇게 되기까지의 상황이 모두 연계되어 나타나는 것이 카리스마 리더십이라고 본다.

4 리더십 연구의 수준과 관점

지금까지 리더십을 연구하면서 연구자마다 자기 방식대로 리더십을 정의하고 연구대상으로 삼았지만 연구수준을 명확하게 한다면 훨씬 일관성 있는 이론을 발견할 수 있다. 그리고 연구대상도 초점을 어디에 두고 접근하는지에 따라 결론이 달라지는데 시대에 따라서 혹은 리더십 이론의 발전에 따라서 관심의 대상이 변해가고 있다. 이에 대해 간략히 살펴보기로 한다.

(1) 리더십 수준의 문제

리더십 이론을 분류하는 또 다른 연구초점 중 하나가 바로 리더의 영향력이 행사되는 수준과 범위이다. 이것을 어느 정도 제한을 두고 연구하는지에 따라서 세 가지 수준으로 분류할 수 있다. 하나는 리더개인이 부하개인에게 미치는 영향력(intra-individuals process)을 연구하는 것이며, 다른 하나는 리더와 부하의 상호작용인 양자적 과정(dyadic process)을 연구하는 것이다. 그리고 세 번째는 리더가 집단구성원 전체에게 발휘하는 영향력을 연구하는 것이다. 즉, 우리가 리더십을 논하거나 연구하면서 먼저 전제해야 할 것이 있는데 홍길동 사원에게 미치는 박 팀장의 리더십이 효율적일지라도 팀을 이끄는 박 팀장의 리더십은 부족할 수 있다는 점이다. 혹은 참모들 개개인을 대하는 대통령의 리더행동은 욕을 먹더라도 국민 전체를 이끄는 리더십은 효율적일 수 있다. 이처럼 리더십 수준에 따라 효율성과 평가기준을 달리하고 연구하여 제대로 된 결론에 다다를 수 있다.

리더십 효율성을 판단할 때에나 효과적인 리더십을 발견하고 추천할 때에도 어느 수준인지를 전제하고 나서 말하는 것이 타당하다. 왜냐하면 리더십 수준에 따라서 강조점 및 해석이 다를 수 있기 때문이다.

(2) 리더십 연구초점의 변화추세

지금까지 리더십의 실체에 대한 연구 대부분은 리더개인의 특성에 초점을 둔 것이 많았다. 조직행동 분야에서 리더를 선발하고 훈련시켜 승진시키기 위해 리더개인의 특성에 초점을 둘 수밖에 없었다. 예를 들면 CEO에 대한 스톡옵션이나 보너스를 주려면 그 CEO의 특성이 남다른 데가 있어야 보너스를 줄 합리적 명분이 생긴다. 부하들이 훌륭해서 좋은 리더십을 발휘하게 되고 성과가 높아진 회사라면 리더에게만 보너스를 주는 것은 비합리적이다. 따라서 연구자들이나 일반인들도 리더십을 떠올릴 때에는 항상 리더의 특성에만 초점을 두어왔던 것이다.

◆ 부하와 상황의 강조

최근 들어 리더십 연구에 있어 조직영역에서의 광범위한 이슈들과 이론적 분석틀을 통합하는 연구흐름이 연구자들 사이에서 생겨나고 있다. 예를 들면 부하들의 팔로워십이 중요하다, 상황이 중요하다 등의 경향은 리더특성 자체보다는 부하나 다른 곳에 연구초점을 맞추기 때문에 나타나는 현상이다.

그리고 한 차원 높여서 리더십이 단순히 집단의 목표달성을 위한 일종의 수단만이 아니라 집단구성원 각자의 일상적인 생활, 정신적, 육체적 건강과도 밀접한 관련이 있다는 점이 강조되고 있다. 예를 들면 독재적 리더를 모시는 직원들의 스트레스 수준이 높다든지 리더의 사회적 지원이 부하들의 직장생활의 질을 높인다는 연구가 속속 출현하고 있다. 따라서 독재적인 리더 덕분에 조직이 목표달성을 한다고 하더라도 부하들의 스트레스가 많다면 효율적 리더로 보지 않아야 한다는 것이다.

그리고 과거에는 가장 효율적 리더십, 소위 가장 모범이 되는 리더십 모델을 발견하여 모든 리더들의 본보기로 삼고 언제 어디서나 그 모델만을 사용하도록 강조하고 교육하였다. 그러나 점차 리더십은 상황에 따라 달라질 수 있으며 변해가야 한다는 주장에 무게가 실리고 있다. 그리고 조직을 개선하기 위해 좋은 리더에게 의존하기보다는 상황을 고치려고 애쓰게 되었다. 다시 말해서 리더 한 사람의 중요성과 의존성이 과거보다 약화되었다고도 볼 수 있는데, 이러한 변화는 상황을 강조하면서 비롯되었다.

◆ 미래지향의 리더십

또 다른 변화라면 과거의 리더십 이론들이 사후적으로 드러난 결과를 보고 어떤 리더십이 좋은지를 밝히고 효율적이라고 강조했는데, 아직 입증되지 않았지만 미래의 상황에 대처할 수 있는 리더십, 즉 미래형 리더십을 찾는 것으로 점차 연구초점이 옮겨지고 있다. 물론 미래를 예측하기는 어렵지만 변화와 혁신이 강조되는 시대에 어제의 효율적 리더십이 내일도 효율적이라는 보장이 없기 때문일 수도 있다. 그러므로 연구자들은 미래의 조직을 예측하고 그때를 대비하기 위한 문제해결적 리더십이 어떠한 것인지를 찾는 데 노력을 기울여야 한다. 이러한 추세들은 리더십의 중요한 관점이 서서히 변하고 있음을 암시한다.

1장의 핵심내용

많은 사람들이 오래전부터 리더십에 끌렸던 것은 어느 정도는 신비스러운 과정이 있었기 때문이기도 하지만 리더의 리더십이 여러 사람의 삶에 영향을 미쳤기 때문이다. 리더십에 관한 연구의 초점은 리더십 효율성의 결정요인이 무엇인지를 찾는 것이었다. 그리고 리더십은 관리와 다르기 때문에 관리자 혹은 경영자들이 모두 리더라고는 볼 수 없다. 리더십 효율성은 하나의 조직, 집단, 팀 혹은 개인에게 미친 영향력의 결과로써 판단할 수 있다. 따라서 다른 사람을 이끌 때 리더가 자신의 최고기량을 발휘할 수 있는 요인이 무엇인지 밝혀내는 것이 중요하다. 리더 각자에게는 저마다 다른 개성이 있겠지만 발휘되는 리더십에는 어떤 보편적이고 공통적인 것들이 있을 것이다. 이런 공통의 패턴을 찾고 그 패턴을 학습하면 어느 정도의 리더십을 보유할 수도 있다.

리더십에 관한 아주 오래된 의문 중 하나는 리더는 태어나는가 아니면 후천적으로 만들어지는 존재인가 하는 점이다. 리더십 효율성을 이해하는 데 관련된 변수들은 세 가지 요소, 즉 리더특성, 부하특성, 상황특성이다. 리더십 연구에는 특성접근법, 행동접근법, 권력-영향력접근법, 상황접근법, 통합접근법 등이 있다. 그리고 연구의 초점을 어디에 두고 접근하는지에 따라 결론이 달라지는데 시대에 따라서 또는 리더십 이론의 발전에 따라서 관심의 대상이 변해가고 있다.

복습 및 토의문제

1. 리더십 정의들의 공통점과 차이점은 무엇인가?
2. 리더십을 정의한다면?
3. 리더와 관리자는 다른가?
4. 리더십의 우열을 측정하고 판단하는 것이 왜 어려운가?
5. 리더십 효율성을 평가하기 위한 기준은?
6. 리더십 연구에는 특성접근법, 행동접근법, 권력-영향력접근법, 상황접근법, 통합접근법이 있다. 효율적인 리더십을 찾기 위한 접근법의 장단점은?
7. 리더십은 개인 간, 양자 간, 집단과의 과정, 즉 세 가지 수준으로 묘사되고 있다. 각각의 분석수준에서 강조하고 있는 것은 무엇인가?
8. 최근에 각광을 받고 있는 리더십 이론에는 어떤 것들이 있는가?
9. 리더십 연구초점은 어떻게 변하고 있는가?

키워드 정리

리더십, 팔로워, 영향력, 관리자, 리더십 효율성, 리더십 효율성의 평가기준, 전문화된 역할, 공유된 영향력, 직접적 리더십, 간접적 리더십, 리더십 특성, 행동접근법, 권력-영향력접근법, 상황접근법, 통합접근법, 상황이론, 양자적 과정, 리더십 수준, 리더십 연구초점

사례연구

레이 크록이라는 리더

시카고에서 여러 식당들을 돌며 주방용품과 믹서기를 팔던 레이 크록(Ray Kroc : **사진**)이라는 한 중년이 있었다. 그가 다니는 회사에서 한 번에 다섯 잔의 밀크셰이크를 만들 수 있는 신제품 멀티믹서기를 출시했지만 판매량은 영 신통치 않았다. 그러던 어느 날 그는 동료로부터 어느 한 가게에 멀티믹서기를 무려 8대나 팔았다는 말을 듣고서는 의문에 잠긴다. 자기가 다녀본 식당에서는 모두들 신제품에 대해 시큰둥한데 유독 왜 그 식당만 멀티믹서기를 그렇게 많이 샀는지 도무지 이해가 가지 않았던 것이다. 그는 직접 그 식당을 방문해보기로 했다. 그 가게 앞은 햄버거와 밀크셰이크를 사려는 손님들이 장사진을 치고 있었다. 그는 바로 생각했다. 똑같은 가게를 다른 도시나 다른 동네에도 차리면 같은 현상이 일어나지 않겠는가? 특히 이 가게처럼 큰 도로 옆이면 되겠다고 생각한 그는 가게 주인에게 프랜차이즈를 제안했고 계약 조건에 가게이름과 음식메뉴, 가게의 구조와 경영방식, 심지어는 그 가게의 상징물인 금색 아치까지도 똑같이 하기로 합의하였다. 그 가게의 원래 주인 형제의 이름은 McDonald's였다.

모리스와 리처드 맥도날드 형제는 영화업계에 종사하다가 1937년에 처음 식당을 차렸다. 그러나 10여 년 후 메뉴를 단순화하고, 서비스를 줄여서 손님이 직접 가지고 가도록 하는 셀프서비스 방식을 도입하여 가격을 대폭 낮췄다. 동일 품질에 가격이 낮아지니 손님이 많이 오고 음료수와 함께 먹어야 하니 믹서기가 많이 필요할 수밖에 없었다. 그러던 차 1954년 그 가게에 믹서기 판매원이던 레이 크록이 왜 그렇게 믹서기를 많이 샀는지 알아보려고 찾아왔던 것이다. 그는 줄곧 주방용품과 믹서기 회사에서 일하다가 맥도날드 형제를 찾아갔던 것이다. 아내와 친구들이 만류했지만, 1955년 4월 15일 마침내 레이 크록은 그의 고향인 시카고의 디플레인스에 맥도날드 1호점을 연다. 사실 1호점은 맥도날드 형제가 하던 샌버너디노인 셈이다. 그리고 그 외에도 레이 크록을 만나기 전에 맥도날드 형제가 허가한 10여 개의 프랜차이즈 지점이 따로 있었다.

레이 크록은 무려 53세의 나이에 새 사업을 시작했다. 그리고 사장인 그가 매일 아침 일찍 매장에 나가 직접 청소를 했다. 그때 그가 모토로 삼았던 네 개의 단어가 있었다. 'Quality, Service, Clean and Value'이다. 그의 후일담이다. "완벽이란 성취하기 매우 어렵다. 하지만 나는 맥도날드가 완벽하기를 원했다." 레이 크록은 맥도날드 창시자이지만 사실은 세일즈맨인 동시에 관리능력이 뛰어난 리더이다. 그는 창업 멤버들과 동료들에 대한 존중도 잊지 않았다. 그는 1984년 1월 14일 심장병으로 사망하던 82세 고령의 나이에도 결코 일을 멈추지 않았고 샌디에이고 사무실에 거의 매일 출근하다시피 했다. 그와 매슬로, 마틴 루터 킹 2세 등은 나란히 '꿈을 추구했던 사람'으로 분류된다. 콜럼버스는 미국을 발견했고, 제퍼슨은 미국을 태어나게 했으며, 레이 크록은 미국을 맥도날드화했다. 우리를 압도한 것은 컴퓨터도 신무기도 정치혁명도 신약도 아닌 바로 햄버거였다.

토의주제

- 레이 크록이 다른 사람과 다른 점은?
- 레이 크록은 행운아인가, 노력가인가? 그렇게 생각하는 이유는 무엇인가?
- 레이 크록과 유사한 리더로 누가 있는가? 그 유사점은 무엇인가?
- 리더가 갖춰야 할 기본 조건은?
- 기타 : 이 사례에서 또 생각해보거나 토론해볼 점을 나열해보자.

2장

리더가 하는 일

리더십이란 어떤 자리가 아니라 실천하고 행동해야 하는 과업이요 업무이다. - 도널드 H. 맥거넌

기업의 모든 활동 가운데 99%는 일상업무가 차지한다. 기업의 존폐는 그 나머지 1% 업무를 어떻게 경영하느냐에 따라 결정된다. - 앨프리드 P. 슬론

지도자가 될 만한 사람은 역경에도 불만을 품지 않고, 영달해도 기뻐하지 않고, 실패에도 좌절하지 않고, 성공해도 자만하지 않는다. - 장자

피노키오 / 박제영

1

거짓말 하면 피노키오 코가 길어진단다
도은이가 거울을 보면서 자기 코를 만질 때
우리 딸 거짓말 한 거 있지요?
물어보면
달기똥 같은 눈물이 그렁그렁 맺히는
우리 집에는 열 살짜리 피노키오가 산다

2

아빠 말대로라면 아빠 코는 코끼리 코보다 길어졌겠지
아직도 어린앤줄 아는 아빠 생각하면
어른이 되면 안 될 것 같아
거울을 보다가
그만 눈물이 나기도 하는데
우리 집에는 피노키오를
사랑하는 코끼리가 산다

2장

리더가 하는 일

리더십도 따지고 보면 실천되어야 할 하나의 업무이며 역할이다. 학교나 군대, 국가나 집단, 기업이나 동아리, 교회나 병원, 그것이 어떠한 조직이든 누군가는 구성원을 이끌고 관리해야 하는 일(업무 또는 역할)을 맡아야 한다. 이를 리더업무라고 한다면 이는 조직이 운영되기 위한 필수적 업무이고 다른 어떤 업무보다도 중요한 업무이다. 즉 모든 조직에는 관리업무가 존재하며 모든 조직의 관리자는 자신이 직접 수행하든 누구를 시켜서 수행하든지 간에 리더역할을 완수해야 조직이 돌아가는 것이다.

이 장에서는 리더업무의 내용이 무엇인지, 리더가 해야 하는 역할의 실제 내용은 무엇이며, 리더는 역할수행을 위해 과연 무슨 일을 해야 하는지 그간의 연구들을 정리해 보기로 한다. 리더의 역할수행을 위한 업무를 규명하는 유용한 한 가지 방법은 리더가 무슨 일을 하는지 그들의 행동을 관찰하면서 효율적 행동과 비효율적 행동을 비교해보는 것이다.

그렇다면 리더십 행동이란 무엇인가? 리더십 행동은 다양한 방법과 수준에서 측정된다. 리더의 행동은 다른 말로 리더의 '활동패턴', '관리역할', '행동범주' 등으로 표현될 수 있다. 이 장의 목적은 리더십 행동을 조사한 다양한 관찰방법을 살펴보는 것이다. 이와 더불어 관리자나 리더가 맡은 업무들을 수행하면서 리더역할을 위해 어떤 활동을 주로 하고 있는지 살펴보고 효율적 리더가 하는 리더십 행동을 찾아낼 것이다.

이 장에서 배울 것

- 리더업무는?
- 관리직책에 있는 사람들의 전형적인 활동은 무엇인가?
- 관리자로서의 리더역할은?
- 관리업무는 상황에 의해 어떠한 영향을 받는가?
- 관리자의 외부활동과 네트워킹의 중요성은?

1 리더업무는?

리더업무는 일반적인 업무에 비하여 색다른 특징을 가진다. 리더나 관리자들이 실제로 조직과 집단에서 어떤 일을 하는지, 어떻게 시간을 보내는지, 구체적으로 어떠한 일처리를 하는지를 밝히기 위해 연구자들은 직접관찰법(observation), 일기법(diaries), 면접법(interview) 등과 같은 방법을 사용했다. 이와 관련된 연구결과들을 고찰해보면 리더가 수행하는 업무활동을 파악할 수 있는데 이러한 리더업무의 실상을 살펴보기로 하자.Hales, 1986 ; McCall, Morrison, & Hannan, 1978 ; Mintzberg, 1973

(1) 짧은 시간 투자와 다양한 업무처리

전형적인 리더는 자신의 업무속도를 꾸준하게 관리한다. 하루 종일 업무가 단절되는 법이 드물다. 그리고 지위가 높은 리더는 집에까지 일을 가지고 가는 경우도 많다. 리더는 지속적으로 새로운 정보를 탐구하고 분석하도록 자기 자신을 북돋운다. 그리고 리더는 거의 습관적으로 무슨 일이든 탐색하는 강점을 가졌다. 공휴일에나 집에서나 자신의 직무를 망각하는 법이 없다. 리더는 지속적인 정보요구, 지원요청, 명령과 지시, 그리고 구성원과 조직 외부사람들과 권한관계에 놓여 있다.

리더는 하루 종일 매우 다양한 업무를 수행한다. 그러면서 각각의 업무활동에 지극히 짧은 시간만을 투자하는 경향이 있다. 민츠버그Mintzberg, 1973가 최고경영자를 관찰한 바에 따르면 온종일 리더가 완수하는 다양한 업무활동의 반 정도는 거의 9분 이내에 완료되었고, 단지 10%만이 1시간 이상 소요되는 것으로 나타났다. 즉 리더가 수행하는 대부분의 과업은 짧고 다양하다. 그러므로 어떤 과업을 도중에 중단하기도 잘하고 한 번에 여러 업무를 동시다발적으로 처리하기도 잘한다. 더구나 급속한 분위기 전

LEADERSHIP STORY 2.1 **리더의 미션 : 사랑의 가시밭길**

가브리엘 신부는 호전적인 과라니족 원주민들을 개종시키기 위해 본인이 직접 험준한 계곡과 절벽을 지나 원주민 지역으로 들어간다. 그리고 자신의 가방에서 오보에를 꺼내 연주를 시작한다. 가브리엘 신부의 음악연주에 마음을 연 원주민들은 그를 믿고 신뢰하기 시작한다. 이때 노예 사냥꾼인 로드리고 멘도자의 습격을 받아 몇 명의 과라니족 원주민들이 납치와 살해를 당한다. 로드리고는 사냥해온 과라니족 원주민을 다른 노예상에게 넘기고 집으로 돌아온다. 집에 돌아온 로드리고는 사랑하는 아내로부터 동생 펠리페를 사랑한다는 고백을 듣고 충격에 빠진다. 결국에는 자신의 동생을 숨지게 만든다. 하지만 너무나 사랑했던 동생이었기에 로드리고는 자책감에 예수회 수도원에서 곡기를 끊고 자살하려 한다. 이때 가브리엘 신부는 로드리고를 설득하여 원주민 마을로 데려가게 된다. 로드리고는 자신의 죄를 속죄하는 의미에서 고행의 행군을 시작한다. 드디어 도착한 과라니족 마을에서 그는 자신이 학대하고 노예로 사냥했던 마을 사람들에게 용서를 빌고 결국 예수회 신부의 일원이 된다. 노예상인 로드리고는 이곳에서 사랑에 눈뜨게 되고 원주민과 융화되어 훌륭한 신부로서의 삶을 살고자 하지만 스페인군의 습격이 시작된다. 이때 가브리엘 신부는 신의 대리자로서 원주민들의 영혼을 구제하기 위해 기도와 무저항을, 로드리고 신부는 원주민에게 현실적인 자유와 믿음을 주기 위해 저항을 택한다. 로드리고가 무력으로 저항할 것을 결심하고 가브리엘에게 축복해줄 것을 부탁한다.

로드리고 : 신부님! 축복을 부탁드리러 왔습니다.

가브리엘 : 아니오, 만약 그대가 옳다면 신의 축복은 필요 없소. 그리고 만약 틀렸다면 나의 축복도 소용없소. 만약 무력이 옳은 것이라면 이 세상에 사랑이 설 곳은 어디에도 없을 것이오. 만약 그렇다면 난 이 세상에서 살아갈 기력을 얻지 못할 것이오. 로드리고, 나는 당신에게 축복을 해줄 수 없소.

그러나 가브리엘 신부는 로드리고에게 자신이 걸고 있던 십자가를 풀어줌으로써 그에게 무언의 의지를 전한다. 두 사람은 각자 자신의 양심이 가르치는 길로 발길을 옮겼다. 가브리엘도 로드리게도 결국은 죽는다. 비록 서로 정반대의 길이었으나 결국은 사랑의 길이었다. – 영화 〈미션〉

환을 필요로 하는 중요한 활동들이 여러 번 관찰된 반면에 사소하고 일상적인 활동들은 별로 많지 않았다.

리더가 하는 업무들이 대개 짧고 다양한 이유는 리더가 관여해야 하는 일들이 여러 명의 부하들이 맡은 일들을 총괄하고 조정하는 것이기 때문이다. 과업의 종류는 많지만 한 과업에 너무 많은 시간을 투입하다 보면 모든 일에 전부 관여할 수 없기 때문에 시간이 짧을 수밖에 없는 것이다.

(2) 대응적이고 즉각적 업무

리더가 하는 업무활동의 대부분이 짧게 수행되며 자주 중단되는 이유는 리더 업무가 리더 자신이 아닌 타인에 의해 주로 발생되고 주도되며 리더 혼자서 처리할 수 있는 것이 아니라 누군가와 상호작용할 필요가 많기 때문이다. 보통의 사원이라면 상급자가 일을 시키면 일단 계획을 세워서 묵묵히 자기 혼자서 자기 방식대로 진행시켜 완수하면 된다. 하지만 리더의 업무는 부하들 중 누구에게 시켜야 하고 누구와 누구를 연결해주어야 하며, 리더에게도 상급자가 있기에 지시받고 보고해야 하며, 또한 자기 집단을 대표해서 다른 집단에 속한 누군가의 협조를 얻든지 협상을 해야 하는 등 결국 혼자서 처리하는 경우가 드물다. 그러므로 대부분의 리더업무가 리더 자신이 주도권을 쥐고 자기 마음대로 혼자 하는 것이 아니라 남과의 관계에서 그때그때 대응해나가야 하는 경우가 많다.

일반인들이 갖고 있는 리더에 대한 공통적인 통념 중 하나는 리더라면 부하들을 통제하고 리드하기 위해 정교한 계획안을 짜고 조직의 닥친 문제들을 분석하고 심사숙고해서 해결책을 마련하는 데 많은 시간을 보낼 것이라는 점이다. 하지만 리더의 업무수행 행동을 관찰한 민츠버그의 결론은 대부분의 리더가 구성원들의 의견이나 여러 정보자료를 놓고 심사숙고하여 계획을 짜고 결정하는 데 그리 많은 시간을 소모하지 않는다는 것이다. 리더의 업무활동이 자주 중단되는 이유는 그저 짧은 시간 안에 최대한 여러 업무를 처리하기 때문이며, 이는 아무리 중요한 일이더라도 리더가 장시간을 투자하기 어렵다는 의미도 된다. 예를 들면 어떤 CEO는 몇십 건의 안건을 불과 몇 분만에 결재하더라는 것이다. 계산해보니 한 건당 평균 몇 초 정도만을 소비했다.

(3) 빈번한 대인접촉과 인적 네트워크

리더십 연구자라면 리더업무를 파악하기 위해 대개는 리더가 부하와 어떤 관계를 가지며 부하에게 어떻게 행동하고 부하는 리더에게 어떤 자세를 가지는가에 초점을 맞출 것이다. 또한 실제로 많은 리더십 문헌들이 리더와 부하의 상호관계에 초점을 두고 조사된 것들이다.

그러나 그 실제를 들여다보면 리더는 직속부하나 직속상사보다는 다른 사람들과 관계하느라 상당한 시간을 소모하고 있다. 이처럼 리더가 만나고 관계하는 외부인이라면 부하의 부하, 직속상사의 상사, 타 부서의 리더, 타 부서 리더의 부하, 그리고 타 부서의 차상급자를 포함한다. 더 나아가서 기업이라면 타 기업의 간부들도 만나고 고객, 공급업자, 협력업체의 사람, 정부기관 공무원, 지역사회 주요인물 등과 접촉하느라고 상당한 시간을 소모한다. 코터Kotter, 1982는 조직 외부와 내부의 사람으로 구성된 어느 리더의 인적 네트워크를 도표 2-1 과 같이 요약하고 있다.

| 도표 2-1 | 홍길동 리더의 교류인사

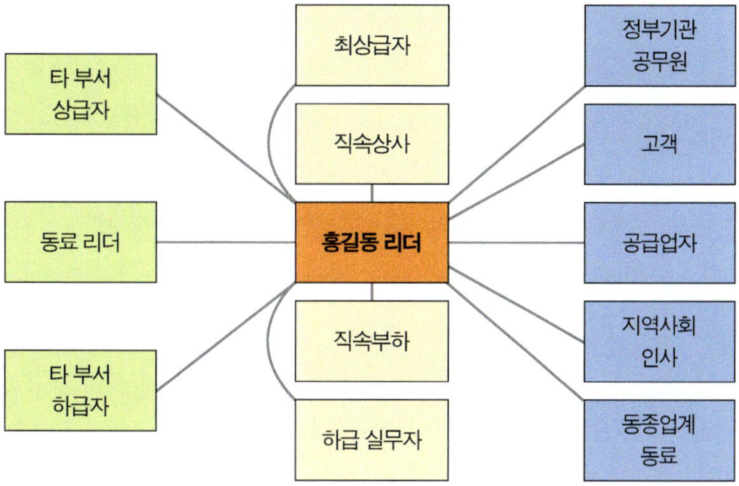

이와 같은 복잡하고 수많은 대인접촉 네트워크(contact network)는 한 사람의 리더가 자신의 직속부하들 말고도 조직 내부의 타 부서에 혹은 조직 외부에 지원하고 협력할 사람이 많음을 시사한다. 리더의 이러한 대인접촉 네트워크는 쓸데없는 체계가 아니라 그가 책임 맡고 있는 집단의 외부 및 내부에서 발생되는 각종 상황에 대한 정보를 자기 집단에게 제공하기 위한 것이다. 그가 수집한 정보는 집단의 목표달성과 성과향상에 직간접적으로 영향을 미치기 때문이다.

그러므로 리더의 인적 네트워크는 조직의 문제해결과 변화추구를 위한 일종의 자원으로서, 혹은 지원자로서 공헌하게 된다. 내외부 지원자를 끌어모아 일종의 연합체(coalition)를 결성할 수 있는 리더의 능력이야말로 혁신적 변화와 그 변화를 성공적으로 완수하는 중요한 원동력이 된다.Kanter, 1983 물론 리더가 접촉한 사람들이 직접 지원자 역할을 할 수도 있으며 그 사람으로부터 얻은 정보와 자원이 지원 역할을 할 수도 있다. 그러므로 리더는 집단의 문제를 해결하고 집단의 목표를 효율적으로 달성하기 위해서 인적 네트워크를 확장하는 데 많은 시간과 열정을 소비하기 마련이다.Kaplan, 1988

(4) 언어 커뮤니케이션

리더는 가장 중요한 안건에 대한 최종 결정을 내려서 부하들로 하여금 실행에 옮기도록 해야 한다. 그러기 위해 다량의 정확한 정보를 빨리 획득해야 할 것이다. 리더가 정보를 획득하는 전형적인 수단으로 문서(메모, 편지, 보고서, 작업지시서, 계약서 등), 전화, 전자메시지(이메일, 팩스 등), 회의(정규회의, 비정규 회동), 순회관찰 등을 꼽을 수 있다. 그런데 리더는 문서나 보고서 등을 사용하는 것보다 언어 커뮤니케이션을 더 선호한다. 어느 조사에 의하면 리더는 언어 커뮤니케이션에 업무의 57~89%를 소비한다.

커뮤니케이션 연구는 오랫동안 언어 커뮤니케이션만 대상으로 행해져 왔지만 오늘날에는 비언어 커뮤니케이션으로도 비중이 옮겨지고 있는 추세이다. 리더와 부하의 관계는 직접대면만이 아니라 많은 비언어적 소통으로 이루어진다. 송신자의 생각과 정보를 수신자에게 전달할 때의 중간 매체는 전부 언어라고 보는 것이 커뮤니케이션 학자의 견해인데 이렇게 보면 송 · 수신자가 교환하는 모든 신호도 언어에 포함된다. 이 신호는 송 · 수신자 사이의 채널을 통해서 왕래한다.

◆ 언어 커뮤니케이션과 문서 커뮤니케이션

커뮤니케이션은 언어(oral) 커뮤니케이션과 문서(written) 커뮤니케이션으로 나뉠 수 있다. 그런데 부하들에 비해 리더가 언어 커뮤니케이션이나 직접대화에 더 큰 비중을 둔다. 리더는 왜 문서 커뮤니케이션보다 언어 커뮤니케이션을 더 선호할까? 일반적으로 직원들은 문서작성 능력이 부족해도 책임과 증빙 때문에 언어 커뮤니케이션보다는 문서 커뮤니케이션에 의존할 수밖에 없다. 그러나 리더는 보고를 받거나 지시를 할 때 문서 커뮤니케이션보다는 언어 커뮤니케이션을 압도적으로 선호하는데 그 이유는 즉

LEADERSHIP STORY 2.2 | 리더의 잘못된 발음

1902년 미국 앨라배마 주 버밍햄에서 일어난 일이다. 어느 주일날 교회 안은 약 2,000명 정도의 신도로 붐비고 있었다. 워싱턴 목사는 열렬한 설교로 유명했다. 설교가 절정에 다다랐을 때 워싱턴은 'fight(도전합시다)!'라는 단어를 'fire!'로 잘못 발음해버렸다. 이를 들은 신도들은 '불이 났다!'로 알아듣고 비상구나 출구를 찾아 뛰기 시작했다. 교회는 곧 아수라장이 되어 버렸고 그로 인해 압사자만 115명이나 되었다. 정확하지 않은 발음 하나가 115명의 생명을 앗아버린 것이다.

각 전달이 가능하고, 직접 반응을 살피며, 궁금한 부분을 자세히 알 수 있기 때문이다.

◆ 리더가 선호하는 언어 커뮤니케이션의 한계점

부하의 보고, 보고에 대한 의문점에 대한 질문, 부하의 재답변 등 일련의 과정이 문자로만 이뤄진다면 많은 시간이 걸릴 뿐 아니라 오해의 소지가 더 많아질 것이다. 이런 이유로 하위계층보다 비교적 재량이 있는 관리자 계층에서는 직접대면하는 언어 커뮤니케이션을 선호한다. 그러나 리더가 모든 부하들을 일일이 만나야만 커뮤니케이션이 가능하다면 큰 문제이다. 리더는 그럴 시간이 없기 때문이다. 만약 정보소통의 중추역할을 맡은 리더가 제대로 기능을 하지 못하여 노하우를 해당 부하들에게 전달도 못 하고 혼자의 머릿속에만 계속 쌓아놓는다면 어떻게 될까? 그는 곧 모든 정보를 독점하게 되고, 모든 분야의 의사결정에 참여하는 독재적 관리자로 변하게 되지만, 그도 인간인지라 정보저장과 활용능력의 제한을 받게 되어 최선의 의사결정을 못 하고 수박 겉핥기식의 결정을 내릴 것이다.

LEADERSHIP STORY 2.3 | 리더는 문서 커뮤니케이션을 중시해야 한다

리더가 의사소통을 말로 하느냐 글로 하느냐는 매우 중요한 문제이다. 아랫사람은 주로 글과 문서로 주고받는데 상층부 사람은 주로 말로 주고받는다. 말은 더 자세하고 되물을 수도 있고 빠르다. 글은 불편하지만 기록을 남길 수 있다. 윗사람은 책임을 추궁당할 경우도 덜하고 귀찮으니 말로 설명받는 것을 좋아한다. 그러나 정보는 윗사람이 더 많이 가지고 있으며, 이 정보가 부하에게 모두 확산되려면 말만으로는 불가능하다. 말단사원이 사장과 만나는 것은 불가능에 가깝기 때문이다. 사장도 그럴 만한 시간이 없다. 혼자 머릿속에 담고 밖으로만 돌다가 무용지물이 될 수 있으니 극비사항이 아니라면 컴퓨터에 기록해두어 필요한 사원이 뽑아 쓸 수 있도록 하자. 이순신은 7년 전쟁 동안 2,539일 일기를 썼다. 감옥에서 나온 날도, 전사하기 이틀 전에도 썼다. 하지만 대부분의 우리 조상은 잘 기록하지 않았고 모든 일을 '통밥'으로만 하고 머릿속에만 담아두었다가 그냥 돌아가셨다. 청기와나 고려상감청자 제조법이 현대에 수수께끼인 것도 그런 이유에서이다. 통밥문화를 버리고 기록문화로 가려면 회사의 리더나 간부계층에 기록문화가 널리 퍼져야 한다.

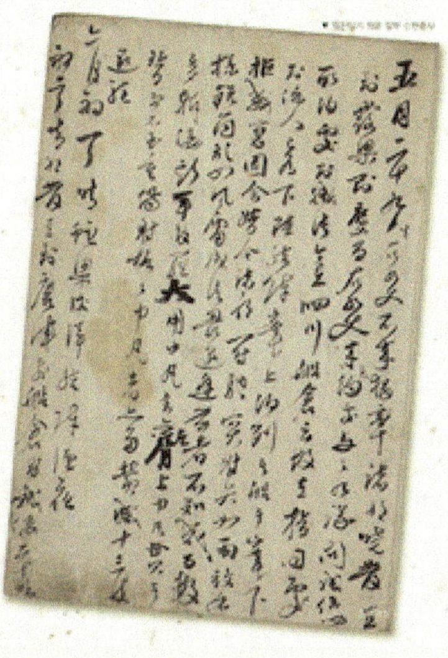

(5) 무질서하고 정치적 의사결정

리더가 집단이나 조직에서 수행하는 업무 중 가장 중요한 일은 역시 의사결정이다. 대부분을 부하들과 상의해서 결정하고 실행하지만 의견이 분분하고 대안이 여러 개일 때 최종 선택권은 리더에게 주어진다. 또는 대개의 리더가 자기에게 주어진 권한을 이용해서 많은 것을 결정하려고 주도하기도 한다. 이래저래 리더의 중요한 역할은 의사결정이다.

그런데 1971년 올슨(J. Olson) 등은 사이몬(H. A. Simon)의 바늘이론을 비판하면서 실제 조직의 의사결정은 그보다도 훨씬 비합리적으로 이뤄진다고 주장하며 소위 쓰레기통 모형(garbage can model)을 발표했다. 현대 조직이 겪고 있는 상황은 무정부상태의 혼돈처럼 불확실하며 이런 상황에서는 제한된 합리성을 가진 인간으로서는 문제조차 파악할 수 없다는 것이다. 즉 조직구성원은 의사결정의 단계적 순서를 밟지 않으며 쓰레기통이라고 불릴 정도로 중구난방의 결정이 행해진다는 것이다. 즉 다음과 같은 이유로 조직은 무정부상태일 때도 많다.

- 우선순위의 불명확성 : 개인과 조직의 목표가 다르니 대안에 관한 선호가 모두 달라서 우선순위가 정해지지 않는 대안이 널려 있다.
- 해결에 대한 지식과 경험 부족 : 목표달성을 위해 어떻게 접근해야 할지 어디서 대안정보를 수집해야 할지 아무것도 모른다.
- 임시적 결정자들 : 의사결정자들의 교체와 이동이 심하고 모두 바빠서 한 문제에 집중할 사람이 없다.

◆ 이기적 · 정치적 의도

경영은 합리성을 기준으로 조직을 운영하는 것이다. 따라서 리더는 집단의 규정과 질서에 의해 구체적인 사건을 계획하고 해결하기 위해 가장 합리적이고 효율적인 의사결정을 진행한다고 상식적으로 추론할 수 있다. 그렇지만 실제로 조직에서 리더의 의사결정과정은 합리적이기보다 오히려 혼란스럽고 무질서하며 정치적이고 감정에 치우치기도 한다. 또한 목표가 사전에 정해져 있음에도 불구하고 주어진 정보와 자료가 왜곡되거나 의사결정자 자신에게 유리한 대안이 선택되도록 조정한다. 그 결과 최선책이 아닌 차선책을 선택하기도 하고 전혀 엉뚱한 것을 선택하기도 하며, 때로는 좋은 대안을 앞에 두고도 자신에게 불리할까 봐 고민하거나 불안해하면서 꾸물거리며 질질 끌다가 기회를 놓치기도 한다.

리더십 카툰

"여러분들이 서로를 얼마나 존중하는지 알아요!"

경영진회의나 간부회의에서는 장고의 토론 끝에 경영전략과 조직의 나아갈 방향이 결정된다.
간부들이 사심을 버리고 조직의 장래만을 생각하는 회의방법은 없을까?
리더가 다툼을 조정하면서 질 높은 결론을 도출하려면 어떠한 기술이 필요할까?

◆ 시간과 능력의 부족

그러나 반대의 경우도 있다. 남들(부하, 상급자, 외부인 등)이 리더의 우유부단함과 무능력을 탓할까 봐 과도한 위험을 무릅쓰고 결정을 하기도 한다.Janis & Mann, 1977 특히 높은 자리에 오른 리더일수록 판단해야 할 일이 많고 바쁘며 스트레스가 많아서 의사결정을 잘못하는 경우가 많다. 외부의 시선이 집중되고 처리해야 할 일이 지나치게 많다면 안건당 비용이 얼마나 소요되며 이득은 얼마나 있을지에 대한 세밀한 고려나 분석을 제대로 하지 못한다.Hambrick, Finkelstein, & Mooney, 2005 예를 들면 높은 압박을 받는 사장의 경우 심각한 위협과 문제를 제대로 보지 못하고 과거에 했던 방식대로 처리하든지 혹은 경쟁기업의 우수한 사례를 단순하게 모방하려고만 할 가능성이 있다. 리더가 부정적 성향(negative affectivity : 두려움, 화남, 의기소침 등)을 가졌거나 매우 이기적이라면 긍정적 성향을 가진 리더나 이타적 리더보다 더욱 엉뚱한 대안을 선택하든지 정치적인 의사결정을 해서 집단과 조직에 피해를 입히는 경우도 허다하다.Ganster, 2005

◆ 비합리적 결정

물론 리더가 언제나 불합리한 의사결정을 하는 것은 아니다. 리더는 부하들의 임금 상승을 허락하고, 시설과 자원을 확보하도록 자금지출을 결정하며, 업무일정을 계획하고 부하에게 업무를 할당하며, 단기적인 목표를 설정하고 발생되는 문제점을 해결하는 경우에는 즉흥적이거나 이기적 또는 정치적 결정을 하지 않는다. 이처럼 일상적 의사결정이라면 그래도 매우 합리적이고 정상적으로 하지만, 예외적 문제나 조직에 처음 닥친 중요한 문제는 정해진 기준과 가이드라인이 불확실하기 때문에 권한을 가장 많이 가진 리더 개인의 선호성향에 따라 결정될 여지가 많다. 이때 리더의 선호성향이란 개인의 이기심, 정치적 야망, 개인의 능력부족, 과도한 모험심, 시간의 부족, 주변의 압력과 스트레스 등이며, 이것들이 리더의 결정에 영향을 미쳐서 합리적인 결정을 방해한다.

(6) 장기적 비전과 전략수립?

어떤 조직이든 장기적 목표를 세우고 전략과 정책을 짜고 장단기 계획에 맞춰서 일을 착착 진행해나간다. 이때 계획수립은 높은 지위의 리더가, 그러한 계획의 실행은 실무자가 맡는다고 믿어왔다. 계획은 정해진 공식목표, 전략, 정책과 예산 등에 기초하여 최고경영자나 경영진이 세우고, 아랫사람들은 실천하기 마련이라는 식이다.

◆ 즉흥적 결정

실제로는 많은 계획들이 비공식적 혹은 즉흥적으로 세워진다. 코터Kotter, 1982는 대부분의 리더가 목표달성 기간에 맞춰서 단기적 목표와 단기계획에만 책임과 관심을 둔다는 사실을 발견했다. 예를 들면 30일 정도의 단기적 목적이나 계획안은 매우 구

리더십 카툰

"수익이 올라간다고 해서 항상 리더십이 있는 것은 아니야."

과연 리더십이란 무엇인가, 도대체 좋은 리더십이란 뭔가? 여러분의 의견은?

체적이고 상세하게 세우지만, 5년 이상 20년 정도의 계획은 매우 모호하고 불안전하며 느슨하게 생각하고 구체적으로 생각하려고 하지 않았다. 경험이 적은 리더일수록 장기계획을 목표와 전략, 예산, 정책과 구체적으로 연계시키지 못했다. 시간이 흘러서 리더에게 조직이나 부서에 대한 더 많은 정보가 주어지면 그제야, 즉 시기가 임박해서야 비로소 계획안이 세밀하고 정교하게 개선된다는 사실을 알 수 있었다.Gabarro, 1985 ; Kotter, 1982

◆ 단기적 결정

이러한 사실은 그동안의 상식을 뒤엎는 발견들이다. 우리는 보통 리더라면 일반 사원들과는 달리 비전과 목표를 만들고 전략과 예산을 따져서 빈틈없이 대책을 세워놓은 다음에 아랫사람들에게 일을 시키며 장기적 목표달성에 한 걸음씩 다가갈 것이라고 생각한다. 혹은 적어도 최고 자리의 리더라면 코앞의 사소한 일에는 덜 신경 쓰고 먼 앞날을 내다보며 장기적인 관점에서 비전을 수립하고 전략과 계획을 세우는 일에 몰두할 것이라고 생각한다. 그러나 그 실제를 들여다보니 대개의 리더가 큰 계획과 장기적 전략수립에는 관심도 적고 시간도 별로 투자하지 않으며 단지 눈앞의 사소한 일 처리에만 몰두했다.

리더가 장기목표와 비전을 망각한다면 실무자들은 더욱 혼란스러워진다. 눈앞의 일만 처리하려고 하다 보면 그 결과가 조직에 도움이 되지 않는 때도 많고, 혹시 다시 목표를 잡고 나면 사소한 과업들이 과거보다 증가할 수도 있다. 결과적으로 실무자는 그날그날의 잡다한 업무에 치여 자신이 왜 그 일을 하는지 모른 채 피곤만 쌓여갈 것이다. 그러므로 리더는 항상 장기적 목표, 궁극적 목표와 연계한 의사결정을 내려야 한다.

| 도표 2-2 | 리더가 수행하는 과업 Gardner, 1990

과업의 내용
1. 목표, 비전 기획하기(envisioning goals)
2. 가치 확정하기(affirming values)
3. 동기부여 마련(motivating)
4. 일상적인 관리(managing)
5. 업무단위 수준 달성하기(achieving a workable level of unity)
6. 현안 등 설명하기(explaining)
7. 상징 제공하기(serving as a symbol)
8. 외부적으로 부서 대표하기(representing the group externally)
9. 새롭게 하기(renewing)

2 리더의 핵심역할

CEO든 대통령이든 팀장이든 동호회장이든 조직을 인도하는 책임자, 즉 리더로서 그들이 하는 일을 리더업무라고 한다면 그 내용은 구체적으로 무엇일까? 기업에서는 사원들이 맡고 있는 업무를 분명하게 파악하기 위해 직무분석(job analysis)이라는 것을 사용한다. 직무분석의 결과물로 직무명세서(job specification)나 직무기술서(job description)가 있는데, 거기에는 과업담당자는 어떤 자격과 기술을 가지고 언제 어디서 무엇을 어떻게 하라고 기술되어 있다. 리더의 업무 역시 직무분석을 해서 리더업무 기술서나 명세서로 작성해 놓는다면 리더의 위치에 있는 사람은 방황하지 않고 자신의 역할을 충실하게 수행할 수 있을 것이다.

직무기술서란 직무분석의 결과물로서 어떤 직무에 대해 있는 그대로를 설명해놓은 것이다. 즉 누가 언제 어디서 무슨 도구를 이용하여 어떻게 일을 하고 누구에게 넘겨주는지를 상세하게 기술해놓은 설명서이다. 이와 같은 직무기술서를 이용한 리더의 역할에 대한 조사는 어떠한 관리업무 유형이 집단성과를 높이는 방식인지 찾아내는 데 유용할 것이다. 초기 이 분야의 연구는 헴필Hemphill, 1959을 시작으로 마호니, 제르디, 캐롤Mahoney, Jerdee, & Carroll, 1965이 수행하였는데 그 이후 직무기술 설문지를 개발하려는 후속연구들이 있었다. 이들 연구로부터 리더업무의 내용을 도표 2-3 처럼 요약할 수 있다.

조직에서 리더는 어떤 일을 하며 담당한 역할은 무엇인가? 그 결과 조직에 어떤 영향을 미치는가? 일반적으로 리더라면 조직이 나아갈 비전을 세우고 주어진 정보를 체계적으로 분석하여 심사숙고한 끝에 최종판단을 내리는 그러한 거창한 일을 하는 사람들이라고 생각한다. 그러나 리더의 활동에 대한 선행연구들을 고찰해본 후 민츠버그Mintzberg, 1973는 리더가 무엇을 하는지에 대한 그간의 많은 연구들이 핵심을 빗나가 있다고 판단했다.

| 도표 2-3 | 리더의 책무

구분		내용
관리감독하기	Supervising	성과목표를 설정하고, 업무일정을 수립하고, 기술을 개발하고, 부하를 위한 교육훈련프로그램을 제공하고, 강점과 약점을 분석하는 일을 통해 부하의 성과를 향상시키는 것
계획수립과 조직하기	Planning & Organizing	미리 효과적으로 업무를 조직하고 일정을 계획하며 업무부서의 목표달성방법을 강구하고 잠재적 문제점에 대비해서 부수계획을 수립하는 것
의사결정하기	Decision-Making	새롭거나 비일상적 상황에 대응하기 위해 기존절차로부터 사소하거나 주요한 일탈에 관한 권한을 행사하고 비구조화된 상황에서 주저함 없이 사업결정을 내리는 것
통제하기	Controlling	운영효율성을 분석하고 서비스의 유효성과 제품의 질을 높이며, 생산성을 점검하고 제품과 서비스를 전달하거나 생산함에 있어 비용절감을 예측하고 일정을 수립하는 것
대표하기	Representing	다른 집단 또는 조직 내의 중요 인사들과 접촉하여 자신의 업무부서를 인정하고 지원해주도록 설득하고, 자기 업무부서의 이익을 증진하고 방어할 수 있도록 상사나 외부사람들에게 영향을 행사하는 것
조정하기	Coordinating	부하들의 업무를 조정하고, 조정의 중요성을 강조하고, 부하들이 자신들의 활동을 조정하도록 의욕을 고취하는 것
상담하기	Consulting	말썽 많은 리더를 바로잡아주거나, 전문 자문가 또는 상담가로서 활동하면서 조직 내의 신기술, 신기법 도입을 시도하거나, 자신의 분야 안에서 기술적 발전을 지속적으로 유지하는 것
관리하기	Administering	정확한 기록과 문서를 상세하게 관리하거나 일상정보를 분석하고, 기업정책과 절차에 관한 할당된 정보와 같은 기본적 관리활동을 수행하는 것

즉 선행연구들이 리더의 있는 그대로의 실제 업무활동보다는 리더업무는 이래야 한다는 당위적인 관점에서 접근한 경향이 있다는 것이다. 민츠버그는 리더의 하루 일과를 관찰하여 조직을 관리하기 위해 그들이 무슨 일을 하는지에 초점을 두고 다음과 같이 정리하였다. 그가 정리한 리더의 실제 하는 일(역할)은 대인관계 역할, 정보전달 역할, 의사결정 역할로 나뉜다.

| 도표 2-4 | 리더의 역할

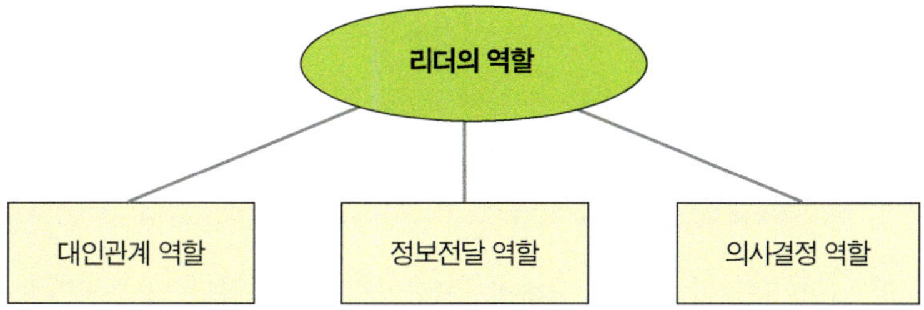

(1) 대인관계 역할

리더라면 자기가 맡고 있는 조직의 내부 사람뿐만 아니라 외부 사람과도 자주 만나는데 이를 대인관계 역할(interpersonal roles)이라고 한다. 리더가 사람들을 많이 만나는 것은 여러 이유에서이다. 사장이라면 회사를 대표하여 경조사에 참여하기도 하고 팀장이라면 다른 팀장이나 고객을 만나서 자기 팀의 사정을 대변한다. 또한 부하직원을 만나 일을 분배하고 가르치며, 열심히 하도록 부추기기도 하고 못하면 타이르거나 꾸짖기도 하면서 진두지휘하며 조직을 이끌어간다. 업무추진 과정에서 갈등이 생기면 조정해주고 외부조직과의 갈등상태에서 자기 조직을 대표하여 적당한 선에서 양보와 타협을 이끌어내기도 한다. 따라서 리더는 회의를 주도하든지 다른 사람을 만나든지 그들과 소통을 하면서 하루를 보내는데 이 모두가 대인관계 역할이다.

◆ 리더 역할

리더는 자기가 맡은 집단이 목표를 수행하는 과정에서 하나로 통합되어 기능할 수 있도록 책임을 진다. 그래서 리더는 부하에게 지침을 제공한다든지 동기부여를 하는 등 업무수행을 위한 좋은 여건을 만들어주어야 한다. 채용, 교육훈련, 지시, 칭찬, 승진, 비판 및 해고 등 수많은 리더행동 모두가 부하와 일일이 직간접으로 대면하며 처리해야 하는 일들이다. 즉 리더의 역할은 설비나 원료가 아니라 사람을 상대로 하는 대인관계가 주 업무이다.

◆ 연결자 역할

리더는 집단 과업을 위해서 분업화된 업무가 통합되도록 부하들을 서로 연결시키는 역할도 하지만 때로는 외부의 사람 및 집단과 네트워크를 만들어 지원을 요청하고 부하와 연결시키기도 한다. 이러한 네트워크는 업무정보의 원천으로서 매우 중요하다. 수평적 관계는 정보를 수집하고 또 공급자, 고객, 서비스 부서 및 규제관련자 등에게 영향을 미치기 위하여 중간관리자 및 하위관리자에게는 필수적이다. 따라서 외부인과 접촉하고 관계를 강화함으로써 자기 집단을 외부환경과 연결시키는 것 역시 리더의 역할이다. 이 역할을 위해서 리더는 새로운 사람과 인맥을 형성하고 유지하며 호의를 베푸는 행동을 이어간다.

◆ 상징적 역할

리더는 집단의 우두머리로서 공식적인 위치에서 집단을 대표하는 법률적 및 사회적 임무를 수행한다. 예를 들어 부하 집안의 경조사에 리더가 참여하는 것은 사적이라기보다는 집단을 대표해서이다. 외부 거래처와 계약을 맺을 때에는 법인(法人)인 집단의 대표로서 서명한다. 이러한 상징성과 대표성을 띠는 역할수행으로는 모임이나 의식을 주재하는 일, 공식적인 방문자를 영접하는 일, 노조와 협상하는 일 등 무수히 많다. 리더의 상징성을 감안할 때 리더의 직급도 매우 중요하다. 참석자 혹은 영접하는 자가 사장인지 부사장인지에 따라 조직의 대응수준이 결정되는 것이다.

(2) 정보전달 역할

회사의 모든 활동은 닥치는 대로가 아니라 정보를 바탕으로 계획과 결정이 이루어진 뒤에 실행되는데, 일반 사원은 각자 맡은 일에만 충실하다 보면 얻는 정보도 없고 결정 권한도 적다. 따라서 과장, 팀장 등의 리더가 정보를 수집하여 필요한 사람에게 제때 제공해줄 필요가 있다. 그리고 모든 정보는 그 조직의 최고책임자에게 모이기 마련이므로 리더가 가장 정확하고 많은 정보를 갖게 된다. 더구나 리더는 필요한 정보를 찾아다녀야 될 뿐만 아니라 수집된 정보를 선별, 분석, 정리하여 언제라도 내부 구성원에게 공급할 준비를 갖추고 있어야 한다.

특히 요즘 같은 정보시대에는 어제의 정보가 오늘은 무용지물이 될 수 있기 때문에 더 많은 사람과의 만남이 필요하다. 사장이라면 공장장에게서 받은 정보를 영업상무에게 제공해야 하며 재무팀장이라면 구매과장에게서 받은 보고내용을 팀원에게 전달해줘야 한다. 리더가 모든 정보를 자기 머릿속에 저장만 해놓는다면 구성원은 제 역할을 제대로 해내지 못할 것이다. 또한 조직의 정보를 원하는 많은 외부조직이 있는데 이때 리더가 그 전달자 역할을 한다. 회사의 청사진을 주주에게 제시해두면 구매팀장이 원재료 재고량을 파악하여 재무팀에 알려주었을 때 미리미리 구입 자금을 준비해놓을 수 있을 것이다. 정보전달행위는 팀원이 하더라도 결국은 최고 책임자인 리더의 승인에 의해서 이루어진 것이기 때문에 정보전달 역할(informational roles)은 리더의 중요한 책무이다.

◆ 모니터 역할

리더는 다양한 원천으로부터 정보를 찾는데 예를 들면 보고서나 메모를 읽는 일, 회의나 브리핑에 참석하는 일, 시찰을 하는 일 등이다. 모든 정보는 문제점과 기회를 발견하기 위해서 리더에게 집중된다. 어떤 경우에는 리더가 능동적으로 정보 수집을 하지 않더라도 저절로 다른 사람이 리더에게 찾아와서 정보를 주기도 한다. 그 이유는 리더가 자신의 권한으로 그 정보를 이용하여 어떤 일을 개선하고 변화시킬 수 있다고 사람들이 판단하기 때문이다. 또한 리더는 부하가 접근하기 어려운 정보원천에 접근할 기회가 많다. 외부의 높은 사람을 만난다든지 혹은 내부의 다른 부하로부터 보고를 받기 때문이다.

◆ 정보 배포자 역할

리더는 수집한 정보를 혼자만 가지고 있지 않는다. 그 정보를 필요로 하는 부하가 있으며 그들에게 배포해야 집단의 업무가 처리되고 문제가 해결되기 때문이다. 사장이 공장장에게서 받은 생산계획을 영업상무에게 전달하는 것은 전형적인 유포행위이다. 또 어떤 정보는 널리 사람들에게 유포되기를 바라고 리더에게 보고되는 경우도 있다. 그러므로 리더는 받은 정보를 재해석하고 편집하여 관련 부하에게 전달해주는 일을 지속적으로 담당한다.

◆ 대변인 역할

리더는 부하에게뿐만 아니라 외부 사람에게도 자기 조직의 정보를 전달한다. 거래처에 다음 달 주문량을 알리는 사소한 일에서부터 다른 회사와의 합병 소식도 공식적으로 알린다. 중간관리자 및 하위관리자라면 자기 상사에게 보고하는 팀의 대변인 역할을 한다. 최고경영자는 이사회에 보고하고 사회에 재무제표를 공고하기도 한다. 또한 각 리더는 외부 사람에게 지원을 요청하기 위해 자기 집단을 홍보하고 자랑하면서 집단의 대변인으로서 역할을 한다.

(3) 의사결정 역할

조직의 모든 활동은 실행에 앞서 결정이 먼저 이루어지는데 물론 수집된 정보를 토대로 하는 것이 보통이며 어떤 리더는 자신의 경험과 육감으로 결정하기도 한다. 새로운 과업을 계획하거나 하던 일을 변경하거나 새 전략을 도입하는 의사결정 역할(decisional roles)은 리더가 주도하고 추진해야 할 일이지 실무자에게는 능력도 시간도 없다. 실무담당자는 관리자가 시킨 대로 실천하기 때문에 변화와 혁신의 권한이 제한되어 있으나 결정권자인 리더는 어떤 변화라도 시도할 수 있기 때문이다.

또한 어떠한 조직이든 예외적인 일이 자주 발생한다. 예측되고 계획됐던 문제라면 이미 해결방식이 도출되어 있으므로 별 상관이 없지만 예외적인 문제가 발생하면 일반 사원은 경험과 정보도 부족하고 재량권도 없기 때문에 대처하지 못하고 만다. 단지 리더만이 그 문제에 대처하고 해결할 정보와 권한을 갖고 있는 것이다. 한편 회사의 구성원은 맡은 일을 완수하기 위해 조직의 자원을 필요로 하며 가능한 한 많이 확보하려 한다. 이때 리더는 구성원 간에 불평이 없도록 자원분배량을 공정하게 결정한다.

◆ 기업가 역할

여기서 기업가(entrepreneur : 起業家)란 어떤 일을 일으키고 개발하고 혁신하는 역할을 수행하는 리더를 뜻한다. 리더는 자기 집단의 현재 상황을 개선하기 위해서 최초의 주도자 또는 고안자로서의 역할을 수행한다. 그러한 개선에는 신제품의 개발, 새로운 장비의 구입, 또는 조직구조의 개편 등이 있다. 개선 프로젝트 중 어떤 것은 리더가 직접 지휘하기도 하지만 어떤 것은 부하에게 시킨다. 그렇더라도 리더가 먼저 제안하고 때로는 강요하기도 한다.

◆ 혼란조정자 역할

집단을 운영하다 보면 때로는 위기와 혼란이 발생한다. 예를 들면 부하 간의 갈등,

우수인재의 탈퇴, 화재나 사고, 파업 등과 같은 예측하지 못한 사건에 의해서 위기와 혼란이 야기된다. 이때 위기해결자 또는 혼란의 조정자 역할을 리더가 할 수밖에 없다. 위기해결 역할은 사실 앞에서 본 여러 역할과 견주어 매우 중요한 역할이다. 그러므로 리더의 권한은 위기 시에 더욱 강화된다. 그러나 어떤 경우에는 리더가 혼란을 조정하고 위기를 해결하느라고 앞에서 나열한 많은 역할을 다하지 못하고 시간을 흘려보내는 불행한 경우도 많다. 물론 혼란조정에 실패하면 리더의 권위가 실추되기 때문에 다른 역할의 수행에도 여러 난관을 겪게 되기 마련이다.

◆ 자원배분자 역할

집단 내의 분화된 업무를 맡은 담당자는 자기가 맡은 업무를 최대한 잘 완수하기 위해 집단의 자원, 즉 자금, 인력, 재료, 장비, 시설, 서비스 등을 되도록 많이 차지하려고 한다. 이때 갈등이 일어나기도 하는데 그것을 해결하고 교통정리를 해주는 사람이 리더이다. 물론 회의를 통해 결정되는 것이 대부분이지만 서로 타협이 안 될 때에는 리더가 강제로 배분할 수밖에 없다. 물론 그렇게 할 때에는 집단의 전략과 목표달성에 최대한 유리하도록 자원을 배분할 것이다. 리더는 제안의 승인, 예산안 결정 등과 관련된 권한을 활용하여 부하의 행동을 조정하고 통합하는 역할을 한다.

◆ 협상자 역할

내부 부하 사이의 자원배분은 리더의 권한으로 강제 할당될 수 있지만 집단에서 필요로 하는 자원을 외부에서 가져올 때에는 리더가 집단의 대표로서 협상자 역할을 한다. 즉 리더는 집단으로부터 협상의 권한을 위임받고 외부와 협상해서 최대한의 자원을 할당받도록 한다. 예를 들면 팀장이 다른 팀과 협상하여 예산, 시설사용, 보너스 할당 등을 받는 경우이다. 리더는 노동조합과의 협상, 고객, 공급자 또는 외부와의 계약협상, 핵심직원과의 고용협상 및 비일상적인 협상 등을 포함하는 여러 형태의 협상에 참여한다.

지금까지 설명한 리더의 10가지 역할에 대하여 요약하면 도표 2-5 와 같다.

| 도표 2-5 | 리더의 10가지 역할

구분	내용
리더	리더는 부하가 효율적으로 일할 수 있는 환경을 조성해주어야 하며 동시에 조직구성원의 욕구를 충족시켜야 한다. 또한 리더는 부하에게 동기부여를 해주어야 하며 승진, 훈련, 고용에 대한 책임을 지고 그들의 활동을 유지시킬 수 있는 사항을 민첩하게 점검해야 한다.
연결자	리더는 내부 부서들 간의 연결뿐 아니라 외부와의 접촉을 잘 관리해야 한다.
우두머리	리더의 위치는 어느 정도 상징성을 띤다.
모니터	리더는 지속적으로 다양한 원천으로부터 정보를 받아들이고 조사해야 한다.
정보배포자	리더는 자기가 가진 내·외부 정보를 부하에게 전달해야 한다.
대변인	리더는 자기 집단의 정보를 필요하면 외부인에게 전달할 수 있어야 한다.
기업가	리더는 조직에서 많은 직무설계나 제안에 책임을 지는 사람이다. 계속적으로 새로운 기회와 문제를 탐색하고 이러한 기회나 문제를 혁신적으로 처리해야 한다.
혼란조정자	리더는 조직이 중요하고 예기치 못했던 문제에 직면할 때 바람직한 해결을 수행해야 한다.
자원배분자	리더는 조직 내 각종 자원에 대한 할당을 감독하고 조정하며 통제해야 한다.
협상자	리더는 조직이 다른 내부조직 또는 외부조직과 중요한 협상을 하게 될 때 조직을 대표한다.

(4) 리더에 대한 역할기대와 역할갈등

우리가 부모가 아니지만 부모의 역할을 알고 교도소 교도관이 아니지만 교도관의 역할을 알듯이 부하들도 리더의 역할이 무엇인지 잘 알고 있다. 그러므로 부하는 어떤 상황에서 리더가 어떤 행동을 할 것이라는 것을 이미 잘 알고 있으며 또 그렇게 행동하리라 예측(기대)한다. 예를 들면 팀의 한 직원이 타 부서 과장과 싸웠다면 팀원은 자기 팀장이 어떻게든 중재할 책임이 있다고 생각하며 심지어 어떻게 행동하리라 기대한다. 이를 역할기대(role expectations)라고 한다. 리더가 이러한 역할기대에 못 미치면 팀원은 실망한다. 그런데 팀장은 자기 역할을 다했다고 생각할 수도 있다. 이때에는 팀원의 역할기대와 팀장의 역할지각(role perception : 역할인식) 사이에 괴리가 있는 만큼 부하는 리더에게 불만을 가질 것이다.

그뿐 아니라 리더의 역할은 앞에서 본 바와 같이 한두 가지가 아니다. 그런 그에게 두 개 이상의 역할을 동시에 수행해야 할 순간이 온다면 역할갈등(role conflict)을 빚을 수 있다. 예를 들면 팀의 단합대회에도 참석해야 하고 지방 출장도 가야 할 때 팀장은 곤란에 빠진다. 이처럼 상황은 리더에게 매우 다양한 역할을 동시에 요구한다. 이들 역할이 상호 모순되거나 시간상으로 겹치면 역할갈등이 일어난다.Kahn, Wolfe, Quinn, & Snoek, 1964 ; Pfeffer & Salancik, 1975

LEADERSHIP STORY 2.4 **통이 큰 리더와 세계적인 골퍼**

사우디아라비아의 한 왕이 자신이 좋아하는 미국 골프선수와 골프를 즐기기 위해 자신의 전용기를 보내 그를 초대했다. 며칠 동안 왕은 그 골퍼와 골프를 치며 행복한 시간을 보냈다. 시간이 되어 골퍼가 미국으로 돌아가려는 순간 왕이 말했다. "바쁜 프로골퍼가 이렇게 시간을 내어주었는데 선물을 해주고 싶으니 원하는 것을 말해보라." 골퍼는 정중하게 사양했다. 하지만 왕은 선물을 배송해줄 터이니 말해보라고 재촉했다. 골퍼는 "그냥 골프채 하나 주세요."라고 말했다.

자기 집으로 돌아온 골퍼는 왕이 과연 어떤 골프채를 보내올지 궁금해하며 날마다 택배기사의 방문을 기다렸다. 그러나 골프채는 좀처럼 도착하지 않았다. 어느 날 왕의 서명이 있는 편지가 도착했다. 아니, 기대하던 골프채는 없고 달랑 편지 한 장이라니! 그는 실망감을 감추지 못하고 편지봉투를 뜯었다. 그 안에는 "당신의 고국에 있는 골프장을 선물로 드립니다."라는 기증서가 들어 있었다.

3 리더업무의 이상적 모델

리더라면 어떠한 일에 관심을 갖고 부하들에게 어떠한 행동을 보이는 것이 가장 이상적이며 모범적인지 구체적으로 요약된 행동지침이 필요하다.

(1) 리더의 모범적 행동기준

리더의 모범적 행동기준은 연구자마다 상이하다. 리더십 행동의 범주도 다르고 리더십 행동을 측정하는 척도도 다른데 연구결과를 서로 비교한다는 것은 매우 어려운 일이다. 그중에서 가장 전통적인 행동범주는 배려형 리더와 구조주도형 리더이다. 이에 대해서는 4장에서 자세히 설명할 것이다. 리더에게 필요한 모범적 행동의 범주를 묶기란 쉽지 않으며 모범적 행동의 종류가 많아야 다양한 상황에 직면해 있는 리더들에게 적합하고 유용한 모델을 제공할 수 있을 것이다. 한 연구에 의해서 다음과 같은 리더의 모범적 행동기준이 19개 제시되었다.Yukl & Nemeroff, 1979

- 성과강조 : 부하의 성과를 강조하고 생산성 및 효율성을 증진시키도록 부하의 업적을 평가하며 수시로 성과를 점검한다.
- 배려 : 부하에게 친절하게 행동하며 공정하게 대한다.
- 격려 : 부하의 열정을 고취시키고 부하로 하여금 자신의 능력을 신뢰할 수 있도록 용기를 북돋아준다.
- 칭찬-인정 : 높은 업적을 낸 부하를 칭찬하고 인정해준다. 부하의 특별한 노력과 공헌에 대하여 감사를 표시하고 그의 아이디어가 성공을 하면 반드시 공개적으로 인정하고 확인해준다.

LEADERSHIP STORY 2.5 | **상사의 예언과 부하의 실현**

한 남자가 빈 냉동차 안에 갇히게 되었다. 자신이 냉동차에 갇혔다는 사실을 깨닫는 순간 그 남자는 공포에 사로잡혔다. 목이 쉬도록 외치고 또 외쳤다. "살려주세요!" 여기서 나가지 못하면 분명 얼어 죽을 것이었다. 어쩐지 점점 더 냉기가 느껴졌고 숨쉬기도 어려웠다. 마침내 그는 이러한 상황을 기록으로 남겨야겠다고 생각했다. 마침 가지고 있던 볼펜으로 냉동차 벽에 글을 썼다. "너무 춥다. 몸이 마비된 것 같다. 누가 도와주지 않으면 난 죽을 것 같다." 그는 자신이 예언한 대로 그날 밤 사망했다.

다음 날 아침에 출근한 근로자들이 냉동차 문을 열었다. 그 냉동차는 고장이 나 오랫동안 전원이 꺼진 채였다. 그가 얼어 죽던 날 냉동차 안의 온도는 보통 실내온도보다 약간 낮을 뿐이었다. 삶과 죽음도 예측하고 기대한 대로 실행된다.

리더가 부하에게 많은 것을 기대하지 않고 무시하면서 사소한 일만 시키면 그 부하는 그 수준에서만 리더를 충족시키려 하고 더 많은 노력을 기울이려고 하지 않는다. 수년 뒤에 그 부하는 평범한 사원으로 남는다. 그러나 반대로 리더가 부하를 격려하고 칭찬하면 그 부하는 리더의 기대에 어긋나지 않기 위해 열심히 노력한다. 열심히 노력했으니 결과는 좋게 나올 것이며 리더는 또다시 칭찬할 수밖에 없다. 그 칭찬은 다시 부하의 사기를 돋운다. 이런 식으로 수년간 열심히 일하다 보면 그 부하는 능력 있는 사원이 된다. 결국 리더의 격려는 부하의 능력개발로 이어진다.

- 보상 : 부하의 업적에 대해 임금인상, 승진, 고급직무로의 전환배치, 휴가, 복리후생 등으로 보상한다.
- 참여 : 부하와 상담하거나 부하가 리더의 의사결정에 영향을 미치도록 의견을 들어준다.
- 자율성-위임 : 권한과 책임을 부하에게 위임하고 작업의 방식도 부하 스스로 결정하도록 허용한다.
- 업무배분 : 부하에게 임무와 책임, 규칙을 알려주고 무엇을 기대하고 있는지를 설명해준다.
- 목표설정 : 업무 목표치를 부하와 논의하여 정하고 그 달성방법을 설명하며 수시로 진척상황을 파악하여 결과와 개선책을 피드백 해준다.
- 교육훈련과 코칭 : 부하에게 필요한 보완점을 발견하여 자기계발의 기회를 제공하고 지도해준다.
- 정보유포 : 다른 업무부서 또는 조직외부의 사건, 고위 리더의 의사결정, 상급 리

더 또는 외부인과의 회의과정에서 취득한 정보를 부하에게 알려주어 업무처리에 활용하도록 지원한다.

- 문제해결 : 업무와 관련된 곤란한 문제의 해결방안을 제시하고 단호한 행동으로 신속하게 해결해준다.
- 계획수립 : 집단의 과업과 부하의 업무를 조직화하고 진행 일정과 처리방법을 정하며 잠재적 문제점에 대비한 대처방안도 수립해놓는다.
- 업무조정 : 부하 스스로 상호관계를 원활하게 하며 업무프로세스를 상호 조정하여 전체 업무를 잘 달성할 수 있도록 도와준다.
- 업무촉진 : 부하를 위해 모든 필요한 재료, 장비, 지원서비스 또는 기타 자원을 획득하고 작업환경의 문제점을 해결하며 작업을 방해하는 장애물을 제거한다.
- 대표와 대변자 : 리더는 조직 내 · 외부의 중요 인사와 접촉하여 자기 집단을 인정하고 지원해주도록 설득하며 자기 팀의 이익을 증진하고 방어할 수 있도록 차 상급자나 외부인에게 영향력을 행사한다.
- 상호작용 촉진 : 부하가 서로 친밀하게 지내고, 협동하고, 정보와 아이디어를 나누어 갖고, 서로 돕도록 분위기를 조성한다.
- 갈등관리 : 부하가 싸우고 다투는 것을 억제하고, 건설적인 방법으로 갈등을 해결하도록 조정하고 부하 사이의 갈등과 이견을 해결해준다.
- 비판-징계 : 부하가 업적달성을 너무 못 했거나 규칙을 위반하면 이를 묵인하지 않고 꾸중을 하든지 반드시 짚고 넘어간다.

(2) 성공적 리더의 조건

앞으로 우리는 성공하는 리더의 특성으로 감성지능, 욕구, 성격, 능력 등 여러 가지를 검토할 터인데 여기서는 성공적 리더가 어떠한 방식으로 부하관리에 성공할 수 있는지에 대해서만 학습해보자.

리더의 업무 중 가장 중요한 것은 어떻게 하면 부하를 설득시킬 수 있을지의 문제이다. 마이너는 로샤의 잉크반점 검사나 투사법과 유사한 문장완성척도(Miner Sentence Completion Scale : MSCS)를 통해 부하들로 하여금 모든 일에 긍정적 태도를 갖게 하기 위한 효과적인 동기부여 능력에 관한 여섯 가지 유형을 측정하였다.Miner, 1965 그에 의하면 이 측정치를 합산하여 점수가 높을수록 동기수준이 높고 능력도 많으며 승진도 더 잘

했다. 여섯 가지 리더특성은 다음과 같다.

◆ 긍정심

리더는 상급자와 좋은 관계를 가지고 있어야 상급자로부터 각종 지원을 받을 수 있으며 이를 통해 자신이 하고자 하는 일을 보다 수월하게 할 수 있다. 또한 부하에게는 긍정적 태도로 대하면서 항상 가능성을 찾아주고 희망을 안기며 실수를 오히려 성공의 계기로 수용해주어 자신을 잘 따르도록 이끌 수 있다.

◆ 경쟁심

내부적으로 혹은 외부적으로 조직의 자원은 항상 제한되어 있기 때문에 부서 간의 혹은 타 조직과의 경쟁은 항상 존재한다. 이때 리더가 경쟁에 항상 패배하여 자기 집단의 목표달성에 필요한 자원공급을 제대로 못 한다면 부하로부터 신임도 못 얻고 입지도 점차 좁아진다. 따라서 자신을 위해서나 팀을 위해서 동료 리더나 타 부서 리더와의 경쟁에서 앞서려는 건전한 라이벌 의식이 필요하다.

◆ 자신감

리더는 필요한 훈련을 받아야 하며 상황에 민첩하게 대처해야 한다. 부하로부터 추앙을 받는 훌륭한 리더는 어떤 일에든지 적극성을 띠며 단호한 결정을 내리고 자신감을 갖고 규율을 지키며 부하를 보호하기 위해 모험도 감행한다. 몸을 사리고 피동적인 행동을 보이면 부하관리에 실패할 가능성이 크다.

◆ 권력행사

리더에게는 권력과 권한이 있다. 때로는 이를 과감하게 행사하여 부하의 잘못을 바로잡고 갈등을 중재하여 지나친 행동을 통제하며, 시의적절한 보상과 처벌을 내려야 한다.

◆ 홀로 서기

리더란 조직 내에서 등대와 같다. 지휘라는 불빛을 비추어 인도하기도 하지만 파도와 싸우며 우뚝 서 있듯이 늠름한 모습도 보여야 한다. 부하는 자기 리더와 다른 리더를 비교하기도 하고 자신과 리더를 비교하기도 한다. 리더는 소속집단을 대표한다는 점에서 그만큼 눈에 띄기 쉽고 남의 주목을 받게 되어 있다. 곤란에 직면해서도 주눅들지 않으며 꿋꿋하게 리더의 자리를 지켜야 한다.

◆ 일상업무 처리

리더라고 해서 부하의 작업을 감독만 하고 자신은 실무와 무관하다고 생각해서는 안 된다. 부하와 함께 전문적인 실무를 처리할 때도 있으며 반복적이고 사소한 잡무를 처리할 때도 있다. 이때 일상업무를 부하보다 모르면 실력 면에서 부하에게 무시당할 수 있다. 그렇다고 자신은 리더라서 그런 일은 안 한다고 외면하면 잘못이다. 일상업무를 포함하여 다양하고 폭넓은 직무를 능숙하게 처리하면 부하의 신임을 얻는다. 그러므로 리더는 감독 · 관리업무 이외의 단순 업무라도 귀찮게 생각하면 안 된다.

LEADERSHIP STORY 2.6 | 성공한 대통령의 감성지수

어떤 사람이 미국의 루스벨트에서 클린턴까지 11명의 대통령을 평가했다. 왜 누구는 성공한 대통령이라 여겨지고 누구는 실패한 대통령이라 여겨지는지를 알아보기 위해서였다. 더 정확하게는 대통령이라는 직무수행자로서 성공하려면 어떤 자질이 더 필요한지를 알기 위함이었다. 평가기준으로 의사소통력, 조직력, 정치력, 비전 제시력, 인지능력, 감성지능의 6가지를 적용했다. 그 결과 비교적 성공한 대통령(루스벨트, 케네디, 클린턴)과 실패한 대통령(존슨, 카터, 닉슨)을 확연하게 구분 짓는 자질은 바로 감성지수(EQ)의 차이였다.

(3) 리더업무의 변화

리더업무 내용도 경제적, 정치적, 사회적 변화에 따라 함께 변화한다.Dess & Picken, 2000 지난 10년 혹은 최근 5년 전까지와 현재를 비교해 보면, 그 기간 동안 리더는 급격한 변화 속에서 살아 왔음을 알 수 있다. 우리는 세계화의 확산과 급격한 기술발전의 지속적인 행진을 목격하고 있다. 사이버 조직, 가상 조직(virtual teams), 네트워크 조직 등이 구성되어 새로운 다양한 매체를 활용하여 시간을 넘나들고, 빅데이터를 활용하며, 자료와 정보의 공유하면서 소통하고 있다.

◆ 국제화 · 세계화

세계화(globalization)와 같은 변화추세는 국내시장을 넘어 경쟁을 가속화하고 다국적이며 다기능적인 합작투자가 가능한 시장으로의 이동을 촉진시키는데 기업의 CEO라고 업무가 과거와 같을 리 없다. 즉 그의 리더업무는 국가적인 이슈를 포함하여 확대되고, 다른 문화권의 사람에게 영향력을 행사할 기회가 잦아지고, 그들과 의사소통을 해야 하는 상황으로 내몰리고 있다. 작업장의 문화적 다양성은 이미 상당 부분 진척되어 있는 상태이다. 국제기업 또는 세계기업의 리더는 이제 다양성을 존중하고 감정이입을 통한 협력관계를 형성할 수 있도록 다양한 이국(異國)문화권의 부하와 고객의 가치관과 태도를 이해해야 한다.

◆ 기술발전

세계화와 더불어 기술발전은 현대적 환경변화의 주역으로 꼽힌다. 새로운 기술은 리더업무의 본질을 더욱더 정교하게 변화시키고 리더에게 더욱 많은 정보의 필요성을 환기시킨다. 하지만 조직운영과 환경에 대한 폭증하는 정보는 좋은 점과 나쁜 점을 동시에 가지고 있다. 정보의 홍수 속에서 필요한 정보를 활용하기 위한 목적과 우선순위가 중요한 것이다. 더구나 스마트폰, 아이패드, 태블릿PC, 화상전화기 등을 통한 인공지능 의사소통 기술의 발전은 리더의 대인관계 역할, 정보전달 역할 등을 변화시키고 있다.

◆ 조직구조 변화

조직구조의 변화는 또 다른 도전을 불러온다. 많은 조직이 더욱더 작아지고 거의 자율적인 단위로 변하며 중간리더의 계층이 사라지고 있다. 위계조직(hierarchy organization)에서 평평한 플랫조직(flat organization)으로 바뀌면서 리더의 권한과 위상이 매우 민주적으로 변해가고 있는 것이다. 이로 인해 팀 리더는 부하와 공유된 민주적 리더십을 행사하게 되었고 지시자 또는 통제자의 역할보다는 코치나 촉진자 역할만 맡게 되었다. 그리고 조직은 과거보다 외부공급자, 상담원 그리고 계약자에의 의존이 많아지고 있다. 수평적으로 통합을 이룬 기업들에 비하여 e-비즈니스를 하는 새로운 기업들이 사이버조직, 가상조직, 네트워크조직 등의 새로운 구조로 바뀌고 있으므로 리더의 역할도 변해가고 있다.

LEADERSHIP STORY 2.7 | **글로벌 시대의 리더**

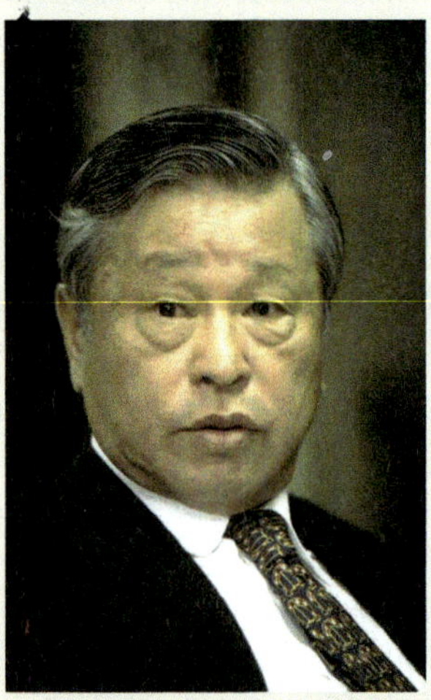

무에서 유를 일군 창업세대에서는 앞만 보고 달리는 돌파력이 중요했다면, 글로벌 경쟁에 맞서야 하는 오늘날 기업에는 전후좌우를 잘 살필 줄 아는 리더십이 필요하다. 중진국 단계에서는 유능한 창업자가 요구되지만 선진국에 진입하려면 통합적인 리더층이 많아야 한다. 그리고 기업의 규모가 커질수록 최종 리더의 판단이 기업의 존립과 조직구성원의 운명을 더욱 좌우하게 된다. 주주나 투자자들에게 큰 손실을 끼칠 수도 있다. 몇 년 뒤에 경기를 정확히 예측해 투자를 얼마나 할지, 사람은 얼마나 뽑을지, 현금을 얼마나 비축해 둘지, 새로운 유망사업에는 언제 어떻게 진출할지 등을 자금 · 기획 · 영업 · 연구개발 부서에서 열심히 연구해 보지만 결국 최종 결정과 이에 따른 책임은 CEO의 몫이다. 고(故) 최종현 SK 회장(**사진**)은 생전에 "왜 오후에 출근하느냐"고 물으면 "CEO는 시시콜콜한 일을 챙기기보다 회사의 큰 갈림길에서 올바른 판단을 내릴 수 있어야 한다. 오전에 기(氣) 수련으로 몸과 마음을 단련한다"고 답하곤 했었다. 이미 수십 년 전에 최 회장은 미래의 사장에게는 국제적 감각과 문학과 예술에 대한 교양과 예의가 필요하다면서 사장상(社長像)의 모델을 제시했다. 그가 미래의 꿈나무들을 위해 단독으로 후원하던 장학퀴즈는 오늘날까지 40년을 이어오고 있다.

2장의 핵심내용

리더의 행동은 '활동패턴', '관리역할', '행동기준' 등으로 기술될 수 있다. 리더가 어떤 일을 하는지 그리고 어떻게 시간을 보내는지를 밝혀내기 위해 연구자들은 직접관찰법, 일기법, 면접법 등과 같은 기술적인 방법을 사용한다. 리더의 업무를 관찰해보면 업무속도를 꾸준하게 관리한다. 업무는 매우 다양하고 활동의 중단이 자주 발생한다. 예측되고 반복되는 활동보다는 즉각적 대응활동이 더 많다. 또한 동료, 외부인과 빈번한 상호작용을 하며 언어적 커뮤니케이션을 포함한 많은 의사소통을 한다. 더불어 정치적인 의사결정과 비공식적이고 대응적인 계획수립도 많다. 관리직책에 따른 임무와 책무도 다양하다. 리더의 특별한 역할은 직책의 유형뿐만 아니라 리더에게 기대되는 공통적인 활동의 유형으로 강조된다. 민츠버그는 리더들의 하루 일과를 관찰하여 리더의 실제 하는 일(역할)에 대하여 대인관계 역할, 정보전달 역할, 의사결정 역할의 세 가지로 정리했다. 이러한 역할들은 역할기대와 역할갈등을 피하여 수행되어야 한다. 한 연구에 의해서 모범적 리더행동의 19개 기준이 제시되었다. 그런데 리더업무 내용도 경제적, 정치적, 사회적 변화추세에 따라 함께 변화한다. 성공하는 리더의 특성으로 감성지능, 욕구, 성격, 능력 등 여러 가지가 필요하며 리더의 가장 중요한 덕목으로 긍정심, 경쟁심, 자신감, 홀로서기, 권력행사, 일상업무 처리 등을 들 수 있다.

복습 및 토의문제

1. 리더업무에 있어서 전형적인 활동을 묘사해보자.
2. 리더업무인 계획수립, 문제해결, 의사결정은 어떻게 이루어지는가?
3. 민츠버그의 10가지 관리역할은 무엇이며, 그중 중요하다고 생각하는 역할에 대하여 이야기해보자.
4. 관리활동과 행동은 최고경영층과 중간관리층이 어떻게 다른가?
5. 위기상황이 관리활동에 어떠한 영향을 미치는가?
6. 리더는 시간관리와 문제해결을 향상시키기 위해 무엇을 해야 하는가?
7. 리더의 역할이 어떻게 변화해가는가?
8. 리더의 모범적 행동의 기준들은?

키워드 정리

리더업무, 관리역할, 역할기대, 역할갈등, 직무기술서, 대인접촉, 네트워크, 대인관계 역할, 정보전달 역할, 의사결정 역할

사례연구

알리바바 그룹의 설립자 마윈

중국에서 급부상하고 있는 온라인 유통기업 알리바바가 있다. 마윈은 1964년 저장성 항저우에서 배우인 부모의 아들로 태어났다. 그는 어린 시절 대부분을 영어 공부에 쏟았다. 마윈의 처음 창업은 1994년 중국어를 영어로 통번역해 주는 사무소 개업이었으나 실패했다. 그 이후 그는 중국 전화번호부 사업을 시작했고 역시 실패했다. 1995년 중국에서 인터넷 사업을 시작하면서 1999년에 친구 등 17명과 함께 마침내 알리바바를 창업했다. 유명한 강연에서"여러분들이 35세까지 가난을 벗지 못하고 있다면 그건 당신 책임이며, 야심이 없기 때문이다"라고 말한 그는 거침없는 명언들을 쏟아내고 있다. 그리고 중국 최대 전자 상거래 기업을 통해 알리바바 닷컴, 타오바오, 알리페이 등을 통해 중국 시장 점유율을 높여가고 있는 막강한 영향력을 행사하는 기업으로 고공행진 중이다. 2017년 11월 11일 중국 광군제 때에는 하루 매출 28조 원을 기록하기도 했다. 가난하고 평범했던 그가 인생의 어떠한 터닝포인트를 통해 중국시장에서 알리바바를 급성장하게 만들었는지 리더십에 대한 공부가 필요한 시점이다.

토의주제

- 마윈의 여러 명언들에서 나타나는 그의 리더십 특징은 무엇인가?
- 중국은 영토가 넓은 만큼 홍보나 영업이 제한적이었을 텐데 어떻게 알리바바가 유통시장을 점유할 수 있었는지 토론해보자.
- 글로벌 기업인 이베이와 어떻게 차별화된 전략을 추진하였는지, 그 과정에서 어떠한 리더십을 중요하게 생각하였는지 토론해보자.
- 알리바바 그룹 회장 마윈을 평가한 사람들의 평판을 통해 마윈을 평가해보자.

3장

리더특성

1. 리더의 자질과 특성

(1) 리더에게 필요한 성격과 특성
(2) 리더에게 필요한 관리능력
(3) 리더십 패러다임의 변화

2. 리더에게 내포된 필수적 자질

(1) 지능과 능력
(2) 성취, 권력, 친교욕구
(3) 관리적 동기
(4) 핵심역량
(5) 평가센터를 통한 발견

3. 리더십 효율성을 높이는 특성

(1) 스트레스 극복력과 자신감
(2) 내부통제위치
(3) 감정조절 능력
(4) 권력지향동기
(5) 개인적 성실성과 신뢰감
(6) 나르시시즘
(7) 성취지향성
(8) 친교욕구
(9) Big 5 성격특성

장수가 너무 강하면 부하들이 따라오지를 못한다. - 칭기즈칸

지도자는 마땅히 자기의 텃밭을 가꾸어야 한다. 씨 뿌리고 살피고 일궈야 하며 그 결과를 거둬들여야 한다. 그리하여 지도자는 정원사와 마찬가지로 자기가 경작하는 것에 대해 책임져야 한다. - 넬슨 만델라

능력보다 더 귀하고 중요한 것은 그 능력을 발견하는 능력이다. 참다운 리더에게는 그런 능력이 필요하다. 따라서 인적자원을 중시하는 경향은 현대의 리더가 반드시 갖춰야 할 필수 요소이다. - R. Half

3장의 詩

어느 책 읽는 노동자의 의문 / 베르톨트 브레히트

성문이 일곱 개인 테베를 누가 건설했던가?
책에는 왕들의 이름만 적혀 있다.
왕들이 바윗덩어리들을 끌고 왔을까?
그리고 몇 차례나 파괴된 바빌론 누가 그토록 여러 번 그 도시를 일으켜 세웠던가?
건축 노동자들은 황금빛 찬란한 도시 리마의 어떤 집에서 살았던가?
만리장성이 완공된 날 밤 벽돌공들은 어디로 갔던가?
위대한 로마에는 개선문이 많기도 하다. 누가 그것들을 세웠던가?
케사르 같은 황제들은 누구를 정복하고 개선했던가?
흔히도 노래되는 비잔틴에는 비잔틴 주민들을 위한 궁전들만 있었던가?
전설적인 아틀란티스에서도 바다가 그 땅을 삼켜 버린 날 밤에
물에 빠져 죽어가는 자들이 그들의 노예를 찾으며 울부짖었다.

젊은 알렉산더는 인도를 정복했다.
그 혼자서 해냈던가?
케사르는 갈리아를 쳐부쉈다.
적어도 취사병 한 명쯤은 데려가지 않았을까?
페이지를 넘길 때마다 승리가 하나씩 나온다.
승리의 향연을 위해 누가 요리했던가?
십 년마다 한 명씩 위인이 나온다. 그 비용은 누가 지불했던가?
그렇게 많은 이야기들. 그렇게 많은 의문들.
스페인의 필립페 왕은 자신의 함대가 침몰 당하자
울었다. 그 말고는 아무도 울지 않았던가?
프리드리히 2세는 7년 전쟁에서 승리했다. 그 말고 또 누가 승리했던가?

3장

리더특성

리더로서 산다는 것은 위험한 삶을 사는 것과 같다. 왜냐하면 리더십을 발휘하여 사람을 변화의 과정으로 이끌어내기 위해서는 그들이 소중하게 여기는 것(일상적인 습관, 신념, 사고방식 등)을 버리라고 설득해야 하기 때문이다. 그런데 그 대가로 리더가 부하나 조직구성원에게 해줄 수 있는 것은 별로 많지 않다. 성공적으로 변화할지도 의문이고 변화가 이루어졌다고 해서 그들에게 반드시 도움이 되리란 보장도 없기 때문이다. 따라서 이러한 난관을 이겨내려면 리더로서 원래 가지고 있는 지위와 권력만 가지고는 안 되며 그 이상의 무엇인가가 더 있어야 한다. 가장 필요한 것이 리더 자신의 성품과 남다른 능력일 것이다. 따라서 예로부터 연구자들은 리더의 특별한 특질이 무엇인지를 밝히려고 노력했다. 그 결과 몇 가지 사실이 밝혀졌다.

사람들이 가지고 있는 특성과 기술은 그 수만큼이나 천차만별이다. 그런데 리더에게는 보통사람과 다른 특별한 자질과 능력뿐만 아니라 남다른 기술도 있다는 것이다. 이렇게 특별한 자질을 갖춘 인재를 정확하게 찾아낸다면 이 사회는 그만큼 좋아진다. 왜냐하면 그러한 특성과 기술을 가진 자를 리더로 뽑으면 그들이 훌륭한 리더십을 발휘하여 좋은 기업과 좋은 조직을 만들 것이기 때문이다. 그뿐 아니라 누구를 리더로 선발할지 곤란해하지 않고 올바른 판단을 내릴 것이기 때문이다. 간부를 뽑는 경영진에게, 정치지도자를 뽑는 국민에게, 학생회장을 뽑는 학생에게 좋은 판단 기준을 제공할 것이다. 그뿐인가? 아버지로서, 선생으로서, 단체장으로서, 대통령으로서 자질이 부족하다면 그러한 특성과 기술을 가르치고 훈련시켜서 이 사회에 좋은 리더가 넘쳐날 것이다. 이 장에서는 효율적 리더에게 필요한 특이한 자질과 특성이 무엇인지를 지금까지의 많은 연구결과에 의존하여 설명할 것이다.

이 장에서 배울 것

- 리더십 연구에서 주목받았던 리더의 특성은 무엇인가?
- 어떠한 리더특성이 효율적인 리더십과 관련이 있는가?
- 어떠한 리더특성이 리더십 행동과 관련이 있는가?
- 리더특성이 특정한 상황에서 어떻게 나타나는가?
- 리더특성을 중심으로 한 리더십 접근법의 한계는 무엇인가?

1 리더의 자질과 특성

보통사람과 다른 리더가 가진 특성, 그리고 일처리 스킬은 무엇일까? 특별한 자질 이외에도 사람 잘 다루는 스킬 등이 필요할 것이다.

(1) 리더에게 필요한 성격과 특성

리더십 연구에서 가장 오래된 접근법이 바로 리더의 특성접근법이다. 이 접근법은 어떤 소수의 사람만이 리더로서 타고난다는 가정을 전제로 한다. 즉 리더는 보통사람이 갖지 못하는 어떤 특별한 성향(traits, 특질, 특성)을 가지고 태어난다는 것이다. 타고난 특성이란 성격, 욕구, 동기 그리고 가치관 등이다. 예를 들어 성격의 경우 자신감, 지배성향, 외향성, 정서적 안정성, 높은 에너지 수준 등을 포함한다. 배고픔, 목마름 같은 신체적 욕구와 성취감, 자존심, 권력이나 상호 의존성 등의 사회적 동기나 욕구는 행동을 지속시키고 활성화시키기 때문에 중요하다. 가치관이란 일종의 내부화된 태도로 윤리와 도덕과 옳고 그름을 판단하는 양심 등을 말한다. 또한 신체적 특징인 외모, 신장, 건강, 심지어는 목소리 등도 이러한 특성에 포함된다. 을지문덕이나 김유신 같은 장군의 목소리가 여자 같았다면 그 당시 훌륭한 장군이 될 수 있었을까?

(2) 리더에게 필요한 관리능력

스킬이란 선천적 또는 후천적으로 결정되는 것으로Arvey, Zang, Avolio, & Krueger, 2007 자신에게 주어진 구체적인 일을 효과적인 방법으로 잘할 수 있는 능력이라고 정의된다. 관리스킬은 다름 아니라 일처리 스킬, 사람 다루는 스킬, 문제를 해결하는 스킬을 말하는데 이것 또한 효율적 리더에게 반드시 있어야 할 재능이다. 농구팀의 리더가 되려면 신분과 성격과 자질도 있어야 하지만 농구를 잘하는 스킬도 있어야 하듯이 전쟁터에서 리더로 추앙을 받으려면 싸움 잘하는 능력, 사람 잘 다루는 능력, 전술을 잘 짜는 능력이 필요한데 이들 능력을 리더십 스킬(skills)이라고 표현하기도 한다. 그러므로 여기서 리더십 스킬이라 함은 부하를 잘 다루고 리드하는 전문지식과 능력이라고 할 수 있다. 마치 기계를 다루는 스킬이 많은 사람과 적은 사람이 있듯이 리더십 스킬도 많은 사람과 적은 사람이 있는데 좋은 리더라면 남을 리드할 수 있는 스킬이 많아야 함은 말할 필요도 없다.

그런데 이러한 스킬은 타고나기도 하지만 배우고 익힐 수도 있다. 그러므로 회사나 학교에서는 리더십 교육을 게을리해서는 안 되고, 또한 그러한 스킬이 많은 사람이 누군지를 발견하여 다른 사람이 아닌 그 사람을 리더의 자리에 앉히는 것이 중요하다. 그러므로 리더특성에 관한 연구는 리더의 스킬을 규명하고 리더로서 성공하게 만드는 특성을 찾는 작업이다. 리더십 스킬을 지칭하는 데 포함되는 가장 보편적인 특성의 유형이 도표 3-1 에 있다.

도표 3-1 | 리더십 스킬의 유형

전문적 스킬
어떤 업무를 수행하는 데 필요한 작업방법, 과정, 절차, 기술 등에 관한 지식과 그 활동에 필요한 도구를 사용하고 조작하는 능력
대인적 스킬
인간행동 및 인간관계 과정에 대한 지식으로서 타인의 언행에서 그 사람의 느낌, 동기 등을 이해하는 능력, 분명하고 효과적으로 의사소통하는 능력, 남들과 효과적이고 협동적인 관계를 수립하는 능력
개념적 스킬
일반적인 분석능력, 논리적 사고, 아이디어 개발, 문제해결 시의 창의력, 사건을 분석하고 추세를 지각하는 능력, 변화를 예견하는 통찰력, 기회를 포착하고 문제핵심을 파악하는 능력

어떤 학자들은 도표 3-1 에 추가하여 관리적 스킬(administrative skill)을 들기도 한다. 이는 관리스킬 또는 관리행동, 즉 계획하고 협상하고 코칭하는 등의 행동을 수행하는 능력으로 간단히 말해 부하들을 리드하는 스킬이다. 또 다른 학자들은 조직의 상위 수준에 위치하는 경영간부들의 전략적 스킬로서 여러 사람들의 역할을 배분하고 조합하는 능력, 부하들의 기능과 특성을 인지하는 능력, 그리고 그들의 반응을 해석하

는 능력을 거론한다. 중요한 것은 어떠한 관리스킬이 효과적인 리더십과 관계가 있는지를 밝혀내는 일이다. 이에 대해 그동안 진행되어온 연구들을 살펴보기로 하자.

| 도표 3-2 | 리더십의 자격과 특성에 관한 연구 Zaccoro, Kemp, & Bader, 2004

Stogdill (1948)	지적임, 각성, 통찰력, 책임감, 주도성, 인내력, 자기신뢰, 사회성
Mann (1959)	지적임, 성숙함, 조정능력, 지배력, 외향성, 보수성
Stogdill (1974)	성취력, 인내력, 통찰력, 자기신뢰, 책임성, 협동심, 관용, 영향력, 사회성
Lord, DeVader, & Alliger (1986)	지적임, 성숙함, 지배력
Kirkpatrick & Locke (1991)	추진력, 동기부여, 성실성, 자신감, 인지능력, 과업지식
Zaccoro, Kemp, & Bader (2004)	인지능력, 외향성, 자의식, 정서적 안정성, 개방성, 동의성, 동기부여, 사회적 지능, 감성지능, 문제해결력

(3) 리더십 패러다임의 변화

패러다임이라는 것은 특정 주제에 대한 생각이나 사고의 틀을 위한 유용한 개념을 말한다. 리더십 패러다임이라는 것은 리더십에 대한 정서적 분석틀이라고 해도 된다. 패러다임은 지식을 가진 사람들의 학술적인 도구로 세상을 보는 관점, 가치 있는 입장을 가짐으로써 더 많은 이해를 하게 만드는 일종의 나침반이나 모형 같은 것이다. 리더십 패러다임은 고전적, 거래적, 비전적, 유기적으로 구분된다.Avery, 2004

| 도표 3-3 | 리더십 패러다임

리더십 패러다임 범주	실행 사고	초점	처한 상황
고전적	• 명령과 지시 • 권력과 권한	• 리더	• 개인 특성 • 포지션
거래적	• 일과 인간의 균형적 관리 • 기계적 과업과 보상	• 과업 • 시스템 • 리더와 팔로워 • 우월성/종속성	• 포지션
비전적	• 고취 • 카리스마 • 진정성 • 변형적	• 리더와 팔로워 • 사명	• 개인 특성 • 포지션
유기적	• 관계적 • 참여적 • 분배적 • 공유 혹은 집단적 책무	• 지속가능성 • 역량개발	• 과정

리더십 스타일은 리더의 개인적 특성뿐만 아니라 리더의 전문적 지식과 스킬, 리더의 행동, 그리고 부하의 특성과 조직의 시대적 환경 및 상황에 따라 달라지며 그에 따라 리더십 효율성이 좌우된다. 그렇다면 리더십의 개발과 교육훈련은 어디에 초점을 두고 이루어져야 하는가? 리더십 개발은 리더십의 본질을 중심으로 이루어져야 한다. 그렇지만 세상에 나와 있는 대개의 리더십 책들은 리더십 본질보다는 리더십 스타일에 치중하고 있다. 따라서 이 책에서는 리더에게 찾고 기대하는 가치가 무엇인지에 초점을 두고 공부하기로 한다.

상황과 환경의 변화에 대응하여 리더십 스타일을 어떻게 바꾸고 어떻게 유지하는지도 중요하지만 본질적으로 리더가 되기 위해서는 어떠한 소양을 갖춰야 하고 어떠한 특성을 소유하도록 훈련시켜야 하는지에 초점을 두려고 하는 것이다.

그러기 위해서 부하로부터 존경받는 리더는 무엇이 보통사람과 다른지, 본받고 싶은 리더의 가장 중요한 덕목은 무엇인지, 왜 어떠한 리더는 항상 집단의 효율성을 높이는지 등을 파악하고자 하며 이는 훌륭한 리더가 되기 위한 원칙에 초점을 두고 노력을 경주하자는 취지이다.

LEADERSHIP STORY 3.1 | **리더로 산다는 것**

리더로 산다는 것은 곧 위험한 삶을 사는 것이다. 왜냐하면 리더십을 발휘하여 사람들을 개선과 혁신의 과정으로 이끌어 목표를 달성하기 위해서는 그들이 소중하게 여기는 것(일상적인 습관, 신념, 사고방식 등)을 버리라고 설득해야 하기 때문이다. 그런데 그 대가로 리더가 그들에게 해줄 수 있는 것은 별로 없다. 성공적으로 변화할지도 의문이고 변화가 이루어졌다고 해서 그들에게 반드시 도움이 되리란 보장도 없기 때문이다. 따라서 이러한 난관을 이겨내려면 리더로서 원래 가지고 있는 지위와 권력만 가지고는 안 되며 그 이상의 무엇인가가 더 있어야 한다. 사람들은 자기의 안정에 위협을 느끼면 저항하려 하고 간혹 갖가지 예측불허의 해괴한 방법을 동원해서 리더를 끌어내리려 하기 때문이다. 그러므로 어떤 사람이든 리더십을 발휘할 기회가 아무리 많더라도 망설이는 것이 당연하다. 아마 한 번이라도 회사나 지역공동체 혹은 한 가족을 이끌어본 사람이라면 그 일이 직장에서나 가정에서나 얼마나 위험한 일인지를 잘 알 것이다. 참으로 리더가 되는 일은 위험을 택하는 일이며, 이는 굳은 확신을 갖고 조심스럽게 지휘전략을 구사하는 온건한 스타일의 리더에게도 예외 없이 해당되는 사실이다.

◆ 원칙을 지키는 자

누구나 언제 어디서나, 개인이나 집단이나 국가나 원칙을 지키는 것은 매우 중요하다. 더구나 리더가 원칙을 지키지 않는다면 아무도 그를 신뢰하려 들지 않을 것이며 리더를 신뢰하지 못하면 리더가 주는 메시지도 믿지 못할 것이다. 그러므로 리더는 자신의 의사결정과 행동의 지침으로 사용할 기준을 정직하게 선택하고 그 기준을 무시해서는 안 된다. 리더가 가진 가치관이 분명히 밝혀질 때에야 부하의 행동은 훨씬 더 잘 통제될 수 있다. 리더의 명확한 가치관은 구성원의 헌신을 이끌어내기도 하고 사기를 높이기도 한다. 따라서 리더는 가치관과 기준을 부하와 공유하고, 그렇게 공유된 가치관과 기준을 구성원 간의 건전한 약속으로서 지켜나가야 한다.Kotter & Keskett, 1992

◆ 모범이 되는 자

리더가 어떠한 일에 모범을 보이는 것은 조직의 구성원에게 비전과 가치관을 보여주는 것이며 리더 자신이 그 일에 전념하고 있다는 증거이다. 솔선수범이란 본래 리더

LEADERSHIP STORY 3.2 | **모범을 보인 IBM 회장**

IBM의 연구개발부서의 기술정보들이 수시로 새어나가고 있어서 원인을 알아본 즉 기술연구소 출입의 통제가 소홀한 것으로 드러났다. 일급비밀의 최신 기술정보들만 있는 곳이라서 회사에서는 그곳에 들어가려면 노란색의 비표를 반드시 착용하도록 하였지만 직함을 내세워 "나는 아무개 부장이오!", "나는 아무개 전무이사요!" 하며 아무렇게나 드나드는 사람이 있는 바람에 통제가 어려웠다. 한번은 회장인 왓슨(**사진**) 씨가 기술연구소 정문에 도착하자 경비원이 막아섰다. "이곳은 노란색 비표가 있어야 들어갈 수 있습니다." 그러자 회장은 정문에서 기다리면서 비서를 시켜 자기 책상서랍에 있는 비표를 가져오도록 하였고 그 앞에서 부착하고 나서야 입실했다. 그 이후로는 비표 착용이 관례화되었다.

자신이 직접 실천함으로써 보여주는 리더십이다. 자신이 한 말을 몸소 실천하며 끝까지 헌신함으로써 행동으로 보여주는 것이다. 즉 리더는 자신이 한 말을 그대로 행동에 옮겨 모범이 되는 자이다.

인간은 미래에 대해 생각하는 유일한 동물이다. 현재에만 머물지 않고 미래를 만들어내는 것이 바로 인간이다. 리더는 어려운 시기를 견디며 미래 가능성을 생동감 넘치는 비전으로, 그것도 구성원과 공유할 수 있는 비전으로 바꾸는 일을 한다. 그러므로 리더는 항상 가능성을 살피고 과거를 돌아보며 현재에 충실하도록 자신의 열정을 높이는 데 힘써야 한다.

◆ 분위기를 조성하는 자

리더는 부하로 하여금 각자 자기가 하는 일에 열정과 긍지를 가질 수 있도록 분위기를 조성해주어야 한다. 이것은 비전을 제시함으로써 가능할 수 있는데, 본래 비전이란 구성원 모두를 동참시켜 꿈을 향해 달려가기 위한 하나의 표적이라 할 수 있다. 그러므로 리더는 구성원의 직업만족도, 동기, 헌신, 충성도, 사기, 생산성을 끌어올릴 수 있는 비전을 제시할 수 있어야 한다. 한 조직의 분위기는 조직문화를 대변한다. 그런데 조직의 문화나 분위기는 일개 부하에 의해 조성되기는 어렵다. 영향력이 그만큼 적기 때문이다. 반면에 최고경영자나 팀장이나 집단의 리더가 주도권을 가지고 노력하면 그 여파는 매우 크다. 윗물이 맑으면 아랫물도 맑다는 속담은 통하지만 그 반대는 불가능하다. 리더는 자신의 모든 행동이 집단의 분위기와 직결된다는 사실을 항상 염두에 두고 몸가짐에 신경을 써야 할 것이다.

LEADERSHIP STORY 3.3 비극적 분위기를 조성한 리더

미국 인디애나폴리스에서 짐 존스(James Warren Jones)라는 사람이 사원을 만들고 남녀노소, 인종차별 없이 사회 빈민층과 노숙자, 중독자 등 1,000여 명을 모아 살게 했다. 사람들은 그를 신처럼 여겼고 여론도 좋았지만 곧 나쁜 소문이 퍼졌다. 마침내 존스와 추종자들은 여론의 압박에 밀려 전기도 들어오지 않는 남미 가이아나의 밀림지대로 이사했다. 존스는 신도들에게 미국정부가 자신들의 집단을 끊임없이 위협하고 있다고 선전했으며, 이제 여기 모인 사람들은 집에 돌아갈 수 없다고 자주 설교와 연설을 했다. 미국과 영국은 그 나라 안의 흑인과 인디언들 모두를 6개월 내에 제거할 것이라고도 설교했다. 결국 짐 존스의 인권유린 여부를 조사하기 위해서 미국 국회의 하원의원 레오 리안(Leo Ryan)과 몇 명의 기자, 카메라맨, 신도의 미국가족들이 가이아나 존스타운에 도착했다. 집단촌의 신도들 대부분은 자신들이 행복하다고 답했지만 탈출하고 싶다고 몰래 기자에게 쪽지를 전하는 사람도 있었고 15명은 이들을 따라나서기도 했다. 마침내 공항을 막 출발하려는 조사단과 이탈자들을 짐 존스의 친위대가 총으로 쏘아 죽였다. 이를 보고받은 존스는 모든 것이 끝났다고 여기고 다시 설교를 시작했다. "여러분 미국 군대가 와서 우리 아이들과 우리 모두를 죽일 것입니다. 우리가 살아서 평화로울 수 없다면 죽어서 평화를 찾읍시다. 다른 의견이 있다면 한번 말하시오." 그때 한 여인이 말했다. "우리 아이들만은 살 권리가 있다"고. 그러자 존스가 말했다. "맞습니다. 하지만 더 중요한 것은 아이들 또한 죽음으로써 더 평화로울 권리가 있습니다." 강당에 모인 신도들은 처음에는 어리둥절하며 서로 눈치만 보았다. 그러다가 맹신도인 한 여성이 자기 아이에게 독약이 든 콜라를 마시게 하고 자신도 마셨다. 이를 본 다른 이가 동조했고 점점 그 수가 늘어 갔다. 물론 도망가다가 친위대에 죽은 사람도 있었다. 존스도 자신의 머리에 총을 쏘아 자살했다. 죽은 척했던 신도와 그날 시내에 나가 있던 존스의 양아들을 포함한 생존자들에 의해 존스타운의 비극은 세상에 알려졌고, FBI가 찾은 녹음테이프로 1978년 11월 18일의 사건은 생생하게 밝혀졌다. 죽은 이유는 여러 가지이지만 그날의 사망자는 914명으로 기록되었다(**사진**). 물론 이 사건에 대해 다른 억측과 추측이 남은 채로 수사가 종결되었지만, 분명한 것은 한 조직의 분위기는 리더가 어떻게 만드느냐에 많이 좌우되는 것이다.

2 리더에게 내포된 필수적 자질

훌륭한 리더에게는 어떤 특성과 스킬이 특별히 많이 내포되어 있는지를 파악하려는 시도가 오랫동안 여러 학자들에 의해 이루어졌는데 여기서 간단히 대표적인 연구결과를 살펴보기로 한다.

(1) 지능과 능력

스토그딜Stogdill, 1948은 1940년부터 1948년까지 124개의 리더십 특성연구를 하였고, 리더들이 집단의 목표를 달성하는 데 도움을 주는 특별한 능력을 갖추고 있음을 알아냈다. 그것은 머리지능, 타인의 욕구를 신속하게 들어주는 능력, 과업의 이해, 문제처리 시의 주도권과 인내력, 성공에 대한 자신감, 그리고 책임감 등이었다. 이와 같은 연구를 통해 리더의 어떠한 특성이 성공적인 리더로 이끄는지가 밝혀지기도 했지만 그 결과가 상황에 따라 달라질 수 있다고도 주장하였다. 그는 다음과 같은 결론을 내렸다.

"어떤 사람이 리더의 몇 가지 특성을 보유하고 있다고 해서 꼭 리더가 되는 것은 아니다. 그 개인적 특성이 부하의 특징과, 주어진 업무의 특징과 그리고 그가 리드하는 조직의 목적과 얼마나 잘 부합되는지에 달려 있다."

이미 스토그딜은 리더 한 사람이 아무리 잘났어도 혼자서는 조직을 효율적으로 이끌어갈 수 없음을 간파하고 있었던 것이다.

LEADERSHIP STORY 3.4 **역사상 가장 위대한 리더**

어떠한 리더십 정의에 견주어도 예수야말로 정말 위대한 리더였다. 리더십을 영향력으로 이해한다고 할 때 역사상 예수만큼 많은 사람들에게 엄청난 영향을 준 존재는 세상 어디에도 없다. 2,000년이 지난 오늘날까지도 전 세계 인구 1/3에 해당하는 약 20억 이상의 사람들이 기독교인이다. 알렉산드로스 대왕이나 나폴레옹은 무력으로 제국을 건설했지만, 예수는 사랑 위에 자기만의 제국을 건설했고, 이 순간에도 그를 위해 수많은 사람들이 목숨까지 버리고 있다.

그 후 스토그딜은 1949년부터 1970년까지의 자료를 바탕으로 163개의 리더십 특성을 발견하여 1974년에 발표하였다. 이 연구는 조직에서 리더를 선발하는 데 기초적 자료로 제공하기 위해 만들어졌으며 어떤 사람을 리더로 선발하고 리더로 승진시켜야 하는지를 알려준다.

도표 3-4 는 스토그딜의 연구결과물로 리더에게 필요한 특성과 스킬을 요약해놓았다. 즉 조직과 회사에서는 리더를 뽑을 때 이 표에 제시된 특성과 스킬을 가진 사람을 선발하는 것이 좋다는 의미이다.

도표 3-4 | 리더특성과 리더십 스킬에 관한 연구의 결과물

리더특성
상황적응력, 환경변화에 대한 민감성, 야망과 성취지향성, 자기의견의 표현력, 협동심, 결단력, 타인 존중성, 지배성(권력지향성), 활력(높은 동기와 에너지), 집중성, 자신감, 스트레스 극복력, 책임감
리더십 스킬
현명함(지능), 개념적 기술, 창의력, 사교적 수완, 유창한 언어, 업무지식, 조직력, 관리능력, 타인 설득력, 타인감정 인지력

(2) 성취, 권력, 친교욕구

맥클리랜드와 그의 동료들 연구McClelland, 1965, 1985에서는 관리적 동기부여(managerial motivation)에 관하여 성취욕구, 권력욕구 및 친교욕구의 중요성을 검사하기 위해서 주제통각검사(Thematic Apperception Test : TAT)라는 투사법이 사용되었다. TAT는 애매한 상황을 연출한 32장의 사진을 늘어놓고 실험대상자에게 이야기를 구성하게 하여 그 속에 그들의 감정, 욕구, 태도 등이 어떻게 투영되었는지를 살피는 검사법이다. 이때 누가 이야기를 많이 하는가에 따라서 세 가지 욕구 중 어느 욕구가 특히 더 왕성한지를 파악할 수 있다.

만일 실험대상자가 도전적인 목표, 높은 목표수준 등에 관해 더 많이 이야기한다면 그는 높은 성취욕구(need for achievement)를 가진 사람일 것이다. 또한 타인에게 영향력을 행사하려 하거나 적 또는 경쟁자를 패배시키거나 한 가지 주장을 관철시키거나 높은 자리의 직책을 얻는 데 더 많은 관심이 있다면 그는 높은 권력욕구(need for power)의 소유자일 것이다. 그리고 우호적인 인간관계를 확립하며 여러 집단에 가입하고 유쾌한 사교활동에 참여하며 가족 또는 친구와 공동 경험을 즐기는 데 관심이 더 많다면 친교욕구(need for affiliation)가 강한 사람일 것이다. 맥클리랜드에 의하면 리더는 다른 사람보다 이러한 세 가지 욕구가 강했으며, 이러한 욕구는 타고난다기보다 가정교육이나 사회상황에 의해 후천적으로 더 많이 형성되기도 하고 감소되기도 하였다. 그는 특히 선진국이나 성장하는 사회의 국민일수록 이러한 특성이 많다는 점을 발견하였다.

(3) 관리적 동기

리더특성과 리더십 효율성에 있어서 리더의 관리적 동기부여의 중요성을 연구한 학자로 맥클리랜드 외에 마이너Miner, 1965, 1978, 1985를 들 수 있다. 마이너는 계층조직상에서 간부계층으로 승진한 리더나 감독자, 관리자들이 다른 사람에 비하여 관리적 동기(managerial motivation)를 많이 보유하고 있음을 발견하였다. 리더들의 관리적 동기수준을 측정하기 위해 그는 문장완성척도(Miner Sentence Completion Scale : MSCS)라는 투사법을 사용했는데, 이것은 관리적 동기의 여섯 가지 요소 각각에 대해 점수를 매기고 총점을 내는 방식이다. 이들 요소는 상급자에 대한 호의적인 태도, 동료와 경쟁하려는 욕구, 조직에서 뛰어난 사람이 되고자 하는 욕구, 일상적인 감독스킬을 수행하려는 의지 등인데 요약하면 다음과 같다.

- 윗사람에 대한 호의적 태도 : 리더는 자신의 행동에 대해 고위층으로부터 인정과 지지를 받을 수 있어야 한다. 이는 상사와 좋은 관계를 유지해야 가능하며 그러한 관계는 그가 먼저 상사에게 호의적 태도를 가지고 있어야 정립될 수 있다. 자신보다 큰 권한을 가지고 자기에게 권한을 행사하는 상급자를 대할 때 혐오감, 증

오감, 불신감 등을 보이면 직무목표를 인정받기 어렵다.

- 경쟁욕구 : 간부나 리더의 감독업무에는 강한 경쟁요소가 포함되어 있다. 리더는 부하와의 싸움에서도 이겨야 하며 다른 리더가 제안하는 여러 도전도 수용해야 한다. 이러한 역할요구 때문에 리더는 경쟁을 기꺼이 받아들일 준비가 항상 되어 있어야 한다. 만일 직책, 신분, 승진, 아이디어 등에 대하여 경쟁심이 유발되지 않는다면 성공을 거두기 어렵다.
- 감독과 보호자적 기질 : 한 아버지로서 기대되는 행동과 한 관리자로서 기대되는 행동은 서로 다르지만 둘 다 사람을 감독하고 의사결정을 하며 상황에 맞게 처벌을 하고 아랫사람을 보호한다는 점은 유사하다. 이와 함께 요구되는 공통적인 리더 기질 중 하나가 능동적이고 자율적이며 주도적으로 행동해야 한다는 것이다.
- 주도성과 자기주장의 관철성향 : 리더는 부하에게 권력을 행사하고 그들의 행동을 감독해야 하며 그들에게 무엇을 해야 할지를 말해주어야 하고 긍정적 또는 부정적 제재를 통해 자신의 지시와 의견을 관철시켜야 한다.
- 뛰어남에 대한 욕구 : 리더업무는 집단에서 구성원의 눈에 띄는 직책을 맡을 수 있는 뛰어난 사람을 필요로 한다. 리더는 부하와는 달라야 하며 그에게 보고하는 사람으로부터 주의와 관심을 받아야 하고 토론과 비판의 대상이 될 정도로 항상 튀어야 한다.
- 일상적 업무처리능력 : 리더의 관리 직무에도 일상업무가 없지 않다. 예를 들면 예산배정, 위원회 참석, 전화상담, 문서작성 등의 통상적인 업무가 있는데 이러한 일상업무의 관리도 잘해야 한다. 사소한 일처리도 못하면서 리더업무만 하겠다고 한다면 오히려 자격미달이다. 그러므로 리더는 어떠한 일상적인 일에도 기꺼이 부응하여야 하며 일상업무를 맡아도 만족을 느낄 수 있어야 한다.

LEADERSHIP STORY 3.5 | **수신제가치국평천하(修身齊家治國平天下)**

"한창 젊었을 때 나는 세상을 변화시키겠다는 꿈을 가졌다. 그 후 나이가 들고 세상을 좀 알았을 때 나는 세상이 변하지 않으리란 것을 알고 내 포부를 좀 좁혀서 내가 살고 있는 나라를 변화시키겠다고 결심했다. 그러나 그것 역시 불가능한 일이었다. 황혼의 나이가 되었을 때 나는 마지막 시도로 나의 가족을 변화시키겠다고 마음먹었지만 아무도 변화되지 않았다.

이제 죽음을 눈앞에 둔 지금 자리에 누운 채 나는 깨달았다. 만약 내가 내 자신부터 먼저 변화시켰더라면 그것을 보고 내 가족이 변화되었을 것을…. 또한 내 나라가 더 살기 좋은 곳으로 변화되었을 것이며, 그리고 누가 아는가, 세상까지도 변화되었을지…."

런던 웨스트민스터 사원 지하에 있는 한 주교의 묘비에 쓰여 있는 글이다.

이러한 마이너의 연구결과, 대규모 조직일수록 관리적 동기가 간부로 승진하는 데 큰 영향을 미쳤다. 그러나 소규모 조직, 특히 계층이 없는 비공식 조직에서는 관리적 동기와 리더십 효율성의 영향관계가 확실하게 입증되지 못했다.

(4) 핵심역량

한 연구에서 사조직과 공조직에서 효율적인 리더는 어떤 역량(competency)을 가지고 있는지를 밝혔다.Boyatzis, 1982 여기서 역량이란 개인적인 특성, 동기, 스킬, 지식, 자아 이미지이며 몇 가지 특별한 행동이 포함된다. 이 연구가 훌륭한 리더의 특별한 행동과 중요한 이벤트를 조사하면서 수집한 자료에서 필수적인 역량으로 거론한 리더특성은 높은 업적지향성이다. 즉 성과가 높은 리더는 대개 성취동기가 강하고 과업달성기준이나 과업의 목표완수에 대한 관심이 특히 높았다. 그리고 훌륭한 리더는 타인에 비하여 권력지향성도 높았다. 다시 말해서 리더는 보통사람에 비해서 권력욕구, 독단적인 행동, 영향력 행사, 타인의 평판에 대한 관심이 더 높았다. 아울러 효율적인 리더는 자아신뢰감(self-confidence), 자아효능감(self-efficacy)도 높았으며 의사소통 능력과 대인관계력, 개념기술 능력 등이 보통의 리더에 비해 높았다.

(5) 평가센터를 통한 발견

평가센터(assessment centers)란 가장 적합하고 훌륭한 리더를 선발하기 위해 후보자들을 한곳에 모아놓고 전문가들이 함께 숙식하면서 여러 프로그램을 통하여 후보자가 가진 특성을 찾아내고 평가하여 순위를 매기고 적임자를 찾아내는 방식이다. 물론 부족한 점이 있으면 훈련시키는 역할도 한다. 그런데 이러한 평가센터의 연구결과는 조직에서의 개인특성과 성공적 리더십 간의 관계를 밝히는 데 많은 정보를 제공해준다.

리더의 잠재력과 내포된 특성을 찾아내는 다양한 방법이 있는데 그중에서도 개인적인 특성을 규명하는 전형적인 방법으로는 면접법, 투사법, 집단토론법 등이 일반적으로 추천된다. 전형적인 평가센터 방법은 다음과 같다.

| 도표 3-5 | 전형적 평가방법

구분	내용
역할연기법 (Role Plays)	특정 직위에서의 의무적 역할, 다른 사람과 직무 관련 상황을 바꾸어서 역할연기를 해보는 과정에서 평가가 이루어짐.
분석기법 (Analysis Exercises)	문서화된 자료, 정보를 가지고 문제해결과 의사결정 스킬을 평가
집단토론 (Group Discussions)	성공적인 성과를 달성하기 위해 동료들과 어떻게 대화하고 상호작용하는지를 평가
인 트레이 기법 (In-Tray Exercises)	메모, 편지, 이메일, 메시지에 대한 반응, 특정 상황에 대한 반응, 대책을 어떻게 수립하는지 등을 요구받음.
면접법 (Interviews)	직무와 관련된 행동을 설명하는 데 자신의 달성업적, 목표와 포부, 성공 및 실패사례를 묘사하도록 질문함.
심리평가 (Psychometric Assessments)	능력검증, 인성검사, 투사법 등 심리적 특성을 평가함으로써 직무 관련 성공 여부를 미리 따져 봄.

하지만 평가센터에서는 선발 또는 승진 대상이 된 관리직 후보자들에게 2~3일간 말과 글을 이용한 의사소통 기술을 평가할 수 있는 몇 가지의 짤막한 자서전적인 글쓰기와 말하기 등의 과제를 부여한다. 후보자는 제한된 시간 내에 예민한 주제를 놓고 다른 후보자와 격론을 벌이면서 관리자 역할을 해보는 것이다. 이 과정에서 리더의 자질인 주도성, 자기표현 능력, 설득력, 지배성, 협동성 등을 평가받는다.

한편 미국전신전화국(AT&T)에서 실시된 한 연구결과에 의하면 개인의 특성은 리더로서의 성공 여부와 상당한 관련이 있음이 입증되었다.Bray, Campbell, & Grant, 1974 즉 처음으로 리더가 될 후보자를 평가하고 8년이 지난 후에 각 후보자의 승진 성공 여부를 조사하여 그 결과를 최초 후보자의 평가점수와 비교하였더니 8년 전에 우수한 리더로 승진할 것으

LEADERSHIP STORY 3.6 | 좋은 리더가 되기 위한 17가지 행동

① 핵심가치(core value) ② 업무가치(work value)
③ 자기관리 ④ 창의성
⑤ 팔로워십 ⑥ 시간관리
⑦ 전문성과 감성 ⑧ 변화와 열정
⑨ 회의운영 ⑩ 갈등관리
⑪ 의사소통의 스킬 ⑫ 동기부여와 신뢰구축
⑬ 코칭스킬 ⑭ 임파워먼트
⑮ 비전추구 ⑯ 인재양성과 학습조직
⑰ 환경변화 인식력과 신사업 발굴

로 예측되었던 후보자 중 64%가 실제로도 승진하였다. 열등한 후보로 판단되었던 후보자 중에서는 불과 32%만이 상위직급으로 승진하였다. 이 연구는 이미 훌륭한 리더가 될 자질과 특성을 가진 사람은 훌륭한 리더가 되고 그러한 특성이 부족한 사람은 좋은 리더로 승진하기 어렵다는 전제를 입증한 셈이었다. 이로써 연구자는 평가센터 방식이 효율적 리더십의 기초가 되는 리더특성을 정확하게 제시했다고 결론 내렸다.

LEADERSHIP STORY 3.7 | 리더선발의 중요성

"여기 자기보다 더 유능한 사람을 잘 다룰 줄 아는 사람이 잠들어 있도다." 금세기 초의 유명 실업가 중 한 사람이었던 앤드류 카네기(Andrew Carnegie)의 묘비명(**사진**)이다. 몰락위기에 있던 회사가 사장이 바뀌면서 다시 부활하게 된다. 축구팀의 감독이 바뀌어도 그 팀의 전적이 바뀐다. 국가도 마찬가지이다. 그래서 기업의 총수나 축구협회나 국민들은 자신들의 심부름꾼이 될 리더를 잘 뽑아야 되며 리더 역시 자신의 역할을 분담해 줄 하위 리더를 잘 발견해야 한다. 부하직원이 잘못하여 옷을 벗는 리더들이 우리의 현실에서 자주 발견된다. 억울할 것도 없다. 부하를 잘못 뽑은 죄의 대가이기 때문이다. 그래서 사방에서 '조직은 사람이다', '인재가 제일이다' 하면서 인적자원의 중요성을 앞다투어 강조하고 있다. 이들은 인사를 만사로 생각하는 만큼 리더의 인재선발 능력을 높이 평가한다.

- 기업이건 국가이건 경영을 잘하려면 우수한 리더를 확보해야 한다.
- 조직의 성과는 사람을 다루는 리더의 활동에 의해서 좌우되기 때문이다. 아무리 기계가 좋아도 이러한 기계를 만들고 사용하는 주체는 사람이다.
- 인적자원은 물적자원과는 달리 개인의 목표가 따로 있는데 이를 회사의 목표와 조화시켜야만 양쪽에 모두 이익이다. 이 균형을 잡아주는 것이 조직 안에서 활동하는 수많은 리더가 할 몫이다.
- 물적자원은 가치가 고정되어 있지만 리더의 능력은 개발이 가능하여 조직에 공헌도를 계속 높일 수 있다.

3 리더십 효율성을 높이는 특성

그동안 수많은 연구자들이 리더의 어떤 특성과 기술이 성공적 리더십에 영향을 주는가를 놓고 오랫동안 논쟁을 벌여왔다. 어떠한 방식으로 연구가 진행되었는지에 따라 다양한 결과가 나오겠지만 서로 다른 연구방법을 적용하였다고 하더라도 일관된 연구결과가 도출되어야 함은 말할 필요도 없다. 도표 3-6 은 대규모 조직에서 관리자의 효율적 리더십과 관련 있는 특별한 자질과 스킬에 대하여 기술하고 있다.

도표 3-6 | 성공적 리더십과 관련 있는 특성

스트레스 극복력과 자신감	내부통제위치
감정조절 능력	권력지향동기
개인적 성실성과 신뢰감	나르시시즘
성취지향성	친교욕구

(1) 스트레스 극복력과 자신감

리더특성 중에서 활력, 체력, 스트레스 극복력 등은 효율적 리더십과 높은 상관관계가 있다.Bass, 1990 ; Howard & Bray, 1988 자신에 대한 신뢰와 자아존중감(self esteem), 그리고 무엇이든 잘할 수 있다는 자아효능감(self-efficacy)이 리더에게 필요하다.Bass, 1990

◆ 스트레스 극복력

높은 에너지 수준과 스트레스 극복력은 리더나 관리자의 눈코 뜰 새 없이 바쁜 일정과 장시간의 근무에 도움을 주는 요인이다. 왜냐하면 신체적으로 활력이 넘치고 정서적으로 안정적인 리더는 꾸중하고 큰소리 치는 상급자, 문제를 일으키는 부하, 비협조적인 동료, 적대적인 고객 등이 자신에게 스트레스를 주어도 수월하게 대응할 수 있기 때문이다. 그리고 스트레스 극복력은 리더가 어려운 상황에서도 좋은 의사결정을 내리는 데 많은 도움을 준다. 보통사람보다 리더는 스트레스를 더 받는데 이를 극복하지 못하면 바쁜 일정을 소화하기도 벅찰 것이다. 스트레스 극복력은 여러 요인에 의해 형성되지만 무엇보다도 낙천적이고 긍정적인 성격에서 시작된다고 한다.

◆ 자신감

자신감은 카리스마 리더십의 기본이기도 하다. 상황이 어려워도 카리스마 리더가 자신감을 가지고 헤쳐나간다면 부하들은 믿고 따른다. 자신감이 약한 리더는 영향력을 발휘하기를 꺼리고 남에게 적극 실천하도록 강요할 용기도 없다. 자신감이 부족하면 자아존중감 역시 형성될 수 없으며, 따라서 자아존중감이 없는 리더는 문제에 부딪치면 바로 움츠러든다. 자아효능감이란 무슨 일에 직면하여 자기 스스로 이룩해낼 수 있다는 자신감 혹은 자기가 해낼 수 있는 능력을 가지고 있음에 대한 자기확신이다. 그러므로 자아효능감이 높은 리더는 바람직한 변화를 과감하게 도입하고 닥친 문제를 해결하는 데 매우 주도적인 역할을 하는 것으로 알려져 있다.Paglis & Green, 2002

(2) 내부통제위치

리더십 특성이론 중에서 리더십 효율성과 관련이 깊은 특성 중 하나가 바로 로터Rotter, 1966에 의해 개발된 성격유형인 통제위치(locus of control)이다. 통제위치란 어떤 과업을 완수하거나 문제를 해결할 수 있는 능력과 통제할 수 있는 능력이 당사자 안에 위치하는지 또는 밖에 위치하는지에 관한 것으로, 당사자 안에 있다 함은 자신의 능력과 노력으로 해낼 수 있다는 것을 의미하고 외부에 있다 함은 자신이 아닌 타인의 도움이나 운에 달렸다는 것을 의미한다.

◆ 내부통제위치와 외부통제위치

예를 들어 무슨 문제에 부딪치든지 성공과 실패는 내 손 안에 있다고 믿는 사람이 있는데 그는 내부통제위치형(internal locus of control)이라고 할 수 있다. 그런가 하면 성공과 실패는 내가 아닌 운에 달렸든지 남에게 달렸다고 생각하는 사람이 있다. 이런 사람은 주로 타인에 의존하는 경향이 많고 자기 스스로 하려는 의지가 적어 외부통제위치형(external locus of control)이라 칭한다.

강한 내부통제위치형 성격의 소유자는 우연한 기회나 통제하지 못하는 힘보다는 자기 스스로의 행동과 의지로써 더 많은 것을 결정하면서 자신의 삶에서 벌어지는 사건을 해결한다고 알려져 있다. 반대로 외부통제위치형 성격의 소유자는 자신의 삶을 향상시키는 데 별 노력을 하지 않으며 운명이나 기회에 주로 의존하면서 사건이 해결되기만 기다린다.

◆ 통제위치와 리더십 효율성

이를 리더십 효율성과 연결하면 다음과 같다. 내부통제위치형 리더라면 자기가 속한 집단의 성과향상을 위해 스스로 더 많은 책임을 떠안으려 하며 모든 일에 적극적일 것이다. 이러한 리더는 미래지향적 관점을 가지며 목표달성을 위해서 적극적인 계획을 수립하고 직접 실천한다. 그는 문제를 발견하고 해결하는 과정에 있어 외부통제위치형 리더보다 더 주도권을 행사하려고 할 것이다.

내부통제위치형 리더는 강압적이고 정치적인 영향력을 행사하기보다는 부하를 적극적으로 설득해서 자신의 의지에 따르도록 만들 수 있다고 믿는다. 그리고 집단구성원에게 자신이 영향력을 미쳐서 자신이 원하는 대로 인도할 수 있다고 확신한다.Goodstadt & Hjelle, 1973 그는 리더십 전략을 행사할 때에도 보다 유연하게 대처한다. 왜냐하면 부하가 설득되고 안 되고는 리더 자신에게 달렸다고 믿기 때문이다. 그러므로 내부통제위치형 리더가 외부통제위치형 리더보다 더 민주적이고 혁신적이며 부하의 의견을 참여시키는 소위 참여적 리더가 되기 쉽다.Miller, Ket de Vries, & Toulouse, 1982

이러한 리더십 효율성과 리더특성의 상관관계에 대한 연구는 많은 한계를 드러내었다. 하지만 연구결과는 리더십 효율성과 내부통제위치형이 긍정적인 관계에 있음을 보여주었다. 예를 들어 97개 기업에서의 최고경영자에 대한 연구를 보면 외부통제위치형보다는 내부통제위치형이 매출성장과 수익성 같은 객관적 지표에서 더 효율적이었다.Miller & Toulouse, 1986 중요한 혁신을 감행하는 부서의 리더나 역동적인 환경에 있는 기업의 리더의 경우 내부통제위치형과 리더십 효율성의 상관성은 더 강하게 나타났다.

LEADERSHIP STORY 3.8 | **미국인은 내부통제위치형인가?**

후버댐(**사진**)은 미국인들이 얼마나 내부통제위치형인지를 보여주는 좋은 본보기이다. 사막에 물을 날라 도시를 건설하고 풀과 나무가 자라도록 하기 위해 계곡을 흐르는 콜로라도 강을 막아 댐을 만드는 데 LA에서 플로리다까지 왕복 두 번 고속도로를 깔 수 있는 7만 톤의 콘크리트로 만든 시멘트블록을 사용했다. 댐의 두께만 해도 200미터에 이르고 폭발로 부서진 바위는 900만 톤으로 만리장성을 쌓을 수 있는 양이었다. 공사기간 중 무명노동자 94명이 죽음을 맞았고 하루에 50명씩 부상을 입었다. 미국 서부 해안가에 서 있는 야자수 한 그루의 값은 엄청나다고 한다. 물 주는 파이프 연결 비용이 크기 때문이다. LA 주택가의 아름다운 정원수 하나하나마다 수도꼭지가 달려 있다. 우리 같으면 그런 땅은 아예 포기해버린다.

1993년에 수행된 대규모 금융기관에 종사하는 76명의 대표에 대한 연구에서도 내부통제위치형이 외부통제위치형보다 비즈니스 수익률과 업무성과가 더 높았다.Howell & Avolio, 1993

(3) 감정조절 능력

리더는 보통사람보다 감정조절의 성숙성(emotional maturity)이 뛰어나야 한다. 어떤 사람이 감정적으로 성숙하다는 말은 감정조절을 잘 하면서 심리적 격동이나 혼란이 없이 차분하게 주어진 업무를 처리할 줄 아는 사람이라는 의미이다. 그러한 사람은 자신의 강점과 약점을 명확하게 인지하고 있을 뿐만 아니라 환상적인 성공을 바라지도 않고 자신이 갖고 있는 약점을 부정하는 대신에 장점을 찾아서 자아향상에 활용하려고 노력하는 태도를 보인다. 또한 이런 사람은 자기 자신의 근시안적 이득에는 별 관심이 없으며 자아통제력이 강하고 항상 안정적인 정서를 유지한다. 자신의 치부를 방어하기 위해 지나친 위장을 하지도 않으며 자신의 단점을 인정하고 거기에 연연하기보다는 긍정적 측면에 눈을 돌려 자신의 사기를 높이려 한다.

마찬가지로 높은 감정조절의 성숙성을 지닌 리더는 부하, 동료, 상사와의 협력적 리더십을 더욱 잘 유지한다. 리더의 감정조절의 성숙도 수준과 리더십 효율성의 상관관계를 조사한 대개의 연구자들은 둘 간의 상관성이 매우 높다는 데 의견일치를 보았다.Bass, 1990 예를 들면 자아인식 수준이 높은 리더일수록 효율적인 리더십을 발휘했으며MsCauley & Lombardo, 1990 AT&T의 연구결과에서 입증되었듯이 자신을 객관적으로 평가하고 스스로를 다스릴 줄 알수록 리더로서 성공적이었다.Howard & Bray, 1988

(4) 권력지향동기

권력에 대한 욕구가 높은 사람은 사람에 대해서나 일에 대해서나 영향력을 행사하려고 시도할 뿐만 아니라 이를 즐기며 다른 누구보다도 권위 있는 자리에 오르려고 한다. 그런데 대규모 조직의 간부 중에는 보통사람보다 권력지향동기가 높은 사람이 많았으며 또한 권력지향동기가 높을수록 그의 리더십이 성공적이었다.Howard & Bray, 1988 ; McClelland & Boyatzis, 1982 그러므로 강한 권력욕구와 그 권력을 행사하는 행동은 성공적인 리더십과 상관관계가 높다고 할 수 있으며, 나아가 훌륭한 리더의 조건 중 하나가 강한 권력의지라는 사실도 알 수 있다. 따라서 리더가 제 역할을 하려면 부하, 동료, 심지어 상사에게까지 강한 권력행사 행동이 필요하며 그럴수록 리더십 효율성이 크다고 할 수 있다.

반대로 낮은 권력욕구를 가진 리더는 조직 내 규율을 유지하지도 못했고 바람직한 변화를 촉진하거나 필요한 자원을 얻어내기 위한 로비활동에서도 성공적이지 못했다. 아울러 다른 집단과 홍정하고 협상하는 과정에서도 자기 집단에 유리한 자원을 얻어내는 데 실패했고 집단활동을 조직하거나 인솔하는 수준도 매우 미약했다.

한편 좋은 리더십을 발휘하려면 강한 권력욕구가 필요하기는 하지만 언제나 그렇다고는 볼 수 없으며 리더가 권력을 행사하는 방식이 어떤지에 따라 그 효율성은 달라질 수 있다. 이에 대한 실증연구들은 개인적인 권력지향성(개인적 권력)보다는 사회화된 권력지향성(사회적 권력)이 리더십 효율성에 더 중요하다는 점을 발견했다.Boyatzis, 1982 ; House, Spangler, & Woycke, 1991 즉 개인적 권력지향성을 가진 관리자는 타인으로부터의 존경과

LEADERSHIP STORY 3.9 | **권력욕심**

동서고금을 막론하고 왕권을 둘러싼 비운의 죽음은 너무나 많다. 왕위를 둘러싸고 아버지와 아들, 어머니와 아들, 그리고 피를 나눈 형제들끼리 날카롭게 대립하다가 끝내 어느 한쪽이 죽고 만다. 아그리피나는 로마제국 5대 황제인 네로의 어머니(**사진**)이다. 양귀비를 빰칠 정도로 미모가 빼어났던 그녀는 황제인 숙부를 유혹해 황후가 된다. 그리고 정적(政敵)을 제거하는 등 정치를 마음대로 요리하다가 남편인 황제가 늙자 그도 독살하고 16세인 아들을 제위에 올려 권력을 더 오랫동안 향유하려 한다. 아들이 즉위하자 그녀가 섭정(攝政)하려 하니 아들과 틈이 벌어진다. 아들 네로가 어머니의 세력을 치자 어머니는 아들을 폐위하려 한다. 종국엔 아들이 자객을 보내 어머니를 살해하는 비극이 일어난다. 네로만이 아니다. 당태종인 세민은 형제와 조카들을 죽이고 왕위에 오른다. 측천무후는 아들을 죽였고, 조선의 태종은 형제를 죽였고, 인조는 소현세자를 죽였고, 영조는 자신의 아들을 뒤주에 넣어 죽였다. 권력욕은 피보다 진하다.

자신의 지위에 대한 강한 욕구 때문에 권력을 행사하지만, 사회화된 권력지향성이 높은 사람은 조직과 집단을 위해 권력을 행사한다. 다시 말해 권력지향성이 높더라도 이기적으로 권력을 사용하기보다 집단을 위한 이타적 권력으로 행사할 때 비로소 리더십 효율성이 더 높다는 뜻이다.

(5) 개인적 성실성과 신뢰감

성실성은 정직스럽고 진실한 품성이자 신뢰할 만한 개인적 특성이며, 그야말로 대인적 신뢰를 얻는 데 결정적인 역할을 한다. 리더가 아무리 능력 있는 사람으로 지각된다 하더라도 부하의 헌신과 지원을 얻어내는 것은 그리 쉬운 일이 아니다. 더군다나 전문적인 과업을 놓고 여러 사람의 의견을 한데 모아서 추진하려면 구성원의 신뢰가 필수적인데 그들의 신뢰를 유발하는 원동력은 리더의 능력이기보다는 바로 성실성이다.

그런데 리더가 성실성을 인정받으려면 약속의 충실한 이행, 부하의 헌신에 대한 공정한 평가와 적절한 보상, 그리고 비밀 유지와 자신의 행동과 의사결정에 대한 책임감 등의 요건을 갖추어야 한다. 예를 들면 영국의 최고경영자 45명을 대상으로 한 연구에서 성실성은 리더의 가장 중요한 요인으로 판명되었다.Cox & Cooper, 1989

(6) 나르시시즘

나르시시즘(Narcissism)은 여러 의미로 해석될 수 있지만 리더에게 필요한 나르시시즘적 특성이란 자아존경을 바라는 강한 욕구, 또는 남에게 권력을 행사하고 싶은 강한 충동적 에너지를 가리키는 일종의 성격신드롬을 의미한다. 이러한 성격신드롬은 자기보고식 척도로 측정되며, 주로 임상심리학과 성격분석심리학에서 리더의 행동을 분석하고 있다.Raskin & Hall, 1981 ; Novacek, & Hogan, 1991

나르시시즘적인 리더는 주로 타인에 대해 정서적으로 쉽게 요동치지 않으며 무반응적이고 타인의 충정 어린 헌신이나 충성심에 별로 영향을 받지 않으며 오직 자아도취적으로 생각하고 행동한다. 그리고 개인적으로 외로움이나 두려움을 느낄 때에는 외부의 도움을 받기보다는 자신이 사전에 보유하고 있는 힘과 지위, 그리고 타인에 대한 통제력에 의존하여 극복하려 한다. 그러므로 외부인이 볼 때에는 자기도취적이라고 여길 수밖에 없다.

그럼에도 불구하고 조직이 위기에 빠져 있을 때에나 난관에 부딪쳤을 때에는 이러한 리더의 독자적인 행동과 나르시시즘이 오히려 도움이 된다는 것이다. 따라서 리더의 그러한 특성은 집단이 어려움에 닥치거나 리더의 위치가 위태로울 때 더욱 강하게 나타난다.

(7) 성취지향성

성취지향성(need for achievement)은 성취욕구 혹은 성공을 위한 욕구이며 초과달성을 위한 바람, 자신의 책임을 완수하려는 의지 그리고 과업목표달성에 대한 집착 등으로 표현될 수 있다. 많은 연구에서 리더의 성취지향성 정도와 관리자로서의 성공이 상호 연관성이 있는지를 확인하려고 했지만 변수의 개념정의가 다양하고 조직성공의 측정방식이 모두 달라서 일관된 결론을 얻지 못한 것이 사실이다.Bass, 1990 결과적으로 리더의 성취지향성과 리더십 효율성의 관계는 매우 복잡한 모습을 보인다.

몇몇 연구에서는 성취지향성과 조직유효성 간에 정(+)의 상관관계를 보이지만Stahl, 1983 다른 연구에서는 부(−)의 상관관계를 보이기도 한다.House, Spangler, & Woycke, 1991 이에 대한 가능한 설명으로는 앞서 언급한 대로 연구에서 사용된 변수의 개념정의와 측정기준이 일관적이지 않다는 점을 들 수 있다. 그러나 분명한 것은 리더의 성취지향성이 너무 높아도 안 되고 너무 낮아도 안 되며 적절하게 조절되었을 때 효과가 크다는 주장은 많이 있었다. 리더의 성취의욕이 너무 크면 과도한 모험으로 실패를 맛보기도 하며 구성원과 부딪치는 경우도 많기 때문이다.

(8) 친교욕구

강한 친교욕구(need for affiliation)를 가진 사람은 타인을 수용하거나 좋아하는 등 더 많은 접촉을 시도하며 다른 사람과 협력하여 일하는 것을 즐긴다. 그런데 많은 연구에서 리더의 친교욕구 수준과 리더십 효율성 간에 부(−)의 상관관계가 있다고 주장한다. 친교욕구가 높은 리더들이 비효율적이라는 뜻이다. 그 이유는 그들의 특정한 행동유형에 기인한다. 즉 친교욕구가 높은 리더는 집단의 과업보다는 부하와의 대인관계에 주로 관심을 가지고 부하로부터 비판의 소리를 전혀 듣지 않으려고만 노력하며 오히려 환

LEADERSHIP STORY 3.10	**자기 운명을 예측하라.**

지금은 고인이 된 미래학자 토플러도 극찬한 자크 아탈리(J. Attali)가 있다. 1943년생인 그는 유대인으로 알제리에서 태어나 프랑스에서 교수, 정치인, 행정관료 등을 지내면서 프랑스의 유명한 석학자로서 왕성하게 활동하고 있다. 현재 프랑스에서 예비 대통령 1순위라는 말이 나올 정도이다. 《어떻게 미래를 예측할 것인가》라는 책에서 아탈리는 이성과 직관을 통해 자기 운명 대부분을 예측하여야 함을 주장한다. 그러기 위해서 미리 예측기법들을 연습해 두어야 하며 그러다 보면 어느새 자신의 앞날, 가족, 친구, 기업, 국가와 인류의 미래까지 통찰하게 될 것이라 하였다.

심을 사기 위해 부하에 대한 강한 과업지시나 주도적인 의사결정의 기회를 놓치곤 한다. 부하가 과업달성을 못 해도 강하게 꾸짖지 못하고 오직 부하와의 갈등관계를 회피하려고만 하며 과업의 추진보다 좋은 인간관계를 유지하는 데 정력을 쏟으려다 보니 조직의 목표달성이 뒷전으로 밀릴 수 있는 것이다.Litwin & Stringer, 1966

(9) Big 5 성격특성

인간 개개인이 보유한 프로파일 즉 어떠한 성격유형을 갖는지에 대한 연구가 오랫동안 있어왔는데 이러한 노력의 결과 중 하나가 바로 Big 5 모형Digman, 1990 ; Hough, 1992이다. 즉 다섯 개의 주요인(도표 3-7 참조)을 관찰하고 각각의 요인에 대하여 어느 정도의 수준을 유지하는지를 알 수 있으면 한 인물의 전체적인 성격을 알 수 있다는 것이다. 다섯 개의 성격특성이란 외향성, 신중성, 포용성, 안정성, 혁신성이다.

| 도표 3-7 | 빅파이브 특성과 요소

Big Five 성격특성	리더의 특성
외향성(extroversion)	사교, 명랑, 적극, 활달 ↔ 소극, 수줍음, 내성적, 조용함
신중성(conscientiousness)	완벽, 모범, 조심, 규칙 ↔ 나태, 충동, 무계획, 가벼움
포용성(agreeableness)	배려, 양보, 따뜻함 ↔ 냉철, 비판, 차가움
안정성(adjustment)	안정, 인내, 자제력, 평안 ↔ 초조, 불안, 걱정, 짜증
혁신성(openness)	혁신, 창조, 예술, 변화수용 ↔ 보수, 전통, 현실안주

어떤 사람의 성격을 설명할 때에는 적어도 다섯 차원 각각에 관해, 즉 외향성은 어느 정도이고, 안정성은 어느 정도이고 등으로 언급하는 것이 바르다. 그러나 대개는 나머지는 다른 사람과 비슷하고 한 차원만 독특하면, 예를 들어 안정성만 특별히 많으면 그 사람 성격은 안정적이라고 말하곤 한다.

다섯 차원은 모두 조직 내 직무성과와 관련이 깊다고도 알려져 있다. 예를 들면 안정성이 낮고 신중성이 높을수록 직무성과가 높으며, 외향성과 포용성이 높으면 대인업무에 적격이라고 한다. 특히 다섯 요소 중 개방성을 제외한 네 요소가 높은 팀원으로 구성된 팀이 상대적 업적성과가 높다는 연구도 있다. 이 성격모형은 단순히 성과달성만을 위한 것이 아니라 리더를 선발해서 배치할 때 종업원과 직무의 조화를 측정할 수 있는 자료가 된다.

최근에 리더십 학자 사이에서 리더십 효율성과 다섯 개 성격특성 간에 어떤 상관성이 존재하는지 파악하려는 연구들이 있어왔다.Goodstein & Lanyon, 1999 ; Hogan, Curphy, & Hogan, 1994 그런데 실제에서 이들 각각이 리더십 효율성에 어느 정도 영향을 미치는지에 대해서는 아직 밝혀지지 않았으며 아직도 다양한 주장이 쏟아지고 있다.

리더십 카툰

"오늘 새로 부임한 여사장이오. 앞으로들 잘하시오!"
'이제 난 죽었구나!'

리더의 성별, 나이, 성격, 외모, 신분은 부하들에게 어떻게 영향을 미치며,
어떠한 특성의 리더가 더 효율적일지 생각해보자.

3장의 핵심내용

리더십 연구에 있어 가장 오래된 접근법이 바로 리더의 특성접근법이다. 이러한 접근법은 어떤 소수의 사람들만이 리더로 타고난다고 전제한다. 즉 리더는 다른 사람들이 갖지 못하는 어떤 특성(trait, 특질)을 가지고 태어난다는 것이다. 한편 스킬(skill)이란 효율적인 방법으로 어떤 일을 할 수 있는 능력으로 정의되는데, 특성접근법은 스킬에 있어서도 리더는 보통사람과 달리 뛰어나다고 본다. 리더특성에 관한 연구는 몇몇 리더의 특성이나 스킬과 리더십 효율성의 상관관계 여부를 발견하는 것이다. 그러므로 특정한 관리행동이 효과적인 리더십과 어떤 관계가 있는지를 지속적으로 찾는 것도 리더십을 이해하는 데 중요하다고 하겠다.

많은 연구자들은 개인의 특성이 리더십 효율성과 리더로서의 성공에 영향을 주는 요인인지를 밝히기 위해 오랫동안 노력해왔다. 리더의 특성에 관한 연구를 통해 에너지 수준과 스트레스 극복력, 자신감, 내부 통제위치, 감정조절의 성숙성, 권력지향동기, 개인적 성실성, 나르시시즘, 성취지향성, 친교욕구, Big 5 성격특성이 중요한 요인으로 밝혀졌다.

리더십은 항상 갖추고 있어야 할 특성, 스킬, 행동 등의 리더십 본질과 환경 및 상황에 따라 그때그때 달라지는 리더십 스타일(style)로 이루어진다. 그렇다면 리더십 개발은 어디에 초점을 두고 이루어져야 하는가? 리더십 개발은 리더십 본질을 중심으로 이루어져야 한다. 존경받는 리더의 특성이 무엇인지, 따르고 싶은 리더의 가장 중요한 덕목은 무엇인지, 즉 리더가 되기 위한 원칙에 중점을 두어야 하는 것이다.

복습 및 토의문제

1. 리더의 특성은 효율적 리더십 판단의 기준이 될 수 있는가?
2. 리더가 일부 특성을 다른 사람보다 또는 다른 특성보다 특히 더 많이 소유하는 것이 가능한가?
3. 대규모 조직에서 리더의 동기나 욕구가 리더십 효율성이나 조직의 성공과 상관관계가 있을까?
4. 리더를 선발할 때 경력 때문에 탈락을 시킨다면 이는 합리적이고 타당한 일인가? 그렇다면 왜 그런가?
5. 리더의 전문적이고 개념적이고 대인관계적인 스킬이 리더십 효율성과 어떤 상관관계가 있을까?
6. 리더의 본질적인 특성과 스킬을 규명하려 할 때 집단이 완수해야 할 직무나 조직의 상황을 고려해야 하는 이유는?
7. 낮은수준의 리더, 중간수준의 리더, 최고수준의 리더에게 각각 필요한 주요 특성과 스킬은 무엇인가?
8. 리더의 직책에 알맞는 성격특성은 무엇이며, 스킬이 부족할 때 이를 보완하기 위해서 해야 할 일은 무엇인가?

키워드 정리

평가센터, Big 5 성격특성, 인지적 스킬, 개념적 스킬, 핵심역량, 정서적 성숙, 정서적 안정성, 대인관계 스킬, 통제위치, 관리적 동기부여, 권력지향성, 권력욕구, 자아인지, 자아존중감, 자아효능감, 사회적 지능, 사회화된 권력지향성, 스트레스 극복력

사례연구

라이언에어의 마이클 오리어리

아일랜드 국적의 항공사 비행기 좌석 중 25%는 공짜이다. 만약 공짜티켓을 놓쳐도 애석해할 필요는 없다. 돈을 내도 가까운 거리라면 2~3만 원이면 된다. 그 대신 라이언에어(Ryanair)의 비행기 의자는 뒤로 젖혀지지 않으며 창문에 커튼이 없다. 이것으로 연간 수십만 달러의 비용을 줄일 수 있고 유지비도 거의 안 든다. 기내식도 없으므로 물이나 음식을 먹고 싶으면 기내에서 돈 주고 사야 한다. 핫도그는 5.5달러에 판매되며 베개와 담요는 2.5달러에 빌릴 수 있다. 스튜어디스도 자기 유니폼은 자기가 사 입는다. 좌석티켓의 98%가 온라인 판매니까 직원 인건비도 별로 나가지 않는다. 라이언에어는 현재 영국을 기점으로 독일, 프랑스, 이탈리아, 스웨덴 등 유럽 9개국 48개 도시에 연간 5,000만 명의 승객을 실어 나른다. 이들은 항상 대도시 외곽에 있는 2류 공항을 이용하면서 운영 경비를 대폭 줄인다. 런던~프랑크푸르트 노선을 예로 들면, 라이언에어는 런던 근교의 소형 공항인 스탠스태드공항과 프랑크푸르트 도심에서 2시간 정도 떨어진 공항을 이용한다. 이용하는 비행기가 적어서 활주로가 붐비지 않는다. 덕분에 라이언에어의 비행기는 착륙 후 30분 내에 다시 이륙하는 초스피드를 자랑한다. 비수기 요금은 공항세를 포함해 왕복 20파운드 정도로 다른 국제항공사의 평균 요금이 80~90파운드인 점을 감안하면 4배 정도 싸다. 공항에서 도심까지의 버스나 기차 비용까지 고려해도 평균 3배는 싼 가격이다. 유럽 상당수의 도시가 영국에서 비행기로 3시간 거리 안에 있기 때문에 승객들은 다소 불편하더라도 최저가를 고수하는 라이언에어를 이용하고 있다.

저가 항공사 라이언에어 CEO 마이클 오리어리(Michael O'Leary)는 가는 곳마다 화제를 몰고 다닌다. 전형적인 박리다매 경영방식이 곧 수명을 다할 것이라는 일각의 예상을 깨고 라이언에어의 실적이 '순항'을 거듭하고 있기 때문만은 아니다. 거침없는 언변과 불같은 성격, 청바지에 운동화 차림으로 거리를 활보하고 다니는 독특한 행동거지도 한몫했다. 물론 워낙 저가전략을 펴다 보니 느슨한 보안, 청결문제, 장애승객 불편 등 문제가 없는 것은 아니지만 런던과 바로셀로나를 고속버스요금보다도 싼 10만 원에 왕복할 수 있는 항공사는 여기밖에 없으니 달리 방도가 없다. 라이언에어는 저가전략의 미래가 불투명하다는 일부 비판에 대해서 '유럽에 핵전쟁이 나지 않는 이상 우리의 성공신화는 계속될 것'이라며 목소리를 높인다.

토의주제

- 라이언에어의 경쟁우위 전략은 무엇인가?
- 어떤 점이 오늘의 라이언에어를 있게 했을까?
- 라이언에어에 닥칠 위험은 무엇이며 여러분이 CEO라면 어떻게 극복할 것인가?
- 기타 : 이 사례에서 또 생각해보거나 토론해볼 점을 나열해보자.

4장

리더행동

1. **리더행동의 유형**
   (1) 리더행동의 두 가지 유형
   (2) 리더행동 유형에 따른 부하의 반응

2. **효율적 리더행동의 제안**
   (1) 과업지향행동과 관계지향행동
   (2) 리커트의 관리체제
   (3) 독재형, 민주형, 자유방임형
   (4) 관리격자 모형

3. **효율적 리더행동 유형에 관한 논의**
   (1) 행동유형의 두 차원?
   (2) 조직성과와의 상관성?
   (3) 리더의 인간관과 리더행동

4. **리더행동의 조사 방법**
   (1) 설문지법
   (2) 실험실법
   (3) 중요사건법

윗사람의 지시라서 어쩔 수 없다고 말하지 마라. 나는 불의한 직속상관과의 불화 때문에 몇 차례나 파면과 불이익을 받았다. - 이순신

리더의 위치는 부하가 정해준 자리이지 리더 자신이 선택한 자리가 아니다. 멤버의 장단점을 파악하고 거기에 맞는 역할을 주는 것이 리더가 할 일이다. 리더가 멤버를 탓하면 그는 이미 리더로서 실격이다. - 박칼린

용감한 장수 아래 약한 병사는 없다. - 〈손자병법〉

그때는 미처 몰랐제 / 박제영

젊었응께 어렸응께
정말로 그때는 미처 몰랐제
서른둘에 이장이 되어서 내가 처음 한 게
나무를 벤기라
마을 어귀 삼백 년 된 늙은 느티나무를 베어낸기라
길을 내야 했거든
봐라 저 휑한 길을, 저 흉한 걸 내가 만든기라
어르신들 반대를 무릅쓰고
공약을 지킨기 그땐 그리 자랑스러울 수 없었는데
젊었응께 어렸응께
저 신작로를 따라 사람들이 하나 둘
마을을 떠날 줄 몰랐제
이리 될 줄은 이리 텅 빌 줄은
그때는 미처 몰랐제
내가 사람을 벤기라
나무를 벤기 아니라 사람들을 벤기라

4장

리더행동

리더행동을 중심으로 연구한 학자들에 의하면, 리더특성이론을 주장하는 학자들과 달리, 리더는 만들어지는 것이지 태어나는 것이 아니라고 주장한다. 일단 모범적인 리더행동을 알고 이를 지속적으로 훈련하고 키우면 훌륭한 리더가 될 수 있다는 의미이다. 예를 들면 부하가 문제를 정확히 파악하도록 돕는 방법과 부하에게 자신감을 심어주는 행동을 훈련받은 리더의 경우 그 부하의 창의성이 증대되었다. 또한 리더의 특성은 리더 자신의 내부에 잠재해 있지 항상 겉으로 드러나지 않는다. 그런데 부하의 눈에 보이는 것은 리더의 행동이지 그의 특성이 아니다. 따라서 부하에 대한 리더 영향력의 근본은 리더의 특성이 아닌 그의 행동이라고 보고 이에 대한 연구로 관심이 옮겨지게 되었다. 즉 가장 바람직한 리더행동이 무엇인가에 대한 연구가 리더행동이론을 낳은 것이다.

이 장에서는 부하의 만족과 그들의 성과향상에 영향을 주는 리더행동이 무엇인지에 관한 연구들을 고찰해보고자 한다. 이러한 연구방법에는 리더행동묘사설문법, 실험실법, 현장실험법, 중요사건법 등이 있다. 이를 위해서는 1950년대와 1960년대 심리학자들에 의해 수행되었던 리더행동에 관한 연구의 내용을 살펴보기로 한다. 50년간 미국의 오하이오 대학과 미시건 대학에서 연구된 모범적인 리더행동 분석의 내용을 중심으로 배워보기로 한다.

이 장에서 배울 것

- 리더행동을 연구하는 데 사용되는 연구방법의 이해
- 초기 리더행동에 관한 연구결과의 내용
- 리더행동의 유형들
- 왜 과업과 관계행동이 리더십 유효성에 중요한가?
- 행동접근법의 공헌과 한계점은 무엇인가?

1 리더행동의 유형

리더행동이론도 리더의 행동 스타일을 구분하는 다음과 같은 두 개의 축을 바탕으로 많은 논란이 있어왔다. 하나는 부하의 의견을 참여시키는 정도에 따른 구분이며, 다른 하나는 리더가 조직목표와 부하 중 어디에 더 많은 관심을 가지는가에 따른 구분이다.

- 독재적 행동과 민주적 행동 : 의사결정을 할 때 리더가 부하의 의견을 얼마나 참여시키는 것이 좋은가에 따라 행동유형을 구분하고 많은 토론이 있어왔다. 이에 대해 독재적 리더십과 민주적 리더십 차원으로 구분한다.
- 인간중심 행동과 생산중심 행동 : 리더가 부하에게 하는 행동의 많은 부분을 부하 개개인과의 관계개선에 할애해야 하는지 아니면 부하의 업무수행을 독려하고 감독하는 것에 할애해야 하는지에 대해 많은 토론이 있어왔다. 리더행동의 대부분이 인간관리에 있는지 아니면 업무(일)관리에 있는지에 따라 인간중심적 리더십과 과업(성과, 생산)중심적 리더십 두 차원으로 구분한다.

1950년대 오하이오 대학에서의 초창기 리더십 연구는 설문지법을 통해 효율적 리더십 행동을 찾아내는 것이었는데, 그것은 그 이후의 많은 리더십 연구에 매우 큰 공헌을 하였다. 당시 연구는 훌륭한 리더가 부하 앞에서 어떤 행동을 하는지, 그런 행동을 몇 개의 카테고리로 분류할 수 있는지, 어떤 범주의 행동패턴이 조직효율성을 높이는지를 찾아내는 것이었다. 연구자들은 우선 부하 앞에서 할 수 있는 리더의 행동을 측정하는 설문문항(Leader Behavior Description Questionnaire: LBDQ) 약 1,790개 중에서 150가지를 중요 항목으로 선별했다.Halpin & Winer, 1956 이러한 시도는 리더의 자질과 성격특성에 관

LEADERSHIP STORY 4.1 | **4,500년 전의 리더십**

Leader is L(love : 사랑), E(enthusiasm : 열정), A(affiliation : 협력관계), D(donation : 나눔의 실천), E(embracement : 포용력), R(respect & responsibility : 존경과 책임). 이와 같은 리더십은 먼 옛날의 왕과 백성 사이에도 존재했다. 만일 왕이 백성한테 일방적으로 군림했거나 위협만 했다면 그의 무덤을 그리 크게 건설할 수 있었을까? 왕 무덤의 크기로 백성의 헌신을 가늠할 수 있고, 백성의 헌신을 이끌어 낸 왕과 백성 사이에 존재한 사랑과 열정, 협력과 포용, 존경과 나눔의 정도를 가늠할 수 있다.

이집트 기자(Giza) 지역의 쿠푸 왕 케옵스(Cheops) 피라미드는 넓이가 사방 230m, 높이는 146m나 되며 약 250만 개의 바위를 정교하게 쌓아 올려 만들었다. 바위는 나일강 하구의 약 사흘이나 걸리는 채석장에서 8,800여 명의 채석단에 의해 재단되어 운반되었다. 피라미드에 쓰일 돌을 깨러 가던 채석단은 현대의 대형 건설업체의 부서만큼 나뉘어 있었다. 그중에는 설계팀, 채석팀, 운반팀 이외에도 제사 지내는 팀, 취사팀, 심지어는 돌 운반 시 피리를 불어 흥을 돋우는 모티베이션팀도 있었다. 이런 규모의 피라미드 한 개를 건설하려면 연 인원 20만 명의 인부가 10년 동안 지속적으로 일을 해야 가능하다고 한다. 4,560년 전의 일이다. 그런데 지금까지 발견된 피라미드는 약 90개가 넘는다.

심을 두었던 그간의 연구자와는 달리 리더가 부하에게 실제로 행하는 행동을 연구하기 시작했다는 점에서 의미가 있다고 할 수 있다.

(1) 리더행동의 두 가지 유형

오하이오 대학 연구팀의 설문조사는 민간인과 군인을 대상으로 그들의 기억에 남는 모범적인 리더가 그들에게 한 행동을 묘사하도록 했다. 조사대상자의 기억 속에 가장 훌륭한 리더였다고 생각되는 사람을 우선 떠올린 다음에 그가 부하 앞에서 어떻게 행동했기에 훌륭하게 기억되는지 리더가 한 구체적 행동을 응답지에 기술하도록 한 것이다. 그리고 행동 항목은 유사한 것끼리 분류되었는데 단지 두 개의 범주로 나뉘었다. 그 두 개의 리더십 행동범주는 나중에 '배려형(consideration)'과 '구조주도형(initiating structure)'이라고 이름이 붙여졌다.

◆ 배려행동

배려행동은 리더가 부하를 배려하는 행동이다. 부하를 지지하고 인정하며 친밀하게 대하는 행동, 부하와 협의하고 개방적으로 대화하며 부하의 이익을 대변해주는 리더행동 항목이 배려형(consideration) 리더십에 포함되었다. 이러한 관계지향(relationship oriented) 리더행동은 부하와 좋은 관계를 설정하고 유지하는 데 모두 유용한 것이었다.

◆ 구조주도행동

구조주도(initiating structure)행동이란 리더가 집단의 과업을 성공적으로 달성하는 데 큰 관심을 두고 부하를 대하는 행동이다. 즉 멤버의 업무분담과 과업수행에 관련된 달성 프로세스와 일처리 방법 등을 리더가 주도권을 갖고 진두지휘하며 실행에 옮기게 해서 결국 조직의 과업을 성공적으로 완수하는 리더의 행동을 뜻한다. 즉 부하가 알아서 하도록 방관하지 않고 일처리 방식과 일의 설계구조를 리더가 주도한다는 뜻이기도 하다. 예를 들면 부하를 지도하고 그가 맡은 역할을 명확하게 알려주며 그의 업무를 계획, 조정, 해결해주고 잘못된 것을 바로잡아 주면서 부하가 일을 더 잘하도록 감독하고 일일이 설명해주고 독려하는 행동이 이러한 범주에 들어간다. 이러한 과업지향(task oriented) 리더행동은 집단의 목표를 성취하는 데 있어 인력과 자원을 효과적으로 이용하기 위해서 역시 필요한 행동이다.

◆ 리더행동묘사설문

배려행동과 구조주도행동 모두 부하에게 동기부여를 하며 부하의 행동에 많은 영향을 준다. 그 후의 연구자들은 초기 연구결과에 기초하여 배려행동과 구조주도행동의 측정법을 수정한 더 간단한 설문항목을 개발하였다. 이를 리더행동묘사설문(Leader

---

LEADERSHIP STORY 4.2 | 배려형 리더의 실패

Alan Robbins는 일부러 범법자들이 많은 오하이오 주 Akron 시의 한 다운타운에 헌 우유병과 헌 고무를 압축시켜 건축자재를 만드는 공장 Plastic Lumber Co.(PLC)를 세웠다. Robbins는 자신이 그들의 사장인 동시에 친구로 여겨지기를 바라면서 돈 없는 사원에게 돈도 빌려주고 작업자들과 맥주도 함께 마시곤 했다. 마약검사나 음주측정 같은 것은 아예 하지 않았다. 자신이 그들을 믿으면 그들도 자신을 믿어주리라고 생각했기 때문이다. 그러나 예고 없는 결근과 지각, 음주 행패, 마약 후 난투극, 공장시설 파괴 등 Robbins가 예기치 못한 일들이 공장 안에서 계속되었다. 마침내 그는 좌절하면서 후회하게 되었다. "인간적 리더십은 완전히 실패했노라!"고. 하지만 테레사 수녀(**사진**)는 아무 자원도 없이 배려형 리더십만으로 수십 년간 수많은 사람과 수많은 기관의 리더로서 살다 갔다.

Behavior Description Questionnaire-Form XII : LBDQ-Form XII)이라고 하며 많은 행동과학자들이 광범위하게 사용해왔지만Stogdill, 1963 대부분의 연구는 배려행동과 구조주도행동에 초점을 두었다. 도표 4-1 은 오하이오 대학에서 조사한 리더행동 설문항목의 예이다.Fleishman, 1951

| 도표 4-1 | 배려와 구조주도 리더십 측정 설문의 예

배려행동 측정 설문의 예
그(리더)와 이야기를 나누다 보면 편안함을 느낀다
그는 친구처럼 대해주며 언제든지 만날 수 있다
그는 부하의 개인적인 사정까지도 신경을 써준다
그는 부하의 제안을 받으면 그것을 실행에 옮긴다
구조주도행동 측정 설문의 예
그는 하급자에게 분명하게 직무를 정해준다
그는 부하가 수행할 일에 대한 스케줄을 짜준다
그는 부하에게 정해진 규칙과 규정을 따르도록 유도한다
그는 직무 마감일과 직무수행 과정을 지키는 것을 중시한다

| 도표 4-2 | 리더십 행동의 두 차원에 대한 유사한 분류

연구자	과업차원 행동	인간차원 행동
오하이오 대학 연구팀	구조주도행동	배려행동
미시건 대학 연구팀	생산지향	종업원 지향
블레이크와 머튼(Blake & Mouton)	생산관심	인간관심
피들러(Fiedler)	과업지향성	관계지향성
타넨바움(Tannenbaum) 모형	상사중심	부하중심
경로-목표 학파	지시적 리더십	지원적 리더십
리더의 역할	업무수행, 목표달성, 성과향상	부하만족, 갈등해결, 공동체의식과 커뮤니케이션 향상

(2) 리더행동 유형에 따른 부하의 반응

리더의 배려행동과 구조주도행동에 관한 현장연구가 미국 인터내셔널 하베스터(International Harvester Company)의 트럭 제조공장에서 수행되었다.Fleishman & Harris, 1962 57명의 공장사원에게 자기들 감독자의 행동을 리더행동묘사설문에 맞춰 답하게 했고 그 이후 11개월 동안 부하가 한 행동, 예를 들면 자발적인 이직이 얼마나 있었는지, 회사에 불만은 어느 정도나 되는지, 고충처리는 얼마나 많이 신청되었는지 등을 측정하였다. 그 결과 높은 배려행동의 리더에게 감독을 받는 부하직원의 경우 이직률도 적고 불만도 적었지만(도표 4-3 참조), 더 많은 구조주도행동을 한 리더 밑의 직원은 더 높은 이직률과 불만을 기록했다(도표 4-4 참조).

이러한 결과만을 놓고 본다면 리더가 과업의 달성을 위해 주도권을 쥐고 앞장서서 나간다든지 부하에게 업무를 구체적으로 배분하고 채근하는 것보다는 오히려 인간적인 배려로써 격려해주고 따뜻하게 감싸주는 것이 부하의 생산성 향상에 도움된다는 결론에 이른다.Bowers & Seashore, 1966

| 도표 4-3 | 리더의 배려행동과 이직률 간 관계

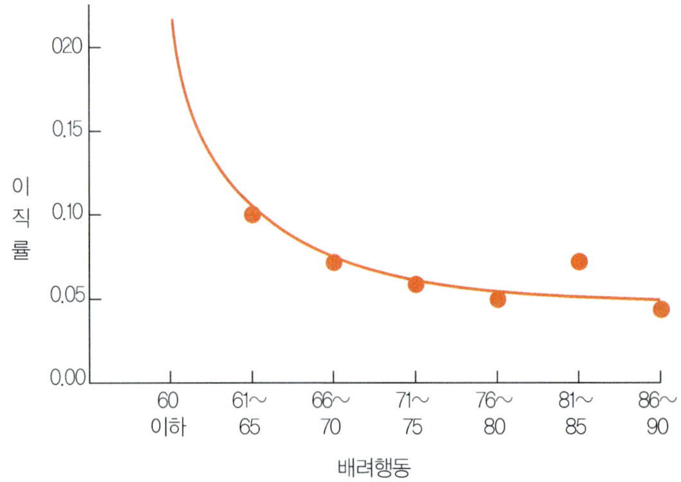

| 도표 4-4 | 리더의 구조주도행동과 이직률 간 관계

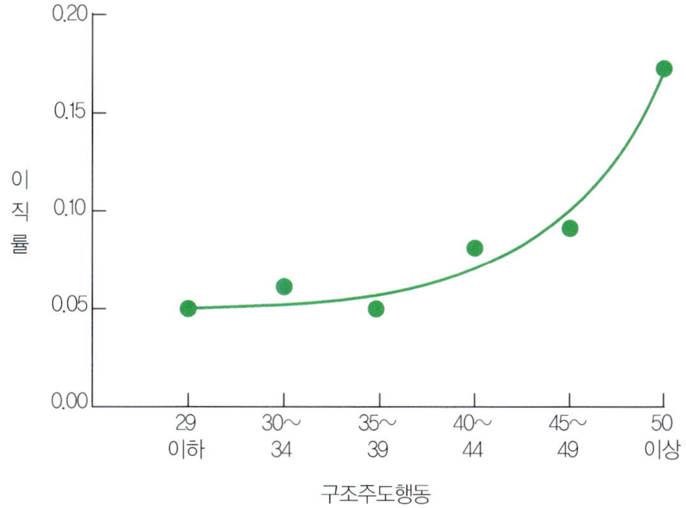

LEADERSHIP STORY 4.3 | 일반인은 리더의 행동이 아닌 결과만 본다.

2008년 메릴 린치(Merrill Lynch) 회사가 모기지 증권에 투자했다가 수백만 달러의 손해를 보았다. 그리고 2009년에 이 회사의 CEO였던 스탠 오닐(Stan O'Neal: **사진**)은 해고된다. 한 방송사의 간부는 그를 '월스트리트의 사악한 마녀'라고 칭했고 오닐은 국회의 정부개혁 감독위원회 앞에 서서 증언하는 모습을 '공개태형'이라고 이름 붙였을 정도였다. 어떤 사람은 그를 범죄자로 불렀고 또 다른 사람은 메릴 린치 회사의 손실이 CEO이었던 오닐의 '의도된 파멸'이라고 비난했다. 그러나 그로부터 바로 5년 전 경제지 포춘(Fortune)에서 그는 "변혁의 천재"로 추앙된 바 있었다. 우스운 것은 5년 전이나 5년 후나 오닐의 리더십은 바뀐 것이 없었는데도 말이다. 단지 2004년에는 메릴 린치에 유리하게 작용했던 외부환경이 2008년에는 불리하게 작용했던 것뿐이었다. 일반인은 리더의 행동은 보지 않고 그가 리드한 조직의 성과만 보고 리더십을 판단한다. 이는 매우 위험한 현상이다. 왜냐하면 리더가 조직의 내부를 모르는 일반인들의 인기나 그들의 눈치 보기에만 급급하여 인기 위주의 단기적 성과에만 집착할 수 있기 때문이다. 하여튼 현실적으로는 리더십의 옳고 그름이 리더가 어떤 특성을 갖고 어떻게 행동하는지에 의해 평가되는 것이 아니라 단기적 성과에 의해 결정된다. 성과만 좋으면 일반인들은 그 원인을 리더가 도전적이고 근면했기 때문에 성과가 좋았다고 평하기 쉽다. 그렇다면 내가 리더가 된다면 모로 가도 서울만 가면 된다는 말인가?

2 효율적 리더행동의 제안

리더행동에 관한 또 다른 연구는 오하이오 대학과 거의 같은 시기에 미시건 대학 연구원에 의해서 이루어졌다. 미시건 대학 연구의 초점은 리더의 행동과 조직 유효성 사이에 어떠한 상관성이 존재하는지를 찾아내는 것이었다. 초기 연구들은 보험회사의 간부,Katz, Maccoby, & Morse, 1950 대규모 제조사의 감독자,Katz & Kahn, 1952 그리고 철도회사의 공장 감독자Katz, Maccoby, Gurin, & Floor, 1951가 연구대상이었다. 리더의 관리행동은 면접법과 설문지법으로 조사되었고, 효율적 관리자와 비효율적 관리자는 리더십 행동이 어떻게 다른지를 찾아내고 해당조직의 생산성을 측정하여 비교해보았다.Likert, 1961, 1967

(1) 과업지향행동과 관계지향행동

미시건 대학 연구에서는 효율적인 관리자와 비효율적인 관리자 간 차별화된 리더십 행동유형이 밝혀졌다. 이 연구에서는 리더가 리더의 기능을 올바로 수행하기 위해 취하는 행동의 초점이 부하 개개인의 인간관리에 있는지 아니면 그 집단이 완수해야 할 업무관리에 있는지에 따라 인간중심 리더행동과 생산중심(과업, 성과) 리더행동으로 나누고 참여적 행동이라는 세 번째 유형을 새롭게 제시했다.

◆ 과업지향행동

효율적인 리더는 자신의 부하가 업무를 수행하는 동안 리더 자신의 시간과 노력을 낭비함이 없이 부하를 지원한다. 그는 필수적인 자원공급, 장비와 기술적 지원을 하고 부하의 역할을 조정해주며 업무일정과 계획수립 같은 과업지향적 지원에 몰두한다. 그리고 부하로 하여금 실현가능한 범위에서 목표를 높게 잡도록 잘 유도한다. 미시건 대학의 과업지향행동은 오하이오 대학의 구조주도행동과 매우 유사하지만 미시건 대학의 리더행동 범주가 훨씬 더 광범위했다.

◆ 관계지향행동

효율적인 관리자는 부하를 더 배려하고 지원하며 인간적으로 많이 돕는다. 그는 부하에게 신뢰와 자신감을 보여주고, 우호적이고 배려하는 행동을 하며, 부하의 곤란한 문제를 해결해주려고 애쓴다. 그뿐 아니라 부하의 능력과 경력을 개발하고 발전시키는 데 도움이 되는 행동을 하며, 부하가 낸 아이디어에 대한 격려, 부하의 공헌과 업적 달성을 인정해주는 행동도 한다. 미시건 대학의 관계지향(relation oriented)행동은 오하이오 대학의 배려행동과 매우 유사하지만 리더행동 유형이 더 다양했다.

◆ 참여적 행동

효율적인 리더는 부하와 회의를 자주 함으로써 의사결정에 부하의 참여가 용이하게

리더십 카툰

"앞으로 자네만 믿겠네, 부탁하네!" "네, 알겠습니다(흐흐흠…)."

부하에게 권위적으로 다가가는 것보다 인간적으로 다가가는 것이 더 효율적일까?
부하가 어떤 유형이든 어느 시대 어느 나라이든 이것을 적용할 수 있을까? 이에 대해 토의해보자.

하고 그들과의 협력을 통하여 일을 추진한다. 부하의 갈등도 충분한 커뮤니케이션으로 해결하고 회의 시에도 일방적으로 주도하기보다 기본적으로 토의를 이끄는 역할만 하여 부하가 주도하는 건설적인 회의가 되도록 지원한다. 또한 문제를 해결하는 방향으로 회의를 이끌어 부하의 참여율을 높인다. 그 대신 모든 의사결정의 결과에 대해서는 책임을 지며 부하와 의견이 다르거나 중요한 결정인 경우에는 자신의 경험을 통해 가장 좋은 것을 결정하는 경우도 있었다.Likert, 1961, 1967

(2) 리커트의 관리체제

리커트(R. Likert)라는 사람의 이름을 따 그 사람이 만든 척도(scale)가 바로 관리체제(system of management)이다. 미시건 대학의 기본적인 주장처럼 전제적 체제부터 참여적 체제로 구분된다.Likert, 1961 한 연구에서 리더십 행태를 시스템 I(개척적, 독재적), 시스템 II(온정적, 권위적), 시스템 III(자문적, 참여적), 시스템 IV(참여적, 민주적) 네 가지로 분류하고 그중 시스템 IV형이 가장 이상적인 관리체제라고 주장한다. 그 내용은 다음과 같다.

◆ 시스템 I형 : 개척적, 독재적 체제(exploitative system)

이러한 유형에서의 리더는 부하를 신뢰하지 않고 집단을 위해 모든 의사결정이 이루어진다. 이 체제에서의 리더십은 위협과 강압 등의 관리 수단을 사용한다.

◆ 시스템 II형 : 온정적, 권위적 체제(benevolent authoritative system)

이 체제에서 역시 리더는 집단을 위한 의사결정이 이루어지며 어느 정도 부하를 신뢰하면서 부하를 위해 약간의 동기부여를 위한 보상체제를 사용하기도 한다.

◆ 시스템 III형 : 자문적, 참여적 체제(consultative system)

자문형 체제에서 리더는 부하를 상당히 신뢰하지만 완전히 신뢰하는 것은 아니며 부하를 지원하기 위한 의사결정이 빈번하게 일어난다.

◆ 시스템 Ⅳ형 : 참여적, 민주적 팀 체제(participative group system)

이 체제에서 리더는 부하에 대한 높은 신뢰를 갖고, 조직목표의 설정, 업무의 개선, 업적 평가에 대한 구성원의 참여가 권장되고, 목표성취를 위한 동기부여와 조직을 통한 성공에의 책무 등이 강조된다.

(3) 독재형, 민주형, 자유방임형

리더와 부하 사이에서 의사결정 권한이나 권력 배분의 정도에 따라 여러 유형의 리더십 행동이 있을 수 있는데 크게 다음과 같이 구별된다.Lewin, Lippitt, & white, 1939

◆ 독재형 리더

이 스타일의 리더는 부하의 행동, 규칙, 업무절차를 엄격하게 통제하면서 직접 관리, 감독하지 않으면 부하가 효율적으로 일하지 못할 것으로 판단한다. 또한 부하와 역할분리는 물론 얼마간 거리를 두고 행동하려고 한다. 물론 부하의 의견 참여는 매우 제한된다.

◆ 민주형 리더

이 스타일의 리더는 부하와의 교류를 중시하고 협력을 위한 커뮤니케이션을 선호한다. 업무목표와 절차를 정하는 계획단계에서도 부하의 참여를 허용한다.

LEADERSHIP STORY 4.4 | **한 마리 사자가 거느린 여덟 마리 양**

코르시카 섬에서 태어나 프랑스 황제의 자리에 오른 작은 거인 나폴레옹이 귀향을 가 있던 엘바 섬을 탈출하여 지중해의 뚤롱 해안에 도착했을 때 그를 추종하는 군사의 수는 얼마 되지 않았다. 그러나 그는 이들을 결집시켜서 파리 입성을 꾀하였고, 반대파가 많은 남부 프로방스의 평원을 피하여 그 험악한 알프스 산맥을 넘었다. "나의 사전에 불가능은 없다"는 이때 남긴 명언이다. 한편 빛을 보지 못한 한마디가 더 있다. 한 마리의 사자와 여덟 마리의 양으로 구성된 군대와 한 마리의 양 리더와 백 마리의 양으로 구성된 군대가 싸울 경우 전자가 이긴다는 나폴레옹의 명언이 그것이다. 강한 리더(사자)로 인하여 여덟 마리 양(부하)들의 응집력이 커지기 때문이다.

◆ 자유방임형 리더

이 스타일의 리더는 자신이 가진 권위와 책임을 거의 포기한 것처럼 행동한다. 하지만 긍정적인 면도 많다. 예를 들어 부하가 필요로 할 때에만 적극적으로 개입하는 정도로 부하의 자율성을 보장한다.

(4) 관리격자 모형

블레이크와 머튼Blake & Mouton, 1964, 1978, 1985, 1994은 리더십 차원을 인간에 대한 관심과 과업에 대한 관심 두 가지로 나누어 바둑판 모형의 좌표로 만들고 도표 4-5 와 같이 다섯 가지 형태의 리더십으로 구분하였다.

- 9.1형(과업형) : 혼자 다 계획하고 통제하며 명령일변도이다. 부하를 생산도구로 여기며 업적달성에만 관심이 있고 부하에게는 따라만 오라는 식이다.
- 1.9형(인간관계형) : 부하의 화합과 상사에 대한 신뢰, 부하칭찬 등으로 좋은 분위기에만 신경을 쓴다. 이것은 컨트리클럽형으로 불리기도 한다.
- 1.1형(방임형) : 불간섭, 자유방임을 신조로 삼는다. 그러나 리더의 무능력에서 나타날 수 있는 것이기에 무기력형이라고도 한다.
- 5.5형(중간형) : 인간과 과업 양쪽에 관심을 갖되, 일정량의 성과만 있으면 그것으로 만족하면서 더 재촉하지 않는 리더이다.
- 9.9형(이상형) : 가장 이상적인 리더로서 업무계획과 추진에 부하의 참여와 단결을 호소하고 열심히 노력하는 분위기를 만들어 갈등 없이 적극적으로 목표달성을 추구하도록 지도하는 리더이다.

| 도표 4-5 | 블레이크와 머튼의 관리격자

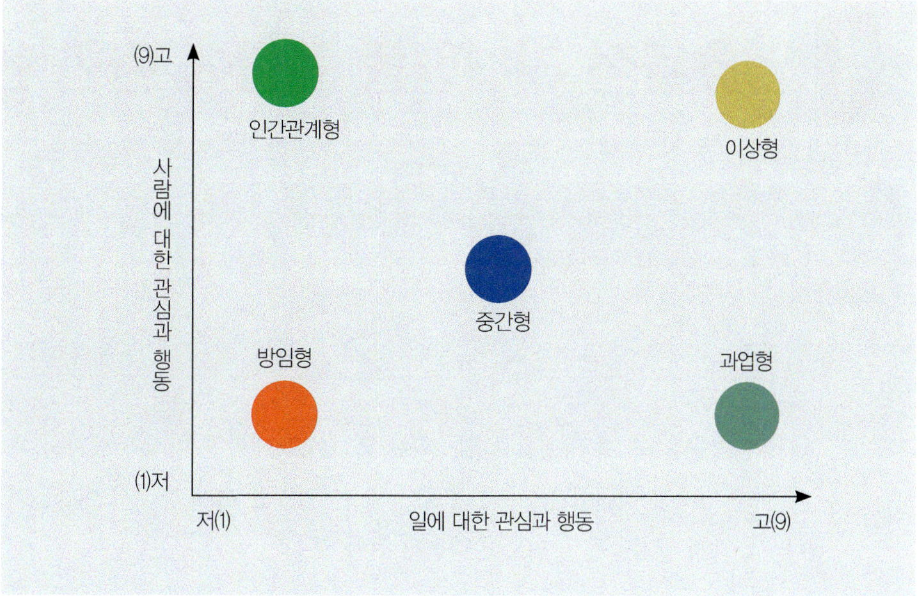

블레이크와 머튼의 이론은 바둑판 모형의 상자에 그려져서 소위 관리격자(managerial grid)라는 이름으로 리더십 훈련 시에 사용되고 있다.Blake & Mouton, 1964 즉 그리드 훈련으로 명명되어 기업실무자에게 널리 이용되어왔지만 아직 이 프로그램의 유효성은 확증된 상태가 아니다.Keller, 1978 오하이오 대학 팀이 분류한 구조주도행동과 배려행동의 리더십도 어느 것이 더 효율적인지 많은 연구가 있었지만 역시 리더가 높은 구조주도행동과 높은 배려행동을 보일 때 부하의 만족도나 주변의 평가가 가장 높다고 인정되었다.Jago, 1982 한편 일본에서도 이상의 두 차원의 리더십 행태에 대하여 오랫동안 연구해왔는데, 인간중심적이며 동시에 과업중심적인 리더가 구성원의 만족도와 조직성과 측면에서 가장 효율적이라는 것이 입증되었다.Misumi, 1985

3 효율적 리더행동 유형에 관한 논의

리더행동을 두 개 차원으로 범주화한 오하이오 대학과 미시건 대학의 초기 연구 이후 독재-민주적 리더십 등 여러 유형이 제시되었지만 이에 대해서 이견들이 적지 않았다. 몇 가지 쟁점들을 살펴보면 다음과 같다.

(1) 행동유형의 두 차원?

생산중심형(생산과정, 기술문제, 목표달성)과 부하중심형(상호협조, 충고, 의사소통관리)으로 분류한 미시건 대학의 연구와 비슷한 연구가 많이 진행되었다. 하버드 대학의 연구Bales, 1958도 비슷한 시기에 참다운 리더의 기능을 인간관계기능(공동체의식, 갈등해결, 관계개선)과 과업기능(목표수립, 업적평가, 자원의 할당)으로 분류하였는데 이외에도 많은 연구가 계속되었다.

그런데 이러한 두 차원 분류와 관련하여 중요한 문제 중의 하나는 두 차원이 상호 배타적이냐 하는 점이다. 즉 두 개 차원이 배타적이라면 어떤 리더는 둘 다 강하고 어떤 리더는 둘 다 약할 수도 있지만, 그렇지 않다면 한쪽에 강한 리더는 다른 한쪽에 약할 수밖에 없는 것이다. 즉 두 차원에서 충분하게 행동할 수 없는 없다는 모순에 빠진다.

그러므로 어떤 학자는 리더십 스타일을 상사중심(boss-centered)형과 부하중심(subordinate-centered)형으로 나누고, 모든 리더는 이 양극단 사이의 연속선상에 존재한다고 본다.Tannenbaum & Schmidt, 1958 즉 이 두 가지 유형에 민주형(부하중심)과 독재형(상사중심)이라는 이름을 붙인다면 종래의 학자들이 말하는 식으로 민주형이 좋다 또는 독재형이 좋다고 말할 수 없다는 것이다. 이들은 리더의 행동은 몇 가지 변수에 의해 결정된다고 보고 여러 유형의 리더행동을 분류하면서 상황에 맞는다면 모두 효과적 리더십이라고 하였다. 그리고 어떤 유형의 리더십이 유효한지는 세 가지 상황요소가 결정한다고 보았다.

- 리더에게 작용하는 힘(리더의 확신, 기호, 부하에게 거는 신뢰감 등)
- 부하에게 작용하는 힘(자율욕구, 책임의식, 목표이해 등)
- 상황에 관련된 힘(조직형태, 조직의 전통, 조직분위기, 조직규모, 외부상황 등)

그들은 위의 세 가지 요소가 복합적인 상황을 만들기 때문에 독재적 리더십에서 민주적 리더십까지의 연속선상에 있는 여러 유형 중 가장 적합한 유형을 선택하는 것이 효율적이라고 하였다.

(2) 조직성과와의 상관성?

훌륭한 리더의 행동은 어떠하며 그것이 과연 부하의 업적달성과 얼마나 관계가 있는가에 대한 최초의 연구가 있었다.Lewin, Lipitt, & White, 1927 열 살배기 아이를 상대로 민주적, 독재적, 자유방임적 선생님의 리더십 행동유형을 실험한 이 연구에서 결과는 그리 간단하지 않았다. 아이의 협조나 만족도 수준은 민주유형의 경우에, 아이의 생산실적(성적향상)은 독재유형의 경우에 더 컸다. 아이의 복종, 순종의 태도는 독재유형에서

LEADERSHIP STORY 4.5 | 독재와 자율

'유럽의 지옥과 천당'이라는 유럽 사람들끼리의 농담 속에서 천당이란 '요리사는 프랑스인, 기술자는 독일인, 애인은 이탈리아인…' 식으로 나가다가 '경찰은 영국경찰'을 꼽는다. 정말 놀랍게도 영국경찰은 특수부원을 제외하고는 모두 맨손이다. 권총은 물론 그 흔한 곤봉 하나 차고 다니는 것을 보기가 쉽지 않다. 시민이 경찰의 무장에 반대해서이기도 하지만 경찰도 그 뜻을 같이한다.

그래서 오늘도 영국경찰은 맨손으로 뒷짐 지고 다닌다. 그들은 힘의 수단이 '법'과 국민의 '신뢰'에 있지 무력에 있지 않다고 믿는다. 무기를 차고 다니면 시민의 신뢰가 멀어질까 봐 두려워한다. 비무장의 이유가 또 하나 있다. 권력이 최대한 강해져서 절정에 이른 상태를 무적(無敵)이라고 할 수 있는데 빈손으로 세상에 적(敵)이 없으면 그것도 무적이다. 무장을 풀고 약해짐으로써 상대를 약하게 만드는 것도 경찰력 유지의 한 방법이다.

미국 뉴욕 시에서만 살인사건으로 죽는 사람의 수가 영국 전체에서 비슷한 사건으로 죽는 건수의 두 배를 넘는다. 미국 경찰(캅)은 영국 경찰(보비 : **사진**)에 비하면 무장하고 또 중무장이다.

LEADERSHIP STORY 4.6 **몽고메리 장군의 부하관리 전략**

버나드 로 몽고메리 장군(**사진**)은 제2차세계대전 때 북아프리카와 유럽의 연합군 상륙작전에서 중요한 역할을 담당한 가장 영향력 있는 영국 육군원수로, 독일군과의 전투에서 연합군에게 첫 승리를 안겨준 지휘관이다. 그는 거만하고 거칠고 허영심이 많고 때로는 기상천외의 일도 저지른 인물로 평가되고 있다. 그럼에도 몽고메리는 전투에서 부하 장병들을 끊임없이 전진하게 하여 승리를 거머쥔 마력의 소유자이다.

어떻게 가능했을까? 그는 부하들에게 적군이 쳐들어온다고 거짓말하고 참호를 파도록 하여 한겨울을 지내게 했다. 군인은 전쟁이 없으면 지루해하고 탈영이 늘어난다. 전쟁을 해야 상관의 리더십이 산다. 그래서 로마시대에는 전쟁을 질질 끈 장군도 많았다. 기업은 계속해서 혁신과 변화를 외쳐야 새로운 동기가 솟아난다. 매일 반복되는 일만 하는 공무원은 동기가 없어 부정부패에 빠진다. 일하기 싫어하거든 아무 일도 못하도록 하는 벌을 주라고 파스칼은 말했다.

더 컸으나 리더가 자리를 비울 때 밖으로 나가는 아이도 있었다. 이 초기의 실험은 그 후 참여형 리더와 독재형 리더의 우열에 관한 많은 논쟁으로 이어졌다.

(3) 리더의 인간관과 리더행동

한 연구McGregor, 1966에서 리더가 인간(부하)을 보는 관점은 비관적(X이론형)일 수도 있고 낙관적(Y이론형)일 수도 있는데 어떤 관점으로 보느냐에 따라 리더십의 행동 양상이 달라진다고 주장하였다. X이론형 관점으로 부하를 보는 리더는 자기권한을 최대한 사용하고 철저한 감독과 징계, 명령을 행하며, 부하의 제안에 귀를 기울이려고도 하지 않는다. 하지만 Y이론형 관점으로 부하를 보는 리더는 자율과 적당한 충고로 일관한다는 것이다. 그는 모든 인간은 Y형으로 스스로 자기를 통제할 줄 알며 그렇게 게으르거나 책임을 회피하려고만 하지 않기 때문에 생산중심 리더십보다는 인간중심의 리더십을 추천한다. 그의 견해는 1960년대와 1970년대에 인간중심의 경영이라는 새로운 유행을 창조했다.

4 리더행동의 조사 방법

리더십 행동을 조사하고 측정하는 방법은 여러 가지인데 당연하게도 시간이 흐르면서 초기의 것보다 점차 발전하였다. 이는 리더행동을 정확하게 측정할 수 있는지가 관건인데, 왜냐하면 이것이 정확하게 측정되지 않으면 부하성과와 연계시키는 일이 어렵고 결론도 모순되게 나올 것이기 때문이다. 각각 장단점이 있으나 대체로 다음 방법이 활용되었다.

(1) 설문지법

앞에서 보았듯이 리더십 행동과 그것이 조직에 미치는 효과(생산성 또는 조직유효성)의 상관성에 관한 연구는 부하에 의해 작성된 설문지법으로 행동을 측정한 다음에 그 부하가 이루어놓은 업적이나 생산성 향상, 또는 그 부하가 답하는 리더에 대한 만족도, 그 부하의 결근율, 이직률 등과의 관계를 살펴보았다. 그 결과 배려행동과 부하성과 사이에는 높은 상관이 있었으며 리더의 배려행동은 부하의 생산성 향상의 원인으로 밝혀졌음은 전술한 바와 같다.

하지만 무엇이 먼저인지의 인과관계(causality : 因果關係)는 논란의 여지가 있다. 먼저, 높은 성과를 보이는 부하에 대하여 리더가 더욱 배려적이고 지원적이며 낮은 성과를 보이는 부하에게는 리더가 좀 더 냉정하고 업무처리에 대한 간섭행동도 많으리라고 충분히 짐작할 수 있기 때문이다. 다음으로, 리더행동과 부하의 생산성 두 변수 모두에 제3의 변수가 강력한 영향을 미친다면 두 변수는 상관성이 높을 수밖에 없기 때문이다. 그렇다면 제3의 변수에 포함되는 요인은 무엇일까? 예를 들면 부하의 높은 능력이 제3의 변수가 될 수 있다. 빌 게이츠처럼 우수한 사람만 모인 조직이라면 그들에게는 리더의 과업행동(구조주도행동)은 별 필요 없고 배려행동(인간관계행동)으로 충분하다. 그리고 그들은 능력이 많으니 생산성(조직유효성)도 높을 것이다.

(2) 실험실법

대학생을 대상으로 한 실험실에서의 연구도 많다.Day, 1971 ; Hamblin, 1964 ; Farris & Lim, 1969 ; Herold, 1977 ; Sims & Manz, 1984 이러한 연구는 행동과 결과에서의 인과관계를 설명한다. 리더십에 관한 실험법에서의 한계는 실제 현장에서의 결과와 달리 비현실적이라는 점이다. 이런 한계를 극복하기 위한 시도가 있었다. 아르바이트 업무에 고용된 학생과 연구자 중 한 명이 감독자로서 참여하였다. 조사결과는 배려행동 리더 밑의 부하가 더 만족해하고 더 생산적인 결과를 보인 반면에 구조주도행동과 부하 생산성과의 관계는 미미했다.Lowin, Hrapchak, & Kavanagh, 1969

한편 다른 연구Gilmore, Beehr, & Richter, 1979에서는 리더십 행동유형이 부하의 생산성이나 품질향상에 의미 있는 효과를 전혀 주지 못하였다. 리더행동을 유형화할 수 있는 조사대상 기업이 매우 적기 때문에 현장실험법은 실제 조직에서 수행되기에는 어려움이 많으며 단지 소규모 조직에서 리더십 행동의 효과를 조사할 때 적절하다. 이런 조직에서 리더십 행동은 교육훈련프로그램에서의 조작화를 통해 적용이 가능한데, 요약한다면 리더의 관계지향적 행동은 부하의 높은 성과와 생산성 향상을 이끄는 것으로

| 도표 4-6 | 리더행동과 조직유효성 간 인과관계의 다양한 가능성

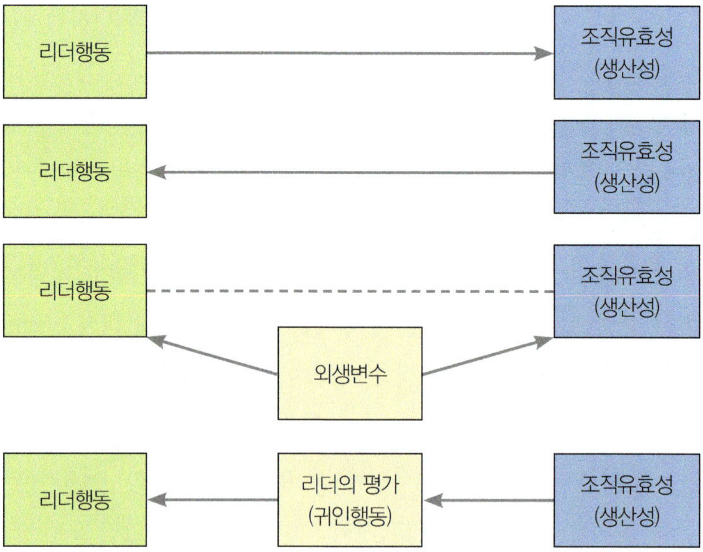

알려져 있다. 다만 현장에서 입증된 경우는 많지 않고 그저 실험실 연구에서만 밝혀진 결론이라는 점에 주의해야 할 것이다.

(3) 중요사건법

여기서 중요사건이란 리더의 중요한 행동이며, 리더의 중요한 행동이란 부하가 특히 관심을 갖는 리더행동이다. 예를 들면 리더가 아침 일찍 출근하는지 늦게 출근하는지가 부하의 관심거리라면 리더가 출근시간을 지키느냐 아니냐의 행동은 중요사건이다. 이러한 중요사건은 한두 가지가 아닌데 이것들을 연구하여 리더의 중요한 행동에 초점을 두고 리더를 분류하는 것도 방법이다.

◆ 중요사건법

많은 연구가 효과적인 관리활동이 될 수 있도록 리더가 무슨 행동을 하는지를 발견하기 위하여 중요사건법(critical incidents)을 사용하고 있다.Flanagan, 1954 중요사건법은 효율적인 행동과 비효율적인 행동의 예들을 리더로부터 얻는다. 도표 4-7과 같은 유형의 리더행동이 거의 대부분의 응답자로부터 중요하다고 인식되는 리더가 하는 중요한 관리행동(중요사건, 중요이벤트)이다.

| 도표 4-7 | 리더의 중요한 행동

계획, 조정 및 조직활동	부하와 좋은 관계를 설정하고 유지하는 것
부하의 감독(지시, 교육, 감시행위)	감독자, 동료 및 외부인과 효과적인 관계의 설정
조직의 정책을 준수하기 위한 책임을 맡고, 요구되는 임무를 수행하고, 필요한 의사결정을 하는 것	

중요사건법에서는 대부분의 응답자들이 어떤 행동이 중요한지 알고 있다고 가정한다. 그리고 만일 어떤 유형의 행동이 응답자에 의해 자주 언급된다면 그 행동은 중요한 행동(사건)으로 간주된다. 중요한 사건을 이용한 연구는 리더의 효율적인 행동과 비효율적인 행동이 상황에 따라 크게 다르다는 것을 보여준다. 어떤 중요사건들은 판매점의 판매관리자와 같이 특정상황하에 있는 어떤 유형의 리더에게만 적용될 수 있는 특별한 행동을 묘사한다. 다른 중요한 사건, 예를 들어 부하가 임무를 효과적으로 수

행했을 때 칭찬해주는 것 등은 거의 모든 유형의 리더에게 중요하고 적절한 행동으로 묘사된다.

◆ 중요사건법의 장점

중요사건법을 통한 리더십 행동의 한 가지 공헌은 간과되어버렸을 리더십 행동의 특수한 상황적 측면을 포함한다는 데 있다. 즉 오하이오 대학이나 미시건 대학의 배려행동이니 과업지향행동이니 하는 것은, 그저 일반적인 관점에서 리더에게 충고하기를 부하에게 친절하게 하라 또는 자세하게 설명해줘라 등의 말만 해줄 수 있다. 그러나 중요사건법은 어떤 리더가 근무하는 부서의 구체적인 행동에서 추출된 것이기 때문에 리더에게 구체적인 행동을 제시해줄 수 있는 장점이 있다. 예를 들면 부하가 손님에게 불친절하게 대하면 반드시 불러다가 꾸중하라든지 육체적으로 피곤한 부하에게 조퇴를 제안하라든지 하는 그 부서만의 구체적인 과업지향행동 혹은 배려행동을 리더에게 알려준다.

모든 조직에 해당되는 구체적 과업지향행동 또는 배려행동이 무엇인지 측정하기는 쉽지 않지만 중요사건법은 어느 집단에서만 해당되는 리더행동을 측정하고 관찰할 수 있으므로 훨씬 현실적인 연구와 응용이 가능하다. 즉 리더에게 구체적으로 어떻게 행동하라고 알려줄 수 있게 된 것이다. 예를 들면 공장 팀장의 과업지향행동과 배려행동은 정부부처 국장의 과업지향행동, 배려행동과 다를 수 있는데 중요사건법은 이를 각각의 경우에 알맞게 측정하여 그 구체적인 리더행동 중의 어떠한 행동이 부하의 성과와 직접 상관성이 있는지 조사할 수 있다. 이렇게 하여 도출된 결론이 있으면 그 조직의 리더에게 바로 적용하라고 충고할 수 있을 것이다.

중요사건법이 가지는 장점은 또 있다. 리더십 교육을 하거나 리더를 양성할 때 막연하게 배려행동을 하라든가 민주적으로 관리하라든가 조언하는 데 그치지 않고 그 조직에서 필요한 구체적 행동을 제시한다는 사실이다. 이러한 구체적 행동기준은 아랫사람에게 앞으로 무슨 행동을 어떻게 하면 리더로 성장할 수 있는지에 대한 분명한 행동지표로 활용될 수 있다.

앞서 기술된 중요사건법의 장점 이외에 추가적인 강점과 약점이 무엇인지 기술하면 도표 4-8 과 같다.

| 도표 4-8 | 중요사건법의 장단점

강점	약점
• 각각의 개인별 수준에 있어 조직 유효성에 도움이 되는 핵심적인 태도와 행동을 조사하는 것이 가능함. • 다양한 상황들을 숨김없이 기록할 수 있음. • 의사결정을 내리기 위한 분석이 가능함. • 상황이해 시간을 줄이고 신속한 반응이 가능함. • 개념과 과정 설명이 용이함. • 사건에서 배울 수 있는 구체적인 경험이 뚜렷함.	• 중요사건에 대하여 평가받는 사람들이 제한된 정보를 통보받음으로써 불평을 가질 수 있음. • 중요사건에 대한 기술이 좀 더 바람직한 요점을 표현할 수 있도록 간결하면서 주의 깊게 기술되어야 함. • 이질 문화에 대한 이해가 필수적으로 필요한데 가끔 무시당함. • 소수 몇 사람의 평가에 의해 개인의 평가가 좌우되기도 함. • 지나치게 잘못된 사건이 크게 부각되기도 함.

LEADERSHIP STORY 4.7 | 공기업 평가교수단의 리더행동 평가

A공기업의 사장이 새로 바뀌면서 조직의 자금운용 기조가 바뀌었다. 이를 부추긴 것은 공기업도 안이하게 있지 말고 수익을 올려 스스로 자립하라는 정부의 방침이었다. 게다가 새로 부임한 사장은 여의도 금융기관의 사장들과 인맥도 넓었다. 공기업일수록 사장의 의사결정 권한은 집권적이다. 막대한 여유자금을 안전한 곳에 모셔놓고 쥐꼬리만 한 이자에 의존한 채 아무도 위험부담을 하지 않던 과거 사장들의 행태와 직원들의 무사안일에 반감을 가진 새 사장은 소신과 인맥을 이용하여 막대한 자금을 주식과 펀드에 투자했다. 마침 타오른 펀드수익률에 힘입어 A기업은 그해 순수익이 최고조였다. 모든 공기업은 국회 이외에도 기획재정부로부터 연간 1회 평가를 받아 기업별로 순위를 매기고 순위에 따라 사장과 사원에게 보너스를 지급한다. 평가단 교수들은 물론 A기업의 순위를 높게 주었고 그해 사장과 사원은 보너스를 흡족하게 받았다. 다음 해 새 정부가 들어서고 사장은 임기만료로 교체되었다. 곧이어 세계금융위기로 펀드수익률은 곤두박질치고 원금까지 손실이 났다. 물론 사장과 사원에게 지급됐던 보너스는 되돌려 받을 수 없었고 새로 온 사장의 책임은 아니었다. 하여튼 손실이 엄청나니 새해의 교수 평가단은 새 사장의 경영점수를 높게 줄 리가 없다. 억울한 신임 사장은 어디에 호소할 것인가? 그리고 지난해 교수평가단이 그 조직의 미래를 평가했더라면 보너스가 헛되이 지급되는 것은 방지할 수 있었을 것이다.

4장의 핵심내용

리더십 연구에 있어서 효율적인 리더 행동과 비효과적인 리더행동을 비교하는 것이 아닌 경영자의 전형적인 활동 유형을 규명하는 방법이 있을 수 있다. 부하의 만족도와 업적향상에 영향을 주는 리더십 행동유형에 관한 연구방법은 리더행동묘사설문법, 실험실법, 현장실험법, 중요사건법 등이다. 1950년대 오하이오 대학에서의 초창기 리더십 연구는 설문지법을 통한 효율적 리더십 행동에 대해서였고, 이 연구는 다른 리더십 연구에 강한 영향을 미쳤다. 두 개의 리더십 행동범주는 나중에 '배려(consideration)행동'과 '구조주도(initiating structure)행동'이라고 이름 붙었다. 그리고 배려행동과 구조주도행동 두 가지 모두 동기부여와 부하의 행동에 대한 리더의 영향력을 포함하고 있다. 그 후 초기 연구결과에 기초한 배려행동과 구조주도행동 측정법을 수정하여 더 간단한 설문이 개발되었다.

리더십 행동 연구는 미시건 대학의 연구원에 의해서 또다시 이루어졌다. 미시건 대학 연구의 초점은 리더행동, 집단과정 및 집단성과의 크기 사이에서 상관관계를 찾아내는 것이었다. 오하이오 대학 리더십 연구와 동일하게 리더의 특정한 유형의 리더십 행동이 집단성과를 효과적으로 달성하는지를 찾는 것이었다. 연구조사에서 효과적인 관리자와 비효과적인 관리자 간 차별화된 리더십 행동의 세 가지 유형이 밝혀졌다. 즉, 과업지향행동, 관계지향행동, 참여적 행동이다.

리더 특성이론과 정반대로 리더십 행동이론에 의하면 리더는 만들어지는 것이지 태어나는 것이 아니다. 리더특성은 리더 자신의 내부에 잠재해 있는 것이지 항상 겉으로 드러나는 것은 아니다. 즉 부하의 눈에 비치는 리더는 그의 행동이지 그의 특성이 아니라는 것이다. 따라서 리더십 영향은 리더의 행동이 결정적인 요소라고 보고 이에 대한 연구로 기울게 되었다.

리더십 행동의 효과에 관한 연구는 부하에 의해 작성된 설문지법으로 측정된다. 연구에서 정적인 상관관계, 즉 배려행동과 부하성과 간 상관관계는 통상 리더가 동기부여적이고 생산적인 부하의 성과의 원인으로 해석된다. 하지만 인과관계의 방향이 반대인 경우도 있다. 리더가 높은 성과를 보이는 부하에 대하여 더욱 지원적인 경우이다. 실험법에서의 발견은, 관계지향행동은 높은 성과의 부하만족과 생산성을 이끄는 것으로 알려져 있다. 리더행동을 측정하는 방법으로 설문지법, 실험실 연구, 중요사건법 등이 차례로 발전되고 적용되어왔는데 이렇게 측정한 결과와 조직생산성을 비교해보면 어떤 행동이 바람직한지 알 수 있다.

복습 및 토의문제

1. 오하이오 대학과 미시건 대학에서의 리더십 행동 연구의 내용은?
2. 리더십 행동이론에서 설문지법이 가진 문제점은?
3. 중요사건법은 효과적인 리더의 행동을 어떻게 파악하는가?
4. 리더가 과업지향행동과 인간관계행동에 동시에 관심을 가질 수는 없는가?
5. 리더행동의 유형을 알기 위해 그 행동을 어떻게 관찰하고 측정하는가?

키워드 정리

리더십 행동이론, 구조주도행동, 배려행동, 과업지향행동, 관계지향행동, 리더행동묘사설문, 관리격자 모형, 참여적 행동, 독재형, 민주형, 자유방임형, XY이론, 인과관계, 실험실법, 중요사건법

사례연구

위대한 리더십

"저에게는 아직도 열두 척의 배가 남아 있나이다"로 요약되는 절대적 열세의 상황에서 150척(혹자는 330척 혹자는 500척)의 일본 배를 물리친 진도 울돌목의 명량해전을 보면 이순신은 분명 애국심과 용감성에서 남다른 데가 있다. 사형당한 부하의 가족을 돌보아주고 옷 없는 부하에게 장군복을 벗어주니 인간성도 남다르다. 그러나 죽음을 각오한 비장한 결심과 부하에 대한 인간적인 사랑만으로 부하로부터 신임을 얻어 승리할 수 있었을까?

이순신 장군의 36전 36승 뒤에는 조선의 선박기술과 화약기술을 제대로 활용하고 철저한 현장 탐사와 전술을 겸비한 소위 과업중심의 리더십이 있었다. 뚜껑을 덮은 거북선이나 판옥선에 대해 왜선은 속수무책이었으며, 조총은 사정거리가 짧아서 고려 최무선 시대부터 우위를 지켜온 대포의 위력 앞에서 당해낼 도리가 없었다. 이순신은 과연 업무력과 인간성을 겸비한 세계사적인 영웅이다.

근대 러일전쟁에서 러시아 발틱 함대를 쳐부수고 돌아온 일본의 해군제독 도고 헤이하치로는 영국의 넬슨 제독과 버금가는 군신(軍神)이라며 일본 군중이 영웅대접을 하자 이렇게 말했다. "저도 넬슨도 군신이 못 됩니다. 이 세상에 군신은 조선의 이순신 딱 한 사람뿐입니다. 저는 이순신에 비하면 일개 하사관도 못 됩니다."

토의주제

- 이순신 리더십 행동유형에 대해 토의해보자.
- 이순신의 훌륭한 점을 있는 대로, 아는 대로 나열해보자.
- 이순신이 오늘의 한국 대기업의 사장이라면 어떻게 기업을 운영할까?
- 기타 : 이 사례에서 또 생각해보거나 토론해볼 점을 나열해보자.

5장

리더의 권력과 영향력

리더가 되려거든 사리에 맞게 묻고 조심스럽게 듣고 침착하게 대답하라. 그리고 더 할 말이 없으면 침묵하기를 배워라. - 라파엘로

리더는 머슴이다. - 로버트 그린리프

진정한 사회의 리더는 여성적이어야 한다. - 도올 김용옥

비상(飛翔) / 사라 티즈데일

그리운 눈빛으로 돌아보고 뒤따르는 저를 확인하세요.
당신의 사랑으로 절 일으켜 주세요. 미풍이 제비를 치켜 올리듯
해가 쬐든 비바람이 치든 우리가 멀리 날아갈 수 있도록 해 주세요
하지만 제 첫사랑이 저를 다시 부르면 어떡하죠?

저를 꼭 껴안아 주세요. 늠름한 바다가 파도를 끌어안듯
산속에 숨어 있는 당신 집으로 절 멀리멀리 데려가 주세요.
평안으로 지붕을 이고 사랑으로 빗장을 걸도록 해요.
하지만 제 첫사랑이 저를 또다시 부르면 어떡하죠?

5장

리더의 권력과 영향력

리더 하면 권력(힘)이라는 말부터 생각난다. 힘과 유사한 말인 영향력은 리더십의 본질과도 같다. 한 사람의 리더가 효율적인 리더십을 갖기 위해서는 부하로 하여금 자신의 의사결정을 수행하고 자신의 제안을 지지하고 요구를 받아들이도록 영향력을 발휘하는 것이 필수적이다. 말할 것도 없이 조직의 효율성은 리더와 관리자들이 자기의 부하뿐만 아니라 동료에 대하여, 그리고 상급리더에 대하여 어느 정도 영향력을 발휘하느냐와 관계가 깊다. 그런데 이러한 영향력 발휘는 조직구성원 간의 권력관계와 밀접한 관련이 있기 때문에 이 복잡한 관계를 분석해봄으로써 리더십 효율성을 높이는 데 이바지할 수 있다.

우리 사회에서 권력은 사랑 다음으로 가장 많이 쓰이고 있는 단어이다. 한 쌍의 연인이 오늘도 만나서 어떻게 시간을 보낼까 의논하고 있다. 남자 쪽에서는 모처럼 야구 구경이나 같이 했으면 좋겠는데 여자 쪽에서는 요즘 새로 나온 영화를 보러 가자고 한다. 조선시대 같았으면 당연히 여자는 남자를 따라 야구장에 갔겠지만 요즈음에는 남자가 극장으로 끌려갈 확률이 많다. 모든 물체 사이에는 힘이 작용한다고 뉴턴이 이미 밝혀낸 바 있지만 인간 사이에서도 마찬가지로 항상 힘(social power)이 작용한다. 연인뿐만 아니라 사업상의 대인관계에서도, 판매원과 고객 사이에서도, 심지어는 부모 자식 간에도, 스승과 제자 사이에도 힘의 논리가 작용한다. 이 장에서 우리는 리더와 부하 사이의 권력관계에 대해 공부할 것이다.

이 장에서 배울 것

- 직책과 부하의 속성은 리더의 권력원천과 어떠한 관계에 있는가?
- 리더 권력의 속성은?
- 리더는 어떻게 권력을 획득하고 상실하는가?
- 효율적 리더의 권력행사 결과는?
- 리더가 부하에게 어떻게 영향을 행사하는가?
- 리더 권력의 원천은?
- 리더 권력의 유형은?

1 권력 이해하기

인간은 본능적으로 자율적이다. 가능하다면 무엇이든 자기 맘대로 하고 싶어 한다. 심지어 타인의 행동마저 영향력을 발휘하여 자기 맘대로 조종하고 싶어 한다. 모든 사람이 이런 성향을 가진 이상 사람 사이에는 힘의 논리가 팽팽하게 작용할 수밖에 없다. 결과적으로 조직 안에서 리더나 부하가 하는 행동은 권력상황으로부터 가장 큰 영향을 받는다고 할 수 있으므로 이에 대해 공부하지 않는다면 리더십의 기초를 공부하지 않은 것과 같다. 그런데 권력, 권한, 영향력 등의 용어는 아직도 혼동되어 사용되고 있다. 용어부터 구체적으로 공부하기로 하자.

(1) 권력이란?

권 팀장은 문제에 부딪쳤다. 자기 팀이 맡은 일을 오늘까지 끝내기 위해 팀원 중 한 사람을 야근시켜야 하는데 아무도 야근할 눈치가 아니다. 팀원 중 한 명을 야근하게 하려면 권 팀장은 어떻게 해야 하나? 어떻게 영향력을 발휘해야 할까? 회사의 관리자는 온종일 이런 문제에 부딪친다. 이 목적을 위해 다양한 전략을 구사하는데 권력(power)은 그중에서 필수적 수단이다.

권력이란 한 개인(집단)이 다른 개인(집단)을 움직일 수 있는 능력이라고 할 수 있다. 권 팀장이 팀원 중 한 사람을 설득하여 야근을 하게 했다면 권 팀장은 그에게 권력을 행사한 것이다. 이처럼 권력은 상대방의 의지와 무관하게 나의 의지를 상대방에게 관철시킬 수 있는 능력이다. 즉 상대방의 행동을 그의 의도에 반하여 권력행사자의 의도대로 바꾸게 하는 능력(ability)이라고 정의한다.Keltner, Gruenfeld & Anderson, 2003 그러므로 관리자는 권력을 가져야만 구성원으로 하여금 조직에서 요구하는 행동을 하게 할 수 있으며 그들을 지원할 수 있는 것이다. 이런 관점에서 보면 조직에서 권력의 문제는 피하거나 비판할 것이 아니며 반드시 필요한 것이라고 할 수 있다.Stewart, 1997 상품을 사기 싫어하는 고객을 사도록 만들려면 그의 행동을 바꿀 수 있는 권력이 판매자에게 있어야 한다.

결론적으로 권력이란 조직에서 사람들이 어떻게 다른 사람에게 영향력을 발휘하는가의 개념이다.Mintzberg, 1983 ; Pfeffer, 1981, 1992 지배자(힘을 발휘하는 쪽)는 한 명의 복종자 혹은 여러 명의 복종자를 둘 수 있다. 가끔 권력은 어떤 일이나 사건뿐 아니라 태도나 행동에 대한 잠재적인 영향력도 포함한다. 또한 지배자는 개인 이상 집단과 조직도 될 수 있다. 권력은 절대적 개념의 용어라기보다는 상대적 개념의 용어이다.

(2) 권력과 유사개념

권력은 이와 유사한 개념인 권한, 영향력, 조직정치 등과 약간의 뉘앙스 차이가 있는데 권력을 올바로 이해하기 위해 이러한 유사개념과 구별해보는 것도 한 방법이다. 우선 영향력(influence)은 사회적 영향력(social influence)이라고도 하는데 권력보다 좀 더 포괄

LEADERSHIP STORY 5.1 | 권력확보 전략

"짐은 곧 국가다"라고까지 말한 루이 14세의 행동은 유난하다. 그는 '태양왕'이라고 불렸던 강한 군주였지만 사실은 약골 중의 약골이었다. 다섯 살에 즉위한 뒤 도박과 여자 꽁무니만 쫓아다녔던 철부지 왕이었던 그는 평생 편두통, 치통, 통풍, 신장결석, 당뇨를 달고 다녔으며 엄청난 대식가에 사탕을 물고 살았다. 덕분에 마흔일곱 살 때 위턱에 있는 치아 한 개만 남기고 모두 뽑아야 했다. 아홉 살에 앓은 천연두로 얼굴이 얽었으며 스무 살 때는 성홍열을 앓아 머리카락이 다 빠져서 가발을 썼다. 한마디로 콤플렉스가 많았던 왕이었다. 그런 그가 유럽에서 가장 많은 2,000만 인구와 65만 상비군을 갖춘 국가를 갖춰 유럽의 패권을 장악한 전략은 무엇이었을까? 우선 인쇄업을 철저하게 통제해서 왕을 비방하는 출판물을 금지한 뒤 작가들에게 연금을 지급하여 왕의 업적을 찬양하도록 했다. 덕분에 희극작가 몰리에르는 아폴로와 뮤즈보다 더 위대한 왕을 주제로 한 연극을 베르사이유 궁의 정원에서 연출했다. 문인과 예술인과 지식인을 휘어잡아 자신의 선전도구로 활용했던 것이다. 파리의 교외에 위치한 루이 13세가 거처하던 궁궐을 1만 명 넘는 인원을 수용하도록 확장하여 거대한 연못과 가장 화려한 실내장식을 해놓고 지방의 힘 있는 귀족을 매일 저녁 불러 모아 뱃놀이와 연극공연을 하면서 봉건귀족 간의 사치경쟁을 부추겼다. 그들의 관심사를 지방영토의 관리에서 궁전생활의 화려함으로 돌려놓는 데 성공한 것이다. 귀족은 돈이 거의 탕진되고 나니 그들의 독립적 지위가 약화되고 이제는 모든 것을 왕에게 의존할 수밖에 없었다. 그 결과 루이 14세는 재위 72년, 친정 54년 동안 태양왕이 될 수 있었다. 세상에서 가장 크고 가장 아름답지만 화장실이 없는 베르사이유 궁의 밑바닥에는 무서운 권력에의 의지가 깔려 있었던 것이다.

적인 개념이다. 사회적 영향력은 다른 개인 혹은 집단과의 상호작용을 통한 결과로 개인의 행동, 태도, 감정, 사고에서 변화가 일어난 것으로 정의된다.French & Raven, 1959 상대를 원하는 방향으로 유도하진 못했더라도 나 때문에 상대의 행동이 변했다면 나는 그에 대해 영향력이 있는 것이다. 앞의 예에서 야근을 한 팀원이 만약 권 팀장과 눈 마주치는 것을 피하려고 고개를 숙이고 있었기 때문에 야근을 피했다면 권력이 행사된 것은 아니라도 권 팀장은 여전히 그에게 영향력이 있는 것이다. 그가 고개를 숙이고 불안해한 것이 바로 팀장에게 영향력이 있다는 증거이다. 그 영향력이 성공적으로 행사될 수 있는 능력을 갖고 있다면, 즉 팀장의 의도대로(팀원이 야근하도록) 영향력을 발휘할 수 있다면 그 영향력이 바로 권력이다.

그런데 권력을 행사하되 권력 행사자가 자기 자신의 이기적인 목적을 위해 행사한다면 그것은 조직정치(organizational politics)이다.Chang, Rosen, & Levy, 2009 위의 예에서 한 명을 설득하여 야근을 시켰는데 정말 회사의 필요 때문이었다면 단지 권력을 행사한 것이다. 그러나 말로는 야근이 회사를 위하는 것이라고 했지만 사실은 그 일을 오늘 해내야만 팀장 자신의 승진에 도움이 되기 때문에 야근을 시킨 것이라면 권 팀장은 정치적 행동을 한 것이다.

권한(authority)은 권력의 공식적 측면을 표현한 것인데 '권한을 행사한다'고 할 때 그것은 타인의 행동을 통제하거나 허가하는 입장을 말한다. 또한 그 입장은 어떤 사회나 조직이 만든 규정과 법에 의해 주어진다. 그래서 권한은 합법적이며 사람의 직위를 바탕으로 하고 또한 위에서 아래로 흐르며 상대방에 의해서 받아들여져야 행사되었다고 할 수 있다.Ivancevich & Matteson, 1987

그렇다면 리더십(leadership)은 무엇인가? 리더는 집단(조직)의 목표를 완수하기 위해 권력을 수단으로 이용한다. 그러므로 리더십이 발휘되려면 리더와 부하의 목표가 일치해야 한다. 그러나 권력이 발휘되기 위해서는 리더의 목표와 부하의 목표가 불일치해도 된다. 또 하나의 차이는 영향력이 미치는 방향에 있다. 리더십은 리더에게서 부하로 일방적으로 영향을 미치는 것이지만 권력의 영향력은 당사자 쌍방으로 작용한다.

◆ 권한

이렇듯 권한은 하나의 체계 또는 하나의 조직에서 특별한 직책과 연결된 권리, 특권, 의무 그리고 임무를 뜻한다. 전통적인 리더십은 주로 권력을 기반으로 한다. 권력(power : 힘)과 권한(authority : 권위)의 차이는 무엇일까? 베버에 의하면 권력은 타인의 선택

여부와 상관없이 나의 지위나 힘을 이용하여 타인에게 나의 의지대로 행동하도록 강요 또는 강제하는 능력을 말한다.Weber, 1968 반면에 권한이란 나의 개인적 영향력을 통해 타인이 나의 의지대로 기꺼이 행동하도록 하는 기술을 의미한다. 단적으로 말하면 "당신을 위해 제가 이걸 할게요!"의 식이다. 그러므로 효율적인 리더십은 권한에 기초해야 한다.

그리고 리더의 권한은 항상 무슨 일을 결정할 수 있는 권리를 포함한다. 리더는 부하가 복종하도록 권한을 가지고 그들에게 지시할 수 있다. 예를 들면 경영자는 부하를 업무에 배치하고 업무규칙을 만드는 합법적 권리를 가지는데 이를 권한이라고 한다. 따라서 권한은 권력의 원천(source of power)이 되는 자금, 자원, 장비, 원재료 등을 통제하는 권리이다. 권한을 가진 사람이 정당하게 가지고 있는 활동의 범위와 정당하게 요청할 수 있는 요구의 범위가 권력범위(scope of power)이며 이것이 바로 권한이다. 이는 다른 사람에 비해 더 많이 가지고 있는 정도이며 조직목적과 그 목적을 달성하는 데 필요한 역할을 수행하기 위해 필수적인 영향력이다.Barnard, 1952 이에 대해서는 6장 참여적 리더십에서 자세하게 설명할 것이다.

LEADERSHIP STORY 5.2 | 리더권한의 사용기준

천국은 마치 품꾼을 얻어 포도원에 들여보내려고 이른 아침에 나간 집 주인과 같으니 저희가 하루 한 데나리온씩 품꾼들과 약속한 뒤에 포도원에 들여보내고, 또 제 삼 시에 나가 보니 장터에 놀고 섰는 사람들이 또 있는지라 저희에게 이르되 너희도 포도원에 들어가라. 내가 너희에게 상당하게 주리라. 저희가 가고 제 육 시와 제 구 시에 또 나가 그와 같이 하고 제 십일 시에도 나가 보니 섰는 사람들이 또 있는지라. 가로되 너희는 어찌하여 종일토록 놀고 여기 서 있느뇨. 가로되 우리를 품꾼으로 쓰는 이가 없음이니이다. 가로되 너희도 포도원에 들어가라 하니라. 저물매 포도원 주인이 청지기에게 이르되 품꾼들을 불러 나중 온 자로부터 시작하여 먼저 온 자까지 삯을 주라 하니 제 십일 시에 온 자들이 와서 한 데나리온씩을 받거늘 먼저 온 자들이 와서 더 받을 줄 알았더니 저희도 한 데나리온씩 받은지라. 받은 후 집주인을 원망하여 가로되 나중 온 이 사람들은 한 시간만 일하였거늘 저희를 종일 수고와 더위를 견딘 우리와 같게 하였나이다. 주인이 그중의 한 사람에게 대답하여 가로되 친구여 내가 네게 잘못한 것이 없노라.(마태복음 20:1~15) 아침 일찍 취업되어 자랑스럽게 회사에 다니는 사원보다 온종일 취업 자리도 못 잡고 저녁때에야 겨우 일자리를 하나 얻은 취업자는 그동안 마음고생이 심했으니 일한 것보다 더 받아야 한다는 취지이다. 포도원 주인은 일방적인 지시로 품꾼들을 관리하고 보상했지만 모두가 순종할 수밖에 없는 행동을 했다.

◆ 영향력 시도의 결과

영향력을 발휘한 것이 성공했는지를 평가하기 위한 가장 유용한 방법은 리더의 의도가 무엇이었는지를 파악하고 그가 부하에게 요구했던 것이 어느 정도 달성되었는지를 측정함으로써 영향력이 어느 정도 미쳤는지를 판단하는 것이다. 그 수준은 대개 다음과 같은 유형으로 분류가 가능하다.

- 몰입(commitment) : 지배자로부터의 요구나 의사결정에 대하여 부하가 내적으로 일치감을 보이며 최선의 헌신을 함.
- 추종(compliance) : 부하가 단순히 리더의 의지에 동의하여 달성하고자 하는 목표완수에 지시대로 따름.
- 저항(resistance) : 부하가 리더의 의사결정에 동의하지 않고 지시에도 따르지 않음.

(3) 권력이 가진 속성

인간 사이에는 항상 권력관계가 존재하는데 권력은 나름대로 도표 5-1 과 같은 미묘한 특징이 있기 때문에 권력관계를 이해하고자 할 때에는 매우 세심한 주의가 요구된다.

| 도표 5-1 | 권력의 속성

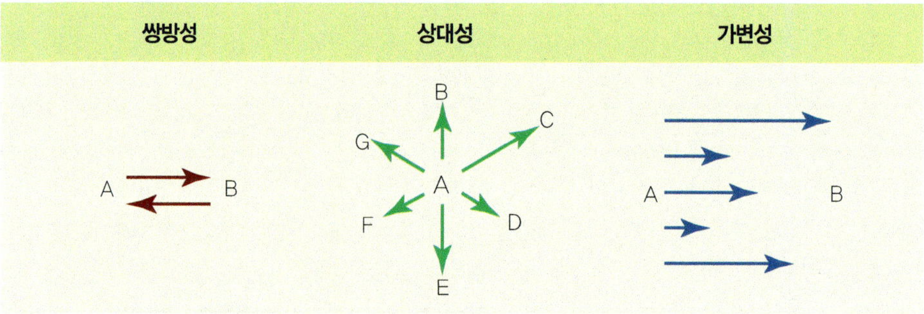

◆ 쌍방성

프렌치는 "A가 B로 하여금 어떤 일을 수행하도록 할 수 있을 때 A는 B에 대하여 권력을 갖는다"라고 했는데 이 말은 권력이 한쪽 사람에게만 주어진 한정된 특성이 아니라 상호적이라는 의미이다.French, 1956 A가 B에 대해 권력을 가졌다고 해서 B는 A에 대해 전혀 권력이 없는 것은 아니다.Chandler, 1977 아이가 공부를 하지 않을 때 어머니가 혼내고 겁을 준다면 그 아이는 공부를 하게 될 것이다. 그러나 아이 역시 공부 안 하고 심통을 부리든지 방문을 닫고 하는 척만 함으로써 어머니의 명령에 복종 안 할 수 있는 힘이 있다.

◆ 상대성

A가 권력을 많이 가졌다고 해서 B에 대해서도, C에 대해서도, D에 대해서도 그렇다는 것이 아니라 상대에 따라 제각각 다르다. 즉 "A가 권력을 가졌다"라고 하면 틀린 말이고 "A가 아무개(들)에 대하여 권력을 가졌다"라고 해야 옳다. 알렉산드로스 대왕도 신하들과의 관계에서는 대단한 권력을 가졌지만 디오게네스와의 관계에서는 권력을 가질 수 없었다. 그러므로 리더 한 사람의 권력의 크기가 모든 부하에게 똑같은 것이 아니라 부하마다 미칠 수 있는 리더의 권력 크기가 다르고 따라서 영향력 크기도 다른 것이다.Emerson, 1977

◆ 가변성

A와 B의 관계에서 어느 때에는 A가 70, B가 30 정도의 권력을 가지다가도 또 다른 때에는 A가 50, B가 50, 또 어떤 때에는 역전될 수도 있다. 화장실 열쇠를 가지고 있는 A의 B에 대한 권력은 B가 화장실 열쇠를 빌려달라고 조를 때 다르고, 빌려서 갔다 온 후에 다르다. A의 권력은 B의 A에 대한 의존력에 달려 있기 때문이다. 그리고 권력은 항상 이동한다. 중세 때에는 땅, 산업사회에서는 돈, 그리고 정보사회에서는 정보와 지식이 권력의 원천이 될 수 있으며 따라서 그러한 권력의 원천을 소지한 주체들의 권력의 크기가 달라질 수 있다. 즉 권력의 원천에 따라서 권력의 주체도 지벌(地閥)→재벌(財閥)→지벌(知閥)로 이동되어 온 것이다.Toffler, 1991 리더의 부하에 대한 권력 크기도 부하의 업적에 따라 변한다.

2 리더 권력의 유형

개인 간에 혹은 조직 간에 권력관계가 존재하는데 이때 행사되는 권력의 형태가 매우 다양하기 때문에 권력의 유형(type)을 구분하는 데 학자 간에도 통일된 것이 없다. 단지 행사되는 권력이 어디에서 비롯되는가에 따라서, 즉 권력의 원천(source)이 무엇인가에 따라서 여러 종류의 권력유형을 나눈다는 것에는 차이가 없다. 그러나 그 원천 자체도 어떤 차원을 기준으로 했는지에 따라 다른 식으로 유형분류가 가능하기 때문에 학생들이 혼동을 하기도 한다. 하지만 우리나라의 많은 산(山)들을 분류할 때 나무의 종류, 지형과 지질, 위치, 역사 등의 기준에 따라서 여러 부류로 분류되는 것과 마찬가지이므로 보는 측면에 따라 다를 뿐이라고 여기면 된다.

우선 어떤 사람의 권력이 어디에 기반(base)을 두는지에 따라서 유형이 여러 가지이다. 어떤 리더가 돈으로 상대방을 움직였다면 돈이 권력의 기반이요, 권력행사의 수단이 된다. 법으로 움직였다면 법이 권력의 기반이고 명예와 위신이 있어 그 앞에서 사람들이 복종했다면 명예나 위신이 권력의 기반이 되는 것이다. 프렌치와 레이븐은 조직에서 사용되는 권력의 기반을 다섯 가지로 보고 이에 따라 권력 유형을 구분하였는데 고전적이고 가장 많이 쓰이는 분류방법이다.French & Raven, 1959

(1) 보상적 권력

리더가 부하에게 경제적 · 정신적 보상을 해줄 수 있기 때문에 생기는 것이 보상적 권력(reward power)인데 이는 단지 부하가 그 보상을 원하고 있다는 전제하에서 가능하다. 알렉산드로스 대왕은 금 · 은과 지위를 수단으로 하여 디오게네스를 움직이려 했지만 세상에 대한 아무런 욕심이 없는 그를 움직이게 할 수는 없었다. 보상적 권력을 이용한 가장 일반적인 방법은 부하에게 실제적 보상을 제공하여 부하의 추종을 유발하는 것이다. 상황적합적 보상(contingency reward)은 흔히 부하로 하여금 조직의 규칙이나 리더의 특별한 요구에 추종하도록 영향을 주는 데 효과적이다. 보상의 약속은 공공연하게 할 수도 있고 암묵적으로 할 수도 있다. 부하의 추종은 도표 5-2 와 같은 조건에서 쉽게 이루어질 수 있다.

| 도표 5-2 | 보상적 권력의 사용

부하가 바라는 것을 주어야 한다	공정하고 윤리적이어야 한다
보상을 제공할 수 있는 사람으로 믿어져야 한다	보상을 제공하는 기준이 객관적이어야 한다
요구는 달성 가능한 것이어야 한다	상징적인 보상도 사용할 수 있어야 한다

◆ 부하의 욕구파악

부하가 꺼리는 일을 하도록 동기를 불러일으키려면 반대급부로 주어지는 보상이 상당히 매력적이어야 한다. 그러기 위해서는 부하가 원하는 것이어야지 아무거나 제공해준다고 되는 것은 아니다. 제공되는 보상의 종류에 따라 부하만족을 일으키는 정도가 다르고 부하의 욕구는 시간흐름에 따라서 변하기도 하기 때문에 항상 부하욕구를 정확하게 파악해야 한다.

◆ 공정과 윤리

리더의 보상이 공정하고 윤리적이라고 판단될 때 부하에게 영향을 미칠 수 있다. 예를 들면 보상이 부당한 일의 결과로 얻어지든지 한다면 부하가 매수나 조작당하는 것이라고 생각하고 저항을 하게 될 것이다.

◆ 리더의 보상제공 능력

리더가 보상약속을 이행할 수 있는 사람이라고 부하에게 지각되어야 한다. 그래서 리더는 부하에게 약속한 보상자원을 획득할 수 있는 충분한 권한과 상급관리자를 움직일 수 있는 영향력을 갖추고 있어야 하며, 동시에 부하도 리더의 그러한 능력을 알고 신뢰해야 한다. 말로만 보상을 외치면서 약속을 못 지킬 것 같으면 부하의 신뢰는 약해지고 추종도 사라진다.

◆ 부하행동기준의 측정 가능성

부하의 행동이 추종을 하는 것인지 아닌지, 또는 성과기준에 도달한 것인지 아닌지 누구나 판별할 수 있을 정도로 정확히 측정될 수 없다면, 보상은 부하의 추종과 연결되지 못한다. 그러므로 부하의 행동에 대한 관찰이 가능하고 그 행동의 결과가 어느 정도인지 측정할 수 있는 적절한 척도와 기준이 있어야 한다. 회사에서 인사평가 기준이 명확하고 객관적이어야 사원이 미리 예측한 후에 기대를 갖고 헌신할 수 있다는 뜻이다.

◆ 달성 가능한 직무

아무리 예상되는 보상이 크더라도 달성이 불가능하거나 극히 어려운 직무라면 부하는 보상을 획득할 확률이 없으므로 동기부여되지 않는다. 부하에게 요구되는 행동이나 성과기준의 난이도는 과업의 특성, 부하의 스킬수준, 부하의 자신감, 부하의 능력에 알맞게 책정되고 부하에게 그 정도로만 요구되어야 한다. 그러므로 부하에게 과업을 부여하고 책무를 지시할 때에는 그의 능력과 여건을 미리 헤아려보고 정해주어야 한다.

◆ 상징적인 보상

구체적이고 경제적인 보상이 아니더라도 긍지를 높일 수 있다면 부하는 만족하고 리더에게 헌신할 것이다.

(2) 강제적 권력

무력이나 위협, 그리고 감봉 · 해고 · 처벌 같은 부정적 보상을 피하려는 사람에 대하여 행사하는 권력을 말한다. 반대로 무력이나 위협, 부정적 보상을 달게 받겠다는 사람에게는 통하지 않는 권력이다. 최초의 원시인이 돌멩이를 들어 짐승을 때려잡는 순간부터 인간들은 강제적 권력(coercive power : 위협, 무력, 폭력)을 사용했던 것이다. 보통사람은 무력이나 위협 그리고 처벌과 같은 부정적인 보상을 회피하려고 한다. 따라서 리더는 부하에게 강제적 권력으로 위협함으로써 추종하게 할 수 있다.

하지만 리더는 다른 권력에 비해 강제적 권력을 덜 사용해야 한다. 강제적 방법으로는 부하의 장기적인 참여를 기대하기 어렵고 추종조차 얻어내기 힘들기 때문이다.

오히려 부하는 강제적 권력의 행사에 대해서 신체적 회피(사직, 결근, 이직), 심리적 회피, 적대적 공격(사보타주, 도둑질, 파업, 태업) 등으로 반응한다. 단지 강제가 적절한 상황은 기강을 확립하고 반역자, 범죄자를 다룰 때이다. 법과 신성한 전통의 위반에 대한 처벌위협은 대부분 그 사회에서 합법적 권한의 형태로 행사된다. 그러므로 강제적 권력은 그것을 합법적이라 인식하는 전제에서 소수의 몇몇 부하에게만 적용될 때 효과적이다.

| 도표 5-3 | 강제적 권력의 사용

벌칙에 대하여 미리 알려라	처벌은 즉각적이고 일관적으로 하라
처벌하기 전에 충분히 경고하라	사실을 확인한 후에 처벌하라
적대감 표출을 삼가라	신뢰관계를 유지하라
적절한 정도의 처벌만 하라	경고와 처벌은 개인적으로 하라

리더십 카툰

"넌 착한 애잖아! 내 말만 잘 들으면 장난감을 또 사줄게."
"장난감 또 사주면 착하게 굴게요."

리더가 부하들에게 권한을 행사하는 방식은 여러 가지이다. 가장 효율적인 방식은 어떤 것인지, 모범적인 방식이 존재는 하는지, 존재한다면 언제 어디서나 통하는 것인지 등에 대해 토론해보자.

(3) 합법적 권력

서로 약속된 법에 의해 특정인에게 힘을 행사하는 것을 말한다. 이러한 합법적 권력(legitimate power)을 권한이라 부르며 리더가 조직 속에서 누리는 지위권한(position authority)을 말하는데 이때 사용되는 권력도구는 규정, 법규, 제도 등 공식적인 것이다. 리더의 요구는 구두 또는 서식으로 이루어지며 요구, 지시, 훈령, 지령, 교육 등과 같은 것으로 표현된다. 그 결과는 요구의 상징과 방법에 따라 참여, 추종, 저항 등으로 나타난다.

| 도표 5-4 | 합법적 권력의 사용

요구할 때에도 정중하게 해야 한다	요청의 이유를 설명하라
권한범위를 초과하지 마라	필요하다면 권한을 증명하라
적절한 의사경로를 따라야 한다	추종의 이행 여부를 점검하라

◆ 정중한 요구

"좋든 싫든 하라면 해!"라는 식의 거만한 요구는 부하의 참여를 유도하기 어렵고 자칫 잘못하면 저항을 불러올 가능성도 크다. 정중하게 요구하면 리더와 부하 간의 종속관계를 강조하지 않기 때문에 좋은 결과를 가져온다. 특히 리더보다 나이가 많은 부하라든지 여러 명의 상관을 두고 있어서 직위 차이와 권한관계에 민감한 부하에게 사용하면 효과를 볼 수 있다.

◆ 요청의 이유를 설명

리더의 합법적 요구는 그가 요구하는 부하의 행동이 과업목표를 달성하는 데 필수적이라고 부하가 이해할 때 적극적인 참여 또는 추종까지도 가능케 한다. 리더가 시간적 여유가 없다고 요청의 이유를 건너뛰게 되면, 부하는 지시를 진정으로 따르지 않는다. 부하는 과정 하나하나를 검토해봄으로써 왜 그런 결정이 이루어졌고 왜 자신이 맡아야 하는지 쉽게 인식할 것이다.

◆ 리더 권한의 범위

리더가 권한범위를 초과하면 지시와 명령이 무시되거나 반발을 불러일으킬 가능성이 높다. 부하가 반대하는 일이라면 특히 더 그렇다. 그리고 권한을 초과하면 리더 권한에 의혹을 품게 될 것이다. 가끔 부득이하게 권한범위를 초과하는 일을 시키려면 부하가 그 요구를 받아들이도록 영감적 호소를 하거나 집단의 결정에 의해서 부하에게 부담을 주어 실행하도록 하는 전략을 사용해야 할 것이다.

◆ 권한의 표명과 단호한 태도

정중하게 요구한다고 해서 부하에게 애원할 수도 없는 노릇이고, 일일이 자신의 뜻을 설명할 수도 없다. 하지만 부하에게만 모든 것을 맡길 수도 없기 때문에 가끔 리더는 자기 권한에 대하여 자신감과 적극성을 보여줄 필요도 있다. 이를 통해 부하가 품은 의문을 풀면서 복종 가능성을 높일 수 있다. 위기 시에 특별히 리더가 자신감을 가지고 있는 것으로 보이는 것 자체가 매우 중요하며 그래서 리더의 요구에는 정중함과 함께 단호함이 수반되어야 한다.

◆ 적절한 의사소통 경로

관리자는 적절한 소통경로를 통해 공식적인 지시와 명령을 내려야 한다. 경우에 따라 대리인을 내세우는 것도 나쁘지는 않지만, 예를 들어 부하에게 합법적 요구를 하면서 중개자를 활용하는 것은 바람직하지 않다. 또한 구두 메시지를 부하에게 전달하는데 중개자를 거치는 것은 왜곡을 초래할 우려도 있고, 리더가 부하를 직접 지켜보면서 전달내용을 얼마나 이해하고 수용하는지를 평가하는 기회를 놓칠 수도 있다. 그뿐 아니라 의사소통 매체에도 신경을 써야 한다. 전화로 할 것인지 직접 대면으로 할 것인지 문서를 통할 것인지에 따라 추종의 태도는 매우 달라진다.

◆ 추종의 이행 여부 점검

리더는 부하가 명령이나 요구를 실행에 옮기는 것을 완강히 거부하지 못하도록 해야 한다. 과거에 거부했던 사례가 있다면 좋지 않다. 부하의 무반응을 묵인하는 것은 리더 스스로 자기 권한을 잠식하는 것이다. 이는 미래에 부하의 명령불복종 가능성을 높인다. 그러므로 부하가 얼마나 이해하고 있는지를 즉각적으로 점검하여 추종 여부를 체크하고 미진하면 채근하고 독촉해야 할 것이다.

◆ **지속적인 추종을 주장**

리더는 부하가 더 완벽한 추종을 하도록 많은 압력을 행사해야 한다. 이를 위해 합리적 설득, 추종에 대한 보상약속, 불응에 대한 처벌과 위협 등과 같은 전술을 사용할 수도 있다. 이런 과정에서 리더는 부하에게 요구하는 과업뿐 아니라 부하의 관심사가 어디 있는지도 신경을 써야 한다.

(4) 준거적 권력

이를 참고적 권력(referent power)이라고도 하는데 어떤 리더가 높은 신분과 덕망, 자질을 소유하고 있어 부하가 그 리더의 말이면 자연스레 복종해야 되겠다고 생각하고 추종할 때의 리더 권력을 말한다. 대개 위대한 인물은 준거적 권력을 가진다. 어떤 사람에게 존경하고 따르고 싶은 매력이 있다면 우리는 무슨 일을 판단할 때 그 사람이라면 어떻게 할까 생각해보고 그 사람에 준거(referent : 準據)를 하여 정한다. 즉 나의 판단이 아닌 그 사람이 나를 움직인 것이므로 그가 나에 대해 권력을 행사한 것이나 다름없다. 실제로 그가 나에게 다른 일을 시켜도 순종하게 된다. 어쩐지 그 사람 말이면 복종해야겠다는 마음이 생기는데 그가 가진 무언의 매력과 설득력은 법적인 권한보다 더 위력이 있을 때가 있다. 어떤 사람이 매우 인격적이고, 능력도 있고, 미남이며, 호인이라서 대부분의 사람이 부러워하고 그를 따른다면 그 자체가 권력행사의 수단이 된다.

(5) 전문적 권력

특정분야나 특정상황에 대해 어떤 지식이나 해결방안을 잘 알고 있는 사람이 그것에 대해 잘 모르는 사람에 대하여 가지는 권력이다. 즉 정보에 대한 통제권을 갖는 것이 정보적 권력(expert power)으로, 타인에게 정보를 배분하고 통제하며 신선한 정보에 접근하는 권력이라 할 수 있다. 경험이 많은 리더가 부하에 대하여 권력을 가지기도 하지만 어느 분야에 대해서는 부하가 더 많은 지식으로 리더를 이끌 수도 있다. 그러므로 리더는 부하의 일상업무는 물론 지시해야 할 업무에 대해 자세한 전문 능력을 소지

LEADERSHIP STORY 5.3 | **전문성의 힘**

미국에 사는 한 교포가 야구구경을 갔는데 갑자기 오한이 나고 열이 있어서 안절부절못하다가 마침 옆자리에 전에 치료받은 적이 있던 미국인 의사가 앉아 있어서 어떻게 했으면 좋겠냐고 물어보았더니 집에 가서 아스피린 먹고 자는 편이 좋겠다고 했다. 그런데 며칠 후에 그 의사로부터 상담료 10불을 요구하는 청구서가 날라 왔다. 하도 기가 막혀서 역시 안면이 있는 미국인 변호사에게 그런 것도 지불해야 되느냐고 물었더니 지불해야 한다고 조언해주더란다. 그래서 10불을 보내고 나니 이번에는 그 변호사로부터 10불의 청구서가 날아들었다. 그래서 벤저민 프랭클린은 '아는 것이 힘'이라고 했다.

해야 부하에게 힘을 발휘할 수 있다.

이상의 다섯 가지 권력유형은 서로 영향을 주고받는다. 예를 들면 어떤 리더가 강제적 권력을 사용하면 그만큼 준거적 권력사용은 효과가 없다. 또한 어떤 리더는 자신의 전문적 권력을 돋보이고 싶어서 합법적 권력을 사용하기도 한다. 어떤 리더가 다른 사람으로부터 존경과 호감을 받는다면 준거적 권력이 있다고 하겠지만 전문적 지식이 많기 때문일 수도 있으며 돈이 많아 보상을 자주 해주기 때문일 수도 있다. 즉 전문적 권력과 보상적 권력이 준거적 권력을 만들 수도 있는 것이다.

LEADERSHIP STORY 5.4 | **리더의 권력은 어디서 오는가?**

클린트 이스트우드나 존 웨인이 나오는 마카로니 웨스턴 영화에서는 여러 유형의 주인공들이 등장하여 서로 힘겨루기를 하는데 이들이 행사하는 권력의 유형도 가지각색이다. 권총을 든 카우보이(강제적 권력)가 있는가 하면 그 배후에는 은행가(보상적 권력)가 돈으로 사주하고 있다. 또한 이에 맞서 싸우는 보안관(합법적 권력)과 그를 돕는 마을사람들의 대표인 목사나 신부(설득적 권력)가 등장한다. 그런가 하면 총도 지위도 없지만 보물을 숨겨놓은 곳을 알고 있다든지 금의 광맥을 알고 있는 노인(전문적 권력)을 카우보이는 죽이지 못한다.

3 리더 권력의 또 다른 분류

프렌치와 레이븐의 권력분류 유형 이외에도 여러 기준에 의해 권력을 다르게 분류할 수 있다. 권력이 나온 원천에 따라 혹은 권력소유자가 어떻게 권력을 소유했는지에 따라 구분하면 다음과 같다.

(1) 권력이 비롯된 원천에 따른 분류

리더의 권력은 어디서 오는 것인가? 왜 누구는 명령을 내리고 누구는 복종해야 하는가? 왜 부하는 리더에게 복종하고 헌신하는가? 이유는 너무나 다양하다. 즉 리더의 권력원천은 너무 많다. 어떤 사람의 권력이 그 사람 자신(person)에게서 비롯됐는지 아니면 조직이 그 사람에게 부여한 지위(position)에서 비롯됐는지에 따라 권력유형을 구분하기도 한다.

조직에는 여러 사람이 있지만 권력과 영향력이 모두에게 균등하게 분포되는 것은 아니다. 분명히 어떤 사람은 다른 사람에게 큰 권력을 갖고 있고 또 어떤 사람은 다른 사람보다 영향력이 작은데 그 이유는 무엇일까? 지위가 다르고 사람마다 개별적으로 갖고 있는 권력기반(원천)의 크기가 다르기 때문이다. 즉 조직 안에서 한 개인의 권력은 한편으로는 그에게 주어진 지위에서 비롯되고 다른 한편으로는 그 자신이 가진 개인적 특성에서 비롯된다. 조직 안에서 강한 권력을 발휘하려면 지위권력과 개인적 권력이 모두 강해야 함은 말할 필요도 없다.

◆ 지위권력(position power)

조직 안에서 그가 맡은 직무나 직위와 관련해서 공식적으로 부여받는 권력이다. 리더의 권력은 대부분 지위권력이다. 사장은 사원에 대해 승진도 시키고 해고도 할 수 있는 보상적(reward), 강제적(coercive) 권력을 갖는다. 이때 사장이 갖는 권력은 합법적·제도적(legitimate) 권력이다. 동시에 인사이동을 맡은 인사팀장이 타 부서의 상급자에 대해 권력을 가진다면 그것은 좋은 자리로 이동시켜줄 수 있는 능력에서 비롯된 보상적 권력이다.

경리팀 직원이 판매담당자에게 현금이 언제 들어오느냐고 공손하게 물어보았다면 판매담당자가 권력이 있기 때문에 그렇게 한 것인데 판매담당자의 권력은 그가 판매담당이라는 지위에 있기 때문에 외상 매출금이 언제 회수될 것이라는 정보를 아는 데서 비롯된 것이다. 이를 정보적 권력(information power)이라고 하는데 넓은 의미에서 전문적 권력(expert power)에 포함되며 역시 판매직이라는 지위에서 비롯된 것이다.

◆ 개인적 권력(personal power)

조직에서 사람이 사용하는 권력은 지위뿐 아니라 개인이 가진 특성에서 비롯되기도 한다. 리더의 실력이 대단하거나(expert power), 남을 상대로 논리적으로 말을 잘하여 설득력이 강하거나(persuasive power), 인격자이거나, 남을 끌어당기는 매력이 있으면(referent power) 남들이 그의 말에 순종한다. 특히 카리스마적 자질을 타고난 리더가 있는데 이것은 희생, 헌신, 또는 영웅적이고 전설적인 무엇인가에 의해 만들어지는 힘이다.

여기에는 지도자의 특별한 자질과 능력이 있어야 하는데 예언자, 신적 존재, 지극히 정치적인 사람, 창업주 등이 될 수 있다. 폴란드의 바웬사, 프랑스의 드골, 나치의 히틀러, 헨리 포드 등의 권력이 주변 사람으로부터 인정받았다면 그것은 그들이 원래부터 개인적으로 가지고 있는 카리스마적 특성에 근거를 둔 권력이다. 이 모두가 공식적인 지위와는 무관하고 그들이 소유했던 인간적 특징에서 비롯된 권력이므로 개인적 권력으로 분류된다.

그러나 어떤 권력이 지위권력에 속하는지 개인적 권력에 속하는지를 엄격히 구분하는 일은 무의미하다. 예를 들어 팀장이 부하에 대해 갖는 보상적 권력은 승진결정을 하는 지위에서 올 수도 있고 돈이 많아서 저녁을 자주 사주기 때문에(personal power) 생길 수도 있다.

| 도표 5-5 | 개인권력의 원천

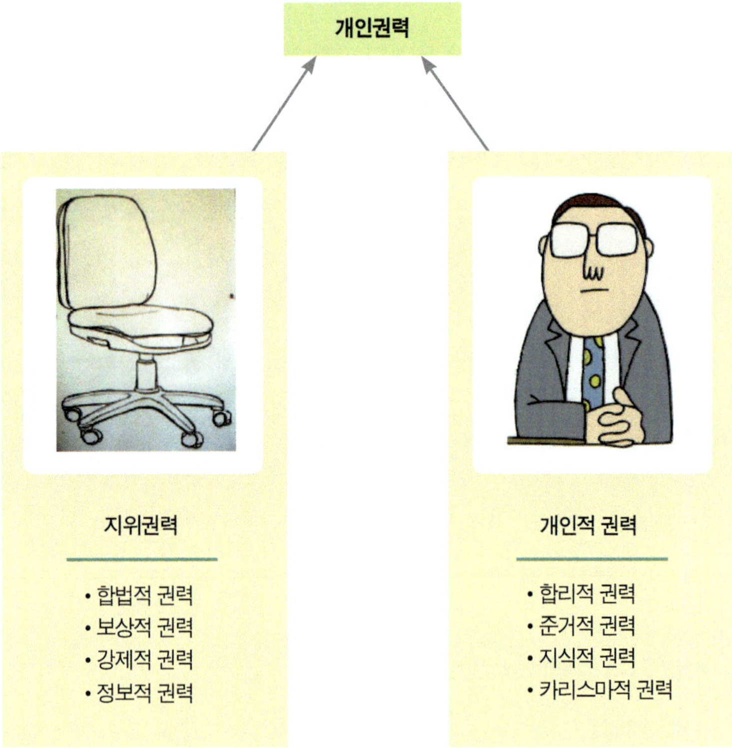

(2) 권력의 소유동기에 따른 분류

어떤 경우는 누구나 인정하는 합당하고 정당한 이유로 권력을 소유하고 또 어떤 경우는 합당한 절차 없이 우연히 기회를 잘 만나서 권력을 가진다. 즉 정당한 과정에서 주어진 권력과 우연한 기회에 주어진 권력이 있다. 전자의 경우는 누구나 적법하다고 인정하는, 또는 당연한 것으로 누구나 받아들이는 이유로 권력을 소유하게 되는 경우이고 후자의 경우는 우연히 기회가 되어서, 어쩌다가, 심지어는 운이 좋아서, 그때 마침 그 자리에 있었기에 권력을 가지게 되는 경우이다. 전자의 경우를 정당한(legitimacy) 권력으로, 후자의 경우를 기회적(opportunity) 권력으로 구분해본다.

◆ 정당한 권력

인간사회에서 일반적으로 사람은 권력제도를 인정하고 거기에 모든 것을 위임하고 산다. 그래서 일단 그 권력이 정당하다고 인정되면 무조건 순응, 동조, 복종하는 경향이 있다.Milgram, 1963 이러한 다스림과 순종의 관계가 없이는 이 사회의 질서도 없어지고 모여 사는 삶 자체가 위태로워진다. 그렇다면 사람이 정당하다고 인정하는 권력은 어디서 비롯되는가? 베버는 다음 세 가지 원천으로 설명한다.Weber, 1972

- 세습적(전통적) 지위 · 신분 : 문화와 전통에 따라 저절로 주어진 권력원천으로 영국 왕실이 갖고 있는 권력이 대표적 예이다. 이런 것은 문화유산, 역사나 관습에서 온 유전 등에서 생기는데, 기업조직의 예를 든다면 전 회장의 아들이 물려받는 권력도 그러한 정당성을 인정받는다.
- 카리스마 : 사람을 끌어당기는 특수한 자질과 인간성은 선천적으로 갖고 태어난 경우가 많다. 사람은 이러한 특성을 가진 자에게 복종하면서 그 복종이 당연하다고 여긴다.
- 법적 · 제도적 지위 · 신분 : 어떤 권력은 법, 제도, 계약, 약속에 의해 주어지는데 이때 그 권력은 법적(제도적) 정당성을 가진다고 볼 수 있다. 시민사회나 의회정치 사회에서 시민은 법에 의해 다스려진다. 이때 법에 의해 통치를 위임받은 사람이나 행정기관이 사용하는 권력은 합법적인 타당성을 가졌다고 볼 수 있다. 기업에서 조직구조상 공식적으로 갖는 경영권, 상사의 권한 등이 모두 여기에 속한다.

◆ 기회적 권력

어떤 권력은 정당성(legitimacy) 없이 어떤 개인에게 우연히 주어진다. 이런 기회(opportunity)는 제도나 법 규정이 미치지 않는 곳에서 비공식적으로 생긴다. 예를 들면 사장은 정당한 권력을 갖지만 그의 비서나 아들은 평사원인데도 불구하고 많은 권력을 갖는다. 이것은 단순히 권력자에게 접근할 수 있는 좋은 기회를 가졌기 때문에 커지는 권력이다. 즉, 정당한 근거는 없지만 권력자 옆에 있는 것만으로도 권력이 비공식적으로 주어진다.

4 리더의 권력획득과 권력상실

리더가 어떻게 더 많은 권한을 획득하고 또는 상실하기도 하는지를 설명하는 여러 이론이 있는데 이에 대해 공부해보자.

(1) 자원의존모형

누가 누구에게 의존한다는 사실로부터 권력이 생기는 것이다. 신께서 필요한 모든 것을 내려주신다고 믿는 독실한 신자에게 신은 절대적인 권력자이다. 하지만 무신론자는 신에 의존하지 않기 때문에 신은 그에 대해 권력이 없다. 리더와 부하 사이에도 이러한 의존관계가 존재하기 때문에 권력관계가 존재한다. 물론 개인과 집단, 개인과 조직 사이에서도 마찬가지이다. 어떤 때에는 한 팀이 다른 팀에게 권력을 행사할 수도 있다. 리더가 자원을 많이 가지고 있으면 부하의 의존성이 커지는데 리더가 한정된 자원으로 권력을 키우려면 자원을 마음대로 활용할 수 있어야 한다.

부하가 필요로 하는 것을 리더가 갖고 있으면 부하는 리더에게 의존할 것이다. 부하가 의존하는 만큼 리더는 부하에 대해 권력을 가진다. 부하는 자신의 승진과 성공을 위해, 개인의 행복을 위해, 또는 주어진 업무달성을 위해 자원(resources : 칭찬, 인정, 자금, 설비, 인력, 정보 등)을 필요로 한다. 모든 팀원은 리더에게서 자원을 얻어야 자신의 목표를 달성할 수 있으므로 리더에게 의존할 수밖에 없다. 리더는 이러한 자원 통제를 통해서 부하에 대해 권력을 행사하기도 한다. 자원과 의존의 관계는 리더와 부하뿐만 아니라 팀 간, 조직 간에도 마찬가지이다.

예를 들어 회사의 경우를 보자. 회사 안의 부서 간, 조직 간에는 계속해서 자원이 교환되고 있다. 구매팀은 원료조달을 위해 경리팀의 현금이 필요하고 생산팀은 구매팀에서 구입한 원료와 설비가 필요하다. 판매팀은 판매를 위해 생산팀에서 생산한 제품이 필요하고, 경리팀은 현금보유를 위해 판매팀의 매출대금이 필요하다. 상대방이 필요로 하는 자원을 가진 팀이 그만큼 상대방에 대해 영향력을 가진다. 대학의 경우는 어떤가? 한 대학 안에는 여러 학과와 행정부서가 존재한다. 전체회의에서 어느 부서가 권력이 가장 강할까? 즉, 어느 부서가 대학의 의사결정에 가장 영향력을 미칠까? 학생수가 많든지, 외부 평판이 좋든지, 외부 기부금을 많이 조달해 오는 부서이다. 각 부서가 필요로 하는 값진 자원이 이러한 것으로부터 나오기 때문이다. 교수연구비나 학생장학금 등은 어느 부서나 필요한데 이러한 자원(예 : 돈)을 어느 부서가 가장 많이 공급해주느냐에 따라서 권한이 커진다. 결국 개인이나 집단 간의 권력은 필요한 자원의 의존정도에서 비롯된다고 보기 때문에 이를 자원의존모형(resource dependency model)이라고 한다.Zacharia & Mentzer, 2004

(2) 전략적 상황모형

리더가 갖고 있는 자원이 부하에게 필요하면 할수록 부하는 리더에게 의존할 것이며 그만큼 더 리더의 권력은 커질 것이다. 그러나 여기서 주의할 사항이 있다. 리더가 자원을 소유하고 있다 하더라도 맘대로 처분할 수 없다면 부하는 그에게 의존할 필요

LEADERSHIP STORY 5.5 동유럽이 의존한 자원은?

폴란드의 크라쿠프 오슈비엔침(독일식 명칭은 아우슈비츠) 포로수용소의 한쪽 귀퉁이 교실 정도의 좁은 방에 이삼백 명의 발가벗긴 유대인들이 처넣어진다. 좁아서 더 이상 넣을 수 없으면 애들은 머리 위로 던져진다. 처음엔 샤워시키는 것으로 착각했던 수용자들은 살려고 입구 쪽으로 밀치고 나오지만 문은 이미 닫혔다. 힘센 포로들이 살려고 치고 나오는 통에 노약자들은 독가스가 나오기도 전에 피범벅이 되어 죽는다. 그래도 가스 구멍에 가까이 있던 자들은 다행이다. 4분이면 죽으니까. 멀리 있으면 고통시간이 15분이다. 지금도 아우슈비츠에는 새가 날아오지 않는다. 독일군이 도망간 후 소련군 측은 곧바로 이 참상을 폴란드 국민에게 공개했다. 남은 시체들의 장례식을 대대적으로 행했고, 2년 후 이곳은 아우슈비츠 박물관으로 개관되었다. 다시 그런 일을 당하지 않으려면 소련에 의존하라는 무언의 메시지였다. 그 후 폴란드를 비롯한 동유럽은 소련의 속국이 되었다. 그렇다면 "연합군이 사전에 아우슈비츠 만행을 막을 수 있었음에도, 유럽 각지에서 아우슈비츠로 포로들을 실어 가는 독일군 기차에 관한 정보를 미리 알았음에도 못 본 척한 것은 아니었을까?" 역사와 정치가 아무리 요지경 속이더라도 저자(**사진**)는 이러한 상상이 전혀 틀린 것이기를 바라면서 수백만 명의 포로가 두려움과 절망으로 밟고 지나간 아우슈비츠 수용소 입구에서 상념에 젖는다.

가 없다. 즉 리더가 권력을 가지려면 그가 자원을 맘대로 처분할 수 있는 상황에 있어야 하는 것이지 단순히 소유하고 있는 것만으로 권력이 생기지는 않는다.

따라서 리더는 가진 자원을 전략적으로 활용해야 한다. 즉 자원을 많이 가지고 있으면서 조금씩만 나누어 주면 부하는 그 자원을 더 간절히 원한다. 만약 리더가 가진 자원을 한꺼번에 많이 부하에게 준다면 부하는 그 자원이 더 이상 필요 없기 때문에 리더에게의 의존성은 줄어들고 리더 권력도 줄어든다.

이처럼 리더가 권력을 발휘하기 위해 자원을 마음대로 주무를 수 있는 상황(전략적 상황)의 크기가 리더 권력의 크기를 결정한다는 것이 전략적 상황모형(strategic contingency theory)이다.Pfeffer & Salancik, 1974 누구나 자기가 가진 자원의 위력을 키우기 위해 상황을 만들고 싶어 하지만 모두가 그렇게 할 수는 없는 것이며 상황이 되어야 한다. 상황을 잘 만들면 적은 자원으로도 상대방의 의존성을 크게 만들 수 있을 것이다. 결국 얼마나 많은 자원을 가지고 있느냐는 별로 중요하지 않고, 있는 자원을 얼마나 전략적으로 활용하는지에 따라 리더 권력의 크기가 결정된다는 이론이 전략적 상황이론이다.

그래서 리더는 부하에게 필요한 자원을 소유하고 있는 것만으로 만족하지 않고 그 자원을 나누어 주거나 보여줄 때 의존성이 커지도록 전략적으로 상황을 만든다. 따라서 권력의 크기는 자원의 크기가 아니라 그가 만든 상황 혹은 그가 자원을 활용하는 행동전략에 따라 달라진다. 리더뿐만 아니라 부하도 자기가 소유하고 있는 권력원천을 실제 가진 것보다 더 많이 취득하기 위해 전략적 행동을 일삼는데 이러한 행동을 정치행동이라고 한다. 때로는 자원을 숨기기도 하고 과대포장하기도 하면서 상대에 대하여 권력을 많이 가지고 있는 것처럼 내보이고자 여러 거짓행동을 일삼기도 한다.

LEADERSHIP STORY 5.6 **팀들의 권력 줄다리기**

구매팀은 적기에 원료구입을 위해 경리팀에서 돈을 제때에 받아 와야 하고, 판매팀은 적기에 판매하기 위해 생산팀에서 제품을 제때에 공급받아야 한다. 즉 구매팀의 목표달성이 경리팀의 행동에 달려 있으며 판매팀의 입장이 생산팀의 전략에 달려 있다. 이처럼 한 부서가 자신의 행동을 통해서 상대를 제압할 수 있는 입장이라면, 이는 다시 말해서 한 부서의 의존성의 크기를 조절·통제할 수 있는 전략적(strategic) 상황에 있다고 할 수 있다. 즉 생산팀은 생산량을 조절하면서 그리고 판매팀은 시장정보를 생산팀에 알려주는 행동을 조절하면서 서로 전략적 상황을 만들고 있는 것이다. 판매팀이 외상매출금을 아무리 많이 갖고 있더라도 꼼짝없이 오늘 받아서 경리팀에 넘겨줘야 할 상황이라면 판매팀의 권력은 매우 줄어든다.

(3) 사회적 교환이론

사회적 교환이론(social exchange theory)은 리더와 부하 사이의 상호적 영향력 과정이 시간상 어떻게 진행되는지를 설명하려는 시도이다. 이 이론은 개인 사이의 상호작용과정을 집단 내의 복잡한 사회적 행동을 설명하는 기초로 사용한다. 사회적 영향력의 가장 기초적인 형태는 이득 또는 호의의 교환인데, 이것이 시간을 두고 반복될 때 상호적인 매력을 유발하게 된다. 사회적 교환은 물질적 이득과 인정, 존경, 존중 및 애정의 표현과 같은 심리적 이득을 포함하여 수많은 종류가 있다. 사람은 어려서부터 사회적 교환에 가담하는 것을 학습하고, 그러한 교환에서 상호이익과 공평성에 관한 기대를 발전시켜나간다. 이처럼 사회적 교환이론에 의해 리더의 권한 획득을 설명하기도 한다.Hollander, 1979 ; Jacobs, 1970

특히 예측할 수 없는 문제를 해결할 때 리더가 주도적으로 대처하고 대응책을 강구하게 된다. 그렇게 함으로써 중요한 문제를 성공적으로 해결하면 그것은 리더 개인을 위한 것이기도 하지만 자기 집단의 부하의 권력원천이기도 하기 때문에 부하로부터 권한을 획득하는 기회가 된다. 중요한 문제를 처리하는 책임을 가진 하부부서가 더 많은 일을 하면서 얻는 권력과 전문성은 일종의 기회가 된다. 하부부서일수록 생존이나 번영을 위해 전문성은 더 필수적이다. 문제가 특수할수록 하부부서 간 상호작용의 정도는 더욱더 커진다. 개인이나 하부부서에 중요한 문제가 생기면 그것을 해결하는 개인이나 하부부서가 힘을 얻는다. 다른 말로 핵심적이고 중요한 문제를 해결할 사람이 유일하고 다른 것으로 대체할 가능성이 없다고 한다면 그(부서)가 소유한 전문성으로 인해 권력은 더 커지게 되어 있다.

전문적 권력이 증가되는 것은 합법적 권력의 증가를 야기한다. 전문성을 지닌 사람은 조직에서 권한을 확보할 가능성이 더 높다. 전문성을 보유한 하부부서는 조직의 중요한 결정을 내리는 이사회보다 오히려 대표성이 높다.Pfeffer & Moor, 1980 ; Pfeffer & Salancik, 1974

◆ 출현한 리더

조직구성원 사이의 상호작용과정에서 어떤 사람은 다른 구성원보다 과업에 대한 역량을 더 가진 것으로 입증되고 알려진다. 그중 어떤 구성원은 그가 속한 집단에서 자신의 역량과 충성심을 과시함으로써 집단 내에서 그의 상대적 지위를 높이고 그의 역할기대에 영향을 주는 타인의 신뢰를 얻는다. 이러한 신뢰를 많이 축적한 사람은 집단 규범을 더 많이 일탈해도 처벌을 덜 받는다. 그래도 다른 구성원이 그가 하는 일탈행동을 수용하기 때문인데 이러한 신뢰를 특이신뢰(idiosyncracy credits)라 한다.Hollander, 1958, 1960, 1961 따라서 리더로 부각되는 구성원은 보다 높은 신분지위를 획득할 뿐만 아니라 어느 정도의 일탈적 혁신을 시도해도 허용된다. 따라서 그는 자연스럽게 리더로 부각되는데 이를 출현한 리더라고 표현한다.

조직구성원은 출현한 리더가 집단목표 달성을 위한 혁신적 접근법을 제시할 때 자신의 즉각적인 판단을 유보하고 출현한 리더의 제안에 따르려 한다. 다른 한편으로 출현한 리더는 그의 높아진 지위, 증가된 영향력 그리고 규범과 전통으로부터의 일탈의 자유에 대한 대가로 그만이 가지고 있는 전문적인 지식을 발휘하고 리더십의 역할책임을 떠맡는 것이 기대된다.

◆ 공식적 리더와 비공식적 리더

사회적 교환이론은 공식적으로 임명된 리더의 리더십 과정을 분석할 때에도 유용하다. 기본적인 교환관계의 측면에서 본다면 집단구성원이 집단에 들어온 것은 공식적 리더의 부하가 된다는 무언의 약속을 이미 한 셈이다. 그래야만 그들의 멤버십이 보장되고 지속된다. 즉 부하를 멤버로 보장해주는 한 가지 조건은 그가 리더의 합법적 권한을 인정하고 지시에 따를 것을 약속하는 것이다. 따라서 공식적 리더는 비공식적 리더보다 상당한 정도의 영향력이 확보되었기 때문에 부하들의 리더십평가에 신경을 덜 써도 된다. 그리고 공식적 리더는 명시된 재임기간 동안 공식 계약에 의해 보호를 받기 때문에 무능력한 사람이라 할지라도 일정기간 동안은 그 직책을 유지할 수 있다. 회사 사장과 종업원과의 관계가 여기에 해당된다.

그러나 공식적 리더가 그의 직책을 보유할 수 있는 배경을 갖고 있다고 해도 능력이 없다면 그의 신분직위의 상실 및 부하의 존경심 저하를 막을 수는 없으며 결국 드러난 무능력이 리더의 합법적 권한을 잠식하게 될 것이다. 그러나 리더가 전문성을 계속 발휘하여 그의 영향력을 증가시키는 교환과정은 출현한 리더의 경우와 마찬가지로 공식적 리더의 경우에도 필요하다.

◆ 선출된 리더와 임명된 리더

한편 공식적 리더라고 하더라도 부하로부터 선출된 리더와 상급자에게 임명된 리더

사이에는 합법성의 근거에서 약간의 차이가 있다. 말할 것도 없이 멤버의 직접적 선출 과정을 거친 리더가 구성원의 리더에 대한 기대와 리더의 책임감을 더 갖는다. 소집단에서의 실험연구 결과를 보면 선출된 리더가 임명된 리더보다 구성원의 인기와 지원을 더 많이 받았고 리더행동이 보다 자기 주도적이고 혁신적이었다.Hollander & Julian, 1978 그러나 선출된 리더의 경우 오히려 목표달성이 미진했으며 부하의 반대에 부딪쳤을 경우 더 많은 상처를 받았다. 그러므로 우리의 상식과는 다르게 선출된 리더가 상부로부터 임명된 리더보다 언제나 더 효율적이라고 할 수는 없는 것이다.

LEADERSHIP STORY 5.7

리더의 제1계명

필자가 아는 어느 회사의 사장이 푸념을 한다. 어떤 사원들에게는 엄하고 박하게 하다 보니 불만이 너무 많아서 행동을 바꾸어 너무 잘해주다 보니 이제는 머리끝까지 기어오르며 더 달라고 요구한다는 것이다. 두려움에 떠는 병사는 전투에서 쓸모가 없다. 결코 승리하지 못할 것이기 때문이다. 그러나 진정한 두려움을 모르는 병사도 역시 전장에서 별 소용이 없다. 금방 죽을 것이기 때문이다. 그래서 언제나 중용이 필요하다. 중용의 저자는 공자의 손자인 자사(子思)로 여겨지고 있다. 정자(程子)가 이르기를 기울지 않으면 중(中)이라 하고 변하지 않으면 용(庸)이라 한다. 중(中)은 천하의 바른 길이고 용(庸)은 천하의 도리(道理)이다. 이를 자사(子思)는 시간이 지나면 잊을까 걱정되어 책에다 기록하였고 이를 맹자에게 전수했다. 이 책은 처음에는 한 가지 도리(道理)만 논하다가 중간에 이르러서는 만 가지 일로 나누어지며 끝에 가서는 다시 하나의 도리로 모인다. 펼치면 온 우주(宇宙)를 채울 수 있으며 두루 감추면 가장 은밀한 곳에 둘 수 있다. 그 맛은 무궁무진(無窮無盡)하고 모두 실체적인 학문이다. 글공부를 즐겨 하는 사람이 자세히 탐독(耽讀)하고 응용(應用)하면 이 속의 도리(道理)를 얻게 되며 평생(平生)을 다 써도 남을 것이다. 아리스토텔레스도 중용을 다음과 같이 강조하였다. 명예와 불명예에 관해 말하면 그 중용은 긍지요, 그 과도는 허영이요, 그 부족은 비굴이다. 노여움에 관해 말하면 그 중용은 온화요, 그 과도는 성급함이며, 그 부족은 성질 없음이다. 진리의 중용은 진실이요, 그 과도는 허풍이며, 그 부족은 거짓 겸손이다. 돈을 주고받는 일에서 중용은 너그러움이며, 그 부족은 인색함이고 그 과도는 방탕이다. 아리스토텔레스는 중용의 성취에서 가장 중요한 것은 몸에 젖은 습관이라고 한다. 일시적, 우연적으로 중용에 맞게 행동했다면 그것은 중용이 아니다. 시종일관 중용에 맞는 행동, 즉 유덕한 행동을 거듭함으로써 우리는 덕의 습관, 중용의 습관을 얻을 수 있다. 결국 인격이란 오랜 세월에 걸친 일관된 도덕적 훈련과 그로 인한 습관에서 비롯된다. 따라서 인격자란 모든 행동에서 자신이 형성한 중용의 습관에 맞추어 신뢰성 있게 행동하는 사람이다. 어떤 사람의 어떤 행동이 아무리 훌륭하다고 해도 그가 모든 행동에서 중용을 지키지 않는 한 유덕한 사람이라고 할 수 없다. 이것을 아리스토텔레스는 다음과 같이 말한다. "한 마리의 제비가 왔다고 봄이 되는 것이 아니며, 한 번의 행동만으로 훌륭한 사람이 되는 것도 아니다." 중용은 모든 리더들에게 제1의 계명이다.

5 리더의 영향력 확대방법

앞에서 리더의 전략적 상황에 따라 리더 권력의 크기가 결정된다는 사실을 알았다. 그렇다면 리더는 권력증강을 위해 어떻게 전략적 상황을 만드는가? 다음 네 가지 상황에서라면 한쪽의 의존성은 커지며 이와 병행하여 반대편에서는 권력이 커진다.

(1) 정치적 활용

지난 20년 동안 잠재적 영향력 원천으로서 권력에 초점을 두기보다는 영향력을 행사하는 행동유형에 더 많은 연구가 이루어졌다. 의도적인 행동유형은 다른 사람의 태도나 행동에 영향을 주는데 리더가 가진 권력의 양은 한계가 있다. 다만 리더가 보유하고 있는 권력의 양으로 영향력을 발휘하기 부족할 경우 가지고 있는 권력을 활용할 때 이를 정치적으로 활용할 수 있는데 과장한다든지 거짓을 첨가하기도 한다. 예를 들면 사장님이 시키는 것이라고 하든지 국가를 위한 일이라고 하면 리더의 힘이 약하더라도 부하는 헌신할 것이다.

부하에게 긍정적으로 보이는 행동은 권력우위를 점하는 가장 빠르고도 손쉬운 방법이다. 그래서 사람은 남에게 친절하고 미소 짓는 일을 게을리하지 않는다. 리더는 보통사람보다 이미지 관리에 더욱 신경을 써야 하며, 영향력을 높이기 위해 평소 자기PR도 하고 자기가 소유한 능력뿐만 아니라 어떤 일에 성공했을 때에는 부하에게 많이 알려서 항상 우러름을 받도록 노력해야 한다. 다만 지나친 과장으로 오히려 비난을 받고 신임을 잃으면 정치적 리더로 낙인찍히게 되므로 주의해야 한다.

이처럼 리더는 중요 부서의 인사선발, 조직의 경쟁전략 결정, 부서와 활동에의 자원배분 등과 같은 중요한 의사결정에 영향력을 행사하기 위하여 조직 내에서 권력을 전

략적으로 활용한다.Hickson et al., 1971

| 도표 5-6 | 리더의 영향력 확대전략

합리적 설득	개인적 호소
통보하기	환심
고무적 호소	합법적 전술
상담	압력
교환	연합전술
협력	비합리적 과장

(2) 불확실성 확보

캄캄한 밤에 산에서 내려오는 상황이라면 우리는 손전등에 의존한다. 앞이 안보이기 때문에 손전등이 사람이라면 손전등의 권력은 커진다. 즉 불확실성을 줄여주는 사람(집단)이 권력을 가진다. 모든 개인과 부서는 항상 불확실성을 피하기를 바라기 때문이다. 따라서 제조업에서는 판매부서가, 소프트웨어 전문회사에서는 연구개발팀이 권력을 더 가지는데 그 이유는 앞으로 어떻게 될 것인가에 대해 이들이 가장 먼저, 가장 많이 알기 때문이다. 세상에서 가장 가난한 나라인 북한이 세상에서 가장 강한 미국과 수년간 협상테이블에서 마주할 수 있었던 힘은 그들이 불확실성을 잘 키우고 유지한 데에서 기인한다고 볼 수 있다. 즉 북한은 자신들의 핵무기에 대해 미국보다 불확실성 통제력을 훨씬 많이 갖고 있는 것이다.

불확실성 때문에 의존해야 하는 상황이 권력을 만드는 경우는 얼마든지 있다. 부하들은 정해진 규정과 주어진 역할이 있기 때문에 일정한 제약 속에서 활동하고 있으며 또 리더는 부하를 그렇게 통제해야만 서로가 공존할 수 있다. 그러나 리더가 신이 아닌 이상 부하의 일거수일투족 모두를 환경에 맞게 미리 준비시킬 수는 없다. 즉, 완전히 통제 못 하는 부분은 항상 있기 마련이란 뜻이다. 이를 부하의 입장에서 보면 그 부분은 해도 되고 안 해도 되는(지켜도 되고 안 지켜도 되는, 성공해도 되고 실패해도 되는) 지역이다. 그러므로 이 지역은 부하 입장에서 보면 자유지역(liberty zone : 재량지역)이 되며 회사 입장에서 보면 부하가 할지 안 할지 모르는 불확실성 지역이 된다.Crozier, 1984

예를 들어보자. 생산 기능공 김씨가 일하는 현장라인에서는 단순노동을 하다가 기계가 고장 나면 회사의 몇 안 되는 기술자가 와서 고쳐놓고 가게 되어 있다. 그러나 김씨가 고칠 정도로 약간의 고장이 있을 때 김씨 입장에서는 자기가 고치고 일을 계속해도 되고(이 경우 회사에 이익이 된다) 규정대로 기술자를 불러도 된다(이 경우 회사의 비용이 크고 김씨는 쉴 수 있다). 이 불확실성 지역에서 김씨는 마음먹기에 따라서 리더에게 이익을 줄 수도 있고(김씨가 고치고 작업을 계속한다) 손해를 줄 수도 있기(기술자를 불러서 고칠 때까지 작업을 쉰다) 때문에 김씨에게는 권력의 수단이 되고 리더는 그만큼 박씨에게 의존하게 된다.

(3) 희소성과 대체 불가능성 확보

리더가 자신이 가진 희소성을 극대화하여 부하들이 자신에게만 의존하게 하는 상황을 만든다면 리더 권력은 커진다.Mintzberg, 1983 그러므로 리더는 자기만의 노하우를 부하에게 함부로 알려주지 않으려고 하며 또는 정보수단을 밝히지 않고 사실과는 다르게 자기만 알고 있는 것처럼 말해준다.

기업이 부품공급처나 거래은행을 여럿 만드는 것은 하나의 상대에게만 전적으로 의존하지 않으려는 전략도 깔려 있다. 그래서 노동시장에서 공급이 수요에 못 미칠 때 그들은 회사를 마음대로 골라서 갈 수 있는 힘이 생기며 응시 면접에서도 사용자와 유리한 계약을 맺을 수 있다. 한여름 더위에 얼음장수가 생선가게에 대해 권력을 가지는 이유는 얼음이 희소해지기 때문이다. 이런 사례에서 보듯이, 부하가 필요로 한 것을 리더가 가지고 있을 때 그것이 희소할수록 혹은 대체 가능성이 희박할수록 리더의 권력은 커진다.

LEADERSHIP STORY 5.8 | 희소성을 택한 리더

인도의 샤 자한 왕이 왕비 뭄타즈 마할을 추모하여 타지마할이라 알려진 무덤 궁전을 지었는데 총 공사비 중에서 인건비 비중이 매우 컸다고 한다. 그 이유는 기능공들이 다른 곳에 이런 궁전을 또 짓지 못하도록 그들의 손가락을 자르고 일일이 보상을 해주었기 때문이다. 병원에는 여러 부서가 있지만 수술팀은 원무팀보다 권력이 강하다. 원무팀이 없으면 다른 사람이 대신할 수 있지만 수술은 아무나 대신할 수 없기 때문이다.

희소할수록 더욱 의존하다가 다른 것으로 대체 가능한 상황이 생기면 의존성이 감소된다. 상대에 대한 나의 의존성이 적을수록 나의 권력은 커진다. 따라서 사람들은 의존할 상대를 여럿 만들어서 대체성을 증가시켜 의존성을 줄이려고 노력한다.

(4) 중요성과 핵심적 위치 확보

아무도 리더가 가진 자원을 원하지 않는다면, 그리고 그 자원이 그리 중요한 것이 아니라면 리더의 권력은 별로 크지 않다. 그 대신 부하는 중요한 자원에 의존하기 마련이다. 물론 희소하고 대체성이 없는 자원은 중요하다. 그러나 리더는 자기가 소유한 보통의 자원을 잘 조정하여 중요하게 보이면 부하로부터 권력을 획득하는 기회가 된다. 그리고 우연히 어떤 중요한 위치에 있게 되어도 권력은 커진다.

회사의 부서 간에도 마찬가지이다. 회사 안에서 어떤 부서는 매우 핵심적인 기능을 맡고 다른 부서는 주변적 기능을 맡는다. 예를 들어 자동차 제조회사라면 고객조사팀의 정보가 없이는 어떤 자동차도 생산을 시작할 수 없다. 생산을 확정하지 못하면 부품구매팀도, 자금팀도 아무런 행동을 하지 못한다. 즉 이 회사의 모든 부서가 고객조사팀의 결과가 나오기만 기다리게 된다. 모든 부서가 고객조사팀에 연결(의존)되어 있다. 조직의 모든 부서가 중요하게 여기는 어떤 것을 소유하고 있는 팀의 권력은 커진다. 따라서 각 부서 간의 권력분포는 산업별로 다르다는 것이 일반적인 견해인데Lawrence & Lorsch, 1967 각 부서의 전략적 상황에 대한 통제력은 조직목표 달성에 가장 중요한 부서가 가장 크다는 점이다.

5장의 핵심내용

영향력(influence)은 리더십의 본질과도 같은 것이다. 한 사람의 리더가 효율적 리더십을 발휘하기 위해서는 의사결정을 수행하고 부하가 리더의 제안을 지지하고 요구를 받아들이도록 영향력을 발휘하는 것이 필수적이다. 대규모 조직에서 경영자의 효과성은 부하뿐 아니라 동료에 대한 영향력 행사는 물론 상사에 대하여 어떠한 영향을 발휘하느냐와 관계가 깊다. 권력은 한 부문의 능력이 다른 부문에 힘을 발휘하는 것이다. 지배자는 한 명의 복종자 혹은 여러 명의 복종자를 둘 수 있다. 가끔 권력은 어떤 일이나 사건뿐 아니라 태도나 행동에 대한 잠재적인 영향력도 포함한다. 리더의 권한은 항상 조직의사결정 유형을 만드는 권리를 포함한다. 리더는 부하가 복종하도록 권한을 가지고 그들에게 지시할 수 있다. 경영자는 부하를 업무에 배치함에 있어 업무규칙을 만들고 따르도록 지시할 수 있는 합법적 권리가 있다. 권한은 권력원천인 자금, 자원, 장비, 원재료 등을 통제하는 권리이다.

영향력 시도의 성공 여부를 평가하기 위한 가장 유용한 방법은 리더의 의도가 무엇인가를 직접적으로 측정하는 것이다. 권력을 이해하는 데 있어 여러 권력유형 간의 구분을 통해 이해를 도울 수 있다. 권력유형은 합법적 권력, 보상적 권력, 강제적 권력, 참고적 권력, 전문적 권력 등이며, 그 외에도 여러 기준에 의해 권력유형을 구분할 수 있다. 리더의 영향력에 대한 이론적 설명을 위해서 자원의존모형, 전략적 상황모형, 사회적 교환이론 등이 활용된다. 특히 사회적 교환이론(social exchange theory)은 리더와 부하 사이의 상호적 영향력 과정이 시간상 어떻게 발전하는가를 설명하려는 시도이다. 사회적 영향력의 가장 기초적인 형태는 이득 또는 호의의 교환인데, 이것이 시간을 두고 반복될 때 상호적인 매력을 유발하게 된다.

리더는 자신이 보유한 권력의 크기가 부족할 때 여러 정치적 전술을 활용하여 자신의 권력을 확대하고 크게 보이도록 한다. 전략적 상황모형은 이러한 전술수립의 근간이다. 리더가 중요 부서의 인사선발, 조직의 경쟁전략의 결정, 부서와 활동에의 자원배분 등과 같은 중요한 의사결정에 영향력을 행사할 수 있도록 어떻게 조직 내에서 권력을 획득하고 상실하는지를 설명하고 있다.

복습 및 토의문제

1. 관리직책으로부터 파생되는 권력의 원천이란?
2. 리더십 유효성과 권력의 관계는?
3. 리더 권력의 유형은?
4. 리더 권력의 또 다른 분류는?
5. 리더 권력의 확보를 위한 전략은?
6. 리더의 영향력 확대 방법에는 무엇이 있는가?

키워드 정리

권력, 영향력, 지배자, 복종자, 권력유형, 강압적 권력, 협력, 몰입, 사회적 교환, 전문적 권력, 정보적 권력, 합법적 권력, 지위권력, 합리적 설득, 준거적 권력, 보상적 권력, 권한의 범위, 정치적 전술, 출현한 리더, 비공식적 리더, 공식적 리더, 권력획득, 자원의존모형, 전략적 상황모형

사례연구

드골의 리더십

참다운 지도자의 진정한 리더십은 리더가 은퇴한 뒤에도 생명력을 간직하게 되는데, 이것은 그가 물러나야 할 때를 알고 물러났을 경우에만 가능한 법이다. 얼마나 많은 지도자들이 이 엄연한 법칙을 어겨 그 리더십이 조직과 국가발전의 원동력이 되지 못하고 오히려 해악을 끼치게 되었는지 모른다. 드골(**사진**)은 진퇴가 분명했기에 역사에 오래 기억되는 지도자가 되었으며, 그의 리더십 또한 높이 평가받았다. 그는 제2차세계대전 때, 독일의 침공을 받아 신음하는 조국 프랑스를 위해 죽음을 각오하고 독립운동을 하였다. 죽음의 극한 상황에서 조국을 탈출하였으나 개인의 생명을 유지하기 위한 것은 아니었다. 그는 "프랑스는 독일과의 전투에서 졌다. 그러나 전쟁에서 패한 것은 아니다"라고 런던의 BBC 방송에서 외쳤으며, 이 방송 연설을 통해 프랑스 국민들은 용기와 힘을 얻어 독일군과 끝까지 싸울 수가 있었다.

제2차세계대전 후 제헌국회에서 수상으로 옹립되었으나 그는 자기의 정치노선과 다르다는 이유로 고향으로 내려가 12년간 운둔생활을 하면서 꿈을 키웠다. 그 후 다시 조국의 부름을 받아 대통령이 되었을 때 드골의 탁월한 리더십은 프랑스 발전의 원동력이 되었다. 그러나 1969년 국민투표에서 그의 정책이 불신임을 받자, 프랑스 역사의 한 장이 끝났다고 선언하고 고향 Colombe로 돌아갔다. 퇴임연설은 "저는 떠납니다"라는 한마디였다. 그의 정말 위대한 점은 별 하나로 시작해서 별 하나로 끝났다는 것이다. 그가 제2차세계대전 중 프랑스를 탈출할 때에는 별 하나인 육군 준장이었으나, 독립운동의 영웅으로 귀국하여 프랑스 재건에 심혈을 기울이자 아첨꾼들이 별을 더 달으라고 유혹을 했다. 그러나 그는 장군 칭호를 좋아하고 장군 복장을 좋아했음에도 끝내 이 유혹을 거절하고 별 하나로 만족했다.

토의주제

- 다른 나라의 군사 독재자와 드골의 다른 점은 무엇인가?
- 드골이 권력을 잡을 수 있었던 이유는?
- 리더 혹은 부하의 권력지향성이 효율적 리더십에 미치는 좋은 점과 나쁜 점을 논의해보자.
- 리더의 장기 집권으로 발생되는 좋은 점과 부작용에 대해 논의해보자.
- 드골처럼 훌륭한 리더가 국민의 인기를 얻을 때 떠나는 것이 과연 국가를 위해 옳은가?
- 기타 : 이 사례에서 또 생각해보거나 토론해볼 점을 나열해보자.

6장

참여적 리더십

거리낌 없이 결정을 내려라. 이것이 훌륭한 리더의 가장 중요한 자질이다. - 조지 스미스 패튼

다음 세상을 내다보면 다른 이들에게 권한을 위임하는 사람들이 리더가 될 것이다. - 빌 게이츠

위대한 지도자는 비전과 일상의 간격을 메워주는 교육자여야 한다. 그러나 자기가 선택한 길을 사회가 따라오게 하기 위해 혼자서 그 길을 걸어가야만 하는 사람이다. - 헨리 키신저

수작(酬酌) / 박제영

당신 왜 나랑 결혼했어?
싱겁기는, 당신 수작에 넘어간 거지 머

아내랑 농을 주고받다 생각하니

수작이란 그 말
잔을 섞어 수작이요
말을 섞어 수작이요
마침내 몸을 섞으니 수작이라
수작이라는 그 말, 듣고 보니
얼마나 설레는 말이냐
수작 한 번으로 아내를 갖고
수작 두 번으로 아이 둘을 가졌으니
수작이라는 그 말
얼마나 신통방통한 말이냐

그래, 당신 말이 맞다!
수작에 넘어갔다는 그 말도 맞고
딴 데서 수작 걸지 말라는 그 말도 맞다!

6장

참여적 리더십

의사결정은 리더에 의해 수행되는 가장 중요한 임무 중 하나이다. 관리자와 경영자의 활동 중 가장 중요하고 많은 것이 계획, 조직, 조정, 그리고 부하의 선발, 보수인상의 결정, 업무할당 등과 관련된 문제의 해결이다. 여기서 문제해결이란 여러 대안 중 한 가지를 선택하는 것인데, 여기서 선택이 바로 의사결정이다. 리더가 신이라면 혼자 결정해도 되지만 사람이기 때문에 한계가 있다. 부하의 의견도 듣고 참여시키면 더 나은 선택이 가능하다. 또한 혼자 결정할 수 있더라도 실천은 부하가 하는 것이기 때문에 그들을 결정에 참여시키면 훨씬 낫다.

참여적 리더십(participative leadership)이란 중요한 결정을 내리는 과정에서 부하들의 참여를 촉진하고 독려하는 리더로서의 노력이라 할 수 있다. 또한 권한위임(delegation)이라는 용어도 있는데, 이는 관리자가 의사결정 시 부하에게 책임과 권한을 주고 결정권을 그들과 공유하는 과정을 말한다. 이와 유사한 것으로 임파워먼트(empowerment)가 있다. 임파워먼트는 부하에게 힘을 실어줌으로써 그들이 의미 있는 업무를 달성하고 중요한 업무에 영향력을 행사하며 자신들이 업무방식을 결정하는 기회를 갖고 있다고 스스로 느끼게 하는 것이다. 그러므로 참여적 리더십, 권한위임 또는 임파워먼트는 리더가 부하에게 권력을 나누어주어 의사결정에 참여시킨다는 의미에서 유사한 개념이다.

이 장에서 배울 것

- 참여적 리더십 연구에 사용된 연구방법의 이해
- 참여적 리더십이 적용되는 적절한 상황의 이해
- 권한위임의 이점과 문제점에 대한 이해
- 효과적인 권한위임 방법과 적절한 시기
- 권한위임에 대한 부하의 판단과 그 중요성

1 부하의 의사결정 참여

부하를 의사결정에 참여시킨다는 것은 리더가 가진 결정권한을 전적으로 위임한다는 의미가 아니라 부하의 의견을 어느 정도 들어보고 결정한다는 말로, 달리 표현하면 참여적 리더십(participative leadership)이라고 할 수 있다. 참여적 리더십은 리더만의 의사결정에 대하여 다른 구성원에게도 의사결정과정에 다양한 방식으로 참여할 수 있도록 허용하는 것이다.Somech, 2005

참여적 리더십을 다른 용어로 표현하면 자문(consultation), 공동 의사결정(joint decision), 권력의 공유(power sharing), 분권화(decentralization), 임파워먼트(empowerment) 그리고 민주적 관리(democratic management) 등이 있다. 예를 들면 유연근무 시간제도(flex time)를 도입하기 위해 더 나은 작업일정과 작업형태를 계획할 때 회사 직원 개개인이 가지고 있는 의견을 물어보고 참작하는 것은 그들을 배려하는 행동이기 때문이다.

변화의 시대에는 과거와 다르게 한 사람의 경험자나 능력가가 업무를 결정하고 처리하는 것은 무리이다. 다양성과 창의력의 한계 때문이다. 사회가 안정적일 때에는 한 분야에서의 오랜 경험이 큰 몫을 하지만 매일 새롭게 바뀔 때에는 창의적 발상이 필요한데 이는 경험에서 우러나오기보다는 집단지능(collective intelligence)이나 다양성의 조합에서 비롯된다. 리더의 권한위임과 부하의 의사결정 참여는 부하가 요구하기 전에 리더가 선도적으로 채용해야 조직성과를 높일 수 있는 것들이다.

| 도표 6-1 | 의사결정 시 부하의 영향력 정도

(1) 어느 정도 참여시킬 것인가?

참여적 리더십에서 의사결정 시 부하에게 참여를 허용하는 방법은 여러 가지가 있다. 그 방법을 참여의 정도에 따라 다음 네 가지 정도로만 분류해보자.

- 전제적 의사결정 : 리더가 부하의 의견이나 제안을 거의 요구하지 않고 스스로 의사결정을 하며 결정 후에 부하에게 알린다. 물론 부하는 결정에 직접적인 영향을 미치지 못한다.
- 자문 : 리더가 부하에게 의견이나 제안을 요구하지만 결국에는 리더 혼자서 의사결정을 한다. 부하의 영향력은 매우 한정된다.
- 공동 의사결정 : 리더가 문제를 내어놓고 한 명 또는 여러 명의 부하와 논의를 하여 함께 의사결정을 한다. 리더는 최종선택 시 부하보다 더 많은 영향력을 가지지 않는다.
- 권한위임 : 리더가 부하에게 의사결정의 권한과 책임을 넘겨준다. 그 대신 최종선택의 시기와 범위를 정해주는 것이 일반적이며, 위임받은 부하는 결정사항을 실행하기 전에 리더의 승낙을 얻어야 될 수도 있다.

LEADERSHIP STORY 6.1 | 소셜네트워크 리더십

마크 주커버그는 2004년 소셜네트워크서비스(SNS) '페이스북'을 창설한 인물이다. '개방, 혁명, 정보흐름, 미니멀리즘(간결함)'. 그가 자신의 페이스북에 적은 관심사이다. 이는 곧 페이스북이 지향하는 방향점이기도 하다. 페이스북은 하버드 대학에 재학 중이던 주커버그가 기숙사 룸메이트들과 함께 교내 학생들을 연결해주는 사이트를 만든 것이 시초였다. 그는 아이디어로 세상을 변화시킨 리더이다. 튀니지를 시발점으로 레바논, 시리아, 요르단, 리비아, 예멘을 거쳐 이집트까지 휩쓴 민주화 열풍은 소셜네트워크 혁명의 실례이다. 트위터의 제한 글자 수를 내세운 '140자 혁명'과도 통한다. 이들 나라의 시위는 당초 페이스북을 통해 조직됐으며 이를 미리 간파한 이집트의 무바라크 정권은 트위터 접속을 차단하고 나섰지만 그때는 이미 26페이지 분량의 시위일정과 지침이 네트워크상에 빠르게 전파되고 있었다. 수십 년 장기 독재자들은 이제 SNS와의 전투를 벌이고 있으며 이러한 현상은 더욱 가속화될 전망이다. 물론 중국, 이란, 러시아 등지에서는 권력자들이 SNS를 정권유지 수단으로 활용하는 측면도 있다. 중국에는 수천 명의 웹 요원들이 포털사이트에 친정부적 댓글을 달며 여론을 주도하기도 한다. 분명한 것은 이제 리더의 위치에서 혹은 지배자의 위치에서 무슨 일을 하려면 트위터, 페이스북, 유튜브 등을 활용한 SNS를 무시하지 말아야 한다는 점이다. 주커버그는 리더십 학자는 아니지만 SNS 리더십이라는 새로운 용어의 창시자가 된 셈이다.

(2) 누구를 참여시킬 것인가?

이는 의사결정의 주체가 상위층인가 중간층인가 하위층인가의 문제이기도 하다. 물론 결정할 사안의 중대성에 따라서 참여시킬 대상층도 달라질 것이다. 그리고 대상층에 따라서 위임하는 권한의 정도도 달라야 할 것이다.

◆ 결정권한과 계층의 구별

조직에서 의사결정을 할 때 어떤 리더는 다른 리더보다 더 큰 권한을 가지는데 조직의 권한계층상 높은 자리에 있을수록 중요한 의사결정을 한다. 따라서 최고위층의 경영자는 보통 조직의 목표와 전략의 결정, 장기 계획의 수립, 규정과 제도의 결정, 조직구조의 설계 및 자원의 배분 같은 가장 핵심적인 의사결정을 한다. 권한계층의 수준이 낮을수록 의사결정은 점차 지엽적이고, 전략적인 측면보다는 운영적인 측면이 많아진다. 그리고 최하위 관리층에 있는 일선감독자는 의사결정 권한이 거의 없다.

◆ 하위계층 리더의 결정권한 범위

더구나 규칙 및 절차가 고도로 공식화되어 있거나 작업할당, 작업일정, 임금 등을 규정하는 조항을 포함하고 있는 노동조합과의 계약이 있는 경우에는 일선감독자들은 실제로 과업에 대한 의사결정과 인사에 관한 의사결정 재량이 전혀 없다. 그나마 규칙이 애매하고 구체적 조항이 없는 업무를 담당하는 감독자만이 약간의 재량권을 가질 뿐이다. 그런데 이때에도 하위 관리자의 재량권은 점차 전문 스태프의 등장으로 침해받을 수 있다. 예전에는 인원선발, 작업절차의 설계, 품질관리, 작업일정의 계획, 교육 · 훈련, 임금관리 등은 하위 관리자의 재량에 속했으나 점차 인적자원관리부서나 관리부서 등에 근무하는 전문적 스태프들에게로 넘어가고 있는 실정이다.

◆ 결정주체와 계층의 유연성 확대

한편 복잡한 현대조직에서 의사결정을 담당하는 권한계층은 일정하지 않다. 예를 들면 경영의사결정에 신입사원을 투입하기도 하고 심지어는 고객도 투입한다. 그리고 실천자와 결정자가 완연하게 다른 경우도 많고, 낮은 계층의 사람이 결정한 것을 높은 계층의 사람이 실천하는 경우도 있으며, 일의 시작을 결정한 계층과 도중에 중단을 결정하는 계층이 다르기도 하다. 그러므로 결정에 누구를 참여시키는지는 매우 복잡하고 도 미묘한 정치적인 문제로 변해가고 있다.

LEADERSHIP STORY 6.2 리더와 부하의 계층 간 거리

비행기 사고는 기후와 엔진고장 등이 원인이 되기도 하지만 사소한 위계문제로 일어나는 경우도 있다. IBM의 왓슨 전회장이 과거에 근무하던 회사에서 비행기 보험사고 조사원으로 일할 때 사고원인을 파악하면서 보니 비행기 기장의 독재적인 스타일이나 기장과 부기장의 상하수직적인 위계질서로 인하여 부기장의 참여 없이 혼자 결정하다가 일어난 사고가 무척 많았다는 것을 발견했다. 예를 들면 어떤 사고는 기장이 고개를 끄덕이며 콧노래 부르는데 옆에 앉아있던 부기장이 바퀴를 내리라는 신호로 잘못 알고 바퀴를 내리는 경우도 있었다. 다시 한 번 물었으면 됐는데 감히 기장님께 재차 확인하기가 어려웠던 것이다. 또 다른 경우는 어떤 비행기의 기장이 비행 중 일등석에 앉은 귀빈과 담소를 나누고자 자리를 떴는데 부기장 혼자 조종석에 앉아 비행하던 중 아래를 보니 이상한 곳으로 가는 것 같더라는 것이다. 그래서 재빨리 기장한테 물어 보려고 일등칸으로 갔는데 기장이 그곳에서 어느 귀빈과 환담하고 있는 것을 보았다. 확실치도 않은 것으로 기장의 환담을 깨기가 싫어 그냥 다시 조종석으로 와서 계속 비행하다가 항로를 이탈했는데, 불행하게도 항로 이탈은 적국의 비행금지구역을 침범하는 것이었다. 또 다른 예로서 필라델피아 템플대학병원의 한 의사가 간호사에게 환자의 오른쪽 귀(Right ear=R ear)에 약을 넣으라는 처방을 종이에 휘갈겨 써서 주었다. 이를 받는 간호사는 항문(Rear)에 약을 넣으라는 것인지 우측 귀(R-ear)에 넣으라는 것인지 의사에게 다시 물어보기가 어려워서 그만 귀가 아픈 환자의 항문(Rear)에 약을 넣어버린 사례도 있었다. 이 모두가 불확실했지만 상관에게 다시 묻고 확인하기가 어려워서 일어난 사고들이었다.

2 부하참여의 좋은 점과 문제점

의사결정에 구성원을 참여시킴으로써 발생하는 효과와 혜택을 도표 6-2 와 같이 정리할 수 있다. 그런데 이러한 효과와 혜택은 다음에 설명할 관련변수들에 의해서 더 커지거나 약해질 수도 있다. 이와 관련된 변수들에 관해서 알아보기로 한다.

| 도표 6-2 | 부하참여 정도에 따른 의사결정 결과

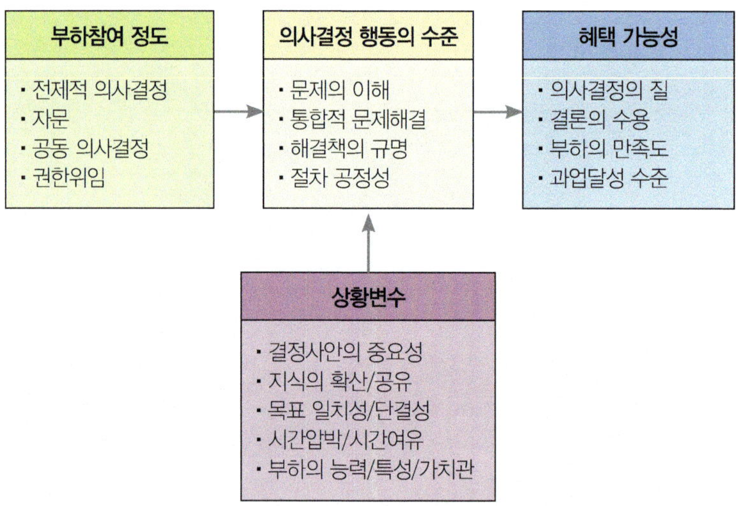

(1) 참여로 인한 혜택

참여적 리더십을 통한 혜택들이 많지만 그 혜택의 크기는 의사결정 상황의 다양한 측면, 참여하는 사람이 가지고 있는 영향력, 그리고 참여자의 성향에 따라 다르다. 의사결정에 부하가 참여함으로써 얻을 수 있는 혜택은 다음의 네 가지로 나누어 설명할 수 있다.

◆ 좋은 결론을 택할 가능성 향상

리더에게 전문지식이나 정보가 부족한 상황에서는 의사결정 과정에서 부하의 자발적인 협력이 매우 중요하다. 여러 사람의 아이디어가 모이면 의사결정의 질이 높아질 수 있기 때문이다.

◆ 결론을 수용할 가능성 향상

사람은 자신이 의사결정 과정에서 상당한 영향력을 행사하였다는 사실을 드러내는 경향이 있다. 이렇듯 의사결정 권한을 소유했다는 인식은 그 일을 실행할 때 더욱 동기화되고 따라서 성공적인 완성을 가능케 한다. 왜냐하면 어떤 문제의 해결과정에 참여한 사람은 그 문제의 본질을 이해하기 쉬우며 왜 어떤 대안은 수용하고 다른 대안은 버렸는지의 이유를 명확하게 이해할 수 있기 때문이다. 따라서 부하는 참여를 통해 의사결정 과정에서 더 많은 아이디어를 내는 방법을 알게 되고 의사결정이 가져올 두려움과 근심에서도 어느 정도 벗어날 수 있다. 그리고 참여를 통해 도출된 결정은 대부분의 구성원에게 합리적이고 합법적이라는 암시도 주며 결정을 거부하거나 탐탁치않게 생각하는 다른 집단에게는 의사결정을 수용하도록 일종의 압력을 행사하는 정당화 수단으로도 활용될 수 있다.

◆ 부하의 만족도 향상

부하와 지식공유와 협력을 통해 의사결정 참여자로서 리더를 신뢰하게 될 뿐만 아니라 의사결정 과정이 합리적이고 호혜적이라고 인식하게 된다. 그리하여 하나의 결정을 내리기 전에 결정에 관한 선택권이나 선호도를 표현할 기회가 주어지면 구성원은 매우 만족한다.Lind & Tyler, 1988 사람들은 영향력을 행사하는 의사결정에 대하여 선택권을 갖거나 선호도를 표현할 수 있을 때 자신이 존중받는다고 인식하는 경향이 있다. 그러므로 참여는 당연히 참여자의 만족도와 긍지를 높인다.

◆ 과업달성 수준의 향상

결정할 문제의 대상이 과업의 완수이든 부닥친 난관의 해결이든 신기술의 개발이든

LEADERSHIP STORY 6.3 | **대중의 참여**

작가와 관객이 함께 하는 연극, 음악, 미술을 통틀어 참여(participation) 예술이라 하는데 '사회참여'의 의미와는 다르다. 참여예술은 작품을 만드는 작가가 자기가 구상한 가장 이상적인 설계를 100% 모두 완성시키는 것이 아니라 70~80% 정도만 구현하고 나머지는 관람객들이 만들어 완성하는 활동 혹은 작품이다. 예를 들어 아주 멋있는 의자를 만들되 팔걸이를 끼워 맞추지 않고 놓아두면 관람객이 나름대로 위치를 정하여 걸쳐놓는 식이다. 관객에게 만족을 주고 관객의 아이디어를 얻어 작품을 매개로 작가와 관객이 한 덩어리가 된다는 의미인데, 조직에서는 직무를 매개로 직무설계자와 작업자가 한 덩어리가 되는 것도 의미가 있기 때문에 재량과 참여의 폭을 넓혀가는 추세이다. 앤디 워홀(Andy Warhol)을 위시한 팝아트 작가들은 대중적 이미지를 채용하여 이것을 반회화(反繪畵)적으로 구사함으로써 순수예술과 대중예술이라는 이분법적 구조를 무너뜨렸다는 점에서 긍정적 평가를 받고 있다. 리더와 부하의 관계도 공유의 장을 만든다면 목표달성이 훨씬 수월할지도 모른다.

구성원을 의사결정에 참여시키면 그 문제가 잘 해결되고 목표가 수준 높게 완성된다. 의사결정에 참여한 덕분에 구성원은 문제를 확실하게 파악하고, 많은 대안을 모색하는 과정에서 기술과 자신감을 향상시킬 수 있기 때문이다. 그리고 구성원은 참여를 통해 문제의 원인을 진단하고 실현가능한 해결책을 찾아내며 실행계획을 수립하는 일련의 과정에 더욱 적극적으로 헌신하고 자신의 노력과 시간을 몰입시킬 것이다. 그러기 위해서는 구성원들을 단순히 한 단계에만 참여시키는 것보다 의사결정의 전 과정에 참여시키는 것이 더 효과적이다.

(2) 의사결정 참여의 불리한 점

부하를 의사결정에 참여시키면 앞에서와 같이 혜택이 많음에도 불구하고 단점이 없는 것은 아니다. 그러므로 어느 정도 참여시킬 것인지는 그때그때의 상황을 고려하여 신중해야 할 필요가 있다. 부하를 의사결정에 참여시킴으로써 나타날 수 있는 바람직하지 않은 결과는 다음과 같이 요약할 수 있다.

◆ 결정시간 지연

참여적 의사결정 절차는 통상 전제적 의사결정보다 더 많은 시간을 요한다. 사공이 많으면 배가 산으로 올라간다는 말이 있다. 더구나 의사결정 책임자인 리더와 참여자인 부하는 지배와 복종의 관계로 입장과 가치관이 서로 다른 경우가 많다. 그래서 문제를 해결하려면 여러 대안 중에서 반드시 통일된 하나를 선택해야 함에도 불구하고 대안을 놓고 옥신각신하면서 소모적인 논쟁에 휩싸이기 쉽다. 따라서 즉각적인 의사결정이 필요한 위기상황에서는 많은 참여가 오히려 적합하지 않다. 더구나 현대로 올수록 즉각적인 결정과 빠른 실행이 절대적으로 필요한 업무가 많아지고 있으므로 더욱 그렇다.

◆ 부하의 참여욕구 증대

부하는 어떤 의사결정에 참여하고 나면 그것으로 만족하지 않고 다른 의사결정에도 참여하고자 하는 욕구가 생기면서 리더가 다음 번의 다른 의사결정에도 참여시키겠지 하고 기대를 갖는다. 그러나 부모도 아이의 의견을 물어볼 것이 있고 단독으로 결정할 것이 있듯이 리더도 그렇다. 따라서 리더가 기꺼이 허용하고자 하는 것보다 부하가 더 광범위한 의사결정 영역에 참여하고자 하면 경계선을 놓고 리더와 부하 간에 갈등이 생길 수 있다. 이때 리더는 차라리 애초부터 참여를 완전히 막았더라면 더 좋았을 것을 하고 속으로 후회할 수도 있을 것이다.

◆ 리더권위의 상실 위험성

모든 일에 부하를 참여시키고 일일이 부하의 의사를 물어서 결정한다면 어떤 부하는 리더에게 전문지식이나 자신감이 부족하다고 오해할 수도 있다. 부하뿐만 아니라 상사나 동료까지도 리더를 능력이 부족하거나 리더십이 없는 사람으로 평가할 수 있다. 부하와 잘해보려다가 오히려 권위를 잃고 체면만 구기는 일이 발생할 수 있는 것이다. 부하에게 의견을 묻지 않는 리더의 행태는 대부분 자신의 지식을 과시하고 무능을 감추기 위한 정치적 행동에서 비롯된다고 할 수 있다.

◆ 바람직하지 않은 대안선택 가능성

만일 참여한 부하가 전문지식과 능력이 부족하거나 결정에 참여시켜도 시큰둥하며 비협조적이거나 또는 리더의 목표와 가치관과 동떨어진 엉뚱한 의견만 고집한다면 오히려 좋지 않은 결론에 이를 수도 있다. 특히 분에 넘치도록 어려운 문제에 대해 의견을 구했다가 정보와 능력이 부족한 부하가 아무거나 아는 척하고 고집을 피워 그것이 선택될 수도 있다. 이럴 때에는 현명한 황제 한 사람의 전제적인 통치가 백성을 살리는 일이 된다. 민주주의라고 해서 무조건 좋은 결정만 하지는 않는 것이다. 국민의 수준이 낮으면 포퓰리즘에 영합한 위정자들에 의해 국가가 위기에 처하는 경우도 있다.

◆ 집단의사결정의 피해

의사결정 시 리더 혼자서라면 책임감을 갖고 더 신중할 수 있지만, 여러 부하가 참여한 집단이라면 즉 집단의사결정(group decision making) 시에는 책임이 분산되어서 신중하지 못할 수 있다. 그 결과 조직에 바람직하지 않은 위험성이 큰 대안을 선택하기도 하고 부하가 상급자와 동료의 눈치를 보느라고 의견제시를 정확하게 안 하는 수도 있다. 업무의 결과를 놓고 누가 결정을 잘 해서 얻은 이익인지 누가 결정을 못 해서 얻은 피해인지 판가름하기 어렵기 때문에 적절한 보상과 승진이 이루어지지 않을 수도 있다.

그러므로 참여적 의사 결정과정은, 더구나 집단의사결정의 방법은 그것을 효과적으로 사용하기 위해서 리더의 상당한 기술을 필요로 한다. 만약 질 높은 회의 테크닉과 기술이 부족한 리더가 부하를 의사결정 과정에 무조건 참여시킨다면 오히려 역효과가 더 크다. 그럴 바에는 리더가 전제적 의사결정을 하는 것이 더 효율적이다.

| 도표 6-3 | 집단의사결정의 단점

과도한 모험선호	책임회피와 책임분산
만장일치 환상	비윤리적 의사결정
높은 자기합리화	결정번복 불가능성

LEADERSHIP STORY 6.4 | 책임의 분산

Kitty Genovesse라는 여성이 직장에서 늦게 귀가하다가 자기 아파트 동네에서 괴한으로부터 공격을 받아 결국 죽고 말았다. 그런데 그녀가 공격받으며 비명을 지르고 저항하는 30분 동안 아무도 경찰에 신고전화를 하지 않았다. 이튿날 경찰조사에 의하면 지난 밤 창문을 열고 이 사건을 30분 동안이나 구경하고 있었던 사람이 무려 38명이나 되었다.

1964년 미국 뉴욕 시에서 일어났던 일이다. 다른 사례를 보자. 한 여자 상인이 돈 가방을 들고 이른 아침 길을 건너다 차에 치어 쓰러졌다. 사고 차는 뺑소니를 쳤고 여인의 돈 가방에서 현금이 흩어졌다. 그 여자가 신음하고 있는 동안 주변에 사람들이 많았지만 119에 신고하거나 피해자를 돌보거나 뺑소니차를 쫓아간 사람은 아무도 없었고 모두 흩어진 돈 줍기에 바빴다. 결국 그 여자는 병원에 늦게 실려 가는 바람에 죽고 말았다. 뉴욕 시에서 Kitty가 죽은 지 정확하게 30년 후 서울 양평동에서 일어난 일이다. 뉴욕에서나 서울에서나 목격자가 혼자였다면 어떻게 행동했을까? 개인은 의인이고 집단은 악인인가?

LEADERSHIP STORY 6.5 | **집단사고의 8가지 증상과 집단사고 피하기** Janis, 1972

집단사고의 8가지 증상

① 불패에 대한 환상(invulnerability) : 집단구성원은 분명한 위험을 무시하고, 극단적인 위험도 감수하고 전반적으로 외부 위협에 대해 낙관적 태도로 임한다.
② 집단 합리화(collective rationalization) : 집단구성원은 집단적으로 도출된 의견들은 대부분 합리적이고 이성적이라고 간주한다.
③ 도덕성에 대한 환상(inherent morality): 집단구성원은 자신들이 내린 결정은 도덕적으로 올바른 것이며 윤리적으로 아무 문제가 없다고 생각한다.
④ 지나친 고정관념(excessive stereotyping) : 집단 외부에 있는 경쟁자에 대해서는 거의 무조건식으로 부정적 고정관념을 갖고 있다.
⑤ 동조압력(pressure for conformity) : 집단에 반대하는 사람들은 무조건 나쁜 사람들이며, 같은 집단이라면 잘못된 주장이어도 동조해야만 한다고 생각한다.
⑥ 자기검열 현상(self-censorship) : 반대되는 주장이나 불일치된 견해를 구성원 스스로 차단해 버린다.
⑦ 만장일치의 환상(illusion of unanimity) : 구성원은 설령 거짓된 것으로 인식되더라도 모든 사람들이 집단으로 결정한 사안에 대해서는 통일성을 가져야 한다고 보면서 침묵은 거의 합의 및 동의라고 생각한다.
⑧ 집단 보호자(mind guards): 몇몇 구성원은 집단이 공격당하는 경우에 자신이 나서서 집단을 보호해야 한다고 생각한다.

집단사고 피하기

① 리더는 집단구성원에게 핵심적인 평가자 역할을 부여하고 구성원 각자에게 자유로운 의견 개진을 허용한다.
② 리더는 특정 집단에 과업을 할당하면서 리더 자신의 의견이나 방향을 표현하지 않는다.
③ 리더는 결과에 과도하게 영향을 미친다고 판단되면 관련 회의에 참석하지 않을 수 있어야 한다.
④ 동일한 문제를 해결하기 위해 여러 개의 독립적인 집단을 조직한다.
⑤ 모든 효율적인 대안들이 검토되어야 한다.
⑥ 각각의 구성원은 집단 외부의 신뢰할 수 있는 전문가들과 논의해야 한다.
⑦ 집단은 외부 전문가를 회의에 초청하여 구성원들이 외부 전문가에게 질의하고 현안에 대해 자유롭게 논의하도록 허용한다.
⑧ 적어도 하나의 집단 안에 공식적 비판자를 지명하고 다른 회의가 있을 때마다 그러한 사람을 지명해야 한다.

(3) 참여대상자에 따른 혜택의 다양성

참여의 혜택은 누구를 의사결정에 참여시키느냐에 따라 달라진다. 그러므로 의사결정 책임자인 리더가 얻고자 하는 것이 무엇이냐에 따라서 참여의 대상을 달리하는 것이 좋다. 이때 참여자는 부하도 동료도 상사 혹은 외부인도 될 수 있다.

◆ 부하의 참여 : 하향식 자문

리더가 자기 휘하의 부하에게 의견을 묻는 목적은, 우선 부하의 전문성과 지식을 동원하여 의사결정의 질을 높이기 위해서이다. 두 번째 목적은 부하가 의사결정을 적극적으로 수용하도록 하기 위함이다. 결정을 실천할 사람이 부하인데 주인정신을 가지게 하려면 의사결정 과정부터 참여시키는 것이 효과적이기 때문이다. 부하를 의사결정에 참여시키는 세 번째 목적은 부하가 의사결정 과정에서 해결책을 직접 평가하고 문제를 분석하여 스스로 지식을 얻음으로써 결정을 실천할 때 훨씬 수월하게 수행하고 질 높은 결과를 낼 수 있게 하기 위해서이다. 그리고 부하를 참여시키는 마지막 목적은 서로 머리를 맞대고 의논하여 결정하는 과정을 통해 팀의 유대감을 높이고 갈등을 줄임으로써 실천과정에서 협동심을 발생시키기 위해서이다. 만약 각자 독립되어 있다가 리더가 독단적으로 결정한 내용을 그저 실행에만 옮긴다면 구성원은 서로 상호작용이 어려울 수 있다.

◆ 동료의 참여 : 수평식 자문

리더가 다른 부서에 있는 동급의 리더로부터 수평적인 자문을 구하는 이유는 더 향상된 해결책과 문제의 원인규명에 관련된 정보 및 지식을 가진 동료를 통해 의사결정의 질을 높일 수 있기 때문이다. 또한 의사결정의 질이 높아지는 것은 아니지만 실천과정에서 타 부서의 협조가 필수적이라면 그 부서의 리더를 의사결정에 참여시키는 것이 유리하기 때문이다. 그의 자문으로 인하여 그 부서의 협조와 몰입을 더욱 증가시키는 좋은 방법이 된다. 하지만 적절하지 않은 의사결정이 도출된다면 불필요한 회의 등의 낭비가 발생될 수 있음은 말할 필요도 없다.

◆ 상사의 참여 : 상향식 자문

윗사람은 아랫사람보다 항상 정보도 더 많고 경험과 식견도 더 넓다. 따라서 리더가 상급자를 의사결정에 참여시키는 것은 상사의 전문지식과 경험을 활용하여 의사결정의 질을 높이려는 목적에서이다. 아울러 상사를 참여시킴으로써 문제에 대한 상사의 의중도 파악하고 상사의 특이한 아이디어도 구하기 위함이다. 또한 의사결정을 주도하는 리더가 자신감이 부족하거나 부하에 대한 주도권을 장악하지 못했을 때 상사로부터 힘을 얻을 수도 있다.

◆ 외부인의 참여

고객이나 공급업체와 같은 외부인의 자문은 의사결정 결과가 가져올 영향관계를 미리 파악하거나 외부인으로 하여금 결정을 수용하도록 하는 데 도움을 준다. 그리고 외부인의 자문은 업무와 관련된 상호적인 문제를 해결하고 협력을 증진시키며 외부인과의 결속을 더욱 강하게 만들뿐더러 내부인이 미처 보지 못한 점을 환기시켜 의사결정에 도움을 준다. 백화점 내부시설을 변경할 때 주부고객을 중역회의에 참여시키는 것이 한 예이다.

LEADERSHIP STORY 6.6 | **참여경영 : 연예계의 팬 참여 붐**

신세대 연예기획사들은 팬들과의 관계 유지를 위해 페이스북이나 트위터를 활용하여 팬들과 man to man으로 의견과 정보를 교환한다. SNS 도구를 활용하여 댄스그룹의 방송일정과 콘서트 등의 스케줄을 팬들에게 미리 알려주면서 그들에게 다가가는 셈이다. 일주일에 한 번씩 발송되는 [알립니다] [스케줄] [뉴스] [앨범감상하기] [가요계소식] 등은 고정 팬들이 관심을 많이 갖는 내용으로 구성되어 있고, '갤러리보기'와 '홈페이지 방문' 등의 버튼을 포함하여 팬들과 더욱 친숙하게 정보를 공유할 수 있도록 하고 있다. 불특정 다수의 고객을 향한 마케팅 방식에서 개개인의 개성을 중시하는 단골고객 마케팅 방식으로의 전환이 이뤄지고 있다. 고객이 원하는 것과 그의 의견과 성향을 조사하여 꾸준한 관리를 통해 '평생고객'으로 만드는 것은 연예인들도 따라야 하는 오늘날의 고객참여 경영이다.

3 부하참여의 이상적 모형

부하를 의사결정 과정에 참여시키는 방법은 리더마다 또는 조직마다 다를 수 있다. 여기서는 그 전형적인 모형이 무엇인지 살펴보고 부하를 참여시키는 기본적인 절차에 대해 학습해보자.

(1) 부하참여의 모형

참여모형이 대두된 배경에는 상황적합모형 등의 사전적인 주장들이 많았다. 그리고 부하를 참여시키는 것이 의사결정을 할 때 의사결정의 질도 높이고 여러 가지 도움도 된다는 사실이 자주 입증되었다.

◆ 부하참여의 이전 모형

참여모형이 제안되기 전에 먼저 상황적합모형이 한동안 유행했다. 이 모형은 리더가 선택하는 의사결정은 리더의 영향력뿐만 아니라 상황의 영향력을 반영한다고 보았는데, 상황 중에서 가장 중요한 변수로 부하의 영향력을 들었다.Tannenbaum & Schmidt, 1958 즉 리더가 의사결정 절차를 선택하기 전에 의사결정의 질적 수준과 부하의 수용 가능성을 모두 고려할 필요가 있다는 것이다. 훗날 상황적합모형은 의사결정에 부하의 의견을 반영하기 위해 어떤 절차를 밟아야 효율적인지를 연구한 새로운 모형으로 더욱 발전되었다.Vroom & Yetton, 1973

◆ 부하참여와 결정결과의 수용

참여모형은 리더가 의사결정 과정에서 어떻게 행동하는 것이 부하에게 그 결과를 수용하게 할 수 있는지 또는 의사결정의 질을 높일 수 있는지를 알려준다. 즉 부하의 수용정도가 의사결정의 질을 좌우한다고 여기는데, 여기서 부하의 수용정도란 결정을 실행에 옮길 때 부하의 헌신정도를 말한다.

물론 어떤 경우에는 부하가 의사결정 과정에 참여하지 않고 일방적 지시만 받고도 실행에 옮기면서 높은 동기유발을 보이기도 한다. 그러나 그런 경우란 리더의 카리스마나 권한이 막강할 때에나 가능하다. 대개는 일방적이고 전제적인 상급자의 의사결정이 받아들여지지 않는 다양한 상황이 존재한다. 예를 들면 부하가 자기와 협의하지 않았다고 분개할 수도 있고, 리더가 내린 의사결정의 이유를 이해하지 못할 수도 있으며, 그 결정이 자신의 이익에 유해하다고 인지할 수도 있다.

그러나 부하의 참여를 허용하는 경우에는 부하가 그 결정을 선호하며 자신들과 일치시킬 가능성이 커진다. 만일 부하가 의사결정에 상당한 영향력을 가지고 있다면 그들은 그 결정을 자신이 내린 결정으로 느끼는 경향이 강하다.

◆ 부하참여와 의사결정의 질

의사결정의 질이란 그 결정이 조직의 성과향상에 영향을 미치는 객관적 수준을 말한다. 즉 양질의 의사결정이란 최적의 가능한 대안이 선택된 것을 의미한다. 덜 효율적인 대안 대신에 최적의 대안이 선택되는 것이다. 리더 혼자 결정할 때보다 부하의 의견을 참여시키면 왜 의사결정의 수준이 높아지는가? 그 이유는 사안에 따라 차이는 있지만 아무래도 여러 사람의 정보가 한 사람보다 낫고 상호토론에 의해서 각 대안의 장단점이 모두 평가되기 때문이다.

모든 대안의 가치가 비슷하거나 결정할 문제가 사소할 때에는 의사결정의 질은 중요하지 않다. 그러나 성과목표 설정 및 목표 우선순위 결정, 능력이 다른 부하에 대한 과업의 배분, 작업진행 절차의 결정, 기술적 문제해결법의 결정 등은 조직성과와 관련이 많다. 이처럼 중요한 사항은 의사결정의 질이 높아야 한다. 이때 만약 부하가 리더가 가지고 있지 못한 양질의 정보를 가지고 있다면 부하를 결정에 참여시키는 것은 잘하는 일이다. 그러므로 부하를 동반자로 생각하는 리더가 가장 성공가능성이 높다.

LEADERSHIP STORY 6.7 | **반구정**

압구정(鴨鷗亭)은 한명회가 갈매기를 손아귀에 넣고 노느라고 만든 정자이지만, 임진강변 반구정(伴鷗亭)은 세종 때 황희(黃喜)가 18년간 영의정을 지내고 벼슬에서 물러나 87세로 세상을 뜨기까지 갈매기와 동반자로 지내던 정자이다. 정자 이름만 보더라도 한명회는 갈매기를 부하로 여긴 반면에 황희는 갈매기를 동반자로 여겼음을 짐작할 수 있다. 이조 500년 동안 청백리(淸白吏)는 100여 명이 좀 넘으며 100년 동안 청백리를 한 명도 못 낸 때도 있었다. 그중에서도 황희는 대표적인 청백리이다. 황희는 관복 한 벌에 솜이 든 겨울옷도 한 벌뿐이었다. 그 한 벌을 빨아 널은 어느 날 아밤에 황희는 급히 예궐하게 되었다. 단벌옷이 마르지 않은 관계로 그는 솜을 몸에 두르고 실로 묶고 나서 겉에 관복을 걸치고 세종대왕을 알현하니 세종은 황희가 입은 관복 속의 솜을 양털로 잘못 보고 의아해했다. '청백리 황희가 양털 옷을 입다니 참 이상하다'고 생각한 왕이 황희에게 어디서 얻었느냐고 물었다. 황희는 왕에게 이실직고할 수밖에 없었다. 이 딱한 사정을 들은 세종은 황희에게 비단 열 필을 하사했다. 그러나 황희는 백성들이 추위에 떨고 있는데 혼자만 비단옷을 입을 수 없다고 극구 사양했다. 그의 아내가 밥에 찹쌀을 넣어 올리면 그는 밥을 다시 지어 오라고 했다. 굶는 백성이 많은데 혼자만 찹쌀밥을 먹을 수 없다는 것이었다. 진정한 리더십을 배우려면 책에서뿐만 아니라 자유로 임진강변의 황희 정승 정자(**사진**)에 가서 그분을 한번 떠올리는 것도 방법이다.

(2) 리더-참여모형

브룸과 이튼의 모형에서 부하들의 의견을 의사결정 과정에 참여시키는 다섯 가지 절차가 제시되었다.Vroom & Yetton, 1973 그 절차는 두 가지 전제적 결정(autocratic : A_1, A_2), 두 가지 타협적 결정(consultative : C_1, C_2), 그리고 공동결정(group : G_2) 이렇게 다섯 가지이다. 리더가 의사결정 시 이 다섯 가지 절차 중에서 어떤 것을 선택할지는 부하의 반응과 상황을 보아가면서 차례로 결정해나가면 된다. 상황에 적합한 결정방식을 택하면 의사결정의 수준이 높아져서 최적의 대안이 선택될 것이지만 다른 결정방식을 택하면 질이 낮은 결론에 도달할 것이다.

◆ 상황에 따른 리더의 부하참여 정도

브룸과 이튼의 모형은 상황에 따라서 리더의 간섭과 참여정도가 달라야 하며 도표 6-4 에서 보듯이 상황변수 여덟 가지, 리더십 유형 다섯 가지가 경우에 따라 상호 조화를 이루어야 한다고 주장한다. 여덟 가지 상황 중 어디에 해당하는지 먼저 파악하고 리더십의 다섯 가지 유형 중에서 알맞는 것을 선택하여 의사결정 시 리더는 그만큼만 간섭하고 부하를 참여시키라는 것이다. 그런 뜻으로 리더-참여(leader-participation)모형이라고 명명되었으며 이때 사용되는 도구가 의사결정나무(decision tree)이다.

그러나 사실은 리더의 간섭과 부하의 참여정도를 결정할 때 고려해야 할 상황이 두 가지가 더 있다. 첫째는 시간문제로 결정이 급할수록 리더의 독재적 간섭이 유효할 것이며, 둘째는 자질문제로 부하의 자질이 높을수록 부하의 참여를 높여야 한다는 것이다. 결국 전적으로 리더주도의 독재적이어야 하든지 부하주도의 참여적이어야 하는 것이 아니라, 그때그때 감지되는 상황에 따라 리더가 자신의 간섭과 부하의 참여허용 정도를 조절하는 것이 바람직하다.

◆ 의사결정의 효과

물론 부하를 참여시킨다고 무조건 의사결정의 질이 향상되거나 좋은 결정이 나는 것은 아니며 의사결정 절차의 효과는 다음과 같은 다양한 상황에 의존한다. 즉 의사결정의 효과는 의사결정의 질과 부하의 수용정도, 리더와 부하가 가지고 있는 지식과 정보의 양, 부하에게 참여를 허용할 경우 그들이 의견을 내며 협력할 가능성, 그리고 부하들 간의 의견일치성 등에 따라 변하기 마련이다. 도표 6-4 에 의하면 의사결정나무를 따라 그림의 왼쪽에서 출발하여 질문마다 예와 아니오를 답하며 종착점에 이를 때까지 계속 진행된다. 종착점은 질문들에 대한 답으로 묘사된 의사결정 상황에서 어떤 의사결정 절차가 가능한지를 지적해준다. 이 경우 여러 절차들 중에서의 선택은 시간압박, 부하의 발전정도, 리더의 선호 등과 같은 요인에 의해 결정된다.Vroom & Jago, 1988 도표 6-5 는 적절한 의사결정 절차를 선택하기 위해서 어떻게 의사결정나무모형이 사용되는지 한 가지 예를 보여준다.

| 도표 6-4 | 리더의 의사결정나무

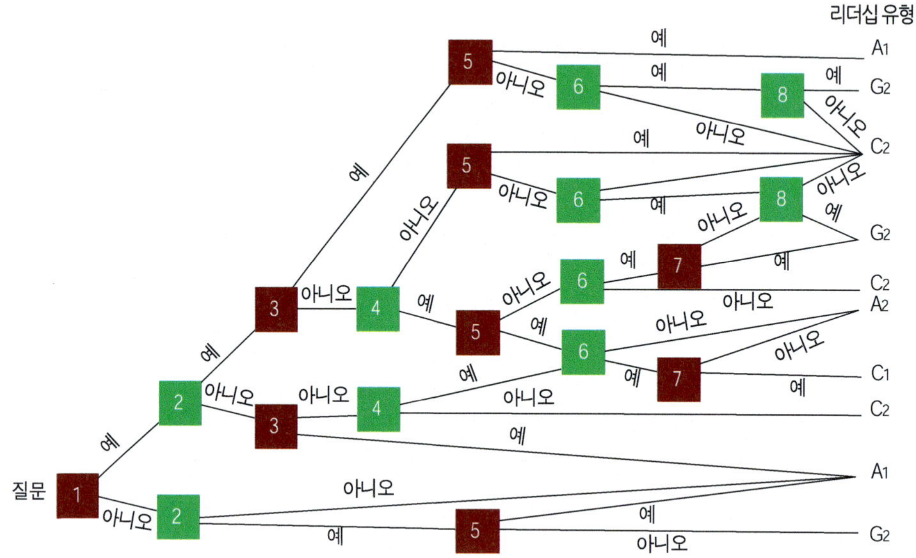

상황파악을 위한 질문내용

■ 1. 의사결정의 질 : 결정의 결과가 매우 중요한 것인가?

■ 2. 부하의 참여 : 부하의 참여와 헌신이 매우 중요한가?

■ 3. 리더의 정보 : 리더는 충분한 정보와 기술이 있는가?

■ 4. 문제의 질 : 결정할 문제가 정형화되고 확실하게 정의되었는가?

■ 5. 부하의 순종 : 리더가 혼자 결정해도 부하는 순순히 따를 것인가?

■ 6. 조직목표와 일치 : 이 문제와 관련하여 부하들이 조직의 목표를 잘 알고 있는가?

■ 7. 부하들의 갈등 : 의견대립의 가능성이 많은가?

■ 8. 부하의 정보 : 부하들도 좋은 결정을 내릴 수 있을 정도로 정보가 충분한가?

의사결정 시 리더 참여 정도에 따른 리더십 유형 분류

리더십 유형	A_1	A_2	C_1	C_2	G_2
의사결정 참여자	리더	리더와 부하개인	리더와 부하개인	리더와 부하집단	리더와 부하집단
리더의 참여 정도	단독결정	부하와 개별적으로 질문 · 응답	개별적인 부하의 제안을 받음	부하들과 정보 공유	정보공유 공동 결정

A_1 A_2 : Autocratic(전제적 리더십) - 부하들로부터 정보를 얻고 나서 리더 혼자 결정한다.

C_1 C_2 : Consultative(타협적 리더십) - 유능한 부하들의 제안을 받아들여 결정은 리더가 한다.

G_2 : Group(참여적 리더십) - 리더는 단지 자문 역할만 한다.

도표 6-5 | 의사결정나무 적용해보기

의사결정 상황
당신은 10명의 부하들을 데리고 있는 한 과의 과장이다. 회사는 당신에게 몇몇 종업원들이 다른 사람들보다 일찍 출근하고, 일찍 퇴근할 수 있도록 하는 융통성 있는 시간계획을 채택할 수 있는 권한을 부여하였다. 현재는 모든 사람이 같은 시간에 출근하고 있다. 당신의 과에 가능한 작업스케줄은 작업을 수행하는 당신의 부하들의 능력에 영향을 주지 않는다. 그러나 당신은 당신의 부하들이 이 일에 강한 관심을 가지고 있으며, 가장 좋은 시간을 배정받기 위해서 약간의 경쟁이 있을 것이라는 것을 알고 있다. 당신은 각 부하들에게 어떤 작업스케줄을 배정할지 어떻게 결정할 것인가?
도표 6-4에 기초한 분석
질문 A(질적 요구?) : No 질문 D(부하들의 수용이 중요한가?) : Yes 질문 E(전제적 의사결정의 수용이 가능한가?) : No 가능한 의사결정집합 : G_2 규칙위반사항 : 1. A_1과 A_2는 수용규칙, 갈등규칙 및 공정성 규칙을 위반한다. 2. C_1은 갈등규칙과 공정성 규칙을 위반한다. 3. C_2는 공정성 규칙을 위반한다.

4 효율적 권한위임

앞서 기술한 것처럼 권한위임(delegation of authority)은 부하에게 새로운 책임을 할당하거나 부하가 수행할 수 있는 추가적인 권한을 부여하는 것이다. 권한위임은 일반적으로 다른 참여의 기법, 즉 자문이나 공동 의사결정 등과 약간 차이가 있다. 권한위임은 의사결정의 질을 높이고 구성원이 의사결정을 수용하느냐 않느냐에도 영향을 미치기 때문이다. 사실상 리더는 목표를 설정하고 그다음에 부하에게 특정 제약조건 내에서 그 목표를 어떻게 가장 효율적으로 달성할 수 있는지를 결정토록 한다. 이때 부하들의 수용정도와 과업처리방식의 결정 및 선택에 권한위임의 정도가 많은 영향을 미친다.

(1) 권한위임의 다양한 목적

사실 리더가 의사결정에 부하를 참여시키거나 부하에게 결정권한을 위임하는 경우 그 목적은 매우 다양하다. 몇 가지만 나열해보면 다음과 같다.

◆ 리더와의 업무 분담

권한위임은 통상 다른 결정참여의 방법과 조금 다른 측면이 있으며, 의사결정의 질과 수용을 개선하기 위해 사용된다. 부하의 참여나 공동 의사결정은 자문을 위해서만 사용되지만 권한위임은 다양한 목적으로 사용된다. 그중 가장 중요한 목적은 리더와 부하의 효과적인 분업(division of labor)을 이루는 데 있다. 즉 의사결정을 책임지고 있는 리더의 업무가 너무 과중하거나 그가 의사결정에 적절한 주의를 집중할 수 없을 정도로 바쁘다면 부하에게 권한위임을 한다.

리더십 카툰

"모든 걸 위임하고 나니까 참 편하군!"
"염려 마십시오!(어휴! 왜 내가 이걸 맡았지?)"

권한위임은 언제나 이익만 내는지, 아니라면 위임 이전에 고려해볼 측면은 무엇인지 생각해보자.

◆ 현장 위주의 결정

리더는 업무현장의 일선에서 약간 멀리 떨어져 있지만 부하는 최전선에서 근무한다. 만약 현장에서 문제가 발생하면 리더와 부하가 상의해서 결정할 일도 있지만 어떤 일은 즉각 해결해야 한다. 이때에는 리더가 현장 부하에게 결정권을 위임할 수밖에 없다. 또한 리더는 현장에서 떨어져 있기 때문에 부하만큼 현장 사정을 자세히 모른다. 결국 더 좋은 결정을 위해 부하에게 위임하기도 한다. 이처럼 부하의 직무가 급변하는 상황에 신속한 반응을 원하는 것이거나 의사소통 라인의 특성상 리더가 상황을 면밀하게 감시하고 신속한 조정을 할 수 없는 경우에 권한위임이 적절하다. 부하는 리더보다 행동을 하는 지점에 더 가까이 있고, 더 현장지향적이며, 더 실질적인 정보를 가지고 있으므로 보다 짧은 시간에 더 빠르고 정확한 결정을 할 가능성이 높다.

LEADERSHIP STORY 6.8 | **무궁화호 열차와 신칸센 열차**

무궁화호 열차는 맨 앞에 기관차가 있어 뒤에 달린 10여 개의 객차를 모두 끌고 다닌다. 뒤에 달린 객차에는 동력이 못 미치기에 수동적으로 끌려갈 뿐 아니라 앞의 기관차가 가는 대로 순순히 따라가지 않으면 제구실을 못한다. 즉 기관차가 있을 때에야 제 역할을 하는 것이다. 일본의 고속철도 신칸센은 동력원이 매 차량마다 붙어 있다. 모든 객차가 기관차 없이도 혼자 진행할 수 있는 것이다. 그러니 객차 손님이 갑자기 많아지는 등 어떤 상황이 발생하더라도 객차 각각이 알아서 즉시 대처할 수 있다. 각 객차는 개별적으로 움직일 수 있기 때문이다. 비유하면, 신칸센의 각 객차는 하나의 팀이요 동력원은 팀장이다. 무궁화호 열차는 사장 한 사람에 의해 움직이는 기능식 조직이다. 모두 리더의 얼굴만 쳐다보고 있으니 최종 책임도 리더가 지게 된다. 문제가 또 있다. 맨 뒤에 달린 객차가 제대로 따라오는지, 그 안에서 무슨 문제가 있는지 맨 앞의 기관차가 알 리 없다. 또한 손님이 있든 없든 기관차는 항상 수십 량의 객차를 끌고 다니기에 몸집이 무거울 수밖에 없다.

◆ 부하의 관리능력 개발

아이가 자전거를 탈 수 있게 하려면 자전거 핸들을 아이에게 넘겨야 한다. 권한위임은 부하의 관리능력 개발을 위한 효과적인 방법이다. 어떤 부하가 관리직책이나 그와 유사한 직무로 승진하기 위해서 훈련을 받고 있을 때 그 부하는 숙달이 필요한 여러 활동에서 보다 많은 책임을 위임받을 수 있다. 권한위임은 관리능력 개발뿐 아니라 직무충실화를 위한 방법이기도 하다. 부하에게 보다 많은 책임과 권한을 부여하는 것은 그의 직무를 보다 흥미롭고 의미 있게 해주기 때문에 때로는 능력 있는 사람을 유인하고 붙잡아두는 데 필요하다. 특히 승진기회가 제한되어 있는 조직에서는 더욱 그렇다.

(2) 권한위임에 대한 부하의 거부

대부분의 부하가 권한위임을 반기며 만족해하지만 모든 부하가 호의적으로 반응하는 것은 아니다.Solem, 1958 어떤 부하는 스스로 의사결정을 하기보다는 명령받는 것을 더 선호한다.

◆ 과업의 중요성과 책임의 크기

매우 중요한 업무라서 실패할 경우 조직이 커다란 피해를 입거나 책임질 수준이 너무 크다면 누구라도 결정권을 위임받기를 꺼린다. 이때에는 오히려 리더에게 의심을 품고 리더가 책임을 회피하려고 부하에게 떠넘기는 행동일지도 모른다고 오해할 수 있다. 그러므로 리더가 권한을 줄 때에는 부하가 원하는 수준에서 그쳐야 한다.

◆ 부하의 능력

부하가 권한을 위임받는 것을 거부한다면 그것은 자신감이 없거나 실패를 두려워하기 때문이다. 비록 충분한 능력을 가지고 있는 부하라고 할지라도 그가 이미 과중한 업무 부담을 지고 있고 추가적인 책임을 효과적으로 수행하기 위한 정보, 시간, 자원 등이 부족하다고 생각하는 경우에는 보다 큰 책임과 권한위임에 대하여 오히려 저항하기도 한다.

◆ 부하의 성격

성격적으로 성취감과 독립성에 대한 욕구가 낮은 부하는 권한위임에 대해 호의적인 반응을 보이지 않는다. 어떤 사람은 성취욕구도 낮고 큰 책임을 지기 싫어하는데, 이러한 성격의 부하는 훌륭한 리더 밑에서 리더를 지극히 신뢰하고 있는 경우에 리더에게 자신의 약점을 들킬까 봐 일방적 지시내용을 그대로 따르는 것으로 칭찬받고 만족하기를 원하기도 한다.

(3) 권한위임에 대한 리더의 거부

적절한 권한위임의 크기는 리더의 유형과 상황에 따라 차이가 있다. 만일 권한위임이 실패한다면 리더 또는 업무집행자가 문제의 심각한 원인이 될 수 있다. 그래서 리더들이 권한위임을 꺼리는 경우도 많다. 왜 리더가 권한위임을 싫어하는지 그 이유를 살펴보자.Terry, 1972

◆ 부하에 대한 신뢰부족

리더가 권한위임을 꺼리는 첫 번째 이유는 부하를 신뢰하지 않기 때문이다. 어떤 리더는 전제적으로 의사결정을 하든지 또는 부하로부터의 단순한 자문만으로도 좋은 의사결정을 할 수 있다고 믿기 때문에 권한위임을 회피한다. 또 어떤 경우에는 부하의

LEADERSHIP STORY 6.9 **부하의 미래는 리더가 바라는 대로**

그리스신화에 등장하는 조각 솜씨 좋은 키프로스의 왕 피그말리온(**사진**)은 평소 여자를 싫어했다. 그런데 자신이 조각해놓은 대리석 여인상이 너무 아름다워서 이 대리석상을 실제 사람이 되게 해달라고 신에게 몇 달을 빌었다. 이에 감복한 아프로디테 여신은 그의 소원을 들어주었고, 피그말리온은 그녀와 결혼하여 일생을 잘 보냈다. 우리의 국가든 회사든 자녀든 부하든 자신이든 잘되기를 빌면 실제로 그렇게 된다. 우리나라는 안 된다고 생각하면 실제로 그렇게 되어간다. 리더가 부하더러 당신은 잘할 거야 하고 예언하면 몇 년 후에 그 부하는 성공하지만 반대의 경우로 예언하면 그 부하는 몇 년이 지나도 신입사원 수준에서 머문다. 이는 자신이 예언하는 대로 실현된다는 것이며, 이를 자기충족적 예언 혹은 피그말리온 효과(Pygmalion effect)라고 한다. 이제 막 여섯 살 된 유나는 오븐까지 낀 장난감 부엌가구 한 세트를 선물 받았다. 장난감을 갖고 노는 딸애를 보며 유나의 아버지가 중얼거린다. "유나는 아직 여섯 살밖에 안 됐는데 벌써 주부 일에 관심이 많다니 여자는 날 때부터 가정주부로 태어난단 말이야. 여성해방론자들은 알지도 못하면서 지껄여대거든."

실수에 대한 책임을 두려워하여 부하에게 권한위임하는 것을 바라지 않을 수도 있다. 따라서 권한위임은 절대적인 것이 아니다. 리더는 단지 신뢰할 만한 부하 한두 명에게 권한위임을 할 수도 있으며 또는 전혀 안 할 수도 있다. 이러한 신뢰성 결여는 자기충족적 예언(self-fulfilling prophecy)이 될 수도 있다. 리더가 부하를 신뢰하지 않아서 권한위임이 이루어지지 않으면 부하는 자신의 발전이 리더의 과도한 통제나 지시로 인해 좌절되었다고 생각하고 게을러지거나 리더의 지시에 소극적이 되며, 리더는 부하의 그러한 태도를 보고서 역시 권한을 위임하지 않기를 잘했다고 속으로 안도의 숨을 쉬게 된다. 과연 당초 리더의 불신예언은 적중했는가? 이처럼 부하에 대한 리더의 불신은 악순환의 고리를 이룬다.

◆ 리더의 권력욕구

리더가 권한위임을 꺼리는 두 번째 이유는 부서 운영의 모든 문제를 지배적으로 통제하려는 리더의 권력욕구 때문이다. 리더는 부하의 작업절차, 작업배분, 작업일정, 과업목표, 표준, 자원분배 등에 대해서 모든 권한을 가지고 있을 때 자신이 권위 있는 존재로 인식될 것이라고 생각하는 경우가 많다. 인간의 권력욕구는 무엇보다도 강한데 리더 자신에게 주어진 지배욕구 달성의 기회를 저버리고 자기보다 약한 부하직원에게 권한을 위임하기가 쉽지 않을 것이다. 심지어 권한위임이 조직의 성과를 높이는 데 도움이 된다고 하더라도 리더 개인으로서는 조직이 좀 손해를 보고 자신이 권력을 더 발휘하며 만끽하는 것이 좋다고 인식할 수 있기 때문에 경영학자가 리더에게 권한을 위임하라고 매일 외쳐대도 마이동풍이 될 수 있다.

◆ 획일적 표준화 통제

리더가 권한위임을 꺼리는 세 번째 이유는 권한위임이 조정문제를 유발하거나 표준화의 사용을 배제할 수 있기 때문이다. 즉 중앙에서 리더 혼자 결정하여 부하에게 나누어 지시하면 일사분란하게 서로 맞물려 과업이 성공적으로 완수되는데, 결정권한을 부하에게 나눠주면 부하 개인마다 기준과 이해관계와 가치관이 달라서 그것들을 조정하다 보면 아무 일도 안 되는 수가 많다는 것이다.

만일 부하가 상호 의존적인 과업을 가지고 있다면 공통문제에 대해서 당연히 개별적인 의사결정을 해서는 안 된다. 따라서 그럴 때에는 조정요구에 부합되는 리더 독단적 의사결정 방식을 사용하는 것이 적절하다. 그러나 부하의 업무가 상호 의존적이지 않더라도 각 부하가 개별적인 절차를 개발하거나 상이한 시설, 장비, 공급재료 등을 사용하도록 허용하는 것보다는 가장 합리적인 것으로 표준화하는 것이 더 나은 경우도 많다.

(4) 권한위임의 지침과 기준

리더십을 연구하는 학자는 권한위임을 강조하면서 효과적인 권한위임을 위한 몇 가지 지침도 함께 제시한다.Trewatha & Newport, 1978

◆ 권한위임의 수준과 양을 결정

얼마나 많은 권한위임이 필요한지를 먼저 결정해놓으라는 것이다. 리더는 부하들에게 특정한 활동에 관한 책임을 할당한 후에 이러한 업무책임을 수행하기 위해서 얼마나 많은 권한이 필요한지를 분석해서 위임할 권한의 수준을 결정하여야 한다.

◆ 부하의 이해

권한위임 시 부하로 하여금 어떠한 권한이 왜 그리고 얼마나 위임이 되었는지 알게 해야 한다는 것이다. 권한위임을 할 때 리더는 부하에게 주어진 권한뿐만 아니라 그에 따른 책임의 정도와 함께 새로운 임무가 무엇인지를, 또 어디까지 부하 스스로 해야 하는지를 분명하게 설명해야 한다.

◆ 부하의 수용

부하의 이해와 함께 부하의 승낙을 획득하는 것이 필요하다. 즉 리더는 부하가 새로운 책임과 권한을 받아들이는 데 분명하게 동의하도록 하여야 하기 때문에 때로는 서약서가 필요하다. 부하는 책임감을 느끼지도 않고 원하지도 않는데 일방적으로 권한을 위임했다가는 일이 잘못되었을 때 책임소재가 애매해진다.

◆ 진행상황 체크

권한과 책임을 위임했다고 해서 리더가 나 몰라라 해서는 안 된다. 부하는 경험도 전문지식도 리더만 못하기 때문에 리더는 부하의 추진상황을 지속적으로 점검해야 한다. 혹은 리더는 새로운 역할을 맡은 부하의 성과를 점검하기 위해서 정기적인 회의와 보고회를 마련해야 하며 이러한 점검기회는 자주 있어야 한다. 물론 부하가 능력을 보여주고 신뢰를 쌓아감에 따라 그 횟수는 감소될 수 있다.

◆ 심리적 지원

리더의 심리적 지원은 권한위임 시에 반드시 뒤따라야 한다. 리더는 부하에게 자원, 정보, 지원 및 조언 그리고 칭찬과 같은 심리적 지지를 제공해야 하는데, 그 이유는 부하가 권한을 위임받기는 했지만 경험도 미숙하고 책임부담도 커서 혼란에 빠질 수 있기 때문이다. 특히 초기 학습기간 동안에 부하가 어려움에 직면하거나 또는 실수를 했을 때 비판하기보다는 용기를 북돋아주어야 할 것이다.

6장의 핵심내용

의사결정은 가장 중요한 관리활동 중의 하나이다. 의사결정을 함에 있어서 리더들은 동료, 부하, 상사 등을 참여시킨다. 이때 의사결정에의 참여 형태로는 전제적 의사결정, 자문, 공동 의사결정, 권한위임이 있다. 참여적 리더십의 효과는 상황변수에 의해 증가하거나 감소할 수 있다. 참여의 잠재적인 장점은 의사결정의 질, 의사결정의 수용도, 의사결정 과정에서 부하의 만족수준, 그리고 실행능력과 실행기술의 개발 등이다. 반면에 불리한 점은 전제적 의사결정보다 더 많은 시간을 요한다는 것이다. 또한 리더는 기꺼이 허용하고자 하는 것보다 더 광범위한 결정영역에 침범하려고 하는 부하들과 갈등을 초래할 수 있다. 더불어 집단의사결정은 책임을 분산시키며 성공과 실패에 대한 책임을 할당하기가 어렵다.

참여적 의사결정 절차, 특히 집단의사결정 절차는 이것을 효과적으로 사용하기 위해서 리더의 상당한 기술을 요한다. 참여의 혜택은 참여자의 유형에 따라 동일한 장점으로 작용하지 않는다. 즉 참여를 허용하는 리더의 목적은 참여자가 부하인지 동료, 상사 혹은 외부인인지에 따라 각각 다르다.

브룸과 이튼(Vroom & Yetton) 모형에서 의사결정 절차는 리더의 영향력, 부하의 영향력, 그리고 상황의 영향력을 반영한다. 이 모형은 리더의 의사결정 행동이 어떻게 의사결정의 질과 의사결정에 대한 부하들의 수용에 영향을 미칠 것인가를 분석하는 데 기초하고 있다.

권한위임에 대한 부하들의 반응은 대부분 만족해한다. 그런데 권한위임의 크기는 리더의 유형과 상황에 따라 크게 차이가 난다. 권한위임은 실패할 수도 있다. 부하들을 신뢰하지 않거나 부서 운영의 모든 국면들을 지배적으로 통제하려는 관리자들이 많기 때문이다. 또한 권한위임은 조정문제를 유발하거나 표준화의 사용을 배제할 수 있다. 관리이론을 연구하는 대부분의 학자들은 효과적인 권한위임을 위한 몇 가지 지침을 제시하고 있다. 즉 권한위임의 수준을 먼저 결정하고, 부하에게 확실하게 알리고, 책임에 대한 부하의 승낙을 획득하라 등이다.

복습 및 토의문제

1. 참여적 리더십의 장단점은?
2. 참여적 리더십에 관한 연구들로부터 제기된 결과들은?
3. 의사결정 참여의 성공을 결정짓는 변수들은?
4. Vroom-Yetton의 의사결정 참여모형은 어떤 것인가?
5. 권한위임의 장점과 단점은?
6. 권한위임이 부하로부터 거부당하는 이유는?
7. 리더가 권한위임을 꺼리는 이유는?
8. 권한위임 시 지켜야 할 지침과 기준은?

키워드 정리

의사결정, 참여적 리더십, 전제적 의사결정, 자문, 의사결정 수용, 의사결정의 질, 의사결정 절차, 권한위임, 임파워먼트, 리더-참여모형

사례연구

강철왕 카네기

일반 개인이 물건을 사고팔 때 가격과 품질은 중요하다. 기업을 사고팔 때에도 마찬가지이다. 인수가격이 낮아야 좋고, 피인수기업이 인수기업보다 작아야 좋고, 피인수기업은 주식보다 현금으로 받는 것이 좋으며, 인수협상이 최고경영층에 의해 독재적으로 이루어져서는 안 된다는 등의 일반적인 거래원칙을 지켜야 후환이 적다. 그런데 무엇보다도 겸손하고 웃는 낯으로 대해야 하는 것은 재래시장에서 과일 몇 개를 살 때나 협상 테이블에 앉아서 큰 기업을 놓고 거래할 때나 마찬가지인가 보다. 약 100여 년 전으로 거슬러 올라가보자. 스코틀랜드에서 태어나 가난 때문에 미국으로 이주한 이민자 출신의 앤드류 카네기(Andrew Carnegie, 1853~1919 : **사진**)는 아메리칸드림을 실현한 대표적인 인물이다. 그의 이름은 그냥 불리는 법이 없고 '강철왕 카네기'라고 불린다. 27세 되던 1862년 피츠버그 시에 철도 레일 공장을 세운 뒤 1875년 철강회사를 차려 떼돈을 번 그에게 붙여진 별명이다. 그는 아마도 세계에서 가장 짧은 동안에 가장 많은 돈을 번 사람일 것이다. 그가 운영하는 센트럴 트랜스포테이션(주)과 조지 풀먼이 운영하는 회사는 당시 유니언퍼시픽철도 회사에 침대차를 공급하면서 경쟁관계에 있었다. 한번은 유니언퍼시픽에 침대차를 공급하려고 두 회사의 사장 카네기와 풀먼이 뉴욕에 왔다가 우연히 한 호텔에서 만나게 되었다. 카네기가 먼저 풀먼에게 합병하자고 제의했다. 그러나 풀먼은 자기보다 조금 큰 카네기 회사에 자기 회사를 합병시키면 자기 이름이 사라지는 것이 마음에 걸렸다. 그래서 풀먼이 카네기에게 물었다. "그럼 회사명은 무엇으로 하겠습니까?" 카네기는 즉시 답했다. "그야 물론 풀먼 파레스(주)라고 해야지요." 합병은 그 자리에서 성사되었다. 카네기는 어렸을 적에도 혼자 여러 마리의 토끼를 키우기 어렵게 되자 토끼에게 친구들의 이름을 붙여줌으로써 그 친구들이 자원해서 이름이 같은 토끼를 돌봐주도록 했다. 남의 이름을 높여주어 성공하는 카네기의 처세술이 기업합병에도 그대로 적용된 것이다. "여기 자기보다 더 유능한 사람을 잘 다룰 줄 아는 사람이 잠들어 있도다." 금세기 초의 유명 실업가 중 한 사람이었던 앤드류 카네기의 묘비명이다.

토의주제

- 카네기의 성장배경에 대해 토론하고 그것이 그의 리더십에 끼친 영향을 생각해보자.
- 카네기의 성격이 그가 성공하는 데 구체적으로 어떻게 작용했는지 살펴보자.
- 카네기의 성격은 참여적 리더십, 권한위임에 더욱 효율적일까?
- 위에서 본 카네기의 성격이 정치가 혹은 기업가로서 성공하는 데 어떤 영향을 미칠까?
- 정치가와 기업가로서 리더십의 차이점을 나열해보자.
- 기타 : 이 사례에서 또 생각해보거나 토론해볼 점을 나열해보자.

7장

리더십의 상황적합성

1. 피들러의 상황모형

(1) 리더의 LPC 점수
(2) 리더행동 : 관계지향-과업지향
(3) 상황의 결정요인
(4) 상황선호도에 따른 리더십 유형

2. 경로-목표모형

(1) 경로-목표모형의 기초로서의 기대이론
(2) 리더의 네 가지 역할유형
(3) 상황과 리더역할의 조화

3. 상황적합적 리더십 : 3차원 큐빅모형

(1) 리더행동 : 과업행동-관계행동
(2) 상황변수인 부하성숙도
(3) 리더의 대처 행동

4. 다차원 연계 모형

(1) 매개변수
(2) 상황에 따른 리더행동

비상상황에서는 비상대책을 써야 한다. - 나폴레옹 1세

감정만 앞세워서는 좋은 리더가 될 수 없다. 가끔은 얼음처럼 차갑게 식을 필요가 있다. - 카를로스 반 타이룬

지도자로서 성공하려면 자기 시대에서 너무 많이 앞질러 가면 안 된다. 자기를 업고 있는 대중의 눈으로 사물을 보지 않으면 안 된다. - 해럴드 래스키

입술 / 박제영

윤씨네 막내사위 함 받는다고 사돈에 팔촌까지 모였더랬는데, 술이 몇 순 돌고 불콰해진 장인어른 한 말씀 하시는데, “술 중에 술이 여깄다 안하나 봐라 내 마누라 입술이 세상에서 제일 좋은 술인기라 내 입맛에 이리 딱 맞춘 술이 세상에 또 어디 있겠나” 장모님 입술이 그만 빨개졌던 것인데, “박서방 퍼뜩 와본나, 보소 일마가 내 딸년 입술을 훔쳐간 고얀 술도둑놈인기라!” 막내 딸 입술도 따라서 빨개졌던 것인데, “애지중지 담근 술이니 평생 애껴 묵그라 혹여라도 술단지 깨지 말고, 알았나?”

이십 년 묵어보니 쪼매 알겠다
시큼하다 싶으면 담백하고
매큼하다 싶으면 구수하니
술 중의 술은 마누라 입술, 맞다

7장

리더십의 상황적합성

리더십 특성이론과 행동이론만으로는 리더십과 관리적 영향력을 충분하게 설명할 수 없다. 2장의 리더십 특성접근법과 3장의 리더업무 본질에서 리더십이 수행되고 있는 상황의 형편에 따라서 각기 다른 리더특성과 리더행동이 요구된다는 사실을 알 수 있었다. 이러한 발견이 리더십에 대한 상황적 접근법을 촉진하였다. 상황적 접근법은 다양한 리더특성들, 다양한 리더행동들 중에서 어느 특성과 행동이 어떠한 상황에 적합한지를 찾아내는 시도이다. 즉 리더의 특성과 리더행동의 영향력 크기를 조절하는 상황변수가 존재하는데 이를 조절변수(moderator variables)라 한다. 이 장에서는 리더십 효과에 대한 네 가지 상황이론을 살펴본다. 상황이론을 컨틴전시 이론(contingency theory)이라고도 부르는데 '컨틴전시'란 "~에 따라서 함께 오르내리다" 즉 상황에 따라서 리더행동도 변한다는 의미로 해석된다. 컨틴전시 이론은 종종 'it all depends' 이론이라고 불린다. 미국인들은 어떠한 질문에 답하기가 애매할 때 "상황에 따라 다르다", "꼭 그런 것은 아니다"의 의미로 사용하곤 한다.

스토그딜은 리더특성 중 하나인 지능의 경우 부하들보다 리더가 항상 지능이 높은 것은 아니라고 하였다. 그는 리더의 지능이 특출하지도 않은데 왜 리더가 되는지에 의문을 가졌고, 이 의문은 자연스럽게 리더특성이론에 대한 의심으로 발전하였다. 이는 상황에 따라 리더에게 요구되는 특성도 다르고 리더행동도 다르다는 상황적합이론이 제기되는 계기가 되었다.

이 장에서 배울 것

- 리더십 연구를 할 때 상황을 반드시 고려해야 하는 이유는?
- 리더행동의 효과를 강화하거나 감소시키는 데 상황적 요인은 어떤 작용을 하는가?
- 효과적인 리더십에 관한 초기 컨틴전시 이론은?
- 컨틴전시 이론의 한계점은 무엇인가?
- 컨틴전시 이론으로부터의 실증연구 결과물들은?
- 상황이론으로서 최근 이론에는 어떤 것이 있는가?

1 피들러의 상황모형

상황적합적 이론의 여러 주장 가운데 선구자적 연구자가 바로 피들러Fiedler, 1964, 1967이다. 피들러는 폭격기 조종사 지휘관, 포병지휘관, 장교, 철강공장의 감독, 농산물 취급회사의 일반 관리자, 고등학교 농구팀 주장 등 다양한 조직의 리더들을 대상으로 그들이 특수한 특질을 갖고 있는지 연구하였다.

(1) 리더의 LPC 점수

함께 일한 경험이 있는 사람 중 가장 싫어하는 동료 작업자(Least Preferred Coworker : LPC)의 특성을 평가하는 척도를 개발하여 각 문항의 점수를 더한 총점이 그 리더의 LPC 점수가 된다.Fiedler, 1974 즉 리더에게 "귀하는 귀하가 가장 싫어하는 동료와 함께 일할 수 있겠는가?"라고 묻고 이에 대해 답하는 정도를 평가하여 그 수준으로 LPC 점수를 매겼

LEADERSHIP STORY 7.1 | 기후와 토양에 적합한 장미

20세기 초 미 대륙의 대기업들이 경쟁적으로 성장하고 있었다. 하지만 일반 대중들은 대기업의 독점성과 노동자 임금의 하락에 대한 불만이 높았다. 기업이 거대화되는 것에 대해 국민들은 따가운 시선으로 바라보았던 것이다. 이때 실업가 존 록펠러가 영국의 유명한 사회학자 허버트 스펜서를 초빙하여 강연회를 가졌다. 강연 제목은 'The Most Beautiful Rose in America'였다. 강연 요지는 이렇다. "한 송이의 장미를 피울 때 그 토질과 기후에 맞으면 장미는 가장 크고 아름다울 것이고, 풍토에 안 맞으면 조금 피어 있다가 죽고 말 것이다. 한 기업이 성장하는 것은 그 기업이 속한 나라의 국민들에게 달렸다. 국민들이 그 기업의 제품을 애용하면 많이 팔리고 그 기업은 점점 더 커진다. 맞지 않는 것을 생산한다면 소비자가 외면하여 그 기업은 죽고 말 것이다." 즉 다윈의 적자생존설이 기업계에도 적용된다는 소위 사회진화론(social darwinism)을 피력했다.

다. LPC 점수가 높다는 의미는 가장 싫어하는 사람인데도 함께 일할 수 있으니 인간관계를 매우 잘하는 리더라는 것이다. 반대로 LPC 점수가 낮으면 싫은 사람과는 일을 못하는 사람이니 이러한 리더는 인간관계형이 아니라 과업중심형 리더라는 것이다.

LPC를 측정하여 이 점수를 가지고 리더의 성격을 알아낸 다음에 어떠한 특성을 가진 리더가 어떤 상황에서 효율적인지를 조사하였다. 그리고 조사대상자인 리더에 따라 각기 다른 결과가 나타났기 때문에 각 리더가 처한 상황이 중요한 변수라는 것을 알게 되었다.

(2) 리더행동 : 관계지향 - 과업지향

리더의 LPC 점수의 기초자료는 양극 항목으로 이루어진 설문지에 의해 수집된다. 리더는 모든 과거 및 현재의 동료를 생각하도록 요구받는다. 그리고 같이 일하기 가장 싫은 동료를 선택하도록 지시를 받는다. 그다음에 리더는 각 양극 항목에 가장 선호도가 낮은 동료와 일할 수 있겠는지 '전혀 아니다'에서 '기꺼이 하겠다'까지의 등급을 매긴다. 각 항목의 등급을 1~8로 매기고 리더 LPC 점수를 위해 각 항목 점수를 총합한다. 냉정한 리더는 낮은 LPC 점수를, 관용적 리더는 높은 LPC 점수를 얻게 되어 있다. 이처럼 높은 LPC 점수의 리더와 낮은 LPC 점수의 리더는 다르게 행동하며 리더십 행동유형은 상황에 따라 달라진다. 라이스Rice 1978는 LPC 점수에 관한 25년 동안의 연구를 면밀하게 고찰하였다. 높은 LPC 점수의 리더는 부하와의 인간관계에 가치를 부여하고, 낮은 LPC 점수의 리더는 과업성공과 집단성과에 가치를 부여했다.

◆ 높은 LPC의 리더 : 인간관계지향 리더

LPC 점수의 해석은 높은 점수를 가진 리더의 경우 부하를 포함한 다른 사람과 밀접한 인간관계를 갖는다고 여긴다. 이런 종류의 리더는 부하와 잘 어울리는 것을 중시하고, 관계개선의 필요가 있을 때 배려가 많은 지원적 태도로 행동한다. 과업목표달성은 이차적 목적이며 부하 및 동료와의 긴밀한 인간관계에 의해서 리더의 우선적인 친교목적이 만족되었을 때에만 과업목표달성이 의미를 갖는다.

◆ 낮은 LPC의 리더 : 과업지향 리더

반대로 낮은 LPC 점수를 가진 리더의 우선적 목적은 과업목표를 달성하는 것이다.

이러한 리더는 양호한 직무성과에 대해 깊은 관심을 가지며, 과업상 문제가 있을 때에는 부하를 다루는 데 있어서 언제나 과업지향행동을 중시한다. 부하와 좋은 관계를 가지는 것은 이차적인 목적이며 자기집단이 과업을 잘 수행했을 때 혹은 중대한 과업문제가 없을 때에만 인간관계에 관심을 두는 리더이다.

(3) 상황의 결정요인

피들러는 상황을 측정하기 위하여 상황변수를 상황선호도(situation favorability)라는 개념의 세 가지 측면으로 평가하여 종합, 판단한다. 상황선호도의 세 가지 측면은 리더와 부하의 관계(leader-member relations)의 좋고 나쁨, 과업구조(task structure)의 체계화 정도, 지위권력(position power)의 강약수준이다.

◆ 리더-멤버 관계 : 좋음-나쁨

어떤 집단 또는 조직의 상황이 리더와 부하의 관계가 친근하고 협력적인 경우도 있고 거리가 있는 경우도 있고 심지어 적대적인 경우도 있다. 둘의 관계상황이 어떠한지의 정도를 평가하여 멤버의 충성과 지원을 받고 있는 좋은 관계상황에서는 어떤 사람이 새로운 리더가 되더라도 부하는 원래 해오던 대로 리더에게 매우 협조적일 것이다. 반대로 멤버가 자신을 좋아하지 않는다고 믿는 리더는 지시하는 대상에 대하여 힘이 없고, 멤버가 리더의 지시를 무시하거나 리더의 정책을 반대할 것이다. 예를 들면 선교단체나 자원봉사단체의 리더와 멤버는 서로 신뢰하는 호의적 관계이지만, 패키지여행의 인솔자와 소속 관광객이나 교도소의 교도관과 죄수 혹은 시험장의 시험감독자와 수험생은 서로 감시하고 눈치를 보는 관계이다.

◆ 과업구조 : 조직화-비조직화

과업의 수행절차나 수행방식이 확실하게 정해져 있다면 과업이 잘 조직화된 것이다. 업무실적을 평가하기 위한 객관적 평가기준 등이 명확하게 설정되어 있거나 과업수행의 매뉴얼이나 진도표가 확실한 것 역시 과업구조가 잘 되어 있다고 할 수 있다. 과업구조가 잘 되어 있다는 말은 리더가 멤버에게 자세한 지시를 할 수 있고 이러한 지시가 이행되는지의 여부를 쉽게 판별할 수 있다는 의미이다. 누가 봐도 과업처리방식이 확실히 구체화되어 있다면 조직화된 과업이다.

◆ 지위권력 : 강함-약함

지위권력이란 리더가 부하의 직무수행을 평가해서 수행정도에 따라서 보상이나 벌을 줄 수 있는 권력을 말하며, 이 권력이 높은 리더는 그만큼 부하에 대한 영향력도 크다. 약한 지위권력을 가지거나 지위권력이 전혀 없는 리더는 멤버에게 영향력을 행사할 수 있는 다른 원천에 의존해야만 한다. 예를 들면 학과 대표는 학과 학생에 대해 강한 권력은 갖지 못하는 상황이지만 군대의 상급자 지위는 누가 되거나 관계없이 강한 권력을 소유한다. 소대장의 자리에 누가 오든지 그 지위가 가지는 권력이 강하지만 학과 대표 자리는 누가 되든지 원래 권한이 많지 않다.

(4) 상황선호도에 따른 리더십 유형

리더십이 효율적이기 위해서는 상황 결정요인을 먼저 살펴보고 그 상황이 리더에게 유리한 상황인지 불리한 상황인지 중간 정도의 상황인지 판단한 다음에 그에 적합한 리더행동을 해야 한다.

| 도표 7-1 | 조직유효성에 미치는 리더 LPC 점수와 상황변수의 역할

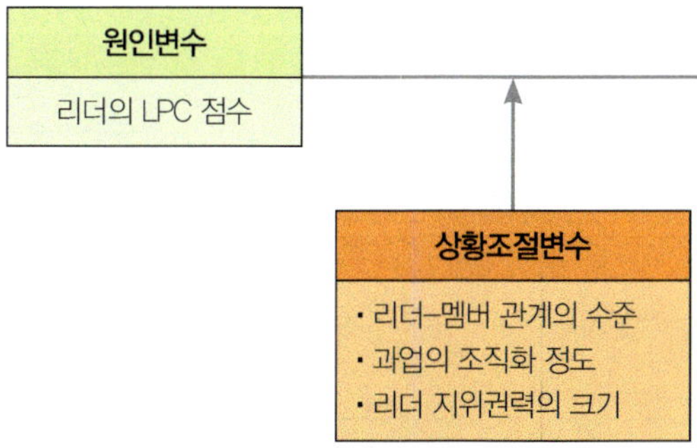

◆ 상황의 파악 : 호의적-비호의적 상황

만일 리더-멤버 관계가 좋고 과업이 잘 조직화되었으며 리더지위의 권한이 강하면 리더에게 유리한 상황이며, 세 가지 측면 모두 반대의 위치에 있으면 리더에게 불리한 상황이다. 즉 위의 세 가지 상황요인의 수준이 어느 정도인지에 달려 있다. 리더-부하관계의 좋고 나쁨, 과업구조의 구조화 정도, 그리고 지위권력의 강약에 따라서 모두 여덟 가지 상황이 만들어진다(도표 7-1 참조).

◆ 상황유형과 리더십유형의 적합성

리더와 부하의 관계가 좋고, 과업이 구조화되어 있고, 리더의 지위권력이 높은 경우 리더에게 매우 유리한 상황이며 이때 리더는 영향력을 발휘하기 가장 좋다. 반대로 리더와 부하의 관계가 나쁘고, 과업이 구조화되어 있지 않으며, 리더의 지위권력이 낮은

| 도표 7-2 | 고성과 집단의 상황유리성과 리더 LPC 점수의 관계

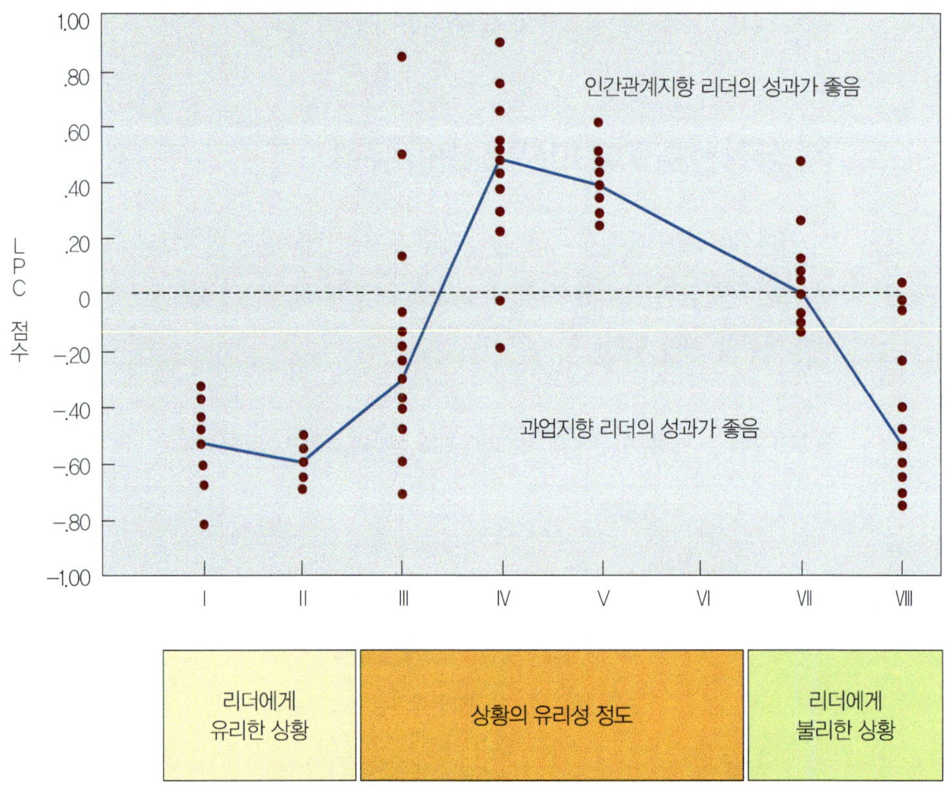

리더-부하 상호관계	좋음	좋음	좋음	좋음	나쁨	나쁨	나쁨	나쁨
과업구조	구조화	구조화	비구조화	비구조화	구조화	구조화	비구조화	비구조화
지위권력	강함	약함	강함	약함	강함	약함	강함	약함

경우 리더에게 가장 비호의적인 불리한 상황인데 이때에는 LPC 점수가 낮은 리더, 즉 과업지향적 리더가 집단을 효율적으로 리드할 수 있다고 한다. 그리고 중간 정도로 유리한 상황일 경우 LPC 점수가 높은 리더, 즉 인간관계지향 리더가 더 효율적일 수 있다는 것이다.

그런데 피들러는 상황에 맞게 리더가 자신의 리더십 유형을 변화시키면 좋지만 실제로 그렇게 하는 리더는 별로 없었으며, 리더를 변화시켜서 상황에 맞추는 것이 아닌 상황을 변화시켜 리더에 맞추는 방법이 더 효율적이라고 고백한다.

피들러와 동료들은 나중에 리더의 지능과 집단의 직무수행 간의 관계를 연구하면서 다차원 스크린 모형(multiple screen model)이라는 분석틀을 이용하였다. 리더의 지능과 직무수행 간의 관계는 연속적인 여러 매개변수가 그 둘 사이에 개입될 수 있음을 표현하고 있다.

2 경로-목표모형

상황적합이론의 설명 중 또 하나가 경로-목표이론(path-goal theory)이다. 이 이론은 동기부여의 기대이론에 근거하고 있는데, 부하를 잘 이끌어나갈 수 있는 리더가 되기 위해서는 무엇보다도 부하가 원하는 것이 무엇인지 알아내어 그것을 보상으로 제시하고 부하에게 어떻게 하면 그 보상을 얻을 수 있는지 명확하게 알려주어야 한다. 부하의 입장에서 본다면 원하는 보상이 목표가 되며, 그 목표를 달성하려면 어떤 방법을 사용해야 하는지 목표를 향한 길의 제시가 바로 경로라고 할 수 있다. 이를 과업 측면에서 설명하면 과업완수가 목표가 되며 그것을 달성하기 위한 구체적 방법이 경로가 된다. 이러한 경로는 목표에 점차 가까워질수록, 목표수행이 진행되어갈수록 점차 구체성을 띤다.House, 1971 ; House & Dessler, 1974 ; House & Mitchell, 1974

(1) 경로 - 목표모형의 기초로서의 기대이론

경로-목표모형의 이론적 근거는 기대이론이기 때문에 이 이론의 내용을 이해하는 것이 우선이다.

| 도표 7-3 | 경로-목표 리더십모형에서의 인과관계

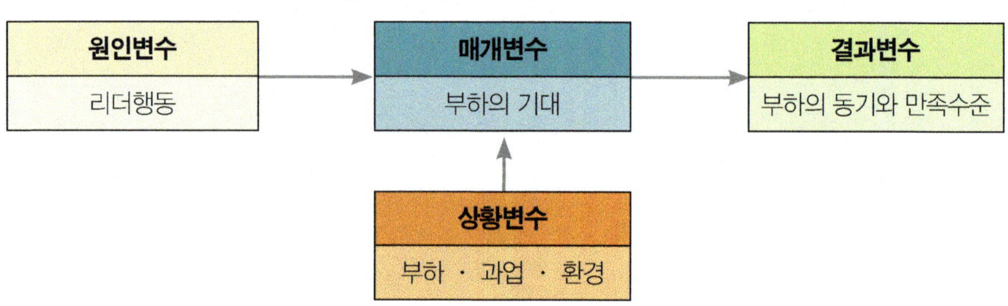

(2) 리더의 네 가지 역할유형

하우스House, 1974에 따르면, 리더의 역할이란 부하가 목적지(goal)에 이르도록 길(path)과 방향을 가르쳐주고 따라가면서 어디에 지름길이 있고 어디에 가시덤불이 있는지를 코치해주며 도와주는 것이다. 그는 피들러의 주장과는 달리 리더는 매우 융통적이기 때문에 다음의 네 가지 리더십 행동유형을 상황에 따라 수시로 바꾸어가며 행사해야만 효과가 있다고 한다. 즉 훌륭한 리더십이란 부하의 성격이나 능력, 그리고 그 집단의 과업과 분위기에 적합(fit)할 때 비로소 성립되는 것이지 당초부터 유일무이한 좋은 리더십이 존재하는 것은 아니라고 하면서 다음 네 가지의 리더십 행동을 추천하고 있다.

◆ 지시적 리더십(directive leadership)

부하들에게 그들이 무엇을 해야 할 것인가를 알게 해주고 명확한 지침을 제공하며 규칙과 절차를 준수하도록 요구하고 작업일정을 계획하고 조정해준다. 부하가 무슨 일을 해야 할지 잘 제시해주고 스케줄도 잡아주고 지도해주는, 마치 구조주도행동 스타일과 같은 리더이다.

◆ 지원적 리더십(supportive leadership)

부하의 욕구에 대해서 고려를 해주고 그들의 복리후생에 관심을 보이며 업무부서에서 친숙한 분위기를 만들어준다. 친절하게 부하의 심중을 읽고 필요한 것을 마련해주는 리더이다.

◆ 참여적 리더십(participative leadership)

의사결정을 할 때 부하와 논의하고 그들의 의견 및 제안을 고려한다.

◆ 성취지향적 리더십(achievement-oriented leadership)

도전적 목표를 설정하고 부하에게는 성과를 개선해나가도록 권한을 부여한다. 그리고 부하에게 높은 수준을 달성할 것이라는 신념을 보인다.

| 도표 7-4 | 지시적 리더십의 인과관계

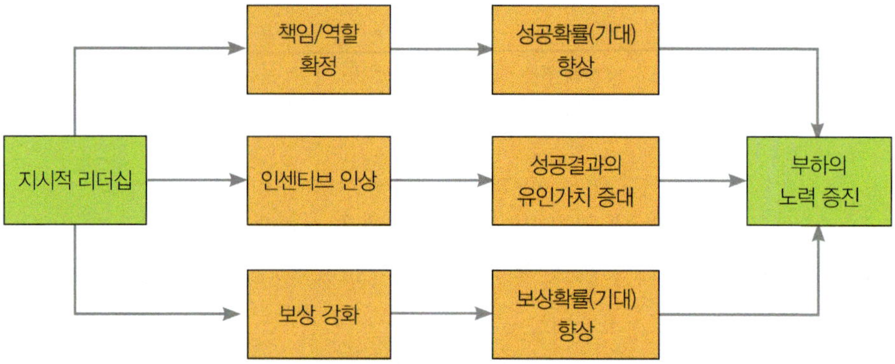

| 도표 7-5 | 지원적 리더십의 인과관계

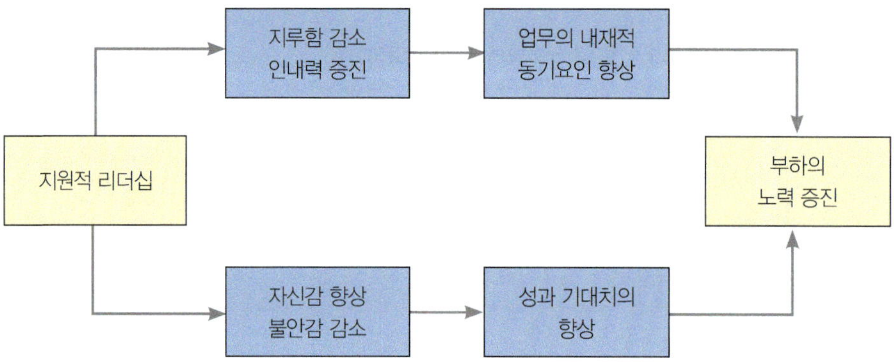

(3) 상황과 리더역할의 조화

상황적합성을 논하기 전에 반드시 상황요인이 무엇인지를 파악하고 그다음에 그에 적합한 리더십 행동유형을 선택하여 적용하는 것이 순서이다.

◆ 상황요인 : 부하와 과업의 특성

경로-목표이론에서 상황변수의 한 가지는 부하들의 특성이고, 다른 한 가지는 과업 및 업무환경의 특성이다.

- 부하특성 : 부하의 욕구, 예를 들어 성취, 협력, 자율에 대한 욕구라든가 부하의 과업수행능력, 즉 직무기술이나 지식 및 경험, 그리고 부하의 자존심과 같은 인간

적 특성 등이다.

- 과업특성 : 과업구조, 직무가 기계화된 정도, 부하의 직무를 위하여 조직에서 부여한 공식화의 수준, 즉 직무책임, 규칙, 표준절차 및 성과기준의 자세하고 공식적인 설명서 등이다.

◆ 상황과 리더십 유형과의 적합성

상황적 리더십 이론으로서 경로-목표이론은 리더행동의 부하동기유발 및 만족에 대한 영향이 리더십 상황에 의존한다고 한다. 부하의 특성과 집단과업 및 업무환경의 특성에 따라서, 즉 부하와 업무의 상황특성에 맞추어서 리더가 행동을 보여야만 부하를 동기화시킬 수 있다는 것이다. 예를 들면 과업이 스트레스를 주며 지루하고 위험한 상황이라면 지원적 리더십이 부하의 노력과 자신감을 높이고 그들의 직무만족 수준을 높이는 데 도움이 된다. 그러나 부하가 전문실력을 갖추고 과업의 진행절차와 수행방식이 확실하다면 지시적 리더십은 역효과가 날 수도 있다. 그럴 때에는 오히려 참여적 리더십 또는 성취지향적 리더십이 더욱 효과적일 것이다.

◆ 과업의 진도수준에 따른 리더역할의 변화

경로-목표 모형의 핵심은 상황에 리더십 유형을 맞추라는 것을 강조하기도 하지만 어떤 업무가 진행되어가는 경로의 단계에 따라서 리더십 유형을 달리해야 한다는 점을 강조한다. 과업이 진행될수록 상황이 변하기 때문이다. 예를 들어보기로 하자. 등산 경험이 없는 수십 명의 등반대를 이끌고 히말라야를 오르는 등반대장이 있다. 초기 경로에서는 지시적 리더십이 필요하다. 대원이 알아야 할 지식도 알려주어야 하고 사고가 나지 않도록 한 사람 한 사람 챙겨야 하기 때문이다. 그러기 위해 리더의 간섭과 통제가 많을 수밖에 없으며 자기 마음대로 자율적으로 행동하는 대원이 있으면 강하게 제재해야 통솔이 가능하다. 그렇지만 중턱쯤 오르면 많은 대원은 상식도 생기고 호흡조절도 가능하다. 이때 대장은 지원적 리더십 정도로 인도하다가, 등반이 더 지속되면 대원의 실력도 무시할 수 없으므로 참여적 리더십으로 바꾸고, 정상이 가까울수록 즉 목표완수가 가까워지면 성취지향의 리더십 행동을 취한다. 따라서 부하의 과업수행이 어느 단계(경로)에 있는지 파악하고 리더십 행동을 그 단계에 맞추면서 유연하게 변화시켜나가야 효율적인 리더십이라고 할 수 있다.

3 상황적합적 리더십 : 3차원 큐빅모형

상황적 리더십 이론Hersey & Blanchard, 1972은 초기에는 '리더십 라이프 사이클 이론(life cycle theory of leadership)'이라 하였으며 나중에 상황적합적 리더십 이론(situational leadership theory)이라고 명명되었다. 이 이론은 관리상자 모델(managerial grid model)을 3차원 리더십 이론(3-D management style theory)으로 확장시킨 것으로 볼 수도 있다.

(1) 리더행동 : 과업행동 - 관계행동

이 이론은 다음 두 가지의 광범위한 범주의 리더십 행동과 관련되어 있는데 이는 앞에서 본 구조주도행동-배려행동과 비슷한 범주로 분류한 것이다. 물론 이와 같은 과업행동은 오하이오 대학 리더십 연구에서의 구조주도행동과 유사하고 관계행동은 배려행동과 유사하다.

- 과업행동 : 리더가 집단구성원의 역할을 명확하게 해주고 각자가 무슨 활동을 해야 할 것인가, 그리고 언제, 어디서, 어떻게 과업이 달성되어야 할 것인가를 설명해주는 리더행동이다. 또는 리더가 업무달성을 원활히 하기 위해 조직을 잘 구성하고 실무자 간의 상호작용과 의사소통을 지원하며 효과적인 업무수행 지식을 알려주는 행동이다.
- 관계행동 : 리더 자신이 부하와의 의사소통 통로를 개방하여 부하에 대한 인간적 지원과 정서적 소통을 원활히 하고 심리적 동기부여 등으로 그 자신과 부하들의 인간적 관계를 촉진하려고 노력하는 행동이다.

(2) 상황변수인 부하성숙도

허시와 블랜차드Hersey & Blanchard, 1972에게 상황변수는 단 하나뿐인데 그것을 부하성숙도(maturity)라 불렀다. 이는 리더가 아닌 부하가 스스로 성공 가능한 목표를 설정하는 능력, 책임을 맡으려는 자발적인 의지, 그리고 부하의 직무능력과 훈련 정도와 직무경험 등이다. 즉 부하가 세련되었다면 그들의 성숙도 수준은 높다. 대학 총장이 이끄는 교수의 성숙도는 높다. 자율적 연구목표와 강의 계획을 세우고 스스로 알아서 연구하고 가르친다. 그러나 교수단을 이끌고 히말라야를 등반하는 등반대장이 볼 때 교수들은 미숙할 뿐이다. 또한 어떤 부하는 동일인임에도 불구하고 새로운 거래처를 확보할 때에는 매우 신뢰할 만하지만(성숙함) 계약에 들어가 계약서를 작성하는 등 서류작업을 할 때에는 형편없을지도 모른다(미성숙함).

이처럼 성숙도란 부하마다 다르고 과업마다 다르다. 높은 성숙도를 가진 부하는 특정과업을 수행할 능력을 갖추고 과업에 대해서 자신감을 갖지만 낮은 성숙도를 가진 부하는 능력도 자신감도 결여되어 있다. 성숙도 역시 두 가지 측면에서 살펴보며 평가할 수 있다.

- 직무성숙도(job maturity) : 과업에 적합한 기능과 기술지식의 보유 정도
- 심리적 성숙도(psychological maturity) : 자신감과 자기존경의 정도

LEADERSHIP STORY 7.2 | **성숙한 부하를 만드는 리더십**

거대기업 GE의 CEO에 역대 최연소로 취임했던 잭 웰치(Jack Welch : **사진**)는 임기 중에 250억 달러였던 매출을 1,300억 달러로, 6%였던 영업이익률을 18.9%로, 시가 총액은 150억 달러에서 25배인 3,880억 달러로 끌어올렸다. 잭 웰치가 은퇴하게 되었을 때 무엇을 어떻게 했기에 이러한 엄청난 변화를 가져올 수 있었냐고 묻자 그는 간단히 대답했다. "나는 임기 내내 나의 시간의 75%를 인재를 선발하고 배치하고 교육하고 평가하고 보상하고 내보내는 데 사용했습니다." 취임한 이듬해에 낡고 유명무실해진 크로톤빌 연수원을 리모델링하기 위해 공사비 4,600만 달러짜리 기안서를 결재하면서 그는 투자회수 예정액을 '무한대'라고 써 넣었다. 그의 예측은 그대로 맞았다. 결국 허시와 블랜차드의 리더십은 부하를 계속 성숙시키면서 리더 자신의 과업행동도 줄이고 인간관계 행동도 줄여간다면 결국 리더가 할 일은 별로 없고 성숙한 부하가 모든 것을 처리하게 된다는 것이다.

(3) 리더의 대처 행동

낮은 성숙도를 가진 부하는 리더에 대한 의존도도 높고 리더의 지시에 따를 자세가 되어 있다. 반대로 아주 성숙한 부하에게는 리더의 사소한 간섭과 지시가 거북하고 독재적으로 느껴질 수 있다. 따라서 부하의 성숙도가 극히 낮다면 리더는 과업행동을 하는 것이 옳지만, 부하의 성숙도가 높아져서 부하가 중간수준의 성숙도를 가질 때까지 리더는 과업행동은 점차 줄이면서 관계행동을 증대시켜야 한다. 그러다가 부하의 성숙도가 중간수준을 넘어서게 되면, 과업행동을 줄여나가는 것을 계속하면서 관계행동도 줄여야 한다. 인간관계행동을 줄이는 까닭은 이미 부하가 성숙하기 때문에 리더의 칭찬과 보살핌이 별로 실효를 거두기 어렵기 때문이며, 너무 친근하게 대해도 오해를 받을 수 있기 때문이다. 성숙도 수준에 따른 적절한 행동처방이 바로 **도표 7-6** 이다.

| 도표 7-6 | 부하성숙도에 따른 리더의 대처 행동

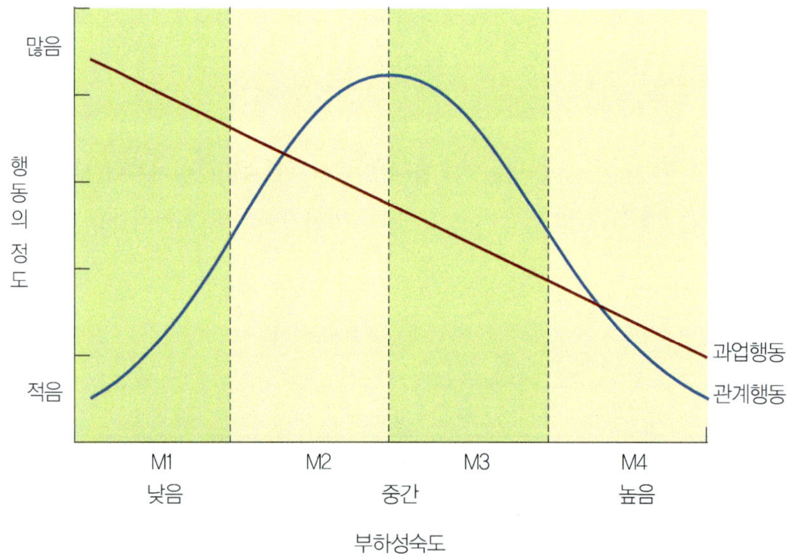

도표 7-6 에는 네 가지 등급의 부하성숙도가 구별되어 있다. 그것은 미성숙에서부터 완전한 성숙까지의 범위를 가진 연속체이지만 부하가 과업과 관련해서 매우 미숙한 상황(M1)에서 리더는 과업행동에 중점을 두어야 하며, 관계행동을 많이 해서는 안 된다. 즉 미성숙 수준에서는 리더가 부하의 역할을 정의해주고 목표, 기준 및 절차를 세우는 데 있어서 매우 지시적이고 전제적이어야 한다.

부하가 중간 정도의 성숙도를 가지고 있는 상황(M2와 M3)에서 리더는 관계지향적 행동을 많이 해야 한다. 다시 말해 리더는 부하를 인간적으로 상대하고 배려해주며 의사결정을 할 때 부하와 논의하며 칭찬과 관심을 보여주어야 한다. 동시에 지시나 지도하는 행동도 중간 정도가 바람직한데 특히 부하가 어느 정도 성숙한 구간(M3)에서 그러하다.

부하가 매우 성숙한 상황(M4)에서 리더는 업무가 어떻게 수행되어야 하는지를 결정하는 책임을 부하에게 위임하고 부하가 상당한 자율성을 갖도록 허용하여야 한다. 왜냐하면 부하가 성숙되어 있으므로 그들은 성취욕구에 의해서 스스로 동기부여가 될 것이며 많은 지시 없이도 업무를 수행할 수 있는 능력을 가지고 있기 때문이다.

이 모형은 리더의 행동유형을 관계행동, 과업행동 두 차원으로 보고 부하성숙도라는 또 한 차원을 추가하여 리더십을 세 개의 차원에서 분석하였다고 해서 큐빅(cubic)이론으로 명명되기도 한다.

LEADERSHIP STORY 7.3 | 전임자가 보라며 건넨 3개의 봉투

지금의 러시아인 소련 시절, 스탈린이 후르시초프에게 어려움에 직면했을 때 뜯어보라며 봉투 3개를 건넸다. 어려움이 생기자 첫 번째 봉투를 열어 보았다. "전임자를 공격하며, 모든 잘못을 전임자 탓으로 돌려라." 그리고 얼마 뒤 다시 어려움이 생기자 두 번째 봉투를 열었다. "언론을 장악하라." 한참 뒤 심각한 어려움이 또 생겼다. 마지막 봉투에는 "너도 3가지 봉투를 만들어 후임자에게 전달하고 어서 도망가라"라고 쓰여 있었다.

4 다차원 연계 모형

1970년대 이전까지 리더십 효과를 설명하기 위해서 상황변수와 매개변수(intervening variables)를 동시에 사용한 리더십 이론은 없었다. 그러다가 리더십 효과에 대한 보다 포괄적인 이론으로의 발전을 촉진하기 위해서 제안된 이론이 바로 다차원 연계 모형(multiple linkage model)이다.Yukl, 1971 이 이론은 집단성과를 향상시키기 위해 상황을 변화시키는 리더의 장기적 능력을 강조한다.

(1) 매개변수

과거에는 리더의 특성이 리더십 유형을 결정한다고 보았지만 이 모델은 리더의 특성이 아니라 부하의 특성이 리더십 유형을 결정한다고 본다. 리더는 부하의 특성이나 자기가 책임지고 있는 조직의 특성을 살펴보고 그 상황에 맞추어서 리더십 행동을 결정하기 때문이다. 결과적으로 부하나 조직의 특성은 리더에게 영향을 미쳐서 행동을 선택하게 할 것이며 리더십 행동은 집단의 성과나 조직유효성에 영향을 미친다. 즉 리더행동은 조직구성원과 조직성과 사이에서 매개변수로서 작용하는 셈이다. 이 모델에서 매개변수는 모든 것을 포함하고 있지는 않다. 리더십 행동에 영향을 미치는 상황변수가 되는 부하와 집단의 특성은 도표 7-7 과 같다.

◆ 상황변수 : 부하상황과 조직상황

부하가 어떤 태도와 능력을 보유하고 있는지, 경험은 어떤지도 리더에게 매우 중요한 요인이며 달성할 과업의 난이도와 작업규정, 조직의 분위기와 외형적 크기, 전통 등이 리더가 고려할 상황이 되는데 이를 나열하면 다음과 같다.

| 도표 7-7 | 다차원 연계 모형에서의 인과관계

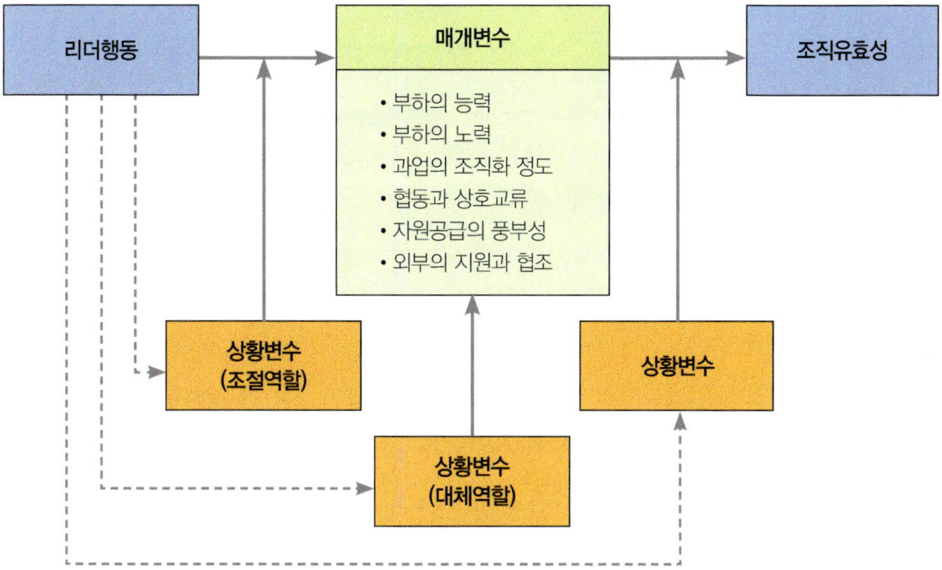

- 부하의 노력과 헌신 : 부하가 높은 수준의 성과를 내기 위해서 노력하는 정도이며 목표를 달성하기 위해 쏟아내는 개인적 책임과 헌신을 뜻한다.
- 부하의 역할명확성 : 부하가 자신의 직무에 대한 임무와 책임을 이해하고 조직이 자기에게 무엇을 기대하는지를 아는 정도이다.
- 부하의 과업숙련도 : 부하가 직무를 효과적으로 수행하는 데 필요한 경험, 훈련 및 기술을 가지고 있는 정도이다.
- 자원과 지원의 정도 : 부하가 그들의 직무를 수행하는 데 필요한 도구, 장비, 보급품 및 지원 서비스를 획득할 수 있는 가능성 정도이다.
- 과업구조의 조직화 정도 : 과업을 위한 인력, 장비 및 시설을 효율적으로 이용하도록 조직화되어 있는 정도를 말한다. 그리고 업무의 지연과 노력의 낭비, 혹은 노력의 중복을 하지 않도록 과업의 구조가 잘 짜여진 정도를 말한다.
- 집단응집력과 팀워크 : 부하가 서로 사이좋게 지내고, 정보와 아이디어를 서로 나누어 갖고, 친밀하고 도움이 되며, 인정 있고 그리고 협력하는 정도이다.
- 리더-부하 관계 : 집단의 원래 풍토나 분위기를 볼 때 부하와 리더의 관계가 좋고 리더에게 친밀하고 부하는 리더를 위해 일하는 것을 좋아하고 만족해하는 정도이다.

LEADERSHIP STORY 7.4 | **간디의 위대한 리더십**

인도의 성자라고 불리는 마하트마 간디가 어느 날 막 출발하려는 기차에 올라탔다. 순간 그의 신발 한 짝이 벗겨져 땅에 떨어졌다. 기차는 이미 서서히 출발하고 있었고 따라서 간디는 그 신발을 주울 수가 없었다. 그러자 간디는 나머지 신발 한 짝을 벗어 먼저 떨어진 신발 한 짝이 있는 곳으로 내던졌다. 기차에 동행한 사람들이 간디의 그러한 행동을 보고 의아해했다. 이유를 묻는 그들에게 간디는 간단히 대답했다. "어떤 가난한 사람이 내 신발 한 짝을 주웠다면 무슨 소용이 있겠나. 두 짝을 주워야 쓸모가 있지."

원칙적으로는 부하 개인의 성과와 나아가서 조직의 성과는 부하의 노력, 역할명확성, 과업능력에 의해서 우선적으로 결정된다. 그러나 부하가 고도로 동기유발이 되고, 업무에 고도의 기술을 가지고 있고, 그리고 그의 현재 역할을 잘 이해하고 있다고 하더라도 필요한 재료, 장비, 지원서비스가 부족하다면 조직성과는 낮을 것이다. 그러므로 리더는 당시 상황에 적합한 리더행동을 할 필요가 있다. 즉 위의 모든 차원을 잘 파악하고 그것들을 서로 알맞게 연계시켜야 한다.

(2) 상황에 따른 리더행동

다차원 연계 모형에서 상황변수는 세 가지 특징을 가진다. 첫째, 리더행동은 앞에서 나열한 상황변수 중 하나 이상의 변수와 연계되어 있다. 둘째, 상황변수들 각각이 집단성과에 미치는 영향력은 모두 가중치가 다르다. 셋째, 리더는 모든 상황변수를 고려하여 자신의 대응행동을 결정해야 할 것이다. 리더가 부하의 노력을 증진하기 위하여 사용할 수 있는 여러 가지 행동전략이 있다.

- 목표설정 : 부하에게 구체적이고 달성 가능한 목표를 정해주면 동기부여도 되고 노력을 증진시키기도 하는데 목표설정과 함께 부하의 노력을 증진시키는 전략으로는 직무충실화, 권한위임, 의사결정 참여 등이 있다.
- 적극적 강화 : 부하의 높은 성과를 그대로 두지 않고 그에 대한 보상으로 칭찬, 인정 및 다양한 유형의 복리후생을 사용하면 부하의 노력은 더욱 강화되고 헌신과 생산성의 향상이 계속될 것이다.

도표 7-8 | SMART 목표설정

목표요건		내용
S	specific	목표가 추상적이지 않고 구체적이어야 한다
M	measurable	진행과정과 수행실적이 어느 정도인지 측정 가능해야 한다
A	agreeable	리더와 부하가 상호 수용한 것이어야 한다
R	realistic	도전적이지만 달성 가능한 것이어야 한다
T	time limited	목표완수 때까지 장단기 진행 일정이 정해져야 한다

우리는 이 장에서 리더가 부하에게 권한을 위임하고 의사결정 시에 부하를 참여시키는 것이 조직의 성과향상에 크게 이바지할 수 있다는 사실을 반복해서 강조했으며 많은 학자의 연구결과로써 입증한 바 있다. 하지만 현실적으로 리더가 기꺼이 부하에게 의사결정 권한을 위양하거나 중대한 결정에 부하 의견을 참여시키는 것이 매우 어렵다는 사실을 잘 알고 있다.

부하의 의사결정 참여나 중대한 권한위임은 매우 바람직하다는 데에는 대개의 리더가 동의하지만 선뜻 권한을 내어놓기는 쉽지 않다. 왜냐하면 리더를 비롯하여 모든 인간은 권력욕구, 지배욕구가 강하기 때문에 리더라면 누구를 막론하고 권력을 놓으려 하지 않는다. 조직의 성과향상을 희생하고서라도 자신의 지배욕구 내지 권력욕구를 달성하려는 리더의 개인적 욕구 때문에 부하참여의 리더십은 실행되기 쉽지 않다.

그러므로 리더의 권한위임은 제도 마련이 우선이다. 예를 들면 회사의 의사결정 사

LEADERSHIP STORY 7.5 | **에디슨의 성공한 결정**

발명왕 토머스 에디슨(Thomas Edison : **사진**)은 자신의 몸가짐이나 일상생활에는 너무나 소홀하였다. 어느 날 실험실을 찾은 한 친구가 그에게 충고를 했다 "자네에게는 아내가 필요하네." 그러나 에디슨은 눈만 깜빡일 뿐 무심코 지나쳤다. 그 친구와 작업실을 돌아다니다가 한 여자 조수가 일하는 곳에 왔을 때 에디슨은 여자 조수에게 다가가더니 다짜고짜로 "당신이 내 아내가 되어줄 생각 없소?"라고 물었다. 그 여자는 의아한 표정을 지었으나 곧 에디슨이 농담한 거라고 여기고 "그러죠 뭐"라고 웃으며 대답했다. 그러나 에디슨의 질문은 진담이었다. 그는 그 여자와의 약속을 지켰다. 그러고서는 며칠 후 결혼식이 거행되었다. 몇 해 지나 에디슨은 이렇게 회고했다. "그것은 말하자면 준비가 전혀 없었던 결정이었지요. 그러나 나의 다른 모든 실험들처럼 완전히 성공한 결정이었지요."

안을 미리 나열해놓고 부하의 의견을 물어야 하는 사안이 무엇무엇인지 사전에 정해 놓는 방법이 있다. 리더의 차상급자를 통해서 리더에게 권한을 위임하도록 강요하는 것도 필요하다. 리더가 최상위 관리자이거나 기업의 회장이 오너를 겸하면서 막강한 권력을 가지고 있을수록 위임과 자율은 더욱 어렵다. 그러므로 리더의 평가요인에 권한위임 정도를 넣어 평가하게 한다든지 조직구조를 수직적이 아닌 수평적으로 만드는 것도 자율권 위임을 부추기는 방법이다.

LEADERSHIP STORY 7.6 | **부하참여와 결정권 위임**

부하직원에게 결정권을 주고 중요한 결정에 참여시키는 것은 그들의 아이디어를 얻을 수 있으며 동시에 그들의 자긍심과 사기를 높여주는 매우 효과적인 리더십 전략임에도 불구하고 대개의 리더들은 권한위임에 인색하다. 그래서 등산장비 회사 고어텍스(Gore-tex)는 상급자가 아예 없는 평평한 조직이다. 누가 무슨 일을 하라고 지시할 사람이 없으니 각자 스스로 찾아서 할 수밖에 없다. 이들에 대한 감독과 승진은 동료들의 판단으로 결정된다. 리더의 지시가 아닌 부하직원 스스로 일을 찾아서 하는 셈이다. 그래서 일주일 중 반나절은 본인에게 재미있는 아무 일이라도 하면 된다. 또 다른 예를 보자. 미국의 유기농 식품점 체인 홀푸드 마켓(Wholefoods Market: **사진**)은 모든 직원이 리더의 허락 없이 팀 단위로 팀원의 채용과 해고와 물품구매를 결정하고 판매가격 결정과 직원인사평가도 한다. 보수도 물론 팀 실적과 연동된다. 이들 기업은 조직을 최대한 평평하게 만들어서 누구나 리더가 되어 할 일을 하게 만들고 모든 일에 참여시킨다. 이렇게 되면 맨 아래 신입직원 한 명의 아이디어까지 모두 활용할 수 있다. 2007년 12월 13일, 이 회사의 코네티컷주 웨스트하트포트 지점에서 사고가 터진 적이 있다. 매장에는 크리스마스 시즌을 맞아 고객들로 붐비고 있었다. 그런데 갑자기 전산고장으로 모든 계산대 가동이 멈췄다. 다른 회사라면 이때 고객들에게 어떻게 해야 할지 지점장에게 보고가 되고 지점장은 본사의 담당직원에게, 그리고 본사 담당자는 상급자, 차상급자, 최고책임자에게까지 보고된 다음에 이제는 역방향으로 내려와서 지방 매장의 계산대까지 가려면 적어도 한나절은 걸릴 것이다. 그러나 이 회사는 지점의 매니저에게 결정권한이 있었다. 점원들은 당황했고 고객들이 웅성거리기 시작했다. 얼마 안 되어 총괄매니저의 목소리가 스피커를 타고 매장에 흘러나왔다. "저희의 잘못으로 고객님들의 귀중한 시간을 빼앗아서 죄송합니다. 단시간 내에 회복이 어려울 것 같습니다." 고객들이 불평하려는 찰나 계속해서 방송이 나왔다. "지금 고객님의 카트에 실려 있는 식품은 계산하지 마시고 그냥 갖고 나가시기 바랍니다. 혹시 무료로 갖고 가시는 것이 부담되시는 고객께서는 댁으로 가셔서 그 값어치에 해당되는 만큼을 자선단체에 기부해 주셔도 됩니다." 이 소식은 바로 다음 날부터 입소문을 탔다. 언론에서도 '고객과 사회를 생각하는 기업'이라고 전국으로 방송했다. 홀푸드 마켓은 그날 약 4천 달러 정도의 손실을 봤다. 하지만 40만 달러 이상의 홍보효과를 거두었다. 마케팅 전문가가 별로 없는 이 회사는 그 이후 현재까지 10년 간 누적수익률 1,800%로서 미국 식품유통업계 1위를 차지하고 있다.

7장의 핵심내용

리더십 특성이론과 리더행동이론만으로는 리더십과 관리적 영향력을 충분하게 설명할 수 없다. 리더십 특성접근법과 리더행동이론과는 달리 서로 다른 상황에서는 상이한 리더특성과 리더행동이 요구되기 때문이다. 이러한 발견이 리더십에 대한 상황적 접근법을 촉진하였다. 상황적 접근법은 주어진 상황 속에서 리더십의 결과를 유효하게 결정짓는 리더의 특질, 역할과 기능 및 리더행동을 찾아내는 이론이다. 리더의 특질이나 행동의 영향력을 높이거나 낮추는 상황변수에 초점을 두고 리더십 행동을 상황에 맞추는 것이다. 리더십 효과에 대한 네 가지 컨틴전시(Contingency thoery) 이론을 살펴보았다. 즉, 피들러의 상황적합이론, 리더십의 경로-목표 모형, 상황적 리더십 이론, 다차원 연계 모형 등이다.

복습 및 토의문제

1. 상황변수란 무엇인가?
2. 경로-목표 모형을 간략하게 설명한다면?
3. 상황적 리더십 이론을 간략하게 설명하면?
4. 다차원 연계 모형이란?
5. 피들러의 상황적합이론을 설명하면?

키워드 정리

상황적합모형, 컨틴전시 이론, 지시적 리더십, 지원적 리더십, 성취지향적 리더십, 큐빅모형, 3차원 모형, 지위권력, 상황선호도, 기대이론, 매개변수, LPC, 다차원 연계 모형, 경로-목표 모형

사례연구

정주영과 이병철

경부고속도로 건설이 계획된 1967년 말, 당시 대령으로 육군본부 조달감실에서 근무 중이던 A씨는 박정희 대통령을 바로 옆에서 보좌하며 고속도로 밑그림을 그렸다. 서울~수원 노선은 온전히 그의 작품이다. 육군사관학교 출신인 A씨는 토목기술 자격증을 딴 후 군 사령부 건설과장, 육군본부 공사계장 등을 지낸 군내 '토목통'이었다. 대령급으로 일 잘하는 군인을 청와대로 보내라는 박 대통령의 지시에 따라 발탁됐다. 박 대통령은 A씨를 처음 만난 그날 바로 지시를 내렸다고 한다. "어제 도로를 어떻게 내는 게 좋을지 살펴보려고 몰래 말죽거리에 갔는데 말이야. 사람들이 계속 모여들어 살펴보질 못했어. 자네가 가서 서울에서 수원까지 노선을 어떻게 냈으면 좋겠는지 보고 와. 아무도 만나지 말고, 오늘 중으로 꼭 보고해야 해!" 첫 지시를 받아든 A씨는 지프를 배에 싣고 한강을 건너간 후, 우마차 길을 따라 서울부터 수원까지 훑어 내렸다. 그렇게 경부고속도로 공사가 시작된 것이다. 공사가 본 궤도에 오른 후 A씨는 기술단을 꾸리고, 공사 총감독관을 맡았다. 정주영 현대건설 사장과의 일화도 많았다. A씨는 "당시 기업인들이 어떻게 일하는지 알 수 있었다"고 했다. "새벽 5시에 현장에 가니 정주영 사장 차가 있는 거야. 운전기사한테 어디 갔느냐고 물으니 이미 정비공장에 가서 장비를 둘러보고 있다더라고. 그래서 내가 찾아가서 정 사장을 만나뵙고 '참 부지런하십니다'고 하니 정 사장의 대답이 걸작이야. '삼성 이병철 씨는 운전기사를 옆방에 재우다가 새벽 2시고 3시고 상관없이 나가자고 하는데 내가 뭐가 부지런합니까' 그땐 다들 그렇게 일했지."

토의주제

- 정주영 리더십과 이병철 리더십을 비교해보자.
- 위 두 사람의 성장배경을 공부하고 차이점을 비교해보자.
- 위 두 리더가 현대그룹과 삼성그룹의 문화에 미친 영향이 어떤지 토의해보자.
- 두 리더의 성공원인을 리더십 관점에서 어떤 리더십 때문이었는지 토의해보자.
- 기타 : 이 사례에서 또 생각해보거나 토론해볼 점을 나열해보자.

8장

상호적 리더십

나약한 군대란 없다. 오로지 나약한 장군이 있을 뿐이다. - 윌리엄 크리치

부하를 사랑하고, 경쟁자에게도 존경을 받고, 지식이 풍부하여 모든 부하가 따른다면 천하 만민의 리더가 될 수 있다. - 제갈공명

지도자나 그가 내세운 정책이 정말 훌륭하더라도, 그를 따르고 실행에 옮겨야 할 백성들이 게으르거나 어리석어서 따르지 않는다면 아무런 소용이 없다. - 작자미상

슬픈 날의 편지 / 이해인

모랫벌에 박혀 있는
하얀 조가비처럼
내 마음속에 박혀 있는
정체를 알 수 없는
어떤 슬픔 하나
하도 오래되어 정든 슬픔 하나는
눈물로도 달랠 길 없고
그대의 따뜻한 말로도
위로가 되지 않습니다

내가 다른 이의 슬픔 속으로
깊이 들어갈 수 없듯이
그들도 나의 슬픔 속으로
깊이 들어올 수 없음을
담담히 받아들이며
지금은 그저
혼자만의 슬픔 속에 머무는 것이
참된 위로이며 기도입니다

슬픔은 오직
슬픔을 통해서만 치유된다는 믿음을
언제부터 지니게 되었는지
나도 잘 모르겠습니다

사랑하는 이여
항상 답답하시겠지만
오늘도 멀찍이서 지켜보며
좀 더 기다려 주십시오

이유 없이 거리를 두고
그대를 비켜가는 듯한 나를
끝까지 용서해 달라는
이 터무니없음을 용서하십시오

8장

상호적 리더십

리더십 행동에 관한 대부분의 초기이론과 연구는 리더에 대한 부하집단을 단순하게 취급하여 모든 부하는 동일하다고 보았다. 그러나 앞 장에서 배운 상황이론을 상기한다면 부하가 상황이 될 수 있는 것이다. 그렇다면 한 사람의 리더에게 속한 부하가 동일하지 않은 경우를 상상해봐야 한다. 부하가 다르다면 상황이 다른 것이고 상황이 다르다면 리더십도 상황에 따라 달라져야 하므로 동일한 한 사람의 리더에 의해 행해지는 리더십은 부하에 따라 다를 것이다.

이 장에서는 LMX이론(Leader-Member Exchange theory), 즉 어떻게 리더가 조직에서 부하와 교환관계를 가지며 서로 협상하고 서로의 영향력을 향상시키는가를 연구한다. 리더와 부하라는 두 부문으로서 그들의 교환행동이 어떻게 교환관계이론으로 발전하였는지 공부할 것이다. 그리고 부하의 중요성이 강조되는 상황에서 귀인이론이 중요한 역할을 한다. 여기서는 귀인의 의미, 리더와 부하의 귀인, 내부귀인과 외부귀인의 결과에 따라 리더십 관련 상대방(리더 또는 부하)에 대한 판단이 어떻게 달라지는지 등을 공부하려 한다. 이와 관련하여 리더의 인상관리에 관한 연구를 살펴볼 것이며, 리더는 부하의 핵심능력과 동기부여를 어떻게 지각하고 그에 대한 영향력을 어떻게 행사하는지를 알아본다.

이들은 모두 연구와 관심의 초점을 리더에게 두는 것이 아닌 부하지향적인 리더십 연구접근법이다. 지난 50년 동안 대부분의 리더십 문헌은 리더에 초점을 맞추어 리더의 태도와 행동이 정교하게 조사되고 제시되었지만, 사실 부하가 없이는 리더도 없기 때문에 최근에는 부하의 태도와 행동이 효율적 리더십을 위한 중요 지표로 대두되었으며 부하연구에 관심이 집중되었다.Collinson, 2006

이 장에서 배울 것

- 팔로워십이란?
- 리더-부하 교환이론의 주요 결론 및 한계점
- 리더와 부하의 상호 귀인에 대하여
- 귀인에 영향을 미치는 변수로 무엇이 있나?
- 리더와 부하들의 인상관리
- 암묵적 리더십이란?
- 셀프리더십에 대하여

1 리더-멤버 교환이론

부하는 한 명이 아니라 여러 명인 경우가 대부분이고 부하는 제각각 다르다는 것에 주의해야 한다. 그럼에도 불구하고 이제까지의 리더십은 부하를 모두 똑같은 사람으로 취급하고 오직 리더에게만 초점을 맞추어 연구해왔다. 그러나 리더십은 리더만의 문제가 아니라 리더와 부하의 관계이다. 그러므로 리더십의 상호적 관계가 주목을 받게 되었다. 리더-멤버 교환이론은 리더와 각각의 개별 부하 간의 역할수행 과정과 시간흐름에 따른 교환관계가 어떻게 발전하는지를 기술한다.Dansereau, Graen, & Kaga, 1975 ; Graen & Cashman, 1975

◆ 수직적 상호 영향관계

리더십 연구 초기에는 리더의 영향력을 리더로부터 부하에게 전달되는 하향적 방향으로만 생각하였다. 그러나 부하가 리더에게 영향력을 행사하는 상향적 방향도 가능하다. 이렇듯 리더의 행동이나 리더의 특성 등 리더 자체에 초점을 둔 그동안의 이론들에 비해서 수직적 양자연계이론(Vertical Dyadic Linkage Theory : VDL)은 리더와 부하의 상호작용에 관심을 두고 이들 관계에서 어떻게 리더십이 이루어지는가를 설명한다.

이러한 VDL이론을 리더-부하 교환이론(Leader-Member Exchange Theory : LMX theory)이라고도 한다. 리더와 부하관계는 리더가 부하 각각에 대하여 다른 관계를 형성하기 때문에 리더와 부하 전체와의 관계가 아닌 부하 하나하나와의 일대일 관계라 말할 수 있다. 이 이론은 리더가 부하와 가지는 상호적 양자관계 과정에서 드러나는 상호적 영향관계에 초점을 둔다.

◆ 내집단과 외집단

대부분의 조직에서 여러 명의 부하를 둔 리더는 부하들을 내집단(in-group)과 외집단(out-group)으로 구분하여 각 집단에 따라 각기 다른 관계를 발전시켜나간다. 즉 소수의 믿을 만한 부하는 내집단으로 구분하여 중요한 의사결정에 참여시키고 책임도 그만큼 더 많이 부여하며 중요 정보도 많이 알려주고 임금인상 및 보너스 지급, 경력개발 등 다양한 대우를 해준다. 내집단의 부하도 외집단보다 직무와 조직에 더 몰입하며 리더에게 끊임없이 충성을 한다.

이에 비해 외집단에 속하는 부하는 내집단에 속한 부하와는 전혀 다른 리더-부하관계를 형성한다. 리더는 부하를 믿지 않으며 주로 강압적 방법이나 권위를 앞세워 지시와 명령을 내린다. 부하 또한 피동적이며 리더에게 적극적으로 충성할 필요를 느끼지 않는다.

| 도표 8-1 | 내집단과 외집단 관계

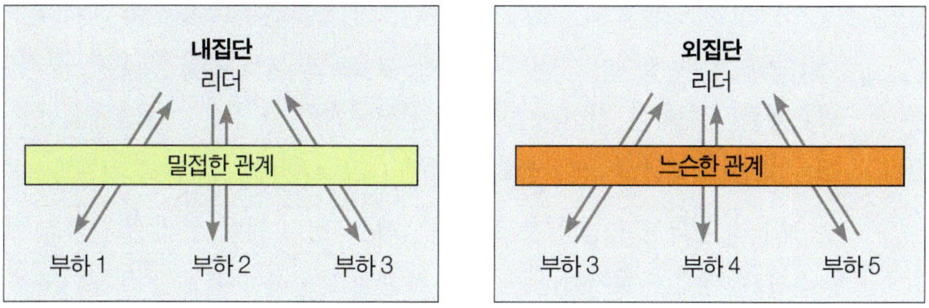

Northouse, P. G. (2004). *Leadership: Theory and Practice (3rd Edition)*. London: Sage Publications Ltd. p.150.

LEADERSHIP STORY 8.1 | 공자의 상호적 리더십

어느 날 공자의 제자 중 한 사람인 자로가 공자에게 질문을 했다. "선생님, 좋은 생각이 떠오르면 곧바로 실행해야 합니까?" 그러자 공자가 답했다. "아니다. 좀 더 깊이 생각해보고 나서 여전히 좋다고 생각되면 그때 실행하여라." 그런데 잠시 후에 또 다른 제자인 염유가 공자에게 똑같은 질문을 했다. "선생님, 좋은 생각이 떠오르면 어떻게 해야 합니까? 곧바로 실행에 옮겨야 하나요?" 공자가 답했다. "좋은 생각이 떠오르면 당연히 곧바로 실행해야지." 그러자 옆에 있던 자화라는 제자가 이상히 여겨 공자에게 질문을 했다. "선생님, 왜 자로와 염유가 똑같은 질문을 했는데 각각 다르게 대답하십니까?" 그러자 공자는 다음과 같이 말했다. "자로는 성격이 급해서 매사에 신중히 하라고 그렇게 답한 것이고, 염유는 지나치게 신중하고 주저하기 때문에 과감하게 실천하라는 뜻으로 그렇게 답해준 걸세."

(1) 교환관계의 초기이론

리더십을 상호관계 측면에서 바라본 초기 연구자의 근본적인 취지는 리더와 부하들이 너무 멀리 떨어진 채로 각자 움직이고 있는데 효율성을 위해서는 리더와 부하 양자의 교환관계라는 측면에서 바라보아야 한다는 것이었다. 이는 다시 말해서 리더십과 관련한 부하의 역할이 그동안 무시되었거나 강조되지 못했다는 점을 일깨워주면서, 리더는 부하의 핵심역량과 능력수준, 그리고 부하가 리더를 신뢰하고 의존하는 수준에 따라서 멤버들을 분리하고 각 그룹별 수준에 맞추어 각기 다른 리더십을 행사하는 것이 좋다는 의미이다. 즉 부하그룹별로 각기 다른 리더-부하관계를 유지하는 것이 효과적이라는 뜻이기도 하다. 그러면서 시간의 흐름에 따라 교환관계의 수준을 낮추거나 높이기도 한다면 더욱 바람직한 일이라고 한다.Graen & Cashman, 1975

◆ 높은 교환관계의 형성

리더는 신뢰할 만한 소수의 부하에게 지원자, 자문역, 부관, 비서, 고문, 심지어는 분신(分身) 등의 자격을 주고 그들과는 질 높은 교환관계를 가진다. 부하와 질 높은 교환관계를 유지하는 리더는 그 대신 심복에게는 더 많은 복지후생과 임금인상과 승진의 기회를 제공한다. 이러한 유형적인 보상 이외에도 개인적 칭찬과 인정, 미래에 대한 보장을 약속한다. 그들은 보통의 부하보다 더 많은 헌신과 노력을 했기 때문이다. 높은 교환관계를 설정한다는 것은 친밀하고 빈번한 관계를 뜻하기도 하지만 결국은 리더 자신이 부하로부터 최선의 지원을 받기 위함이다. 결과적으로 리더는 그들에게 더 고난도의 과업을 맡기며 더 많은 책임과 권한을 위임하고 더 많은 정보를 공유함으로써 종국적으로 다른 조직에서 못 하는 높은 조직성과를 얻을 수 있다. 다른 조직은 그 정도로 노력하는 헌신적 부하를 가질 수 없기 때문에 평범한 업무만 처리하고 중간 정도의 성과에 만족할 뿐이다.

리더의 이러한 높은 지원이 확실할수록 부하는 리더에게 더 많은 추종과 헌신을 제공할 것이다. 즉 부하는 더욱 열심히 일할 것이며 리더가 지향하는 조직목표에 더 몰입하고 리더의 관리감독 임무까지 도와주려고 할 것이다. 이처럼 주고받는 반복적인 교환 사이클로서의 관계 강화를 통해서 리더와 부하의 교환관계는 시간의 흐름에 따라 더욱 견고해지며 부하의 충성심과 리더의 지원은 더욱 강화된다.

LEADERSHIP STORY 8.2 | 애플의 성공비결

만약 애플에 스티브 잡스와 같은 천재가 한 명 더 있었다면 애플은 지금보다 두 배나 더 성공했을까? 그 해답은 정반대보다도 못하다이다. 즉 기발한 아이디어는 많지만 자취를 감춘 수많은 벤처기업 중의 하나로 사라졌을 것이란 말이다. 그 대신 자유롭고 창의적인 스티브 잡스 옆에는 항상 엄격성과 효율을 중시하는 티모시 쿡(Timothy Cook : **사진 왼쪽**)이 있었다. 매일 새벽 4시 반에 이메일을 발송하고 매주 일요일 저녁에 다음 주 계획을 전화로 논의하는 근면함을 보인 그는 스티브 잡스와 전혀 다른 유형의 인간이었다. 이러한 '환상의 궁합'이 오늘의 애플을 만든 것이다. 많은 성공기업의 경영진은 환상의 궁합으로 이루어졌다. 나이키의 빌 보워먼과 필립 나이트, 스타벅스의 하워드 슐츠와 오린 스미스, 캘빈 클라인의 캘빈 클라인과 배리 슈워츠는 전혀 이질적인 사람 간의 만남이었으며 이것이 시너지 효과를 발휘한 것이었다. 동일한 천재 100명이 있어도 한 사람의 천재와 다를 바가 없다. 하지만 창의성과 혁신은 다양성에서 출발한다. 대기업의 경영진에게는 별로 알려지지는 않았지만 꼼꼼하게 집안 살림을 챙겨준 안주인들이 있었고, 그랬기에 그들의 아이디어와 실행이 균형을 이루어 성공에 이를 수 있었던 것이다. 그러므로 훌륭한 리더는 자신과 비슷하거나 자기 마음에 맞는 사람만 In-group 멤버에 넣지는 않는다. 리더와 여러 가지 관점에서 다른 특성을 가진 사람과 높은 상호관계를 가지는 것은 훌륭한 지원자를 얻는 것이다.

◆ 리더가 받는 혜택

높은 교환관계로부터 리더가 얻는 혜택은 많다. 리더의 업무단위가 상당한 주도권을 필요로 하거나 성공적 완수를 위해 멤버의 피나는 노력이 필요할 경우 높은 관계를 가진 부하가 아니라면 리더는 뜻을 이루지 못할 것이다. 즉 리더가 모든 부하와 똑같은 평범한 수준의 관계를 가진다면 아무도 피나는 노력을 하지 않고 적당한 노력만 제공할 것이며 그렇게 되면 리더는 난이도 높은 과업에 달성하지 못한다. 그러나 리더에게 전력을 다할 내집단(in-group) 멤버가 있다면 그들의 지원을 받아서 극히 어려운 과업을 달성할 수 있는 것이다.

반대로 부하의 헌신과 몰입이 별로 필요치 않은 과업을 맡은 리더라면 내집단 멤버가 있더라도 별로 혜택을 얻지 못할 것이다. 왜냐하면 평범한 부하의 평범한 노력으로도 해낼 수 있기 때문이다. 그러므로 집단의 업무가 모두 평범한 일이어서 많은 시간과 에너지를 필요로 하지 않는 경우에는 리더-부하의 특별한 교환관계가 리더에게 별 가치가 없다. 이럴 경우에는 애써서 부하를 구별하면서 차별대우할 필요도 없다. 그러나 어떤 조직이든 업무마다 리더에게 요구하는 노력과 능력의 수준이 동일하지 않기 때문에 대부분의 리더는 부하를 내집단과 외집단으로 구별하여 질이 다른 교환관계를 가지려고 한다.

◆ 낮은 교환관계

낮은 교환관계는 리더와 부하의 상호적 영향력이 상대적으로 낮다. 극단적으로 서로 무관심한 채 규정상 주어진 대로 피동적으로 과업을 처리하고 규정대로 보상한다. 즉 리더가 부하에게 미치는 영향력도 약하고 부하도 리더에 대한 충성과 헌신이 약하다. 부하가 능력도 약하고 충성과 헌신이 부족할 것 같으면 그러한 대부분의 부하들을 외집단(out-group)으로 분류하여 리더는 그들에게 최소한의 수준으로만 대한다. 빈번한 의사소통과 친밀한 관계를 형성하기 위해 노력하지 않고 그저 평범한 리더가 평범한 부하를 대하듯이 일상적인 관계를 가지는데 이를 낮은 교환관계라고 할 수 있다. 그렇다고 부하의 최소 요구마저 안 들어준다면 오히려 리더에게 협조가 줄어들고 저항할 수도 있으므로 그들의 요구는 적당히 맞춰주어야 할 것이다. 부하의 특별한 몰입과 헌신을 요구하지 않는 대개의 집단 업무는 이들에 의해서 수행되고 보통의 업적을 내고 마무리된다. 이때에는 리더가 부하와 교환관계를 높이려고 특별한 노력을 하지 않는다.

(2) 교환관계의 수정이론

리더-부하 교환관계 이론과 관련된 수정이론은 리더와 부하 양자의 관계가 세 단계의 발전과정을 거친다고 설명하는데 이를 리더-부하관계의 발전사이클 모델(life cycle model)로 묘사하고 있다.Graen & Sacndura, 1987 ; Graen & Uhl-Bien, 1991

◆ 1단계 : 시험단계

초기의 리더-부하관계는 리더와 부하가 서로의 동기, 태도, 잠재적인 능력과 자원, 그리고 상호 간 설정된 역할에 대한 기대치의 크기를 산정해보고 나서 이를 기초로 관계형성 행동을 시작한다는 것이다. 이러한 행동은 우리의 일상생활에서도 어느 정도 통용되는 것과 마찬가지이다. 계산적이고 정치적인 사람일수록 친구를 사귈 때에도 그런 행동이 엿보인다. 리더와 부하의 관계는 공헌과 보상이라는 것이 애초부터 밑바탕이 되어 있기 때문에 더욱 그렇다.

이 단계를 초기 시험단계라고 할 수 있다. 그런데 어떤 리더-부하관계는 이러한 초기단계를 넘지 못한다. 왜냐하면 어느 한쪽 혹은 양쪽 모두 상대방이 자기 기대나 가능성에 못 미칠 것이라고 예측되면 외면해버리기 때문이다. 예를 들면 리더 입장에서 어떤 부하를 보니 역량은 많은데 충성이 부족할 것 같거나 부하 입장에서 리더를 보니 자신이 아무리 충성을 해도 자기를 승진시켜줄 위치에 있는 것 같지 않다면 상대방과의 관계를 더욱 공고히 하려는 노력을 보이지 않을 것이다. 그러나 이 단계에서는 리더나 부하들이나 서로 상대방의 가치를 파악하기 위해 매우 분주하게 상대를 관찰하고 시험해볼 것이다.

◆ 2단계 : 성장단계

만일 두 번째 단계로 진행된다면 교환관계의 배열은 어느 정도 정착되고 세련되어진다. 그리고 상호 신뢰, 권한위임, 충성, 존경 등의 행동이 교환된다. 이때에는 리더와 믿을 만한 부하 사이에 주로 개인적 교환이 빈번할 것이다. 예를 들면 친절하게 도와주고 존경과 충성심을 보이며 서로의 관계를 공고히 하는 데에만 치중하여 집단의 과업달성이라는 주 관심사는 뒤로 밀리는 수도 있으며 어쩌면 사적인 관계 형성에 더 많은 시간과 노력을 기울일지도 모른다.

◆ 3단계 : 성숙단계

교환관계가 계속 진전된다면 성숙단계에 이른다. 이때에는 리더나 부하나 각각 자기의 관심사항에 뜻을 두고 상대방을 대한다. 즉 리더는 과업의 완수가 목표이고 부하는 보상과 승진 등 자원획득이 목표이다. 이를 바탕으로 교환행동이 이루어지다 보니 교환관계는 업무단위에서의 목표와 사명에 대한 몰입으로 진전된다.

이와 관련하여 10장에서 배울 두 형태의 리더십을 먼저 소개하자면 다음과 같다. 거래적 리더십은 부하나 리더나 서로가 상대방에게서 얻을 것이 있어야 그것을 기대하고 상대에게 무엇인가를 건네준다. 즉 리더의 보상과 부하의 공헌이 거의 동일한 양으로 거래되는 것이다. 리더와 부하의 이러한 거래적 행동은 유치한 수준이지만, 성숙단계의 리더-부하 교환행동은 거래할 아무 조건 없이 헌신하고 지원하는 변혁적 리더십이다. 구태여 구별하자면 세 번째 성숙단계의 교환관계에서 리더가 펼치는 리더십은 변혁적 리더십이며 초기 시험단계에서 보이는 리더십은 거래적 리더십의 개념으로 생각할 수 있다.Graen & Uhl-Bien, 1991

LEADERSHIP STORY 8.3 | **우수한 민족**

한국 사람들은 일본인과 중국인에 대해 많이 알고 있다. 그리고 그들이 우리 기업에 많은 영향을 미칠 것이라는 사실도 안다. 하지만 글로벌시대에 유대인의 영향이란 중국인과 일본인에 비할 바가 아니다. 성경과 탈무드를 안다고 유대인을 안다고 할 수 없다. 세계 경제를 주름잡고 있는 민족은 중국인도 일본인도 미국인도 아닌 유대인이다. 세계 인구의 0.2% 정도인 1,300만의 유대인이 노벨상의 30%를 차지하고 미국 유명대학 교수의 60%를 차지한다. 과학과 교육뿐만 아니라 금융, 영화, 언론 등 모든 분야의 중심에는 유대인이 숨어 있다. AP, UPI, AFP, 로이터, 뉴욕타임스, 월스트리트저널, NBC, BBC, ABC, 20세기폭스사, MGM, 워너브러더스, 유니버셜 등 언론, 문화, 예술은 물론 액슨모빌, 스탠더드오일, 걸프, 텍사코 등 세계 에너지도 유대인 자본이다. 미국 100대기업의 40%가 유대인 자본이며 미국과 파리의 보석거래소는 모두 유대인 소유로 보면 된다. 폴슨 골드만 삭스 회장, 연방준비은행 의장 그린스펀, 조지 소로스, 그린버그 AIG 회장 등 일일이 거론할 필요가 없다. 맨해튼에 수십 층짜리 빌딩 수십 개를 소유하고 월스트리트 증권가를 흔드는 보이지 않는 손은 유대인의 손이다. 숨어 있는 유대인 부자들에 비하면 빌 게이츠나 워런 버핏은 가난뱅이이다. 그들을 모르고 글로벌 경영을 운운하고 세계 금융의 흐름을 전망하는 것은 코끼리 코털 만지기에 불과하다. 글로벌 경영을 꿈꾼다면 지금부터라도 유대인의 속성과 현상을 배워야 한다. 그들의 영향력은 지금도 세계 도처에서 지속적으로 위력을 발휘하고 있기 때문이다.

(3) 교환관계 수준의 측정

앞에서 우리는 리더와 부하 간의 높고 낮은 교환관계에 대해 알아봤는데 교환관계의 질(수준)을 정확하게 판단하는 것은 부하에게나 리더에게나 매우 중요한 일이다. 리더는 이를 제대로 평가하고 판단할 수 있어야만 내집단과 외집단의 구별과 대응행동을 선택할 것이고 부하 역시 자신이 리더와 갖고 있는 관계의 질이 어떤지 알아야 리더를 상대하는 행동을 조정하면서 조직활동을 할 수 있기 때문이다.

교환관계의 질을 측정하는 방법은 지금까지 매우 다양하게 연구되어왔다. 상호신뢰, 존경, 영향, 지지, 충성 등으로 교환관계의 질이 높은지 낮은지 측정할 수 있지만 때로는 다른 측면, 예를 들면 리더와 부하가 논의하고 협상하는 사안의 종류와 범위, 리더의 부하에 대한 영향력의 크기, 리더의 비전과 목표에 관해 부하가 공유하고 있는 정도 등을 측정대상에 포함하면 더욱 정확한 판단이 가능할 것이다.Schriesheim, Castro, & Cogliser, 1999

LMX에 관한 열다섯 개의 측정대상은 초기 이론이 제기되었을 때부터 사용되었다. 그 이전에는 LMX 관련 연구도 없고 따라서 메타분석에 이용할 종합적 연구결과도 없었던 것이다. 그러나 최근에는 이와 관련한 연구들이 많아지고 측정방식별로 효과도 어느 정도 입증되었기 때문에 LMX수준을 측정하는 필수 항목을 요약하여 LMX-7으로 정리해놓았다(도표 8-2 참조).

| 도표 8-2 | 리더-부하 교환관계 수준의 측정항목

1. 귀하의 리더는 귀하의 직무문제와 욕구를 얼마나 잘 파악하고 있는가?				
전혀 아니다	조금 그렇다	보통	어느 정도	많이 그렇다
2. 귀하의 리더는 귀하의 잠재력을 얼마나 잘 인지하고 있는가?				
전혀 아니다	조금 그렇다	적당하게	주로 그렇다	완벽하다
3. 귀하는 리더와의 업무관계를 어떻게 특징지을 수 있는가?				
매우 비효율적	평균 이하	평균	평균 이상	매우 효율적
4. 귀하의 업무에서 귀하의 리더가 문제해결을 도와주는 기회는?				
전혀 없다	조금	중간 정도	많다	매우 많다

어떤 연구에서는 LMX 차원을 몇 개로 나누어서 차원별로 따로 측정하기도 한다. 물론 측정하는 설문항목은 차원별로 다르다.Liden & Maslyn, 1998 ; Schriesheim, Neider, Scandura, & Tepper, 1992 이러한 다차원 척도들이 단일척도에 비해 더 낫다는 것은 아직 입증되지 않았지만 다차원 척도가 많이 권장되는 편이다. 그러나 리더와 부하 모두를 조사대상으로 해서 리더와 부하 양측으로부터의 상호 인식을 바탕으로 측정된 LMX 연구는 매우 적다.Deluga & Perry, 1994 ; Liden, Wayne, & Stilwell, 1993 ; Phillips & Bedeian, 1994 만약 리더와 부하 관계의 질이 정말 중요하다면 리더와 부하 양측의 인지도를 측정하여 서로 일치하는지의 여부를 판단한 다음에 그 수준을 파악하는 것이 합리적일 것이다.

2 부하에 대한 리더의 귀인행동

부하의 중요성이 강조되는 상황에서 귀인이론이 중요한 역할을 한다. 이와 아울러 팔로워십이라는 용어까지 등장했다. 여기서는 귀인의 의미, 리더의 부하에 대한 귀인, 귀인에 영향을 미치는 요인들, 내부귀인과 외부귀인의 결과에 따라 리더십 관련 상대방(리더 또는 부하)에 대한 판단이 어떻게 달라지는지 등을 공부하려 한다.

(1) 귀인과 팔로워십

리더십 행동에 상황의 중요성이 강조되고 따라서 부하의 중요성도 강조된다. 이와 관련해서 리더가 부하를 어떻게 평가하고 판단하는지가 중요하게 되었다. 왜냐하면 그것이 리더의 리더십 행동에 지대한 영향을 미치기 때문이다. 귀인 또는 귀속의 의미부터 알고 시작하자.

◆ 귀인

리더가 부하를, 또는 부하가 리더를 어떻게 평가하는지는 리더-부하관계에서 중요할 수밖에 없다. 예를 들면 리더는 부하가 충성을 보이는지 게으른지를 평가하고 부하들은 리더가 독재적인지 자기에게만 잘해주는지를 판단하면서 서로 관계를 갖는다. 이 판단이 서로의 관계의 질을 만들어가는 데 중요한 역할을 할 것이다. 그런데 리더나 부하나 상대방의 행동을 보면서 눈에 보이는 그대로 보지 않고 그 원인을 추리하여 생각한 후에 그를 평가한다. 이때 귀인(attribution : 歸因, 귀속[歸屬])이란 상대방이 하는 행동의 원인을 자신이 추리한 쪽으로 돌리는 행위이다. 그런데 이때 상대방이 하는 행동의 원인을 어디에 귀속시키는지에 따라 그에 대한 판단이 내려진다. 장발장이 나쁜 성격 때문에 빵을 훔쳤다며 성격 탓으로 돌리는 것보다 미리엘 신부가 했듯이 열흘이나 굶은 탓으로 원인을 귀속시키면 그에게 동정이 간다. 장발장을 부하로 보고 미리엘 신부가 리더라면 장발장에 대한 평가는 장발장의 행동이 결정하는 것이 아니라 리더의 귀속 행동이 결정한다. 즉 귀인행동이 리더-부하관계에서 중요한 역할을 하는 것이다.

◆ 리더십 귀인이론

리더와 부하의 상호관계에서 우선 부하에 대한 리더의 태도는 부하의 능력, 충성심, 태도와 행동 등에 따라 결정될 것이다. 그러나 사실 자세히 보면 리더가 부하의 능력과 행동을 어떻게 지각하고 판단하는지에 달렸다. 즉 부하가 얼마나 능력이 있는지와 그를 믿을 수 있는지에 대한 평가는 부하의 손에 달린 것이 아니라 리더의 손(귀인, 귀속)에 달렸다는 것이다. 극단적으로 부하가 아무리 근면하고 충성을 하더라도 그 열의와 정성이 리더의 눈에 달리 해석된다면, 혹은 리더가 부하를 의심한다면 부하는 억울하게도 좋은 평가를 받지 못한다. 또는 부하가 아무리 많은 노력을 해서 좋은 업적을 내어도 리더가 그것을 우연한 운 때문에 발생한 것으로 귀속시킨다면 부하에 대한 판단은 좋지 못할 것이다. 이처럼 부하 행동의 원인을 어디에 귀속시키는지에 따라 리더의 부하인식이 결정되는 것을 리더십 귀인이론이라고 한다.Green & Mitchell, 1979 ; Martinko & gardner, 1987 ; Mitchell, Green, & Wood, 1981 ; Wood & Mitchell, 1981

LEADERSHIP STORY 8.4 | **함께 일하고 싶은 부하는?**

① 상사의 단점까지도 커버해주는 부하
② 불평 · 불만을 속시원히 털어놓는 부하
③ 말보다 행동을 우선하는 부하
④ 실수를 인정하고 상사에게 조언을 구하는 부하
⑤ 상사의 말에 장단을 맞추어줄 줄 아는 부하
⑥ 일을 스스로 찾아서 하는 적극적인 부하
⑦ 정시에 출근하는 부하
⑧ 여유와 유머가 있는 부하
⑨ 책임을 피하지 않는 부하
⑩ 자기 분수를 지키는 부하

(2) 부하에 대한 리더의 귀인 단계

리더라면 자기 부하가 낮은 업적을 냈을 때 어떻게 반응할까? 리더가 부하의 업적을 보고 나타내는 반응은 두 단계를 거친다.Green & Mitchell, 1979

- 1단계(귀인행동) : 우선 첫 단계는 리더가 부하의 낮은 업적에 대해서 "왜 업적이 낮게 나왔을까?" 하고 그 원인을 추측하든지 찾으려 할 것이다.
- 2단계(반응행동) : 다음 단계로 리더는 그 원인에 따라 부하에게 반응할 것이다.

중요한 것은 1단계인 귀인의 단계이다. 부하가 잘한 일이든 못한 일이든 그 원인을 부하 자신의 탓으로 돌리느냐 아니면 부하가 아니라 주변의 여건 탓으로 돌리느냐에 따라 평가가 정반대로 이루어질 수 있다. 그러므로 내부귀인을 하는지 외부귀인을 하는지의 여부는 귀인의 결과, 즉 부하에 대한 평가에 중대한 영향을 미친다고 할 수 있다.

◆ 외부귀인과 내부귀인

리더가 부하의 낮은 성과의 주요한 원인을 과업의 난이도가 극히 높았고 회사의 지원이 부족했고 자원과 정보가 불충분했던 데 둔다면, 즉 실패의 탓을 부하의 외부문제로 돌린다면 이를 외부귀인이라고 한다. 그러나 부하의 실패를 부하의 노력이나 능력이 부족해서 그랬다고 부하의 내적 문제로 탓을 돌린다면 내부귀인을 한 것이다. 이때 말할 필요도 없이 리더가 부하의 실패를 외부귀인한다면 부하를 나쁘게 보지 않을 것이요, 내부귀인한다면 부하에 대한 나쁜 인상을 갖게 될 것이다.

◆ 리더는 언제 외부귀인하며 언제 내부귀인하는가?

그렇다면 리더는 언제 부하행동에 대해 외부귀인을 할까? 부하가 낮은 업적을 냈다고 가정하고 리더가 낮은 업적의 원인을 부하에게 돌리지 않고 외부 탓을 하는 경우는 주로 다음과 같은 상황에서이다.

- 부하가 과거에는 낮은 성과가 별로 없었을 때
- 부하가 다른 과업에 대해서는 모두 성공적으로 수행할 때

- 유사한 상황에서 부하가 혼자가 아니라 다른 사람과 일을 할 때
- 실패의 결과가 그리 심하지 않고 미미한 것일 때
- 부하의 실패를 부하 탓으로 돌리면 리더 자신이 불리할 때
- 부하가 사과 혹은 변명을 하여 외부원인을 규명할 때

그 밖에도 부하의 업무를 과거에 자신이 직접 해본 경험이 있는 리더는 다른 리더보다 더 외부귀인을 하는 경향이 있는데 이는 자기가 해봐서 외부 상황을 너무 잘 알고 있기 때문이다.Crant & Bateman, 1993 ; Mitchell & Kalb, 1982

그리고 외부귀인인가 내부귀인인가의 문제에는 리더의 성격도 많이 작용한다. 예를 들어 리더가 내부통제 위치(internal locus of control)의 성격을 가졌다면 부하의 성공이나 실패의 원인을 모두 부하 자신의 탓으로 돌리려는 경향이 많을 것이다.Ashkanasy & Gallois, 1994

그런데 내부귀인을 하는지 외부귀인을 하는지는 리더가 부하의 과업실천 과정에서 어떻게 리드했는지와도 관련이 있다.Dugan, 1989 ; Offerman, Schroyer, & Green, 1998 ; Trahan & Steiner, 1994 예를 들어 부하가 과업을 수행할 때 리더 자신이 많은 지시와 지도를 했는데 실패했다면 자신도 책임감을 느끼기 때문에 부하 탓으로 돌리지 않고 외부귀인을 할 것이다. 그러나 전혀 상관하지 않고 내버려 둔 리더라면 일이 잘못됐을 때 부하의 탓으로 내부귀인을 할 것이다. 이처럼 리더가 부하에게 더 많은 자원을 제공하거나, 장애를 극복하는 데 도와주었거나, 더 나은 정보를 제공했다면 부하의 실패에 대해 외부귀인을 한다.

◆ 귀인 후 리더의 반응행동

만일 그럼에도 불구하고 부하 때문에 실패했다고 판단되면, 즉 내부귀인이 이루어진다면 리더는 부하의 능력부족이나 노력부족으로 생각한 것이기 때문에 다음에는 철저한 감독과 지시를 하며 부하의 업무를 세심하게 모니터링하거나 부하를 다른 부서로 이동시켜 더 쉬운 직무에 배정할 것이다. 또는 과업실패에 대해 부하의 노력과 책임성의 부족으로 내부귀인을 하게 되면 리더는 직접적 · 간접적 자문을 추가하거나 경고 혹은 처벌을 하고 더 밀접하게 감시한다.

리더의 귀인은 부하의 업적평가와도 매우 밀접한 관련이 있다. 대개의 리더는 부하에 대한 인사평가 권한을 갖고 있는데, 높은 업적에 대해 부하의 내부요인 탓으로 소

위 내부귀인을 하면 부하에게 좋은 점수를 주겠지만 외부귀인을 한다면 부하에게 특별히 유리한 점수를 주지는 않을 것이다. 한편 업적이 나쁘게 나온 경우라면 내부귀인과 외부귀인은 앞에서의 경우와는 반대로 작용하여 부하에게 평가점수도 반대로 주어지게 된다.

결론적으로 부하에 대한 리더의 반응과 태도는 부하들이 직접 결정하는 것이 아니라 리더 자신의 귀인행동에 의해 결정된다는 주장에 많은 연구자들이 동의한다.Martinko, Harvey, & Dougls, 2007 그러므로 리더가 부하행동에 대한 귀인을 정확히 하는 것이 얼마나 중요한지를 알 수 있다.

리더십 카툰

"그 사과는 따 먹지 말랬잖아!"
"우리 때문이 아닌데, 뱀이 먹어보래서 먹었을 뿐인데…."

나의 행동의 원인도 잘 모를 때가 있는데 과연 우리는 부하로서 혹은 상사로서 상대방 행동의 원인을 정확하게 찾아낼 수 있을지, 방해요인은 무엇이며 이를 최소화하고 정확하게 추측하는 방법으로 무엇이 있을지 등을 생각해보자.

(3) 교환관계 수준에 따른 귀인행동 차이

귀인의 측면에서 본다면 리더가 부하와 낮은 교환관계를 가지는 것은 여러모로 좋지 않다.Lord & Maher, 1991 교환관계의 수준이 높은지 낮은지에 따라서 리더가 부하행동을 해석하는 방식이 다르기 때문이다. 즉 리더-부하 교환관계의 수준이 부하행동에 대한 리더의 귀인에 영향을 미치는 것이다.

◆ 내집단과 외집단의 업적평가비중 차이

예를 들면 리더가 부하업적을 평가할 때 자기와 높은 교환관계를 가지고 있는 부하의 업적에 대해서는 그리 신랄하게 평가하지도 않고 대충 모두 믿기 때문에 '알아서 했겠지'라고 판단한다.Duarte, Goodson, & Klich, 1994 ; Heneman, Greenberger, & Anonyuo, 1989 반면에 낮은 관계를 가지는 부하의 성과를 평가할 때에는 관심이 많다. 왜 올랐는지 왜 떨어졌는지 이리저리 원인을 캐어보고 따지려 든다.

◆ 내집단과 외집단의 원인귀속 차이

나아가서 부하의 업적에 대해 원인을 귀속시킬 때에도 높은 교환관계 집단(in-group)과 낮은 교환관계 집단(out-group)에 각각 소속된 부하의 업적에 대해 그 원인을 다르게 귀속한다. 즉 내집단 멤버의 실패에 대해서는 외부귀인을 하고 외집단 멤버의 실패에 대해서는 내부귀인을 한다. 그리고 내집단의 성공은 내부귀인을 하고 외집단의 성공은 외부귀인을 하는 것으로 나타났다.

(4) 부하의 실패에 대한 리더의 수정대책

부하의 실적부족(실패)을 수정해주는 것은 리더에게는 어려운 일이지만 매우 중요하다. 그렇지만 부하는 리더의 개선권고나 충고와 비판에 대하여 무조건 방어적 경향을 보인다. 자존심의 위협을 받는다고 생각하기 때문이다. 그래서 많은 리더가 부하의 낮은 성과나 적절하지 못한 행동을 못 본 척하고 그냥 지나쳐버리려고 한다. 자기와 부하 간의 교환관계의 질과 수준이 떨어지거나 상호신뢰와 존경이 퇴색되는 것을 피하고 싶기 때문이다. 그러나 개선을 위한 수정적인 피드백을 부하에게 해주는 것은 부하의 경력과 능력향상을 위해 반드시 필요하다. 도표 8-3 의 지침은 부하의 실패에 대하여 처벌을 줄이는 대신 실패 원인을 해결하고 부하와의 의사소통을 향상시키는 방법이다. 그럼에도 불구하고 대개의 리더들은 부하의 실패나 잘못에 대하여 면전에서 정확하게 지적해 주지도 못하고 눈을 감아버리는 경우가 많다.

| 도표 8-3 | 부하의 성과부족을 수정하는 지침

성과문제에 대한 정보수집	원인귀속 오류를 피하는 노력
즉각적인 수정 피드백 제공	비효율적인 행동의 부정적 영향에 관한 설명
부적절한 성과에 대한 원인의 상호규명	관련인사에게 제안된 대책 요구
특정한 활동 단계에 관한 합의	토론의 요약과 합의의 증명

LEADERSHIP STORY 8.5 때를 놓치면

삼성그룹의 창업주인 고(故) 이병철 회장이 생전에 털어 놓았던 후회의 에피소드가 있다. 잘못을 저지른 한 부하를 관용으로 그냥 넘겨버렸더니 20년 후에 그 한 사람 때문에 200명의 사원을 퇴사시키게 되더라는 얘기이다. 그때 차라리 눈감아주지 말고 따끔하게 충고하거나 퇴사를 시켰더라면 20년 후에 200명을 무사히 건질 수 있었는데, 후회한들 이미 늦었더라는 것이다. 호화여객선 센트럴 아메리카(Central America)호가 대서양을 횡단하던 중 갑작스런 폭풍우를 만나 기관실에 고장이 발생했다. 마침 그 옆을 지나던 군함이 이 사실을 알고 다가와서 함장이 여객선의 선장에게 일단 승객을 군함에 옮기는 것이 좋겠다고 말했다. 그러나 선장은 한참 망설이다가 함장에게 수리해 볼 시간을 달라고 했다. 승객들에게 괜한 두려움을 주는 것 같고 10여 년 함께한 배를 포기하기가 어려웠던 것이다. 그래서 군함은 그냥 가버릴 수밖에 없었다. 여객선의 선장은 기관고장을 수리하려고 긴 시간을 허비했다. 선장이 고장수리를 포기하기로 결정했을 때는 승객들이 옮겨 탈 수 있는 군함이 가버리고 없었다. 결국 다음 날 새벽에는 배도 승객도 더 이상 보이지 않았다. 한참 지난 다음에 통제하려 해도 이미 때를 놓치는 경우가 많다. 잘못되는 날에는 호미로 막을 것을 가래로 막는 꼴이 되고 만다.

3 리더에 대한 부하의 귀인행동

지금까지 우리는 부하행동에 대한 리더의 지각과 귀인만을 논의했는데 여기서는 리더에 대한 부하의 지각과 귀인에 대해 살펴보자. 리더는 부하의 핵심역량에 대하여 귀인하고 지각하며 부하 역시 리더의 핵심역량에 대하여 귀인하고 지각한다.

(1) 부하도 리더를 판단한다

부하 역시 리더의 활동과 업적, 즉 집단의 성과와 업적개선 정도, 그리고 성공과 실패의 책임에 대하여 많은 정보를 사용하여 왜 리더가 성공(혹은 실패)했는지를 평가한다. 심지어 부하 앞에서 리더가 한 행동, 리더가 자기에게 한 행동 등 모두에 대해서 액면 그대로 해석하지 않고 그 원인을 찾아 귀속시킨 후에야 리더의 리더십을 판단한다. 만일 부하가 리더의 좋은 업적에 대해 리더 자신에게서 원인을 찾는다면 그는 더욱 영웅이 되고 명망과 권력을 얻게 된다. 하지만 그 반대라면 억울하더라도 덕망을 잃게 된다. 즉 리더가 권력과 덕망을 얻거나 잃는 것은 리더 자신의 행동보다는 부하가 리더 행동의 원인을 어디서 찾는지에 따라 달라지는 것이다. 아무리 진심 어린 행동을 하여도 부하에게 아첨으로 보인다면 그 리더는 나약한 리더로 평가된다. 그 반대도 마찬가지이다. 결국 극단적으로 영웅은 리더가 아닌 부하가 만드는 셈이다.Calder, 1977 ; Konst, Vonk, & Van der Vlist, 1999 ; Meindl, Ehrlich, & Dukerich, 1985 ; Pfeffer, 1977

그러므로 리더 자신이 어떤 성격을 가졌는지, 어떻게 행동하는지는 덜 중요하고 리더의 행동이 부하에게 어떻게 지각되는지가 중요하다. 즉 리더십은 리더가 아닌 부하가 결정한다. 리더가 부하에게 권한을 위임하고 자율권을 주며 아무리 민주적으로 리드하려고 해도 부하가 리더의 위임행동을 의심하고 자신을 시험해보려는 것이라고 판단하면 그들은 리더에게 물어보고 결정하려 할 것이다. 그러므로 리더가 가지고 있는 지위권력이 커지는 것은 리더의 독재적 성격보다는 부하가 리더를 그렇게 취급하는 외재적 요인 때문이라는 것이다. 즉 리더의 민주적 유형, 독재적 유형마저 리더가 아닌 부하가 결정한다고 할 수 있다.Kipnis, Schmidt, Price, & Stitt, 1981 ; Mcfillen & New, 1979

(2) 리더에 대한 부하의 귀인행동 결정요인

부하는 리더의 업적에 대해 어떻게 지각할까? 여기에는 많은 관련변수가 있다.Awamleh & Gardner, 1999 ; Choi & Mai-Dalton, 1999 ; Ferris, Bhawuk, Fedor, & Judge, 1995 ; van Knippenberg, van Knippenberg, De Cremer, & Hogg, 2004 리더에 대한 부하의 귀인행동이 무엇에 의해 외부로도 되고 내부로도 되는지 알아보자. 귀인을 외부로 하는지 내부로 하는지에 따라서 부하가 느끼는 리더십은 매우 달라질 수 있다.

◆ 리더의 성공/실패에 대한 부하의 귀인차이

우선 리더는 자기 팀이 실패할 때보다는 성공적일 때 부하의 능력 덕으로 내부귀인을 하고 실패할 때에는 외부 탓으로 돌리려는 경향이 있다. 마찬가지로 부하들도 실패

LEADERSHIP STORY 8.6 | **리더십 파도이론**

1996년 2월 러시아 대선 때 거리엔 "차기 크렘린궁의 주인은 대머리"라는 '예언'이 나돌았다. 소련 건국부터 보리스 옐친 당시 대통령까지 역대 크렘린궁의 주인이 한 사람 걸러 대머리였으니 '생머리' 옐친의 후임은 대머리라는 것이었다. 레닌(대머리)－스탈린－후르시초프(대머리)－브레즈네프－고르바초프(대머리)－옐친－푸틴(대머리)으로 이어진 걸 보면 마치 파도타기 같다. 어차피 리더십의 결정이 부하에게 달려 있다면 이렇게 될 수밖에 없다. 몇 년간 대머리에 질린 국민은 생머리를 원하고 생머리가 되면 또 몇 년간 생머리에 질린 국민이 대머리를 원한다는 의미이다. 조직 안에서도 혁신과 안정의 리더, 강함과 부드러움의 리더, 성장과 분배의 리더들이 파도타기식으로 반복될 수 있다. 왜냐하면 한쪽을 중시하다 보면 다른 쪽이 더 중요한 것처럼 보여서 구성원들은 그쪽을 더 원하기 때문이다. 그래서 사람들은 "옛날이 더 좋았어!"라는 말을 자주 한다. 그리고 리더는 항상 부하들의 눈치를 보고 그들의 욕구를 들어주어야 하기 때문에 부하들이 원하는 형태의 리더가 될 수밖에 없다. 즉 리더의 리더십 유형은 리더가 아닌 부하가 결정한다.

레닌 스탈린 후르시초프 브레즈네프

고르바조프 옐친 푸틴 메드베데프 푸틴

할 때보다는 성공할 때 리더의 능력 때문이라고 하고 팀이 실패할 때에는 리더 탓으로 안 돌리고 외부 탓으로 귀인한다. 예를 들면 새로운 공장으로 이전을 하고 갑자기 성과가 증가된다면 사원은 리더에게 신뢰를 보내고 리더 덕으로 돌린다. 만약 공장이전 후에 성과가 낮아져도 리더 탓으로 돌리지 않고 이번에는 외부 탓으로 돌린다. 그 이유는 아마 인간이란 원래 행복추구의 본능과 자존적이고 이기적인 편견을 갖고 있으므로 자신이 좋은 리더와 일하고 있다고 생각하는 것이 행복과 자신감을 높여주기 때문이리라.

◆ 업적변화 여부와 귀인차이

부하의 귀인행동에 영향을 미치는 또 다른 변수는 팀 활동의 결과가 계속 변하는지의 여부이다. 즉 어떤 업무는 항상 일정한 책임만 완수하면 되는 일이 있다. 예를 들면 회계처리업무나 공장의 시설관리이다. 그러나 판매업무나 고객유치 활동은 업적이 오르기도 하고 나빠지기도 한다. 이처럼 업적이 변화하는 판매팀장의 경우는 회계처리팀장이나 시설관리팀장보다 팀 업적에 대해 부하들로부터 내부귀인을 받기 쉽다. 그 이유는 업적변화가 많은 업무는 리더가 잘 리드하면 업적이 오를 수 있다고 생각하지만 업적변화가 없는 업무는 리더가 아무리 잘 리드하더라도 항상 일정하다고 여기기 때문이다. 즉 판매팀의 리더가 업적에 대해 더 많은 책임을 져야 한다고 생각한다.

또한 실제로 회계팀장이나 시설관리팀장보다 판매팀의 리더는 부하와의 교환관계를 더 많이 하고, 더 많이 지시하고 간섭하며 더 많은 신뢰를 얻으려 한다. 매달 매년 판매실적이 바뀌는 것을 본 리더는 다음 달에 잘해보려고 부하들을 독려하고 간섭을 많이 하지만 일 년 내내 업적이 똑같은 시설관리팀의 리더는 이번 달에 더 잘한다고 실적이 갑자기 오를 리 없으므로 부하에게 적극적으로 간섭하고 교환관계를 많이 가지려는 동기가 부여되지 않는다.

◆ 지시적 활동 여부와 귀인차이

어떤 업무는 리더가 일일이 지시해서 되는 일이 있고, 어떤 일은 한 번 지시하고 나면 부하가 알아서 해도 되는 일이 있다. 이때 리더의 지시활동이 많은 업무의 경우 실패하든 성공하든 비지시적인 업무보다는 리더 자신에게 귀속시키는 경향이 있다. 즉 지시적 활동일 때 어떤 위기가 발생하면 부하는 외부 탓이 아니라 리더 때문이라고 생각한다.

그러므로 리더라면 특히 집단의 위기 시에 더 훌륭한 기지를 발휘해야 한다. 부하들은 위기극복의 성공과 실패의 탓을 다른 때보다 더욱 리더 자신의 탓으로 돌리고 외부 탓을 하려 하지 않기 때문이다. 그러므로 리더로서 성공하기 위해서는 비지시적인 업무에 대해 전통적인 지휘봉 역할을 해서 성공하기보다는 지시적인 업무에 더 많은 관심을 가지고 지휘하여 성공으로 이끌어야 부하의 신뢰와 좋은 평가를 얻을 확률이 크다.

◆ 외부상황에 따른 귀인차이

부하는 팀의 실패 혹은 성공의 원인을 찾을 때 리더만 보는 것이 아니라 외부상황에 대한 정보도 고려한다. 따라서 팀이 성공하더라도 외부상황이 우호적일 때에는 부하의 리더에 대한 신뢰도는 그만큼 줄어든다. 또는 팀이 실패하더라도 비우호적인 외부상황일 때에는 리더를 비난할 가능성이 줄어든다. 그러므로 리더 개인의 관점에서만

LEADERSHIP STORY 8.7 | 세계에서 가장 오래된 기업의 CEO는?

일본에는 오래된 회사와 가게가 1만 5,000개가 넘는다. 교토의 도라야 구로카와 제과점은 1,200년이 되었고 히라이조 에이도 약방은 1,000년이 되었다. 세계에서 가장 오래된 기업은 서기 578년에 설립된 일본의 '곤고구미(金剛組) 회사'라고 영국의 〈이코노미스트〉지가 공식으로 인정했다. 결국 이 회사는 지금까지 1,400년 넘게 장수하고 있는 것이다.

유럽에서 가장 오래된 회사인 프랑스 포도주 회사 샤또 드 굴렌(Chateau de Goulaine)의 창립연도(서기 1000년)보다 422년 앞섰다. 업종은 건설업, 그중에서도 사찰이나 성곽을 지어주는 회사였지만 요즘은 아파트와 빌딩 등 현대식 건설사업도 하고 있다. 유명한 오사카 사천왕사도 서기 593년에 이 회사가 지었다. 1995년 고베대지진 때 곤고구미가 지은 계광원도 피해를 입었다. 담장 30m가 무너지고 묘지의 부도탑들이 넘어졌는데 대웅전은 멀쩡했다. 서까래 일부가 뒤틀렸지만 1년 후에 제자리를 찾았다. 그래서 '곤고구미 회사가 건설한 건물이 무너지면 일본이 무너진다'라는 말도 생겨났다. 곤고구미사도 1930년 중일전쟁 때 모든 공사가 중지되는 바람에 대가 끊길 위험에 처했던 적이 있다. 37대 CEO이던 곤고(金剛) 모사이지는 조상님께 부끄럽다고 할복자살했다.

그런데 대지진에도 꿈쩍 않는 수많은 사찰을 건설한 이 회사의 설립자들이 일본으로 건너간 백제의 장인 유중광(柳重光 : 일본명 金剛 重光)을 비롯한 세 명의 장인이라는 사실이 세상에 알려지지 않은 것은 안타까운 일이다. 당시 쇼토쿠 태자는 백제의 건설기술이 앞선 것을 알고 사찰건설기술자를 파견해달라고 요청했다. 통신사와 함께 일본으로 건너간 세 장인 중 유중광은 사찰건립 후 태자로부터 곤고(金剛)라는 성과 함께 많은 혜택을 받고 대대손손 사찰의 건축과 유지보수를 부탁받고 사찰건설 전문업체를 창업한다. 그리고 유씨 가문은 2006년 1월까지 1,400여 년간 그 약속을 지켜오다가 1980년대 버블경제 당시 무리하게 사들인 토지 값이 폭락하는 바람에 2006년 이후 그 소유권이 오사카 중견건설사인 다카마츠(高松) 회사에 합병되어 신(新)곤고구미로 명칭이 바뀌었다.

본다면 조직의 위기 시에 성과가 오를 확률이 더 많다. 왜냐하면 위기탈출에 성공하면 부하가 리더 덕으로 돌리겠지만 실패하면 부하가 리더 탓이 아닌 외부의 다른 요인 탓으로 돌릴 것이기 때문이다.

(3) 암묵적 리더십 이론

이는 부하가 평소 갖고 있는 선입견에 따라 리더에 대한 인상이 형성되고 역시 그에 따라 부하로서 팔로워십(followership)을 발휘한다는 이론이다. 즉 리더가 부하에 대해 어떻게 행동하는가는 별로 중요하지 않고, 부하에게 이미 리더에 대한 선입견과 고정관념이 있기 때문에 리더가 오기 전부터 부하의 마음속에는 리더의 모습이 그려져 있다는 것이다. 결국 부하는 앞에 있는 리더의 지시행동이 아닌 자기 마음속에 이미 그려진 리더의 모습에 의해 움직이는 것이다.

◆ 고정관념의 영향

이미 우리 사회에는 문화적으로나 전통적으로 고정관념이 존재한다. 그러므로 부하가 리더를 평가하고 리더행동을 판단할 때 암묵적으로 리더의 신분과 관련된 고정관념을 사용한다는 것이 암묵적 리더십 이론(implicit leadership theory)이다. 물론 그러한 고정관념은 리더의 행동을 해석하고 귀속시킬 때에도 영향을 미친다.Epitropaki & Martin, 2004 ; Gioia & Sims, 1985 ; Offerman, Kennedy, & Wirtz, 1994

◆ 암묵적 리더십의 예

부하의 마음속에 "나의 리더는 이러이러한 사람이니까 나에게 이렇게 할 것이다" 하고 생각하는 암묵적 리더가 이미 존재한다. 이제부터 부하를 조정하고 리드하는 주체는 부하의 마음속에 있는 암묵적 리더가 된다. 이러한 암묵적 리더십의 예는 다음과 같다.

- 우선 직위가 사장인지 그 이하 직급인지에 따라 리더를 대하는 부하의 태도가 다르다. 이 말은 사장이 누구인지 부사장이 누구인지와는 별개의 문제라는 뜻이다. 즉 사장이 지시한 것은 무조건 사장만의 생각이라고 판단하지만 부사장의 지시는

사장 때문에 할 수 없이 자기에게 시킨 것으로 부하는 판단할 수 있다. 창의적인 부사장이 부임하여 창의적인 아이디어를 아랫사람에게 시키더라도 부하들은 사장의 아이디어를 부사장이 심부름한다고 믿는다. 전무가 만든 아이디어를 사장이 말해도 사장 것이라고 믿는다.

- 회사의 리더는 좀 민주적이지만 군대의 장교는 매우 엄하고 독재적이라는 선입견이 있다. 따라서 군대의 한 리더가 아무리 민주적으로 부하를 대하려 해도 부하 군인들은 상사에게 아무것도 건의를 못하고 상사의 지시대로만 움직이려는 태세이다.
- 상황적으로 위기 시에는 누구나 리더의 말을 따르려고 하지만 평화 시에는 리더의 말을 비판하기도 한다. 왜냐하면 평소 리더가 급하고 독자적으로 움직인다고 생각하고 있기 때문에 위기 때에는 아예 아무런 건의를 하지 않고 리더의 말에 토를 달지 않는다.
- 리더가 남자인지 여자인지에 따라서, 혹은 경험 많은 리더인지 신참 리더인지에 따라서 부하가 리더를 대하는 태도가 다르다.
- 선대의 대통령들이 수십 년간 국민에게 나쁜 인상을 심어주었다면 새로운 대통령이 나와서 혁신을 하기가 무척 어려울 것이다. 새로운 대통령의 진정한 혁신행동을 국민들은 엉뚱한 쪽으로 해석(귀인)하고 동조하지 않을 것이기 때문이다.

◆ 모범적 리더상에 관한 고정관념

한 사회의 리더에 대한 암묵적 가치관과 관념은 리더활동에 대한 부하의 평가와 리더에 대해 부하가 바라는 역할기대에 영향을 미친다. 리더가 부하의 기대를 충족시키지 못하거나 팀이 실패했을 경우, 그리고 부하가 갖고 있는 모범적 리더에 대한 고정관념이 높게 형성되어 있을수록 리더 탓으로 내부귀속을 하게 된다. 옛날 우리의 조상은 임금이라면 비를 내리게 하고 풍년이 들게 할 수도 있다는 고정관념이 있었기 때문에 흉년을 맞은 임금은 백성으로부터 원망을 들어야 했다. 모범적 리더의 스타일에 대한 부하의 생각 역시 리더의 신분(나이, 성, 출신지, 경력)이 무엇이며 문화적 가치가 어떤지에 따라서 달라진다.Hogg, Fielding, Johnson, Masser, Russell, & Svensson, 2006 물론 이들 고정관념은 서로 상호작용을 하면서 부하의 리더에 대한 귀인과 인상형성에 영향을 미친다. 이러한 고정관념은 특정집단 속에서 사회, 문화, 역사적으로 형성된다.

◆ 암묵적 리더십과 리더의 대응자세

암묵적 리더십으로 해석하면 앞에 서 있는 리더가 누구인지는 중요하지 않고 부하의 마음속에 형성되어 있는 리더에 대한 암묵적 리더상(像)이 중요하다. 그러므로 암묵적 리더십 이론의 주장은 무엇이 효율적인 리더십인지에 대한 정답이 없다. 국가와 사회마다 고정관념이 다르고 시대에 따라 변하기 때문이다.Lord, Brown, Harvey, & Hall, 2001 즉 국가문화와 조직문화에 따라서 리더에 대한 공유된 상식과 가치관뿐 아니라 모범적 리더가 갖춰야 할 특질과 행동가치관이 다르다.Gerstner & Day, 1997 ; Keller, 1999 그러니 암묵적 리더십이 전적으로 맞는다면 리더는 먼저 부하의 선입견이 무엇인지부터 파악하고 자기가 하는 행동이 부하들에게 어떻게 보일지를 예측하는 것이 현명한 일이다.

4 인상관리 및 자기관리

인상관리(impression management)란 리더와 부하가 자신의 이미지를 조절하면서 자신에 대한 상대방의 판단에 영향을 주는 과정이다. 물론 부하도 리더 앞에서 변명과 사과로 자신의 이미지를 좋게 보일 수 있다. 리더와 부하는 서로 상호작용을 하다 보면 상대방에 대한 인상을 마음속에 형성하게 되는데 기왕이면 자신에게 유리한 인상을 심어주기 위해 의도적이고 정치적인 노력을 하기 마련이다. 대개 인상관리란 실수에 대한 용서를 찾거나 낮은 업적에 대한 비난을 피하는 방어 수단으로, 또는 상대방으로부터 존경과 긍정적 인상을 유도해내는 데 사용된다.Gardner & Martinko, 1988 ; Godfrey, Jones, & Lord, 1986 ; Jones & Pitman, 1982 ; Tedeschi & Melburg, 1984 ; Wayne & Ferris, 1990 주로 리더-부하관계에서 인상관리 전술로는 모델링(exemplification), 환심(ingratiation), 홍보(self-promotion), 위협(intimidation) 등이 사용된다.

(1) 부하의 인상관리

인상관리에 관한 대부분의 연구들은 리더에게 영향을 끼치려는 부하의 인상관리 시도를 조사한 것이다. 웨인과 페리스는 부하들이 조직에서 리더에게 영향력을 미치기 위해서 어떠한 인상관리 전술을 사용하는지 자기보고식 설문지법을 개발하여 조사하였는데,Wayne & Ferris, 1990 그들은 리더지향적 전술(환심과 유사함), 직무지향적 전술(모델링과 유사함) 그리고 자기지향적 전술(자기홍보와 유사함)이라는 세 가지 인상관리 기법을 발견하였다.

부하가 리더를 향해 인상관리를 하는 이유는 자신의 핵심역량을 과장하거나 임금인상 혹은 승진과 같은 좋은 결과를 획득하려는 데 있다. 환심을 사는 행동이 리더지

LEADERSHIP STORY 8.8 | **부하가 상사에게 미소 짓는 이유는?**

원시인들은 화장도 않고 인상관리도 안 했을까? 그들은 인상관리를 어떤 방식으로 했을까? 현대인은 아는 사람을 만나면 미소를 짓는다. 태초의 한 원시인이 다른 원시인을 보고 흰 이를 드러내 보이면서 내 이빨이 네 것보다 강하니까 내 사냥감을 빼앗지 말라는 신호를 보낸다. 이것이 미소의 기원이 되었고 나중에도 원시인들은 서로 만나면 이를 드러내 보이기 시작했다. 그리고 이것이 습관이 되어 오늘도 우리는 아는 이를 보면 이를 보이고 웃는 표정을 짓는다. 웃음의 기원에 대한 찰스 다윈의 설명이다. 예나 지금이나 힘의 과시는 정치적인 행동이며 수백만 년간 인간들 사이에서 그리고 집단들 사이에서 여러 형태로 지속되어온 것이다.

향적 상향식 인상관리의 주요 전술이며 매우 효과적인 것으로 평가된다.Higgins, Judge, & Ferris, 2003 ; Leary & Kowalski, 1990 환심은 부하를 긍정적으로 평가하는 데 영향을 많이 미치며, 리더가 부하성과를 좋게 평가하면 리더와의 교환관계의 질은 당연히 높아진다.Ferris, judge, rowland, & Fitzgibbons, 1994 ; Wayne & Ferris, 1990 ; Wayne & Kacmar, 1991

리더가 급한 일이니 저녁까지 남아서 끝내고 퇴근하라고 했을 때 집에 일찍 가서 편히 쉬어야 한다며 거부하는 미련한 부하는 없다. 그래서 사람은 하기 싫은 일을 정면으로 거부하면 불리하기 때문에 묘하게 회피하여 리더에게 여전히 좋은 인상을 남기려고 한다. 즉 자신을 방어하는 행동이다. 또는 자신의 실수를 보이면 능력이나 자질이 탄로 나서 많은 권력을 잃는다. 그래서 권력도 유지하고 비난도 무마시키려고 다음과 같은 인상관리를 한다.

- 원칙의 고수 : 규정과 법칙, 과거의 관습이나 선례를 댄다.
- 책임의 전가 : 나쁜 결과나 결정에 대한 책임을 타인에게 넘긴다.
- 무기력 : 하기 싫은 것을 피하려고 잘 모른다며 관심도 없는 척한다.
- 비인격화 : 사람을 사물이나 무생물 취급하면서 사적인 접촉을 피한다.
- 올무잡히기 : 괜히 바쁜 척함으로써 다른 일도 피한다.
- 보호막 장치 : 만약의 실수로부터 자신을 보호하려 한다.
- 안전추구 : 리더가 지시한 성공가능성이 높은 일만 찾아서 하고 곤란할 때에는 복지부동(伏地不動)을 해서라도 후환을 없애려 한다.
- 정당화 노력 : 자신의 책임을 감해줄 정보를 대면서 이해시키고 설명한다.
- 희생양 : 제삼자의 탓으로 돌린다.
- 정보왜곡 : 일이 잘못됐을 경우 정보를 고치고 미화하여 자신의 잘못을 감춘다.

(2) 리더의 인상관리

많은 리더가 자신은 중요한 사람이고 부하에게 만족감을 줄 수 있으며 어려운 문제를 해결할 능력이 있다는 인상을 얻으려고 한다.Pfeffer, 1981 따라서 리더의 경우 그의 성공은 공표되지만 실패는 감춰진다. 대개의 경영자들이 항상 성공적 업적을 내세워 신뢰를 얻으려 하면서 동시에 실패나 부정적 업적에 대해서는 부인하려고 한다.Salancik & Meindl, 1984 특히 조직의 성공 여부에 많은 영향력을 행사하는 때라면, 그리고 환경이 불확실하고 예측하지 못하는 제약점이 많을 때라면 리더들은 인상관리를 더 많이 한다.

리더가 가시적이고 상징적인 활동을 하는 것은 조직목적을 달성하는 데에도, 문제를 처리하는 데에도 효과적이다. 즉 리더가 좋은 인상을 만드는 방법이 된다. 가시적이고 상징적인 행동으로는 조직구조, 전략과 정책, 조직제도와 인사관리제도의 드라마틱한 변화가 있으며 이는 조직성과를 향상시키고 문제를 해결하는 좋은 수단이 될 뿐만 아니라 리더의 인상형성에 매우 큰 역할을 한다. 그러므로 극단적인 경우 리더는 조직변화가 필요한지 불필요한지 따져보지 않고 자신의 인상관리를 위해 가장 효과적이고 상징적인 방식으로 조직혁신을 시도한다.

LEADERSHIP STORY 8.9 | **무솔리니의 인상관리**

베니토 무솔리니(Benito Mussolini : **사진 왼쪽**)는 사회주의자였던 대장장이의 아들로 출생했으나 교사인 어머니의 뒤를 이어 미술교사가 될 정도로 감수성이 예민하고 감성적인 사람이었다. 후에 여러 경력을 거쳐 이탈리아 파시즘의 대부가 되었을 때 그는 자신의 연약한 이미지를 감추기 위해 많은 노력을 했다. 셔츠는 검은색으로 입고 검은 장갑을 껴서 작고 여린 손이 안 보이게 했으며 항상 제복과 헬멧과 긴 장화를 착용함으로써 이탈리아를 보호하는 군인으로 상징화하였다. 검은 옷과 소매는 금단추로 장식하고 항상 긴 칼을 휴대하여 장군의 이미지를 살렸다. 캐치프레이즈로 "국가를 초월하는 것은 아무것도 없고 아무도 국가에 대항하지 못한다"고 외침으로써 자신을 방어하며 마치 자신이 국가의 상징인 것처럼 만들었다. 파시스트 정당에 더 많은 국민을 끌어들이기 위해서는 더 많은 노동자가 필요했기에 대규모 공공사업과 건설사업을 주요 전략으로 삼았다. 연설할 때에는 아침에 떠오르는 해를 등졌기 때문에 그의 뒤에서는 언제나 후광이 비치고 있었다.

(3) 자기관리

리더십이 리더가 부하를 이끌면서 과업을 완수하는 것이라면 자기관리를 잘하는 부하는 리더 없이도 과업을 완수할 수 있다. 즉 선생님 없이 혼자 공부해서 대학시험에 합격하는 경우도 있는 것과 마찬가지이다. 이처럼 부하의 자기관리는 리더십을 대체하는 수단이 된다. 그렇다고 자기관리로 모든 리더십 행위를 대체할 수는 없다. 하지만 특별한 경우라면 리더가 지도하지 않더라도 부하 스스로 자기관리를 하면서 조직에 공헌할 수 있는 것이다. 주의해야 할 것은 리더가 부하에 대해 무관심하거나 내버려둔다는 의미가 아니다. 부하가 자기관리를 하도록 리드하는 것이 곧 자기관리이다. 정확히 표현한다면 리더에 의한 부하들 스스로의 자기관리라고 할 수 있다. 그러므로 자기관리(self-management)란 부하 각자가 자신의 행동을 향상시키고 타인에게 영향력을 발휘할 수 있도록 개발시키는 리더의 전략이라 할 수 있다.Manz & Sims, 1980 ; Sims & Lorenzi, 1992

자기통제 혹은 셀프리더십이라 불리는 자기관리는 사회적 학습이론에 근거한다. 부하를 잘 학습시킨다면 리더가 일일이 지시하고 간섭하지 않아도 행동을 잘해나갈 것이다. 그러므로 자기관리도 일종의 리더십이다. 리더가 부하를 자기관리자로 키우는 것이기 때문이다. 그러므로 자기관리란 리더십 이론으로 볼 수도 있고 동기이론(motivation theory)으로 볼 수도 있다. 즉 부하는 리더에게 의존만 하지 않고 자신의 경력과 능력을 향상시키기 위해서 더 많은 책임을 부여받으려고 하며 열심히 노력하고 리더에게 하나라도 배우려고 한다. 책임을 리더에게 미루거나 회피하지 않고 자기가 맡은 일은 자기 스스로 해결하려고 노력하며 자기 주도적으로 업무처리를 하는 것이다.

◆ 자기관리전략

자기관리는 행동전략과 인지전략 모두를 포함한다.Sims & lorenzi, 1992 행동적 자기관리전략은 부하에게 일을 시킬 때 부하의 행동을 변화시키기 위한 전략이다. 매일 강한 훈련을 반복한다면 언젠가는 스스로 잘할 수 있다. 반면에 인지적 자기관리전략은 어려운 과업을 수행할 때 낙관적으로 생각하면서 자신감을 드높인다. 인지적 자기관리전략은 긍정적인 자아감정을 부추기고 긍정적인 사고를 강조하는 것이다.Manz, 1992

도표 8-4 | 자기관리전략

행동적 자기관리전략	인지적 자기관리전략
자기보상(self-reward)	긍정적 자기대화(positive self-talk)
자기처벌(self-punishment)	정신적 반복연습(mental rehearsal)
자기감시(self-monitoring)	
자기목표설정(self goal setting)	
자기반복연습(self-rehearsal)	
단점 수정(cue modification)	

LEADERSHIP STORY 8.10 **평안도 용강의 올꾼이**

평안도 용강군에 있는 유 진사 댁에 올꾼이란 별명을 얻은 김씨 성을 쓰는 머슴이 있었다. 하루는 유 진사가 아침 일찍 머슴을 불러서 오늘 강서에 갔다 올 일이 있다고 일렀다. 집에서 강서까지는 100리나 되는 거리였다. 유 진사는 강서에 있는 친구에게 편지를 썼다. 그리고 머슴을 불렀는데 어디로 갔는지 보이지 않았다. 종일 찾았으나 헛수고였다. 저녁때쯤 그 머슴이 숨을 헐떡이고 땀을 뻘뻘 흘리면서 들어왔다. 유 진사는 그를 나무라며 온종일 어딜 갔다 왔느냐고 물었다. "주인님 말씀대로 강서 갔다가 이제 오는 길입니다"라고 그 머슴은 대답했다. 유 진사는 어처구니가 없었다. 그 후로 생각이 부족한 사람을 '올꾼이'라고 칭하게 되었고, 목표도 없이 왔다 갔다 하는 것을 '용강 올꾼이 강서 갔다 오듯 한다'는 속담이 되었다 한다. 노모를 모시던 어느 효자가 어머니 생전에 해외여행을 시켜드린다고 여행사 패키지상품으로 소위 효도관광을 보내드렸다. 여행에서 돌아오신 어머니에게 아들이 물었다. "어머님 무엇을 보시고 오셨나요?" 어머니의 대답, "가이드가 들고 있는 깃발을 놓치면 해외 미아가 된다고 해서 깃발만 줄곧 쳐다보고 다니느라 다른 것은 무얼 봤는지 몰라." 어머니의 목표는 오직 깃발이었다. 부하에게 목표의식을 심어주지 못하고 그저 꼭두각시처럼 따라오게만 하는 리더는 부하를 영원히 무능한 허수아비로 만드는 것이다. 부하의 목표설정을 도와주고 수행과정을 지켜보면서 지원해준다면 머지않아 부하는 스스로 목표를 정할 줄도 알고 자기 일은 자기가 알아서 잘하는 훌륭한 능력자가 될 것이다.

◆ 부하의 자기관리를 위한 리더의 역할

리더는 부하로 하여금 자기관리를 촉진하도록 격려하는 전략을 사용할 수 있다. 부하는 리더의 지시에 복종하기는 하지만 업무에 의한 내재적 동기가 약할 때 리더의 격려가 특히 중요하다. 리더의 가장 중요하고 기본적인 역할은 부하로 하여금 자기관리하에서 스스로 능력과 기술을 발전시키도록 도와주는 일이다. Manz & Sims, 1991 ; Sims & Lorenzi, 1992 이를 위해 리더는 부하에게 자기관리의 필요성을 설명해주고 인지적 자기

관리전략과 행동적 자기관리전략을 어떻게 사용하는지를 알려준다. 그리고 리더는 부하를 위해 본보기로서 자기관리전략을 사용하는 상징이 되기도 한다. 즉 리더는 부하가 자기관리를 통하여 능력과 자신감을 키워서 점점 더 많은 책임을 완수할 수 있도록 고무시킬 필요가 있다.

◆ 부하의 자기관리전략 확장지침

부하를 위한 관리이론이나 행동들은 그들에게 교훈이 되는데 부하의 자기관리전략을 향상시키기 위한 리더의 지침은 한두 가지가 아니다. 부하에게 과업에 대한 창의적 도전행동을 하도록 부추긴다든지, 리더에게 아이디어를 제공하도록 자주 권한다든지, 리더가 일일이 참견하고 보살피고 간섭하는 등의 행위를 줄인다든지, 리더와 부하의 교환관계를 개선하는 것 등이 거기에 해당된다.Chaleff, 1995 ; Kelley, 1992 ; Whetton & Cameron, 1991

| 도표 8-5 | 부하의 자기관리전략 확장지침

부하가 기대한 것이 무엇인가를 규명하자	문제를 처리하는 데 주도권을 놓지 말자
부하의 의사결정에 대한 직속상사의 정보를 유지하자	부하가 상사에게 준 정보의 명확성을 규명하자
부하에게 정직한 피드백을 제공하도록 상사를 독려하자	필수적인 변화를 만드는 리더의 노력을 지지하자
적절할 때 감사를 표시하고 인정을 해주자	리더가 작성한 계획과 실행안에 적극 따라주자
직속상사에 의한 부적절한 영향력 시도에 저항하자	적절할 때 상향식 코칭과 자문을 제공하자

8장의 핵심내용

리더십 행동에 관한 대부분의 초기이론과 연구는 부하의 다양한 리더십 관련행동을 설명하고 있지 않다. LMX이론은 리더가 조직에서 부하와 어떠한 관계를 형성하고 어떠한 교환관계를 가지는지를 설명한다. 초기의 LMX이론은 리더-부하가 서로의 관계를 개선하는 교환이론으로 발전하였다. 어떻게 리더가 부하의 성과를 해석하고 반응하는지를 파악하기 위해 귀인이론을 적용하였다. 이것이 부하 없는 리더는 없으며 따라서 부하 연구에 대한 관심이 촉발되는 이유가 되었다.

리더가 부하를 믿지 않으며 주로 강압적 방법이나 권위를 앞세워 지시와 명령을 내린다면 전통적 리더십 관점이다. 그러나 리더-부하 교환이론(LMX이론 혹은 VDL이론)은 리더가 부하집단을 내집단과 외집단으로 구분하여 상호관계를 달리한다는 점을 강조한다. 리더는 내집단을 효율적으로 이용하여 어려운 과업을 달성하거나 위기를 해결할 수 있다.

어떻게 리더가 부하에 대하여 반응하는지는 부하가 능력 있고 충성스러운지 혹은 무능하고 의심스러운지에 따라 달라진다. 이렇듯 부하가 얼마나 능력이 있는지와 믿을 수 있는지에 대한 평가는 부하의 행동이나 성과를 리더가 어떻게 해석하는지(귀인행동)에 기초한다. 이때 귀인이론이 적용되는 것이다. 귀인이론은 부하행동에 대한 리더의 판단과 리더행동에 대한 부하의 판단에 똑같이 영향을 미친다.

부하의 선입견과 고정관념에 따라 리더가 평가받을 수 있다는 것이 암묵적 리더십 이론이다. 암묵적 리더십 이론은 직위의 유형(사장 대 낮은수준 리더, 관리자 대 군대장교), 상황맥락(위기 대 비위기 상황), 또는 개인신분(남자리더 대 여자리더, 경험 많은 리더 대 신참 리더) 등과 관련된 행동, 특질, 기술에 대한 스테레오 타입의 영향까지 고려한다. 암묵적 리더십 이론에서 부하의 고정관념은 국가문화와 조직문화에서 리더에 대한 공유된 신념과 가치관에 의해 영향을 받는다.

리더와 부하의 인상관리는 변명과 사과 같은 전술로서 비난을 피하는 방어적 수단으로도 사용된다. 다른 전술은 타인으로부터 존경과 긍정적 영향을 유도해내는 데 사용된다. 네 가지 인상관리 전술로는 상징행동, 환심, 자기촉진, 협박 등이 있다. 자기관리는 자기 자신의 행동을 향상시키고 영향을 발휘하는 데 사용하는 전략이라 할 수 있다. 자기통제 혹은 셀프리더십이라 불리는 자기관리는 부하가 자신의 능력을 개선하고 더 많은 책임을 맡게 되는 좋은 수단이 된다.

복습 및 토의문제

1. LMX이론을 설명하라.
2. LMX의 원인과 결과를 설명하라.
3. 부하집단에 따라 상이한 교환관계를 할 때 리더의 혜택과 비용은?
4. 양자적 교환관계란?
5. 낮은 성과를 보이는 부하에 대한 리더의 귀인은?
6. 리더와 부하의 경우 각각의 귀인에 영향을 미치는 요인들은?
7. 암묵적 리더십 이론이란?
8. 자기관리 혹은 셀프리더십이란?

키워드 정리

권한위임, 팔로워십, 내집단, 외집단, 귀인이론, 외부귀인, 내부귀인, 교환관계, 암묵적 리더십 이론, 인상관리, 리더-부하 교환관계, LMX, 상호적 영향력, 자기관리, 양자적 관계

사례연구

열정적 사원을 택한 록펠러

열정과 창의성은 자본과 기계가 대신할 수 없다. 록펠러(Jonh D. Rocketfeller)는 서점을 해서 돈을 모아 정유업에 투자하였으며 31세에 세계 최고의 부자가 되는 길로 접어들었다. 때마침 유럽에서 미 대륙으로 끝없이 이민행렬이 몰려들어 노동의 공급이 충분한 가운데 당시의 산업은 거의가 노동집약산업인 석탄, 철강, 섬유분야의 낮은 기술수준이었기 때문에 기업을 운영하기에 충분한 조건이 갖춰진 덕분으로 기업가정신(entrepreneurship : 起業家 精神)은 더욱 활성화될 수 있었다. 그러나 그가 기업을 키우기 위해서 저지른 비리도 있으며 사회적 책임을 완전하게 감당했다고는 볼 수 없다. 하지만 그의 기업가정신으로 인하여 오늘날 세상의 많은 기업들이 클 수 있었으며, 적어도 물질적 생활수준이 훨씬 빠르게 상승할 수 있었으며, 결과적으로 새롭고 다양한 그의 공헌들로 인하여 새로운 일자리와 산출품이 값싸게 사회에 쏟아져 나올 수 있었다. 록펠러 기업인 스탠더드석유회사(Standard Oil Co. : **사진**)에 아치볼드(John D. Archbald)라는 신입사원이 입사했는데 입사 후 몇 달이 안 지나서 그의 별명은 '한 통에 4달러'가 됐다. 이것은 그가 입사한 스탠더드석유회사의 광고 문구였다. 그는 기안서를 올릴 때나 사인을 할 때도 옆에다 '한 통에 4달러'라고 썼는데, 출장을 가서 호텔에서 체크인을 할 때도 자기 이름 옆에다 '한 통에 4달러'라는 회사의 광고 문구를 써 넣을 정도였다. 이 소문이 회사의 사장인 석유왕 록펠러의 귀에 들어갔다. 록펠러는 이 정도로 열정을 가진 직원이 있다면 한번 만나보자고 했다. 이 만남을 계기로 결국 아치볼드는 록펠러의 완전한 신임을 얻는다. 후에 장기간 사업에 시달린 록펠러는 심한 스트레스를 받아 1890년부터 건강이 쇠약해지고 심한 탈모증으로 머리카락이 모두 빠져버렸다. 따라서 집무시간을 점차로 줄이다가 58세 되던 1897년 아치볼드에게 회사를 일임했다.

토의주제

- 록펠러의 장점과 약점 등에 대해 아는 대로 토의해보자.
- 아치볼드와 록펠러의 차이점에 대해 논의해보자.
- 록펠러의 In-group 멤버로서 아치볼드는 어떤 사람이었나?
- 록펠러가 시대상황에 맞는 리더였다면 어떤 점에서 그런가?
- 오늘날에도 아치볼드 같은 사람이 리더에게 필요하다. 왜 그런가?
- 기타 : 이 사례에서 또 생각해보거나 토론해볼 점을 나열해보자.

9장

변화지향형 리더십

지도자란 희망을 파는 상인이다. - 나폴레옹 1세

보래이, 가령 백 개 가운데 한 개만 불량품이 섞여 있다면 다른 아흔아홉 개도 모두 불량품이나 마찬가진기라. 아무거나 많이 팔면 장땡이 아니라 한 통을 팔더라도 좋은 물건을 팔아서 신용을 쌓는 일이 더 중요하다는 것을 느그들은 와 모르나. - 구인회

일관성 있게 노력하지 아니하면 절대로 높은 자리로 승진될 수 없다. 행운이나 기회가 생겨 높은 자리에 앉게 되었다고 해도 게으름을 버리지 않으면 그 자리에 오래 앉아 있을 수 없다. 지도자는 자리에 앉아 있을 시간이 거의 없다는 사실을 명심하라. - 제임스 카디날 키본스

이 사진 앞에서 / 이승하

식사 감사의 기도를 드리는 교인을 향한
인류의 죄에서 눈을 돌리는 죄악을 향한
인류의 금세기 죄악을 향한
인류의 호의호식을 향한
인간의 증오심을 향한
우리들을 향한
나를 향한
소말리아
한 어린이의
오체투지의 예가
나를 얼어붙게 했다.
자정 넘어 취한 채 귀가하다
주택가 골목길에서 음식물을 게운
내가 우연히 펼친 TIME지의 사진
이 까만 생명 앞에서 나는 도대체 무엇을

9장

변화지향형 리더십

리더십과 변화의 관계는 리더십과 권력의 관계만큼 밀접하다. 누가 어떤 길을 제대로 가고 있다면 아무런 리드도 필요 없다. 잘못 가고 있기 때문에 바람직한 길로 변화시킬 때에야 리더가 필요하다. 따라서 리더라는 말은 변화자라고 바꾸어도 틀리지 않다. 변화시켜야 하는데 그대로 둔다면 진정한 리더역할을 하지 않고 있는 것이다. 단순한 감독자에 불과한 것이다.

조직변화는 매우 어려운 문제이다. 변화는 편안함과 안주하던 것을 박탈하게 만들고 스트레스를 주기 때문이다. 우선 변화친화형 리더가 되려면 어떻게 해야 할까? 인간중심의 원칙하에 올바른 변화친화형 마인드가 있어야 하고, 변화에 좋은 토대를 구축하고 실질적인 변화가 일어날 수 있도록 단순하고 폭발력 있는 과정을 적용해야 한다.Duncan, 2012 영국 정치가인 핼롤드 윌슨(H. Wilson)은 변화를 거부하는 사람을 썩은 나무를 쓰는 건축가이며, 변화를 거부할 수 있는 유일한 인간의 장소는 공동묘지밖에 없다고 이야기한다.

인간은 언제나 새로운 것에 대한 호기심이 있다. 그러므로 이 세상에는 자연적인 변화 이외에도 인간에 의한 능동적인 변화가 계속된다. 더구나 오늘날의 모든 조직은 개방시스템으로서 항상 환경과 상호작용을 하면서 존재할 수밖에 없기 때문에 환경변화에 따른 조직의 변화가 요구되며 설령 환경변화가 없더라도 조직의 자생력과 성과를 높이기 위해 스스로 혁신하려는 움직임이 있다. 조직변화 혹은 조직혁신이란 말은 매우 포괄적이다. 조직에서의 변화는 작은 변화도 있고 큰 변화도 있다. 어느 회사는 꾸준히 기술개발을 하고 작업장의 배치를 바꾸고 새로운 방법으로 일을 처리한다. 이는 작은 변화에 해당된다. 또 다른 회사는 경쟁회사와 합병을 하고 인원을 대폭 삭감하고 로봇으로 자동생산에 들어간다. 그렇게 되면 그 조직의 구조와 문화와 기술과 인간관계의 형태가 송두리째 바뀌는데 이는 큰 변화에 해당된다.

이 장에서는 조직의 크고 작은 변화를 자극하고 리드하는 변화지향적 리더가 실제로 어떤 행동을 해야 하는지 실무관점에서 살펴볼 것이다. 조직에서의 주요한 변화는 항상 CEO에 의해 시도되지만 조직의 몇몇 구성원도 변화가 성공에 이르도록 공헌하거나 지원한다. 조직문화는 변화의 대상이며 동시에 변화추진 수단이 되기도 하고 방해물이 되기도 한다. 한편 학습이란 새로운 것을 배우는 것이므로 그 자체가 변화노력이다. 그래서 리더는 학습과 혁신을 독려하는 방법에 대하여 알고 있어야 하는 것이다.

이 장에서 배울 것

- 변화를 수용하고 저항하는 이유는?
- 변화저항을 극복하려면?
- 변화의 유형과 구성원의 반응단계는?
- 조직문화에 영향력을 행사하는 리더의 다양한 방법은?
- 조직의 비전 확산을 어떻게 개발할 것인가?
- 조직에서의 중요한 변화를 실행하는 방법은?
- 리더는 조직에서의 학습과 혁신을 어떻게 증진시키는가?

1 변화의 수용과 저항

변화를 이끄는 것은 리더의 가장 중요한 책임이며 동시에 가장 힘든 과업 중의 하나이다. 어떤 학자는 변화를 이끄는 것이 리더십의 본질이며 그 외의 것은 부수적이라고 주장한다. 효과적인 리더십은 조직에 활력을 주는 것이고 변화하는 환경에 대하여 적응을 촉진하는 것이다. 이러한 주제는 많은 영리조직과 공조직이 생존을 위해 많은 것을 변화시킬 필요가 있었던 1980년대에 특히 많은 관심을 받았다. 리더로서 부하가 변화에 저항하거나 변화를 수용하는 이유, 변화의 순차적 단계, 그리고 변화의 유형 등을 이해한다면 조직구성원의 변화실행에 대한 노력은 더 높아질 것이다. 그리고 리더의 조직변화 계획도 매우 성공적으로 이루어질 수 있다.

리더가 변화의 필요성을 절실하게 인식하고 왜 구성원이 변화를 수용하는지를 이해하며 또한 왜 구성원은 변화에 저항하는지를 미리 알면 자연스럽게 성공적 변화를 주도할 수 있을 것이다. 그리고 변화의 단계와 변화의 방식도 리더로서 알고 있어야 할 주제이다. 리더가 변화의 상식으로 무장될 때 변화실행에 대한 노력을 더할 것이며 성공 가능성도 높아진다.

LEADERSHIP STORY 9.1 | 변화 없이 리더십 없다

변화 없이는 리더십도 불가능하다. 변화가 어렵고 불편한 것도 사실이며 그래서 변화를 싫어하는 사람도 많은 법이다. 인간의 변화는 대개 4단계를 거쳐서 진행된다.

① 마찰 : 안전지대에서 벗어나기 위해서는 어느 정도의 갈등이나 고통, 불안감이 필요하기 마련이다.
② 통찰 : 인간에게는 상황을 고려하여 대안이 될 만한 행동을 탐색하고 변화를 선택할 자유가 있다.
③ 의지 : 아무리 훌륭한 지식도 실천을 하지 않으면 무용지물이다.
④ 변화 : 변화에는 헌신적인 태도가 절대적으로 필요하다.

(1) 왜 변화를 수용할까?

일단 조직의 어떤 부분에 변화가 제안되면 초기의 반응은 매우 긍정적이다. 사람들은 왜 변화에 저항하기보다는 변화를 수용하는 것일까? 그 이유는 매우 다양하다. 한 가지 설명은 사람들이 변화를 받아들이도록 하는 데 영향력을 행사하는 리더가 가지고 있는 다양한 권력유형으로써 설명 가능하다. 멤버가 변화에 순응하는 이유는 리더의 합법적 권한을 신뢰하거나 변화에 저항하려고 할 때 처벌을 받을지도 모른다는 두려움 때문이다.

그리고 부하직원이 자기의 리더를 신뢰하며 변화를 필요한 것으로 믿고 그러한 변화가 효과적이라고 생각하면 변화작업에 더 많이 투자하고 몰입할 것이다. 리더가 조직을 망치려고 변화하려는 것이 아니라는 사실을 부하도 잘 알고 있으며 조직이 잘되면 자신들도 잘된다는 기대를 가지고 있는 것이 보통이다. 따라서 리더를 신뢰하는 상황이라면 리더가 변화를 주장할 때 부하는 일단 현재보다 무엇인가 나아질 것이라는 기대를 갖게 된다.

변화에 대한 몰입은 리더가 영향력을 행사할 때, 타당한 설득과 적절한 지시행동으로 전략적 접근을 할 때 더 촉진될 것이므로 리더는 부하 설득의 방법과 상대방 태도 변화의 기술 등을 항상 연마해야 한다. 허스코비치와 마이어Herscovitch & Meyer, 2002는 구성원이 변화를 수용하는 이유를 다음과 같은 몰입의 세 가지 유형과 일치한다고 보았다.

- 지속적 몰입(continuance commitment) : 변화에 저항한다고 성공하는 것도 아니고 조직을 떠날 수도 없고 저항력도 없다면 리더가 시키는 대로 변화를 수용하여 실행하는 것이 더 낫다고 판단하고 몰입한다.
- 규범적 몰입(normative commitment) : 변화의 타당성을 이해하고 변화가 조직의 장래에 도움이 되며 타당하다고 판단하여 몰입한다.
- 감정적 몰입(affective commitment) : 평소에 신뢰하고 존경하던 리더의 변화지시에 저절로 몰입될 수밖에 없거나 변화는 조직에 새 바람을 가져올 것이라는 느낌으로 활력이 솟기 때문에 몰입한다.

LEADERSHIP STORY 9.2 | **기온변화와 물곰의 적응전략**

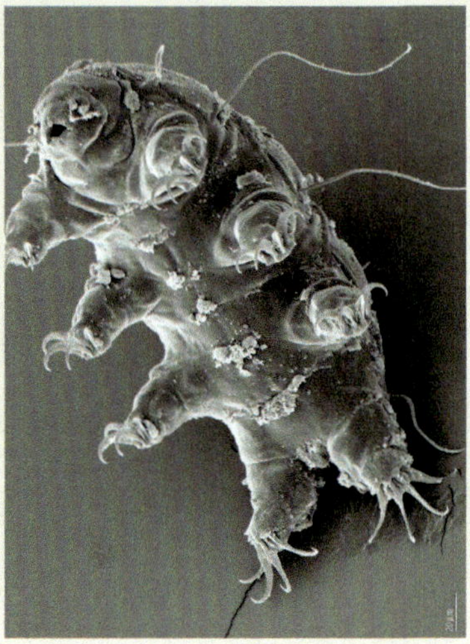

이 세상 최고의 동물은 사자도 호랑이도 맘모스도 공룡도 아닌 물곰(waterbear : **사진**)이다. 물곰의 크기는 0.1~0.5mm 정도로 현미경으로만 보인다. 이들은 극지방에서도 살지만 열대 밀림에서도 산다. 히말라야 산맥 꼭대기에서도 살고 뜨거운 온천에도 있다. 극지방에서 적도까지 지구 전체에 걸쳐 퍼져 있다. 물론 우리 집 안마당과 집 안에도 있다. 섭씨 151도로 끓여도 살고 영하 272도에서도 견딘다. 평균 수명은 150년이다. 5,700그레이의 X선도 견딜 수 있다. 수분 공급 없이 10년을 살 수 있으며 진공상태에서도 살 수 있다. 여덟 개의 발이 있어 곰처럼 걷는 모습으로 인해 물곰으로 명명되었다고 한다. 현재까지 약 750종이 발견되었다. 사막에서 120년 전에 죽은 물곰에 물을 부으니 살아났다는 이야기가 있다.

어떻게 가능할까? 이들은 환경이 나빠지면 다리를 모두 집어넣고 몸의 수분을 99% 빼버린 채 동면에 들어가서 마치 무생물처럼 일반 물질이 된다. 그러니 물을 수백 도까지 끓이거나, 얼려도 소용없다. 물곰은 적정 환경이 되면 공기 중의 수분을 점차 흡수하여 다시 몸체를 형성해서는 여덟 개의 다리를 사용하여 움직이기 시작한다.

(2) 왜 변화에 저항할까?

변화에의 저항은 개인에게도 조직에게도 모두 공통된 현상이다. 조직에서의 주요한 변화에 대하여 사람들은 저항을 하는데 그 이유는 매우 다양하다.Connor, 1995

◆ 신뢰의 부족

변화에 저항하는 기본적인 원인은 사람들이 변화의 이유에 대하여 불신하기 때문이다. 분명한 위협이 없다고 하더라도 변화라는 것 자체를 꺼린다. 심지어는 존재하지 않는 수준까지 불안해하고 의문을 품는다. 부하 중 어떤 이는 "우리를 해고하려고 그러는 게 아닐까?", "날 골탕 먹이려는 것일지도 몰라!" 하며 변화의 질의 좋고 나쁨을 떠나 변화 자체를 반대한다. 그러므로 리더는 변화 시도 전에 부하와 신뢰를 구축하는 것이 중요하다. 만약 변화계획을 비밀스럽게 짜거나 비공식적으로 처리하면 의혹이 더 증폭되는 경향이 있다.

◆ 과거의 성공

지금까지의 행동이 실패를 가져왔다면 한 번 바꾸어야 한다는 데 이의가 없겠지만 현재까지의 업적이 성공적이었다면 저항이 생긴다. 지금까지 아무런 문제가 없었으므

LEADERSHIP STORY 9.3 | **성공은 실패의 어머니**

1980년대 초 《초우량기업의 조건》(**사진**)이라는 베스트셀러의 모델이 되었던 43개의 초우량기업 중 무려 14개 기업이 불과 5년도 채 못 되어 법정관리에 들어갔고 몇 개 기업은 이 땅에서 완전히 자취를 감추었다. 왜 그랬을까? 세력이 약화된 기업들의 공통적인 원인은 과거의 성공만 믿고 환경변화에 맞춰 변신하지 못하고 과거 방식대로 운영을 했기 때문이다. 과거 성공이 미래 실패의 어머니가 된 셈이다.

우리나라만 하더라도 하루에도 수백 개의 기업조직이 새로 태어나고 같은 수의 기업이 문을 닫는다. 기업의 흥망성쇠에 따라 규모, 조직구조, 기술, 구성원 간의 권력관계와 인간관계 등은 변할 수밖에 없다. 혁신의 필요성은 더욱 더 심해졌고 이제는 "변하지 않으면 죽는다!"의 시대가 되었다.

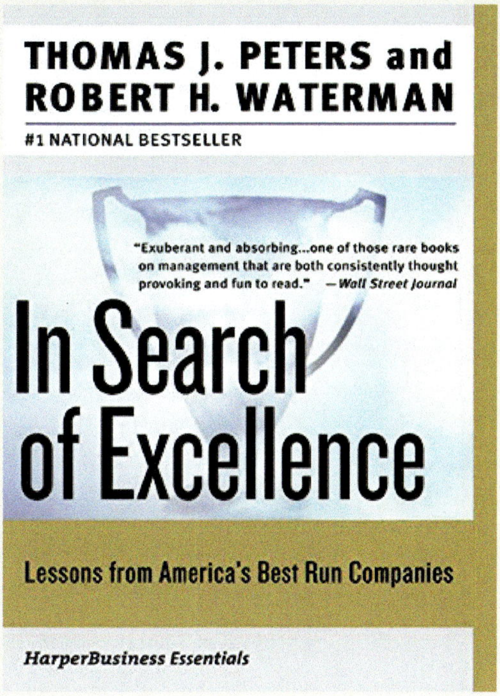

로 그대로 지속하면 역시 성공할 것이라는 신념 때문이다. 더구나 인간은 자신의 성공에 집착하는 성향이 있다. 지금까지의 방식을 버리고 낯선 방식을 택한다는 것은 누구에게나 두려운 일이다.

◆ 변화작전 성공에 대한 불신

새롭게 제안된 변화작전 자체가 성공하지 못할 것 같다는 생각이 들면 변화에 저항하게 된다. 즉 변화를 끝냈을 때 그 결과가 더 나아지는지 나빠지는지 확인도 않고 변화작전을 완수하는 것 자체가 불가능하다고 믿는 사람들이 많다. 그러므로 변화주도자는 변화과정을 가능한 한 단축해서 빨리 끝내려고 한다. 미적미적하다가는 반대파에 밀려 변화작업의 시도조차 못할 수 있다. 일단 시도해서 좋은 업적을 조금이라도 보이면 될 터인데 시작을 못 하면 그럴 기회마저 잃는다. 반대로 변화 초기의 프로그램이 실패한다면 비관론은 확산될 것이고 긍정적 측면이 많이 예측되어도 다음으로 미루자는 의견이 늘어난다.

◆ 경제적 위협

변화와 혁신이 조직에는 득이 된다 하더라도 멤버 개인의 입장에서는 수입, 복리후생, 직무안정성 등을 잃을까 봐 두려워하기도 한다. 다운사이징(downsizing)과 해고가 이루어지지 않더라도 혹시나 하는 불안과 근심 때문에 실질적인 위협이 없는 새로운 제안임에도 불구하고 저항을 한다.

◆ 상대적으로 높은 비용

변화가 조직에 혜택을 주는 것이 분명함에도 불구하고 조직구성원은 혜택보다는 비용이 많이 들 것이라고 생각하는 경향이 강하다. 친숙한 일상을 변화시키려면 이는 더 많은 노력을 필요로 하고 부자연스러움의 원인이 된다. 변화로 인해 새로 도입된 기술을 익혀야 한다든지 작업방법이 바뀌어서 그동안의 숙련된 기술을 버리고 새 기술을 배우는 것에 대해 저항할 수 있다. 변화에는 자원과 비용이 드는 것은 필연적이고 전통적 방식을 희생하면서까지 새로운 투자를 하게 만들기도 한다. 새로운 방식으로 이전하는 기간 동안 생산성이 낮아질 수도 있고 새로운 절차를 학습하는 것도 비용이 소모되는 것이다. 더불어 혹시 더 악화될 위험까지 감수한다고 생각하여 변화저항이 있을 수도 있다.

◆ 새로 배워야 하는 부담

변화는 그간 익숙해진 전문적 능력과 숙달된 기술을 쓸모없게 만들고 업무를 처리하는 새로운 방식을 학습하도록 한다. 자신감이 부족한 사람들은 자신의 오랜 전문분야를 놓아야 하므로 변화에 더 저항할 수 있다. 새로운 것에 익숙해지기 위해서는 또다시 많은 노력이 필요하고 완전히 익숙해질지도 의문인 것이다. 그러므로 변화를 제안하면서 새 업무의 신기술을 학습하는 비용을 조직이 부담하고 생산성 향상에서 오는 이득을 구성원과 함께 공유할 것임을 전제한다면 저항은 그만큼 축소될 것이다.

◆ 권력과 지위의 상실

조직에서의 주요한 변화는 개인의 상대적 권력과 타인과의 영향력, 부서의 지위와 영향력 등을 변화시켜 기존의 권력체계를 뒤흔들어 놓는다. 이때 부하는 이미 확보한 지위와 권력을 잃을까 봐 두려움을 가진다. 새로운 전략은 현재까지 문제를 주도적으로 해결하던 사람의 높은 지위를 위협한다. 예를 들면 수동식 방법에 능숙한 사원이 자동기계 도입으로 자신의 특기를 살리지 못하게 되면 그의 지위는 그만큼 줄어드는 것이다. 그러한 위치에 있는 사람들은 기계도입을 반대할 것이다.

◆ 가치와 사고에 대한 위협

강력한 기존 가치관과 전통에 반대되는 변화는 저항에 부딪친다. 어떤 조직문화에 강하게 젖어 있는 부하의 가치관을 위협하는 것은 변화저항을 촉발한다. 새로운 문화가 기존 조직문화와 어긋날수록 저항은 부분적이기보다는 전반적일 가능성이 높다. 우리나라의 경우 상호 협조적이며 인간적인 풍토가 만연한데 경쟁을 조장하는 능력과 업적 위주의 보상제도를 도입하려면 저항이 클 수 있다.

◆ 간섭받기 싫어함

사람들은 변화에 저항하려는 것이 아니라 다른 사람에게 통제되는 것을 극도로 싫어하다 보니 변화를 꺼린다. 즉 조직의 변화는 자발적이 아니라 누군가에 의해 촉발되고 주도되기 때문에 조종과 간섭을 당하는 사람은 피지배자가 될 수밖에 없는데, 피지배 위치에 있는 사람은 변화가 싫은 것이 아니라 남의 간섭과 지배가 싫은 것이다.

그러므로 누군가를 변화시키려는 시도는 상대방에게 적대감과 분개를 야기하기도 한다. 따라서 어떤 사람들은 변화의 필요성을 절실히 인정하면서도 간섭이 싫어서 변화에 저항한다. 변화의 리더는 이런 경우를 잘 파악하여 자신이 변화를 주도하지 말고 부하 스스로 자연발생적인 변화를 주도해나가도록 분위기를 만들어줄 필요가 있다.

(3) 저항에 대한 리더의 극복전략

조직의 변화가 필수적으로 요청될 때에도 이를 거절한다면 생산성과 유효성이 떨어질 것은 물론이요, 구성원의 사기도 떨어질 것이다. 이때에는 우선 변화정체의 이유가 어디에 있는지 알아보고 나서 다음과 같은 여러 가지 저항 극복방법을 사용할 필요가 있다.Kotter & Schlesinger, 1979

◆ 변화인가, 안정인가?

조직은 생존과 번영을 위해 환경변화에 맞추어 움직인다. 그러나 너무 잦은 환경변화에 그때그때 적응하다 보면 안정적이지 못해 오히려 조직은 탄생, 확장, 축소, 소멸을 수없이 겪게 된다. 이러한 경험을 하다 보면 어느 조직이나 번영보다 우선 생존과 유지가 중요함을 깨닫는다. 미래사회의 변동은 조직의 계속성을 위협함이 분명하다.

그러므로 조직은 변화하면서도 위협을 느낀다. 왜냐하면 변화는 경험하지 못한 상황에 돌입하는 것이며 잘 모르는 상황인 만큼 잘못될 위험도 있기 때문이다. 이 때문에 조직구성원은 환경에 따라 변하는 것을 몹시 꺼리고 오히려 조직 내부에서 변화에 대한 저항이 커질 수도 있다. 그러므로 조직은 환경변화에 맞추어 변화를 시도하더라도 그 변동의 부작용을 최소화하면서 조직의 안정을 최대한 유지시키는 변동성과 안정성이라는 양날의 칼을 잘 다스려나가야 할 것이다.

◆ 리더가 사용 가능한 저항극복 전략

훌륭한 리더라면 변화정책을 무조건 강요할 것이 아니라 우선 변화를 위한 준비 작업부터 진행하고 실제의 변화는 그 후에 실천할 것이다. 다음은 변화시작 전에 또는

LEADERSHIP STORY 9.4 | **마돈나의 변화브랜드**

무대에서 파격과 섹시함으로 대중을 사로잡은 지 거의 30년이 다 되어가는 지금도 끊임없이 신세대와 호흡하며 이슈의 중심에 서 있는 여자, 마돈나(Madonna). 그녀는 연간 총 1,400억 원을 벌어들이며 〈포브스〉 선정 '최고수입 가수' 1위, 2000년 이후 10년 동안 '가장 유명한 스타' 1위, 영국언론에 보도된 기사 건수 총 4만 개로 1위, 영국 대중이 가장 많이 들었던 노래의 가수 1위에 올랐다. 마돈나가 앨범 아티스트라는 생각은 이제 버려야 한다. 새 앨범 한 장을 내놓을 때마다 거기서 히트 싱글이 나오고 전체 판매고에 노심초사하는 수준은 이미 넘어섰다. 마돈나는 이제 하나의 브랜드요 산업이다. 고유명사이지만 일종의 보통명사가 되었다. 2009년에 루이뷔통은 당시 51세이던 그녀를 모델로 선택했고(**사진**) '베르사체' 등 명품 브랜드의 왕성한 모델 활동을 하며 재산을 모은다. 젊은 아이돌 가수들과 무대에 서면 대중은 그녀만을 바라본다. 마돈나의 늙지 않는 브랜드(Ageless Brand) 경영비법은 어디에 있는가? 첫째, 그녀는 세상에 나오면서부터 "난 그들과 달라요. 바로 나, 마돈나입니다!"로 자신을 차별화하면서 '마돈나=Sexy'라는 이미지를 심었다. '남들과 다른 무엇'은 항상 고객의 관심거리가 된다. 둘째, 마돈나 브랜드는 끊임없이 진화한다. 그녀의 초점은 기존 팬은 금방 잊고 항상 새로운 20대로 향한다. 부드럽고 감각적인 바디라인으로 출발했던 몸매를 추세변화에 따라 단단한 근육질로 바꿔나간다. 의상은 에로틱의상에 집착하지 않고 고품격의상으로, 그리고 다시 테크노의상으로 변해간다. 마돈나는 끊임없이 변화를 추구하는 것으로 이미 사람들이 그녀가 등장했던 1980년대에 내놓은 예상 그 어떤 것보다도 오래 살아남았다. 상상을 넘는 자기관리와 프로의식이 없으면 불가능하다. 2010년 새 앨범 〈Sticky & Sweet Tour〉를 들으면 마돈나 브랜드 이미지에 대해 새롭게 놀란다. 나이를 먹을수록 경쟁력은 점점 떨어지기 마련인데도 그녀는 겉으로는 절대 그런 티를 내지 않으면서 마돈나제국(帝國)의 구석구석까지 장악하는 진정한 여제(女帝)이다. 셋째, 마돈나는 레이디 가가(Gaga)보다 먼저 세인의 관심을 유도하는 비법을 알고 있었다. 이로써 그녀는 항상 대중의 뇌리에서 떠나지 않고 영원한 브랜드로 살아남는 것이다. 예를 들면 이탈리아 로마 공연 때는 자신의 히트곡 'Like a virgin'을 교황에게 헌정한다는 발칙한 슬로건으로 플래시 세례를 받았다. 사람들의 관심에서 사라지는 그 순간 브랜드의 생명도 다한다. 마돈나에게서 변화경영을 배워야 한다.

변화과정에서 리더가 도입해야 할 전략이다.

- 교육훈련과 커뮤니케이션 : 의사소통이 안 되거나 변화의 소식이 잘못 전달되면 오해로 인해 저항이 더욱 커지기 때문에 사전에 변화의 필연성, 변화방법, 변화결과에 대한 교육과 설명회가 있어야 한다.
- 참여 : 아무리 좋은 취지라도 자기가 도외시되었다면 심리적으로 거리감을 가진다. 변화를 위한 의사결정과 실천 과정에 당사자들을 참여시키는 것은 의사소통, 정보전달 기능 이외에 사기증진과 협조심을 일으키는 심리적 효과도 얻을 수 있는 것이다.
- 상부의 지원 : 무슨 일을 당했을 때 가장(家長)이 흔들리면 온 가족이 당황하듯이 저항이 있어도 리더가 꿋꿋하게 추진하면 저항하던 사람들도 그 기세가 약해질 것이다. 새로운 기술, 새로운 제도를 모르는 것이 저항의 한 이유이기 때문에 교육훈련프로그램이나 각종 지원수단이 리더의 강력한 뒷받침하에서 제공되어야 한다. 그뿐 아니라 리더가 계속해서 당사자와 대화를 가지면서 의지를 북돋아주고 예기치 못했던 문제를 같이 해결하는 태도가 필요하다.
- 협상과 타협 : 변화의 결과가 조직구성원 개개인이나 부서에게 미치는 영향은 공평하지 않을 것이다. 때로는 피해를 보게 되는 개인이나 부서도 있을 것이다. 변화가 불가피하다면 저항을 줄이기 위해 이해관계가 다른 당사자 간에 양보와 피해보상 등을 놓고 협상과 타협 과정을 거쳐야 하며, 여의치 않을 때에는 제삼자의 중재에 맡겨서라도 이를 해결해놓고 시작을 해야 피해 보는 측으로부터의 변화저항이 적을 것이다.
- 의도적 · 적극적 접근 : 저항의 차단방법이 여의치 않을 때에는 변화를 결정하는 혹은 실천하는 과정에서 능동적 조작을 통해서라도 저항을 줄여야 하는데, 예를 들면 저항이 클 것 같은 부서의 리더를 의사결정과정에 대표자로 참석시켜 사전 이해를 돕기도 하고 적극적인 협조도 얻을 수 있다.

그러나 어떤 저항에도 항상 효율적인 대응책이 존재하는 것은 아니다. 상황에 따라 위의 다섯 가지 방식을 적절하게 사용하는 것이 바람직하다.May & Kettelhut, 1996

| 도표 9-1 | 변화에 저항하기

잘 해봐(비꼬기)	똑같다(포기)
난 모르겠다(무책임)	그만하자(의지꺾기)
해도 안 된다(소극적)	경험이 없다(무기력)
네가 뭘 알아(무시)	희생이 많다(역부족)
바빠서 못 한다(핑계)	우리가 다 안다(자만)
왜 바꾸나(무사안일)	우리는 안 된다(열등의식)
지금도 좋은데(현실안주)	잘해왔는데(보수)
다음에 하자(미룬다)	규정에 없다(변명)

LEADERSHIP STORY 9.5 | 저항을 잠재우는 설득의 전략

18세에 왕위에 오른 알렉산드리아 빅토리아(Alexandria Victoria) 여왕(**사진**)은 이듬해 3개월 연하의 사촌관계인 독일 왕자 앨버트와 결혼했다. 빅토리아는 월요일에 결혼하겠다는 뜻을 수상에게 통보하고 화요일에는 앨버트에게 청혼했다. 그들은 다음 해에 결혼식을 올리고 그날 빅토리아 여왕은 흰 옷을 입었는데 신부의 흰 드레스의 유래가 되었다. 결혼생활은 순탄치 않았다. 열한 명의 자식 중 막내를 출산한 이후까지도 끝없이 다투었다. 다혈질의 여왕은 이 방 저 방 따라다니면서 완고하게 입을 다물고 있는 남편에게 싸움을 걸었다. 그날도 어김없이 부부싸움을 했다. 여왕은 남편의 방문을 두드렸다. "누구요?" 여왕이 대답했다. "여왕이에요!" 하지만 방 안에서는 아무 대답이 없었다. 여왕은 다시 문을 두드렸다. "누구요?" "당신의 아내예요." 그러자 곧 문이 열렸다.

〈여성적 권력행사 전략〉

- 여왕: 복종적 남성을 거느리는 강력한 손
- 대통령 영부인: 살림꾼, 특별보좌역
- 위대한 어머니: 보살핌과 양육
- 아마존의 여인들: 여성들의 지도자
- 자유주의자: 여성옹호, 활달, 솔직함
- 데릴라: 성적 유혹
- 딸: 아버지와 같은 후원자 발견
- 잔 다크: 사명을 남성과 공유

〈남성적 권력행사 전략〉

- 절대 권력자, 루이 14세
- 역전의 용사
- 플레이보이
- 조크: 전시적인 찬사와 지지
- 좋은 친구: 동반관계
- 남성우월주의자: 여성격하
- 아버지: 후견인 선발
- 어린 소년: 상대방의 동정심 유발

2 리더에 의한 조직변화의 유형

변화하려는 압력에 대응하는 조직의 대응방식을 크게 두 가지 유형으로 나눌 수 있는데, 하나는 변화압력에 천천히 대응해나가는 점진적(진화적) 변화(evolutionary change)방식이며 또 하나는 단번에 대응하는 급진적(혁명적) 변화(revolutionary change)방식이다.

다른 분야에서처럼 조직변화의 속도와 관련해서도 점진과 급진은 모두 장단점이 있기 때문에 상황과 조직의 특성에 알맞게 선택해서 추진하는 관리자의 현명한 판단이 요구된다. 그 외에도 분류기준에 따라서 변화유형은 여러 가지로 분류될 수 있음을 기억해두자.

| 도표 9-2 | 조직변화의 두 가지 유형

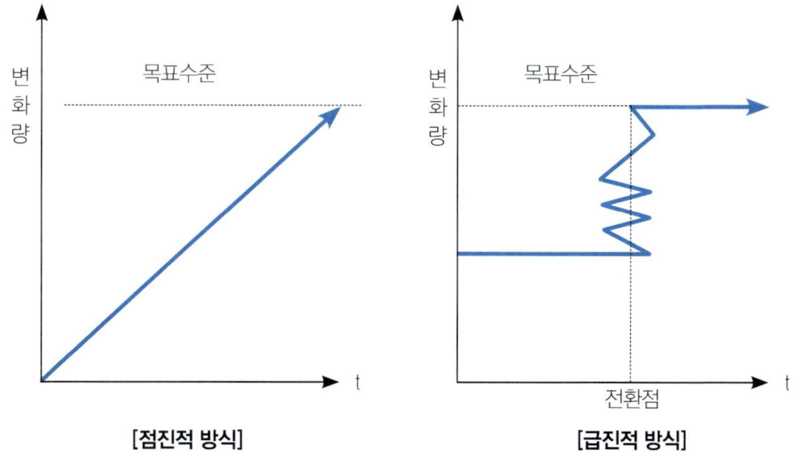

(1) 점진적 변화와 급진적 변화

◆ 점진적 조직변화

이는 조직전략이나 조직구조 등 근본적 체제는 그대로 둔 채 환경이 변하는 대로 적응해가면서 점차 개선해나가는 방식이다. 사회 · 기술적 접근과 전사적(全社的) 품질경영(Total Quality Management : TQM) 방식 등은 조직이 목표한 바가 잘 진행되도록 업무프로세스를 변화에 맞추는 기법이기 때문에 점진적이라고 할 수 있다. 여기서는 점진적 조직변화의 대표적인 예로 타비스톡 연구팀(Tavistock group)의 사회 · 기술 시스템이론(socio-technical systems theory)을 살펴보자.Emery & Trist, 1965

이들의 주장은 오늘날에는 너무나 당연한 것이지만 변화를 시도할 때에는 여러 가지를 고려하면서 서서히 진행시키라는 최초의 학문적이고 고전적인 연구이기 때문에 여기에 인용한다.

제2차세계대전 후 영국의 한 탄광회사에 새로운 기술이 도입되었다. 이전까지만 해도 한 팀의 작업자가 갱 속에 들어가 석탄을 캐서 지상으로 운반하는 것까지 모두 책임졌기 때문에 팀원 간의 유대관계와 응집력에 의해 생산성이 좌우되었다. 그러다가 신기계의 도입으로 석탄을 드릴로 캐어 컨베이어 시스템에 의해 지상으로 운반하는 대량생산체제로 변화되자 작업은 개별적으로 나뉘어서 단순 · 반복노동이 되고 표준화되었다. 그 결과 불만과 결근율이 이전보다 증가하고 생산성은 별로 오르지 않았다.

왜 그랬을까? 타비스톡 연구팀이 찾아낸 이유는 신기술의 도입으로 그동안 작업자들 간에 형성되어 있던 인간적 역할관계와 규범이 깨어지고 비공식적 상호관계와 응집력이 해체된 데 있었다. 따라서 그 연구팀은 과거에 존재하던 역할관계와 작업방식은 살려둔 채로 신기술을 조금씩 천천히 도입하면서 분위기가 안정된 다음에 점차 늘려가는 방식을 제안했다. 그 후 생산성이 오르고 불만이 줄어들게 되었다. 이들의 연구결과는 조직의 기술적(technical), 인간관계적(social) 시스템은 서로 적절하게 조화를 이루어야 하며 조직 내 과업이나 역할관계를 변화시키려 할 때에는 인간관계나 집단의 규범을 혼란시키지 말고 점진적으로 시도해야 한다는 사실을 알려준다.

◆ 급진적 조직변화

급진적 변화란 조직의 구조와 전략을 뜯어고치면서 근본적으로 그리고 폭넓고 빠르게 변화를 시도하는 방식이다. 업무프로세스를 근본적으로 바꾸는 리엔지니어링, 조직

LEADERSHIP STORY 9.6	점진적 혁신

르네상스 시기의 3대 화가는 다빈치, 미켈란젤로, 라파엘로라고 배웠지만 그중에서 라파엘로는 앞의 두 사람만큼 사람들 입에 오르내리지는 않는다. 다빈치는 프랑스 르와르 강변의 앙브와즈(Amboise) 성에, 미켈란젤로는 피렌체 산타크로체 교회에 묻혔지만 라파엘로는 로마 시의 한복판에 있는 판테온에 묻혔음에도 별로 사람들의 눈에 띄지 않는다. 다빈치는 강렬하고 신비로운 작품을, 미켈란젤로는 신과 같은 인체를 조각했지만, 라파엘로는 기존의 다른 작가들과 별 차이가 없었다. 따라서 오늘날에도 대중의 주목을 받지 못한다. 하지만 전문가들 사이에서는 그렇지 않다. 오히려 나이 들면 라파엘로가 좋아진다는 것이다. 그의 그림은 단순하고 평화로우면서도 르네상스의 이상인 완벽한 균형과 조화의 미를 보여준다. 강렬하고 개성적이지는 않지만 지적이고 마음이 편한 그림이다. 작품을 새롭게 창조하기보다는 다른 대가들의 작품에서 자신에게 필요한 요소를 수용하고 종합했던 그의 탁월한 능력이 현대인에게는 높이 평가되지 않는다. 교황 율리우스 2세의 주문으로 바티칸 서재에 〈아테네 학당〉을 그릴 때 그의 나이는 26세에 불과했다. 시스틴 성당의 천정화와 벽화도 라파엘로가 자신에게 먼저 온 주문을 거절했던 덕분에 경쟁자 미켈란젤로의 손에 넘어간 것이었다. 떠들썩한 혁신보다 조용한 개선이 당대에는 더욱 인기가 있었던 모양이다. 어쩌면 급진적 변화보다 점진적 변화의 매력이 더 많을지도 모른다.

구조의 재편(restructuring), 조직목표나 전략의 개편 등은 모두 이에 속한다. 일례로 1990년대 혁신적 조직변화의 상징이었던 리엔지니어링(reengineering)은 비용, 품질, 고객 대우, 업무스피드 등의 각종 성과지표를 획기적으로 향상시키기 위해 업무프로세스를 근본적으로 재고하면서 재설계하는 것을 의미한다. 즉 주문, 재고, 제품기획, 유통에 이르기까지의 기능적(functional) 과업수행에 대한 기존의 방식을 무시한 채 프로세스 중심의 전혀 새로운 방식을 도입하여 과업을 설계하고 생산성을 높이고 시간을 단축하는 것이다. 기존의 업무프로세스가 제품의 생산 또는 기능중심이었다면 리엔지니어링은 어떻게 하면 고객에게 더 질 좋은 제품과 서비스를 더 빨리 제공할 수 있을까 하는 고객중심의 프로세스로 조직을 과감하게 변화시키는 방법이다.

(2) 반응적 변화와 예측적 변화

조직을 변화시킬 때가 환경변화의 시점인가 그 이전인가에 따라서 변화의 유형이 분류될 수 있는데 사안에 따라 장단점이 다르기 때문에 무엇이 더 좋다고 말할 수 없다.

LEADERSHIP STORY 9.7 | **BAT의 리더**

BAT는 중국의 3대 IT업체를 뜻하는 말로 B는 바이두(Baidu), A는 알리바바(Alibaba), T는 텐센트(Tencent)를 지칭하는 회사들이다. 미국의 4대 IT업체를 뜻하는 TGIF(트위터, 구글, 아이폰, 페이스북)와 대비되는 신조어이다. 미국의 TGIF는 GAFA(구글, 애플, 페이스북, 아마존)로 대체되었다. 이렇듯 시장 생태계에는 급격한 변화가 일어나고 있다.

BAT의 창업자는 어떤 사람들인가? 바이두의 리옌훙, 알리바바의 마윈, 텐센트의 마화텅으로 이들은 현재 중국에서 청년들에게 가장 영향력 있는 세 명의 리더로 꼽힌다. 2018년 시가총액으로 보면 알리바바와 텐센트는 500조 원을 넘어섰다. 바이두는 중국 검색시장의 약 70%를 점유하고 있는 포털사이트를 운영하는 회사이다. 리옌훙은 미국에서의 생활을 정리하고 고국으로 돌아와 2000년 1월 베이징에 검색포털 사이트 회사인 바이두를 창업하였다. 2013년부터는 자율주행차, AI 로봇 등 인공지능 분야에 투자하면서 사활을 건 경쟁을 하고 있다. 마윈은 세계 최대 규모의 전자상거래 플랫폼으로 1999년 항저우에서 창업을 했다. 그는 전자상거래라는 개념은 사라지고 향후 30년대 신소매라는 개념, 즉 온, 오프라인과 물류가 결합한 전정한 신유통의 혁명의 시대를 강조한다. 마화텅은 중국 최대의 SNS회사이면서 온라인 게임회사로 1998년 선전에서 창업했다. 시장에서 기업의 가치는 사람들이 스스로 만들어내는 자발적 클릭으로 만들어지는 것이다. 현재 세계적 기업들은 거의 플랫폼 기업들이 차지하고 있다. 즉 애플, 구글, 아마존, 페이스북, 알리바바, 텐센트이다.

◆ 반응적 조직변화

추운 겨울날 아침에 출근하려고 옷을 입고 밖에 나왔다가 기온이 너무 급강하한 것을 알아차리고 다시 집에 들어가서 점퍼를 외투로 바꾸고 목도리와 장갑을 착용하고 나온다. 이 사람이 옷차림을 바꾼 시점은 추운날씨에 직면하고 난 이후이다. 즉 추위에 반응한 결과로 변화가 이루어졌다. 조직도 환경변화에 대해 사후적으로 대책을 세우거나 시행시기를 늦추거나 심지어 계획을 백지화하기도 한다. 기왕이면 처음부터 날씨를 미리 예측하고 외투를 입고 나왔다면 다시 들어가지 않아도 됐을 텐데 괜히 중요한 아침 시간을 낭비한 셈이다. 하지만 장갑도 없이 점퍼차림으로 출근해서 감기 걸리는 것보다는 낫다. 날씨가 항상 추우면 미리 예측했겠지만 어제까지 가을 날씨였다가 갑자기 급강하하는 변덕스러운 날씨는 예측이 어렵다. 요즘의 경영환경이 마치 날씨처럼 너무 급변하기 때문에 기업의 많은 변화는 반응적일 수밖에 없을 것이다.

변화가 빠르지 않더라도 예측이 매우 어려운 경우라면 반응적 변화로 대처할 수밖에 없다. 경쟁회사가 갑자기 신제품을 출시했다거나 1997년의 IMF위기, 2008년에 있었던 갑작스런 세계적 금융불황은 누구도 예측하지 못했다. 그때에는 많은 기업들이 사업 확장계획을 취소하고 구조조정을 하는 등 사후적인 대책마련에 온 힘을 쏟았다. 하지만 이미 엎질러진 물이라며 가던 길을 그대로 가던 많은 회사가 도산하였다. 즉 사후적이라도 재빠르게 변화를 시도해야 한다.

◆ 예측적 조직변화

경영환경이 안정적이거나 불확실성이 적은 상황에서는 내일 무슨 일이 일어날지 예측이 가능할 것이다. 미래에 예상되는 변화에 대비하기 위해 미래지향적으로 조직을 변화시키는 것이 예측적 혹은 사전적 변화이다.Dunphy & Stace, 1988 예를 들어 세계적 금융위기는 차후에 매출감소를 가져올 것이며 고용인원을 감소해야 할 것이다. 너도나도 파생금융상품에 올인할 때 지나치다는 판단을 내리고 펀드투자를 줄여나간 개인이나 2008년 금융위기 이전에 미리 신규인력을 줄이고 확장을 억제한 회사는 무사히 위기를 넘겼다. 즉 호황에도 투자방식을 방어태세로 바꾸고 구조조정을 한 것이 위기 시에 도움이 되었다.

환경이 불확실하더라도 항상 미래에 대해 생각하고 준비성이 있는 경영자라면 미리미리 대책을 세우기도 하고 조직을 미래에 맞게 변화시켜나갈 것이다. 이것이 예측적 변화이다. 갑자기 기온이 급강하하는 등 간절기 날씨가 변덕스러운 것을 예민하게 알아차린 사람이라면 미리 두터운 외투도 마련해놓고 전날부터 일기예보를 주시하든지 아침에 출근 전에라도 밖을 내다보고 추위에 대응한다. 즉 예측적인 변화는 환경이 안정적이라야 가능한 것이 아니라 경영진의 예측능력이나 그의 예리한 성격에 의해서도 가능하다는 것이다.

그렇다고 예측적 변화가 반응적 변화보다 언제나 유리하고 필요하다는 의미는 아니다. 미리 예측하고 변화시켰는데 실제로 임박해서 환경이 변화하지 않고 그대로 있든지 다른 방향으로 변화하였다면 그 회사는 괜한 혁신비용과 노력만 허비한 셈이며 원위치로 되돌리려면 또 많은 비용을 들여야 할 것이다. 이처럼 대학공부를 하는 우리들은 무엇이 좋고 나쁜지를 성급히 판단해서는 안 되며 그래서 경영이 어려운 것이다.

(3) 참여적 변화와 강압적 변화

조직혁신에 부하의 의견이 어느 정도 반영되는지에 따라서 변화의 유형은 다음과 같이 구분될 수 있다. 그런데 리더십에 따라 부하의 참여정도가 달라지기 때문에 리더십이 조직변화의 유형을 어느 정도 결정하는 셈이다.

◆ 참여적 조직변화

대부분 사람들은 변화를 싫어하기 때문에 저항을 축소하기 위해 구성원의 아이디어와 자발적인 참여로 변화를 시도하는 것이 참여적 변화이다. 변화에 대한 필요성과 변화의 대상도 구성원이 결정하도록 하거나 경영진에서 결정하더라도 구성원 전체에게 토의시키고 변화과정을 자세히 설명하면서 함께 진행하는 것이 좋다고 전통적인 조직변화 주창자는 주장한다. 그뿐 아니라 이것을 인간존중의 경영이며 윤리경영의 한 부분으로 여길 수 있다.Saskin, 1984

참여적 변화의 장점은 구성원의 참여를 유도할 수 있다는 것 이외에도 또 다른 장점이 있다. 아무리 새로운 패러다임으로 조직을 전환시킨다고 하더라도 기존 상황에 익숙한 구성원의 시각에서 검토되고 수정되었기 때문에 기존의 조직문화와 가치관이 새로운 패러다임에 스며들었다는 점이다. 그러므로 새로운 패러다임이지만 기존의 가치관과 깊은 관련을 가진다. 만약 구성원의 참여 없이 일방적으로 도입되는 패러다임이라면 모두들 낯설어하겠지만 기존 문화에 근거하므로 새로운 비전에도 구성원의 공감대를 이끌어내기가 쉬울 것이다. 그렇기 때문에 변화도 빠르고 구성원은 새로운 상황에 쉽게 익숙해지며 덜 당황할 것이다.

◆ 강압적 조직변화

참여적 변화는 완전히 새로운 패러다임이 요구되는 경우에는 한계가 있다. 왜냐하면 기존 구성원의 가치관은 이미 기존 틀에 굳어져 있기 때문에 변화를 시도하더라도 근본적인 환골탈태는 어렵다. 이미 기존 전통과 가치관과 문화에 익숙해 있기 때문이다. 그리고 아래로부터의 변화는 근시안적이기 쉬운데 그 이유는 조직의 하부사람은 큰 틀에서 조직을 보기보다는 자신의 업무 혹은 자기부서 입장에서 변화를 시도하기 때문에 거시적인 추세를 파악하기 어렵기 때문이다. 혹시 파악한다고 해도 부서이기주의에서 벗어나서 회사 전체적인 입장을 대변하기는 어렵다. 따라서 경영진이 대국적 견지에서 이상적인 변화모델을 만들어 일방적으로 추진하는 것도 효과적이다.Dunphy & Stace, 1988

그리고 실제로 하향적인 조직변화가 현실적으로 더 많다. 변화는 기존체제를 뒤흔들어놓는 것이기 때문에 관련자들 상호 간 이해관계의 재조정이 필요하기 마련이다. 그런데 아래로부터의 자발적이고 합의적인 조직변화를 진행하려면 구성원끼리나 부서 간의 무수한 이해관계의 충돌을 일일이 조정하여 합의를 보기가 어렵기 때문에 결국 미미한 변화에 그친다. 그럴 때에는 상급 경영진의 권위적인 명령이나 강압적 변화가 효과적이다. 그러므로 조직변화는 강압적인 혹은 권위적인 접근이 원칙이며, 실제로는 변화의 도중에 사소한 부분을 구성원에게 설득하는 과정을 통해 참여적인 분위기를 이끌어내는 것이 전부이다. 그렇지 않고는 실질적 조직변화는 어렵다.

그럼에도 불구하고 상황이 극히 긴박한데 뚜렷한 리더가 없거나 조직이 존폐위기에 놓인다면 참여적 변화는 매우 자발적으로 일어날 것이고, 대립되는 이해관계도 서로가 쉽게 양보하여 첨예한 갈등은 피해가면서 효과적인 변화를 이룰 수 있다. 그러기 위해서는 실제로 환경이 급속하게 변화한다는 사실을 구성원 모두가 피부로 느껴야 하며 이러한 인식을 가지도록 평소 경영진이 구성원에게 환경변화에 대한 인식을 불어넣어야 한다.

LEADERSHIP STORY 9.8 | **변화하는 세상의 리더**

최근 스마트폰을 통해 피자 주문과 결제가 완료되면 생산이 시작되는 줌피자(Zume Pizza) 가게가 오픈했다. GPS를 통해 오븐이 실려 있는 배송트럭은 배송지 도착 4분 전 거리를 계산하여 피자를 굽는다. 고객들은 자주 먹던 메뉴, 피자 먹는 날, 시간 등의 자료를 줌피자의 인공지능시스템에 제공한다. 고객이 앱으로 자발적 주문을 하면 IoT 기반 자동 생산이 시작되어, AI 큐레이션 서비스가 이루어지고, 상품판매 및 고객반응에 대한 빅데이터가 분석되어 소비자맞춤형 생산시스템이 구축되는 것이다. 과거의 손수 만들어 팔던 시대가 끝났다. 이제 리더는 무엇을 준비할 때인가?

3 리더에 의한 조직변화의 단계와 방식

조직변화의 성공을 위해 리더의 즉각적인 변화보다는 단계적 전략이 필요하다는 레윈의 3단계 변화이론과 변화에 대응하는 부하들의 대응단계 그리고 구체적으로 무엇을 활용하여 변화를 시키는지에 대해 알아보자.

(1) 레윈의 변화 3단계

변화과정이론에서는 하나의 변화가 시작되어 완료되기까지 발생하는 전형적인 변화단계 유형을 기술하고 있다.Lewin, 1951 변화과정은 해빙(unfreezing), 변화, 재동결(refreezing)의 3단계를 거치는 것이 일반적이라고 한다. 해빙단계는 사람들이 과거의 방식이 더 이상 적절하지 않다고 느끼는 단계이다. 이러한 인식은 어떤 위기가 올 것 같다든지, 많은 부하들이 확실하지는 않지만 기회와 위협에 대한 노력을 해야 한다고 느끼는 단계이다.

그다음의 변화단계는 사람들이 일하는 새로운 방식을 수용하고 새로운 접근법을 선택할 때라고 할 수 있다. 레윈의 견해에 따르면 인간사회의 모든 시스템은 안정과 균형의 상태에 있다. 그러다가 어떤 변화가 있을 것이라고 공개되면 저항이 갑작스럽게 일어나기도 하지만 현재까지의 균형 상태는 기존의 것으로부터 이탈하는 해빙단계라는 동요의 상태가 된다. 그리고 그 상태가 어느 정도 지속되어 규범이 바뀌게 되면 이를 변화된 단계로 보고, 시스템은 옛것으로 다시 돌아가지 않도록 재동결된다.Schein, 1968

이 과정은 냉동실의 둥그런 통에 얼어 있는 둥근 얼음 덩어리를 꺼내어 녹이고(해빙) 사각형의 새 그릇에 부어서(변화) 다시 냉동실에 넣는(재동결) 작업에 비유될 수 있다. 둥근 얼음 덩어리를 해빙시키지 않은 채로 사각형 형태의 얼음을 만드는 일은 여간 어렵지 않다. 그러므로 리더는 다음과 같은 단계적 절차를 밟으면서 각 단계에 알맞는 리더십 전략을 펴나가야 한다.

| 도표 9-3 | 조직변화의 단계

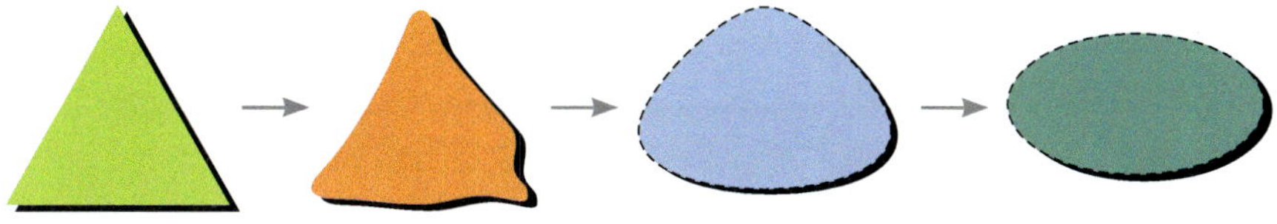

◆ 해빙단계

우선 조직이 변화하려면 조직의 구성원으로 하여금 변화의 욕구를 가지게 하는 단계가 필요하다. 아직 변화에 무관심한 사람들에게 변화 욕구를 불러일으켜 변화에 저항하지 않고 오히려 협조할 수 있도록 하는 것이다. 변화에 대한 보너스, 특별수당 등으로 저항을 줄이면서 기존의 것에 대한 비판과 공격으로 기존 가치관과 태도를 교란시킨다. 이때 변화 쪽으로 움직이는 힘과 이에 대항하는 저항력(counter power)이 존재한다. 예를 들어 어떤 기업에서 새로운 자동화 기계를 도입하려고 할 때 생산비 감소나 인건비 감소 등은 변화력이 되고 종업원들이 실업을 안 당하려고 자동화를 두려워하는 것은 저항력이 된다. 이때 전자를 홍보하고 후자에 대해서는 합당한 보상을 하겠다는 약속을 해서 기존의 것에 대한 회의와 의문을 품게 한다.

◆ 변화실행단계

기존 상태에서 새로운 상태로 바뀌는 단계로 새 기계, 새 제도의 도입과정이 바로 변화단계이다. 기존 상태를 바꿀 전략 중 어떤 것은 한순간에 되는 것도 있고 어떤 것은 시간이 걸린다. 이 시기에는 체제의 변화와 구성원의 변화 모두에 신경 써야 한다. 두 가지 변화 모두 장기적인 안목을 가지고 변화시켜야 하지만 특히 구성원의 변화에 더욱 신경을 써야 한다. 가령 경리팀이나 인사팀 등에서 수동식 사무방법을 전산화하려고 한다면 시간이 매우 걸릴 것이며 부서 구성원들에 대한 교육훈련도 필요하다. 그러므로 변화단계는 새것을 수용(compliance)하고 마음으로도 동일화(identification), 내면화(internalization)하는 단계이다.

리더십 카툰

〈변화 3단계 : 원위치〉

"난 일단 한 번 웃어줬으니까!"

일시적 변화는 보상과 강제로 가능하고 효과도 큰 것 같지만
실질적인 변화로 정착되기 위해서는 다른 수단이 필요하다. 무엇이 있는지 알아보기로 하자.

◆ 재동결단계

인간은 변화했다가도 다시 원위치로 돌아가려는 속성이 있기 때문에 계속적인 지원과 강화활동이 필요하다. 변화된 새 제도가 제 기능을 다하여 좋은 결과를 내면 자동적으로 강화된다. 변화된 부서나 개인에게 응분의 보상을 주는 것은 변화된 상태를 안정화(stabilization)시키고 시간이 지남에 따라 효과가 소멸되는 것을 막는 방법이다. 그러므로 한 번 변화했다고 해서 변화전략에서 손을 떼는 것은 매우 어리석은 생각이다.

한편 인간은 안정을 추구하는 동물이고 조직의 구성원은 우물 안 개구리라서 변화의 필요성도 느끼지 못하는 경우가 대부분이다. 그러므로 어느 조직이든 외부에서 서두르거나 거들어주지 않으면 변화는 매우 어렵다. 마치 나쁜 습관에 빠진 청소년에게 외부의 선도자가 필요한 것과 마찬가지이다. 그래서 조직도 변화를 이끌어줄 개인이나 컨설팅회사 같은 전문가 집단에게 조직변화를 위탁한다. 물론 반드시 외부가 아닌 조직 내부의 특정집단에게 위탁할 수도 있다. 위탁받은 팀을 변화담당자(change agent)라고 한다. 이들은 조직변화 전문가로서 특별히 위촉을 받아 변화계획을 짜서 주도적으로 변화를 이끌어가는 집단으로 자문팀, 교수팀 등이 여기에 해당된다.

한편 이들 변화담당자와 조직구성원 간의 긴밀한 협조체제를 만들어 변화를 시도하고 나면 실제로 약간의 변화가 있게 된다. 그렇게 변한 실제의 결과를 보고 나면 계획

| 도표 9-4 | 조직변화를 위한 기싸움

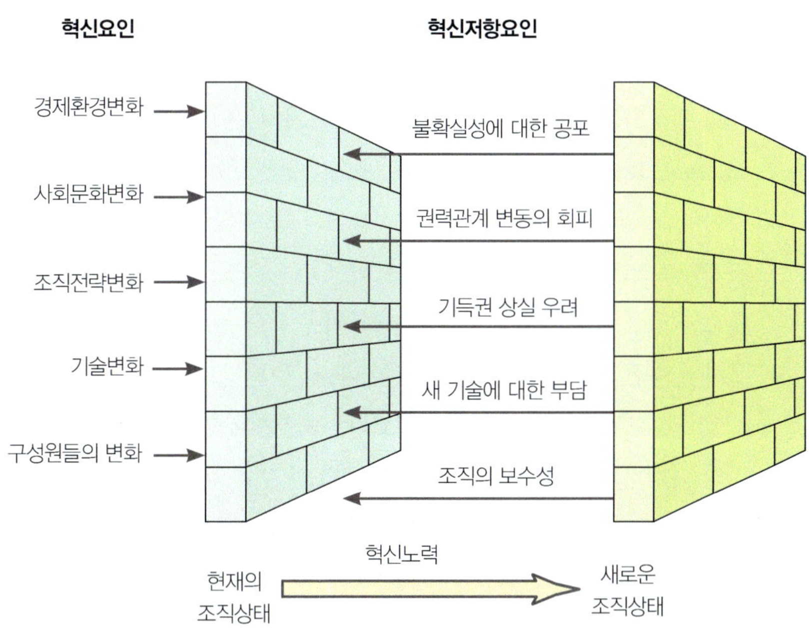

이 잘되었는지, 어느 정도의 수정이 필요한지, 계속 밀고 나가는 것이 좋은지를 알 수 있다. 이처럼 현장에서 변화의 결과를 피드백 받아 필요한 만큼의 수정을 하고 다시 수정된 방법을 실행한 후에 다시 현장의 반응을 피드백 받고 또다시 변화전략을 수정한다. 이처럼 현장과 변화담당자 사이의 순환적이고 계속적인 교류를 통한 변화작업은 실행-관찰(action-research) 변화방식이라 불리며 성공적 변화를 위해 필수적인 과정으로 인식되고 있다.French 1989

이러한 과정은 성공적인 변화를 위해 매우 중요하다. 특히 해빙단계 없이 변화가 곧바로 시작된다면 오히려 더 강한 저항을 마주할 수도 있다. 레윈에 따르면, 변화는 활동의 두 가지 유형에 의해 달성된다. 하나의 유형은 변화를 향하여 돌진하는 힘이 있다는 것이고, 다른 하나는 돌진하는 힘에 대항하는 힘이 증가한다는 것이다. 한쪽의 힘이 약하면 다른 쪽의 힘이 강해진다는 뜻이다.

(2) 변화에 대한 부하의 반응단계

조직에서 어떻게 사람들이 변화에 반응하는지에 대한 또 다른 변화과정이론이 있다.Gebert, Boerner, & Lanwehr, 2003 ; Krause, 2004 ; Jick, 1993 ; Woodward & Bucholz, 1987 이러한 이론은 사랑하는 사람의 갑작스런 사망, 이혼, 자연재해로 인한 가옥의 파괴와 같은 갑작스럽고 상처 깊은 사건에 의한 사람들의 반응을 관찰함으로써 만들어졌다.Lazarus, 1991 왜냐하면 일상생활에서의 사건이라 함은 평소의 생활에서 크게 벗어난 '변화'이기 때문이다. 그러므로 일상생활에 반응하는 비슷한 반응유형이 조직변화 기간 동안에도 발생하는 것이라고 한다. 그때의 네 가지 반응유형은 부인(denial), 분노(anger), 비탄(mourning) 그리고 적응(adaptation)이다. 초기반응은 변화 자체를 부인하고 받아들이지 않는 것이다. 사랑하는 가족의 죽음을 처음에는 죽지 않았다고 부인하는 것과 같다. 그다음 단계는 분노로 인해 어느 누군가를 비난하는 단계이다. 비탄단계는 변화를 부인하지는 않고 변화를 통해 잃어버릴 것에 대하여 슬픔을 표하는 것이다. 적응단계는 변화를 수용하며 자신의 삶에 적응하는 단계이다.

각 단계의 정도는 사람마다 다르다. 누구는 부인의 단계가 오래 가지만 누구는 비탄의 단계가 길어진다. 또는 변화의 정도와 변화의 내용에 따라 위의 네 가지 단계의 지속기간과 정도 수준이 달라진다. 말할 필요도 없이 변화주도자로서는 부하들이 모두 빨리 적응단계로 옮겨 오기를 바랄 것이다.

(3) 리더에 의한 조직변화의 방식

중요한 변화에 성공을 이루고 나면 앞으로 무엇을 변화시킬 것인지를 알 수 있다. 조직에서 변화를 시도하는 접근법은 대개 구성원의 태도나 역할을 통해서이다.Beer, Eisenstat, & Spector, 1990

◆ 태도지향적 변화접근

태도변화를 통해서 변화를 시도하는 것은 조직문화프로그램 또는 팀빌딩 활동, 교육훈련프로그램, 설득 커뮤니케이션 등을 포함한다. 게다가 기술적이고 대인관계적인 기술은 교육훈련프로그램을 활용하여 증가시킬 수 있다. 새로운 태도와 기술은 구성원들끼리의 상호작용에 의해서 행동변화를 야기한다.

◆ 역할지향적 변화접근

역할지향적 접근은 업무의 흐름을 재구성하고 직무를 설계하여 서로 상이한 활동과 책임관계, 그리고 권한관계를 수정하기도 하고 업무마다 이상적인 역할을 수행하도록 변화시키는 방식이다. 이는 업무의 기준과 절차를 변화시키거나 보상제도를 고치는 것도 포함한다. 업무마다 서로 다른 방식의 역할을 필요로 하며 이는 그 역할에 맞는 태도와 행동의 변화를 의미한다. 하나의 업무에 가장 적합한 효율적인 행동을 정립하려면 그런 행동을 높게 평가하고 높은 보상을 하는 객관적이고 공정한 평가와 보상제도가 필요하며 이것에 의해 점차 효율적인 역할수행으로 변화되어갈 것이다.

◆ 두 접근법의 차이점

이상 두 가지 조직변화 접근법에는 분명한 차이가 있다. 예를 들면 회사는 시장으로 신제품을 신속하게 진입시켜 시장점유율을 높이는 과정에서 특별한 부서 간의 협력을 필요로 한다. 이때 태도지향적 접근법은 다른 부서의 구성원들 간에 서로 신뢰하고 이해하게 하기 위해 팀빌딩 활동이나 상대방 부서의 공정에 참여하는 등의 활동을 통해 상호 협력을 증진시킨다. 이러한 접근법은 신뢰를 높이고 작업장에서의 협력을 이해하기 위함이다. 반면에 역할지향적 접근법은 각 부서의 목표를 최대로 달성한 사람에게 보상하든지 부서의 할 일을 가장 모범적으로 달성한 사원을 뽑아서 포상하는 것이다. 이렇게 하면 사람들은 공통의 목적에 협력하도록 유도되며 상호 역할에 대한 신뢰와 이해를 추구하는 방향으로 변화되어갈 것이다.

LEADERSHIP STORY 9.9 | 변화는 나를 숨 쉬게 한다

코코 샤넬(Coco Chanel)은 초상집 방문할 때 입던 상복을 만찬의 드레스로 탈바꿈 시킨 장본인이다. 제1차 세계대전 때 도빌로 피난 온 파리의 귀부인들에게 파격적인 실용의상과 모자를 제공하여 일약 스타가 된 샤넬은 항상 새로움을 찾는 파격의 여왕이었다. 어느 날 기자가 물었다. "이번에 선생님께서 디자인하신 최신 의상에 대해 말씀해주시죠." "그건 구식 의상인데요." "구식이라뇨?" "당연히 구식이지요, 벌써 일주일이나 지났잖아요?" 2019년 2월 작고한 샤넬과 펜디의 총 예술감독으로 전 세계 패션계의 황제로 불리던 칼 라거펠트(Karl Lagerfeld : **사진**) 역시 "변화는 나를 숨 쉬게 하는 것, 멈추는 순간 죽는다"고 되뇌었다. 그는 늘 일반인의 상상을 초월한 패션쇼를 개최하고 나서는 그것이 끝나자마자 '이제 다음은?'이라고 외치면서 결코 과거로 돌아가거나 스스로를 복제하는 것을 금기로 여겼다.

4 리더의 조직문화 변화전략

조직에서의 대대적인 변화는 조직문화를 변화시킴으로써 가능하다. 조직의 문화를 변화시킨다는 것은 최고경영자들이 영향력을 행사하여 조직구성원의 행동을 간접적으로 변화시키는 것을 의미한다.

(1) 조직문화란?

조직에서의 인간관계, 인간본질, 시간과 공간의 본질 등과 관련된 구성원들의 공통된 신념과 가치관을 조직문화라고 정의한다.Schein, 1992, 2004 개인이 가진 신념은 일종의 집단이나 조직의 문화를 대변하는 것이기도 하며 이러한 신념은 내부통합의 문제나 외부환경과의 생존의 문제를 반영한다. 외부문제는 조직의 핵심적인 사명이며 조직의 존재이유가 된다. 사명에 의해 목적이 구체화되는 것이고 이러한 목적이 구체적인 전략으로 나타나는 것이며 이러한 모든 것은 조직의 성패와 직결된다.

모든 조직은 내부통합을 원할 뿐 아니라 외부적응의 문제도 항상 중시한다. 목적과 전략은 서로 다른 구성원끼리 혹은 서로 다른 부서 간의 상호 협력적인 노력 없이는 달성될 수 없다. 그러므로 내부의 분위기는 조직에서 구성원의 결속력을 결정하는 기준이 되고 지위상태와 권력관계를 결정하기도 하며 보상을 배분하거나 문제를 해결하는 기준으로 적용되기도 한다. 이것들이 모두 조직문화의 요소이다.

그러므로 조직문화의 중요한 기능 중 하나는 구성원이 상황을 이해하고 거기에 대응하는 방법을 결정한다는 데 있다. 상황의 불안감, 불확실성, 혼란을 줄여야 한다. 그렇다고 내부와 외부 문제가 서로 배타적 관계에 있는 것도 아니다. 조직구성원의 경험과 공유된 신념과 기준(조직문화)을 통해 해결책을 만들고 새로운 구성원에게 그러한 것을 전파해야 하며 시간이 흘러도 구성원 사이에 그 기준이 확실하게 정립되어 있어야 할 것이다.

(2) 문화변화에 미치는 리더의 영향

리더는 다양한 방식으로 자기 팀의 문화나 자기 집단의 문화에 영향을 줄 수 있다. Tsui, Zhang, Wang, Xin, & Wu, 2006 다양한 영향력이란 두 개의 범주로 크게 분류가 가능한데 하나의 접근법은 리더에 의한 직접적인 활동이며 다른 하나의 접근법은 문화형태, 시설, 조직구조, 시스템, 공식프로그램의 수정, 기준 등을 변화시킴으로써 영향력을 행사하는 것이다. 리더의 문화에 대한 영향력은 이 두 개의 접근법이 서로 일치할수록 더 커질 것은 당연하다.

◆ 리더십 행동을 통한 영향력

리더는 자신의 가치관을 바탕으로 조직의 비전을 추구하려고 한다. 또는 중요하고 장기적인 조직목표와 전략을 수립할 때 리더가 가진 가치관을 적용하기도 한다. 리더의 연설이나 문장으로 쓰인 일종의 경영철학이나 이념들이 자신의 가치관을 보충하여 설명하는 데 매우 유용하게 쓰인다. 리더는 자신의 충성심, 자기희생행동 그리고 자신의 임무를 초과하는 상징적인 모범행동들을 직접 구성원에게 보이기도 한다.

LEADERSHIP STORY 9.10 | **CEO 행동의 영향**

김우중 전 대우그룹의 회장이 창업 당시 화장실에서 국제전화를 하고 자동차 안에서 라면으로 끼니를 때웠다는 일화로 인하여 산하 대우 직원들은 그를 본받아서 시간을 낭비하지 않는 촌음(寸陰)을 아끼는 문화를 만들었다. 빌 게이츠의 공격적이며 경쟁적인 성격과 그의 탁월한 능력은 그가 창업한 마이크로소프트사의 조직문화 특성과 일치한다. 현대그룹의 고(故) 정주영 회장은 울산현대조선소 건설 시 유조선 수주를 먼저 받아놓고 납기 내에 조선소를 건설하느라 24시간 공사가 계속되도록 했는데 이때 정 회장의 새벽순시는 이후 현대그룹의 추진력, 도전, 형식타파 문화를 계승하는 계기가 되었다. 정 회장의 유명한 일화는 더 있다. 현대건설에서 미군이 주문한 토목공사가 겨울에 완성되어서 푸른 잔디를 심기로 한 계약을 맞출 수가 없었다. 정 회장은 곧 보리를 심도록 했고 새싹이 돋아난 보리를 잔디로 착각한 미군 측은 대금을 완불해주었다. 물론 이듬해 잔디로 바꿔 심었다. 현대건설 서산방조제 마지막 물막이 공사가 애를 먹고 있었다. 물살이 세어서 트럭으로 돌을 갖다 부어도 썰물에 바다로 떠내려가기 때문이었다. 정 회장의 아이디어로 대형 폐유조선을 사다가 대고 돌로 채워 조수간만의 차를 안정시켜 댐을 막은 뒤에 배에서 돌을 빼내어 다시 위로 띄운 사건도 '안 되면 되게 하라'는 현대문화의 신화가 되었다.

◆ 보상과 인사제도의 결정권

유형적인 보상을 배분하는 기초는 조직이 가지고 있는 중요한 기준이다. 공식적인 의식과 의례나 비공식적인 리더의 관심도 중요하다. 공헌과 과업달성을 객관적으로 평가하는 데 실패할 경우 애써 노력한 성과가 별 볼 일 없는 것으로 구성원들에게 비칠 수 있다. 이때 리더는 보상기준을 변화시켜서 구성원의 신념과 가치관을 바꾸는 것이다. 만약 리더가 영향력을 행사하여 조직의 보상제도를 연공급제도에서 성과급제도로 바꾸어놓으면 그 조직의 문화는 경쟁적 문화로 바뀐다. 이는 리더가 직접적 행동 없이 제도를 바꿈으로써 조직문화를 바꾼 것이 된다.

◆ 제도와 프로그램에 미치는 영향력

보상시스템이나 평가제도 이외에도 예산배분, 계획수립안, 보고서, 성과평가제도, 인재개발프로그램 등은 조직이 필요로 하는 행동에 대한 리더 자신의 가치관과 신념이 잘 표현되어 있는 것들이다. 특히 오리엔테이션 프로그램은 새로운 신입직원을 사회화(socialization)하고 조직의 문화를 습득시키는 데 매우 효과적이다.

◆ 조직구조의 설계

조직구조의 설계는 사람과 과정에 대한 가치와 신념을 반영한다. 집권화된 구조는 리더가 최상의 의사결정을 직접 챙긴다는 의미이고, 분권화된 구조는 일선 구성원에게 스스로 책임지게 하고 공동책임감을 심어주기도 한다. 또한 회사의 교육개발팀을 CEO가 직접 챙기고 교육개발팀장의 직위에 높은 직급의 간부를 앉혀놓으면 그 회사에는 사원의 교육개발을 중시하는 문화가 전파된다. 즉 리더는 조직의 구조를 설계할 때 영향력을 미침으로써 조직의 분위기와 신념과 가치관을 변화시킬 수 있는 것이다.

(3) 조직 성장단계와 리더의 문화변화전략

조직문화에 대하여 리더가 영향력을 행사하는 정도나 그 영향력의 크기는 조직이 성장단계로 볼 때 어느 시점에 있는지에 달려 있다. 예를 들면 지금 막 새로운 조직을 설립한 리더는 그 조직의 문화에 강한 영향력을 행사할 수 있다. 최초의 설립자들은 조직의 비전과 목적을 자기들만 분명하게 가지고 있으며 구성원들로 하여금 그 목표달성을 위해 매진하게 한다. 하지만 새로운 조직에 필요한 문화가 항상 자연스럽게 저절로 정착되는 것은 아니다. 시간이 흐르다 보면 설립자의 생각이 틀릴 수도 있으며 조직에서 강력한 다른 구성원 또는 집단들과 갈등에 놓일 수도 있기 때문이다. 이때 성공을 위해서라면 설립자는 그들과 타협하여 그들의 의견을 받아들이고 자신의 신념과 가치관도 약간 양보할 필요가 있다. 그러다 보면 조직의 문화는 처음 생각했던 것과 약간 다르게 형성되어가기도 한다. 따라서 조직이 이미 성장하여 기반을 잡았을 때에는 엉뚱한 조직문화를 소유하고 있을 수도 있다.

새로운 조직에서의 문화가 성공하기 위한 가장 중요한 요인 중 하나는 다른 조직과는 차별화되면서 자기 조직만의 핵심역량에 대한 신념이 확실하게 확립되어 있어야 한다는 것이다. 조직의 제품과 서비스가 독보적이거나 유일하고 우월해야 한다는 신념과 함께 이러한 제품과 서비스를 제공할 수 있는 지속 가능한 내부적인 능력이 있어야 한다. 아직 조직의 분위기가 초기단계에 있기 때문에 조직문화가 강하지 못하다면 그런 문화를 정립시킬 가능성은 더 높다. 왜냐하면 성숙한 조직에서는 조직문화도 어떤 형태로든 이미 확고부동하게 정립되어 있으므로 그런 문화를 변화시키는 것은 매우 어렵기 때문이다.

그러므로 조직의 존속기간과 그간의 연혁, 그리고 현재 조직의 분위기가 어느 정도 정착되어 있는지에 따라서 리더의 변화전략과 리더의 영향력은 달라진다. 초기단계에서는 리더가 강력한 리더십과 주도적인 변화전략을 구사해야 하지만 오래되어 타성에 젖어 있는 경우에는 리더가 독단적으로 문화를 변화시키려 해서는 안 되며 구성원과 타협과 조화를 모색해야 할 것이다.

5 비전개발자로서의 리더

조직을 변화시키려면 구성원에게 새로운 방향을 제시해야 한다. 목표도 없이 기존의 것을 바꾸자면 왜 바꾸어야 하는지 어리둥절하고 지표도 없이 우왕좌왕할 것이다. 카리스마 리더십과 변혁적 리더십에 관한 연구들을 보면 명확하고 강력한 힘을 가진 새로운 비전이 수립되면 조직의 변화에 득이 된다고 한다. 급진적인 변화를 유도하기 전에 변화가 필수적이며, 어렵고 희생이 있더라도 충분히 감수하면서 나아가야 한다는 매력을 보여주기 위해서는 사람들에게 미래지향적인 비전을 제시할 필요가 있다.

(1) 비전이란?

◆ 비전이 갖는 특징

성공적인 비전이 무엇인지에 대한 본질을 분석한 학자가 매우 많다.Bennis & Nanus, 1985 ; Kotter, 1996 ; Tichy & Devanna, 1986 비전은 간략해야 하고 이념적이어야 하며 바람직한 미래상을 담고 있어야 한다. 비전은 가치, 희망, 조직의 이념, 구성원들의 가치관, 기타 이해관계자의 바람도 담는 것이 좋다. 그리고 비전은 현실적인 것보다는 도전적인 것이 낫다.

◆ 비전의 요소

비전이란 말은 사명선언, 전략적 목적, 가치관 선언, 그리고 슬로건 등과 혼동되는 용어이다. 사명선언(mission statement)이란 고객이나 구성원이 수행할 활동의 유형을 조직 목적에 맞게 표현한 것이라 할 수 있다. 전략적 목적(strategic objective)은 특별한 종료시기를 가지며 달성할 목적의 성과치로 표현한다. 가치관 선언(value statement)이란 조직의 중요한 이념적 주제 혹은 핵심 가치관들의 종류라고 할 수 있다. 슬로건(slogan)은 단순한 용어를 사용하여 가치를 요약한 뒤 구성원과 소통하고 공유하기 위해 사용되는 선언이다. 이러한 용어들이 효과적인 비전을 만드는 데 모두 동원되기도 하고 일부만 사용되기도 한다. 이러한 비전이 중요한 이유는 리더가 조직을 성공적으로 변화시키려면 필요한 것이기 때문이다.

(2) 비전개발의 절차

◆ 이해관계자와의 조화

핵심적 이해관계자는 소유주, 주주, 대표이사, 조직의 다른 구성원, 고객, 투자자, 합작투자 파트너 그리고 노동조합원 등을 포함한다. 중요한 조직변화를 실행하여 그 목적을 달성하는 데 이해관계자의 지원은 필수적이므로 그들이 원하는 바를 비전에 담아야 한다.

◆ 공유된 이념과 조화

비전이 공유된 가치관이나 구성원들의 이념을 포함하고 있다면 구성원으로부터 몰입을 더 유도해낼 수 있다. 비전은 이념뿐 아니라 조직구성원이 도전해야 할 목표와 사명의 내용을 포함하고 있어야 한다.

◆ 전략적 목적과 조화

비전을 정교화하는 것도 중요하지만 비전이 전략적 목적에 부합되는지를 파악하는 것이 더 중요하다. 특별한 성과목적이 규명되어야 그에 대한 실행이 이루어질 것이고 모든 구성원이 공유하게 될 것이다.

◆ 전통이념과 조화

조직에서 급진적인 변화가 필요하더라도 현재까지 내려오는 비전도 설득력이 있다는 점을 잊지 말아야 한다. 새로운 비전을 위해 과거 이념이 모두 무시되어서는 안 된다.

◆ 구성원의 핵심역량과 조화

사람들은 비전에 대해 회의적일 수 있지만 성공적인 비전이 되려면 비전 자체가 신뢰할 만해야 한다. 그러므로 추종자가 가진 역량이나 과거의 업적을 공정하게 평가하여 새롭게 만들어진 비전이 구성원의 능력으로 달성 가능하게 보이도록 해야 한다.

◆ 지속적인 평가와 관찰

성공적인 비전은 시간이 흘러도 계속 진화한다. 비전을 달성하는 전략은 항상 실행되고 있고 사람들은 그 미래 결과를 예측할 것이다. 따라서 비전을 달성하는 진행과정에 대하여 홍보하고 비전이 옳은 방향으로 가고 있는지를 지속적으로 살펴봐야 한다.

6 변화실천자로서의 리더

리더는 변화를 직접 진두지휘할 뿐만 아니라 변화를 실천할 수단과 전략을 수립하여 실행에 옮겨야 한다.

(1) 변화의 실행

새로운 비전이 정해졌으면 여러 방면으로 노력하면서 변화전략을 실행에 옮겨야 할 것이다. 이때 변화의 실천자로서, 리더로서 주의할 사항은 다음과 같다.

◆ 주요 변화실행을 위한 책임자

조직에서의 대대적인 변화는 최고경영자의 책임 없이는 성공 가능성이 떨어진다. 하지만 최고경영자에 의해 주도되었다고 변화가 무조건 성공하는 것도 아니다. 성공적인 변화는 일선관리자, 중간관리자, 최고경영자 간의 화합에 있다. 본질적인 책임은 물론이고 비전을 수립하고 전략을 찾고, 지원자들의 연합체를 만들어 서로 조정하고 수행하는 것을 책임지는 것은 최고경영자의 몫이다.

◆ 변화의 속도와 순서 조절

급진적인 변화가 오히려 조직의 변화저항을 막는다는 주장도 있고, 오랜 시간을 두고 점증적으로 변화해야 저항이 적다는 주장도 있다. 새로운 전략의 실행은 변화목표에 일치하는 방향으로 조직구조를 변화시키는 데 핵심이 있지만 조직구조의 변화에 대한 저항이 만만치 않고 새로운 전략을 지원하는 비공식적인 구조나 절차, 시스템의

LEADERSHIP STORY 9.11 | **한 사람이 세상을 바꾼다**

1950년 일본의 미야자키 현 고지마라는 무인도에 원숭이 20여 마리가 살고 있었는데, 이들의 먹이는 주로 고구마였다. 원숭이들은 처음에는 고구마에 묻은 흙을 손으로 털어내고 먹었는데, 어느 날 한 살 반짜리 젊은 원숭이 한 마리가 강물에 고구마를 씻어 먹기 시작했다. 그러자 다른 원숭이들이 하나 둘 흉내 내기 시작했으며, '씻어 먹는 행위'가 새로운 행동양식으로 정착해갔다. 고구마 씻기를 하는 원숭이 수가 어느 정도 늘어나자 이번에는 고지마 섬 이외 지역의 원숭이들 사이에서도 똑같은 행위가 동시다발적으로 나타났다. 불가사의하게도 이곳에서 멀리 떨어진 다카자키 섬을 비롯한 다른 지역에 서식하는 원숭이들 역시 고구마를 씻어 먹기 시작했다. 서로 전혀 접촉이 없고 의사소통도 할 수 없는 상황에서 마치 신호를 보내기라도 한 것처럼 그 행위가 퍼져나갔다. 미국의 과학자 라이올 왓슨은 이것을 '일백 마리째 원숭이 현상'이라고 이름 붙였다. 어떤 행위를 하는 개체의 수가 일정량에 달하면 그 행동은 그 집단에만 국한되지 않고 공간을 넘어 확산되어가는 불가사의한 현상을 말한다. 이 학설은 1994년에 인정되었다. 많은 동물학자와 심리학자가 여러 실험을 한 결과 이것은 원숭이뿐 아니라 인간을 포함한 포유류나 조류, 곤충류 등에서도 볼 수 있는 현상이라는 사실이 밝혀졌다. 우리가 여기서 한 가지 깨달을 수 있는 사실이 있다. 세상의 가치관이나 태도는 먼저 깨달은 소수의 사람에 의해 바뀐다. 세상 사람 모두가 깨달으려면 시간이 걸리겠지만, 먼저 몇 퍼센트 정도의 소수만 깨닫게 되면 모든 사회와 전 세계를 바꿀 수 있다. 시공을 초월한 '공명현상(共鳴現象)'이 작용하기 때문이다.

변화도 고려하면서 속도를 조절해야 하는 것은 분명하다.

◆ 변화를 이끄는 지침

성공적인 변화실행을 위한 리더십 행동은 도표 9-5 와 같다.

도표 9-5 | 변화 시 리더의 실행지침

변화요구에 대한 긴급함을 유도하라	변화로부터 얻는 장점의 명확한 비전을 소통하라
발생 가능한 저항이나 본질적인 저항을 지원하는 사람을 밝혀라	변화를 지원하는 광범위한 연합체를 형성하라
능력 있는 변화담당자를 임명하라	변화의 실행 지침을 만들기 위한 태스크포스팀을 가동하라
변화실행과 계획안을 수립할 사람에게 권한을 위임하라	업무에 영향을 줄 드라마틱하고 상징적인 영향을 발휘하라
구성원들에게 변화를 설명하라	변화의 어려움과 스트레스를 관리하라
자신감을 통해 초기 성공의 기회를 제공하라	변화의 진행상황을 감시하고 필수적인 조정을 수립하라
변화의 진전에 대한 정보를 공유하라	변화에 대한 지속적인 낙관론을 보여주고 더 몰입하도록 유도하라

(2) 혁신과 조직학습을 통한 변화전략

대부분의 조직환경이 역동적이고 경쟁적으로 변하고 있다. 경쟁은 더 치열해지고 있고 고객의 기대는 더 까다로워지고 있다. 신제품의 개발은 더욱 빈번하며 개발기간의 단축이 계속 요구된다. 그렇게 개발된 제품이나 서비스도 곧 고객을 만족시키지 못하는 철 지난 것이 되기도 한다. 이처럼 소용돌이치는 환경에서 성공하기 위해서 조직은 지속적인 발전과 학습지향을 요구받고 있는 것이다.

◆ 조직 내부의 새로운 지식습득

많은 조직들이 제품과 서비스 개발에 책임을 지도록 공식적인 부서를 가동하고 있다. 특정부서는 업무프로세스를 지속적으로 평가하고 향상시키는 책임을 지는데 이런 부서는 조직에서 혁신을 담당하는 부서가 되어야 한다. 또한 조직에서는 상당한 혁신이 비공식적으로 구성원에 의해서도 진행되기 때문에 직무활동에서 구성원이 규칙과 전통을 변화시키는 것을 수용하거나 허락하는 자세도 필요하다. 특히 새로운 지식이 요구되는 개발단계에서는 자원의 투자가 필요하기 때문에 더 나은 방식을 찾는 지속적인 노력을 기울여야 한다.

◆ 조직 외부의 새로운 지식습득

새로운 이념과 지식은 조직의 외부로부터 획득된다. 타인이 행한 최상의 실천(best practice)을 모방하는 것도 유용한 혁신이 된다. 하지만 이러한 것도 적용하기 전에 조직의 실무분야와의 관련성을 면밀하게 검토해야 한다. 더군다나 경쟁우위와 관련된 모방에는 신중을 기해야 한다. 타인의 장점을 벤치마킹(benchmarking)할 때에는 경쟁자에 의해 다시 모방되지 않도록 할 필요도 있다.

◆ 지식의 확산과 적용

신지식은 그것이 필요한 사람들이 많거나 그 지식을 사용해야만 하는 상황이 많을수록 더 가치 있는 것으로 평가된다. 그러나 어떤 조직에서는 밝혀진 지식이 좋은 것임에도 불구하고 효과적으로 적용하는 데 실패하는 경우가 많다. 그래서 비밀은 학습의 적이며 누구나 조직운영과 관련된 정보에 쉽게 접근하도록 하는 분위기를 만들 필요가 있다.

◆ 학습조직

모든 조직은 여러 가지 배울 것을 학습하면서 타인보다 더 나은 것을 창조하려고 혈안이 되어 있다. 학습조직(learning organization)이란 지식을 더 효과적이게 만들기 위해 지속적으로 학습을 하는 조직을 말한다. 이러한 조직에서 학습의 가치, 혁신, 실험, 유연성과 주도권은 조직문화와 강하게 접목된다.Baer & Frese, 2003 ; James, 2002

◆ 학습과 혁신을 증가시키기 위한 지침

모든 수준에서의 리더는 학습과 혁신에 우호적인 조건을 만들어야 한다.Vera & Crossan, 2004 그동안의 연구와 이론에 기초하여 제시할 수 있는 학습증대와 조직혁신을 활성화하기 위한 지침을 기술하면 도표 9-6 과 같다.

| 도표 9-6 | 학습과 혁신을 높이는 지침

유연성과 혁신성 격려하기	개인과 팀에 의한 학습을 촉진하고 독려하기
정신적인 역할모형 정하기	최상의 학습과 실패한 학습 사이의 평균 학습의 설정
지식과 아이디어 공유의 촉진과 독려	혁신목적의 설정
부하가 가진 기업가정신에 관한 격려	부하의 혁신행동의 정확한 평가와 보상

LEADERSHIP STORY 9.12 | 실패사례 홍보대회

"실패는 성공의 어머니!" 넘어지지 않고 자전거를 배울 수는 없다. 에디슨은 실패의 천재였다. 세계 초우량기업들이 5년도 못 되어 법정관리에 들어가고 와해됐다면 과거의 성공 때문에 혁신을 외면했기 때문이다. 성공이 실패의 어머니가 된 셈이다. "실패한 사람에게 상을 줍니다. 회사에 큰 손실을 입힌 사례일수록 좋습니다." S전자는 한때 개발, 생산, 구매, 영업 등 회사 내 모든 업무분야를 대상으로 임직원, 개인 또는 조직단위로 업무실패사례를 공모했다. 가장 큰 실책을 저지른 '공로'가 인정되는 제보자에게는 대상을 주고 부상으로 500만 원의 상금도 주었다. 그 회사는 이 같이 색다른 사업을 벌이게 된 취지를 '실패의 원인을 분석하고 이를 자료로 만들어 그 경험을 공유함으로써 전임자의 전철을 밟지 말자는 뜻'이라고 했다. 회사 측은 실패사례에 대해 절대 문책하지 않았고 책으로 펴낼 때에는 가명을 썼다. 인류 역사상 에디슨만큼 많은 발명품을 성공시킨 사람도 없지만 한편으론 에디슨만큼 발명품 실패를 많이 한 사람도 없다. 비아그라 열풍이 세계를 휩쓸지만 이것 역시 에디슨의 발명품들처럼 실패에서 건진 작품이다. 혈압강하제를 만들다가 실패한 것을 그냥 버리기엔 개발비가 아까워 어떻게 해야 본전이나마 건질까 생각하다 탄생된 세기의 히트상품이다. 몸 전체에 실패했지만 사타구니 쪽에 집중적으로 피 흐름을 유도하여 혈관을 팽창시켜 24시간 발기를 성공시킨 것이다. 우리가 흔히 사용하는 비누, 포스트잇 모두 실패의 수렁에서 건진 보물들이다.

9장의 핵심내용

일단 변화가 제안되면 초기 구성원의 반응은 매우 긍정적이다. 사람들이 왜 변화를 수용하는 것일까? 그 이유는 리더의 합법적 권한을 신뢰하거나 사람들이 변화에 저항할 경우 처벌을 받을지도 모른다는 두려움 때문이다. 또한 변화가 효과적이라고 생각하면 수용한다. 한편 변화에 대한 저항은 이유가 매우 다양하다. 사람들이 변화가 계획하는 내용에 대하여 불신하기 때문이고, 만약 과거에 성공적이었다면 저항은 더 커진다. 변화작전이 성공하지 못할 것 같다는 생각이 들어도 변화에 저항한다. 또한 변화가 더 많은 노력을 원하든지 비용이 들거나 숙달된 기술을 쓸모없게 만들까 봐 저항하고, 기존 권력과 지위의 상실이 예견되면 저항한다. 리더가 사용 가능한 저항극복 전략은 교육훈련과 커뮤니케이션, 그리고 부하를 결정에 참여시키는 것이다. 리더가 끗끗하게 지원하든지 피해자와 사전협상도 필요하다. 변화의 유형에는 점진적인 것과 급진적인 것이 있는데 모두 장단점이 있으며, 부하를 참여시키는 것과 강압적인 변화가 있는데 경우에 따라서 저항 극복전략을 달리해야 한다.

복습 및 토의문제

1. 왜 구성원은 변화를 수용 혹은 저항하는가?
2. 변화저항의 극복전략은?
3. 리더가 사용 가능한 변화의 유형에는 어떤 것이 있나?
4. 변화에 따른 부하의 반응단계는?
5. 조직문화란 무엇이며 리더에 의해 어떤 영향을 받는가?
6. 비전의 바람직한 특성이란?
7. 사명선언, 전략적 목적, 가치관 선언, 슬로건에 대해 각각 설명하라.
8. 조직변화 노력에도 불구하고 실패하는 이유는?
9. 학습조직을 통한 조직변화는 어떻게 하는 것인가?

키워드 정리

조직변화, 변화저항, 점진적 변화, 급진적 변화, 참여적 변화, 강압적 변화, 환경적응, 벤치마킹, 변화담당자, 조직문화, 핵심역량, 문화변화, 사명선언, 가치관, 신념, 비전, 혁신, 학습조직

사례연구

링컨의 독서

어릴 적 읽었던 링컨은 가난의 상징으로 기억된다. 지붕에서 비가 새는 바람에 빌려 온 책이 젖었다는 등, 링컨은 가난과 떼어서 생각하기 어렵다. 가난과 함께 무능력한 아버지 토머스 링컨, 그는 평생 글자를 써본 적이 없는 사실상의 문맹이었으며 목수와 농장일을 전전하였다. 반면 어머니 낸시 행크스는 자애롭고 강한 정신력을 지닌 여성으로 어린 링컨에게 글자를 가르쳤으며 진정한 사랑으로 돌보았다. 그러나 불행하게도 링컨이 어렸을 때 그녀는 세상을 떠났고 그는 새어머니를 맞이한다. 다행히 새어머니는 링컨을 친자식처럼 사랑하며 책을 좋아하는 링컨에게 가난 속에서도 다양한 많은 책들을 읽을 기회를 주었으며 그의 재능을 살리기 위해 지극정성을 다했다. 그런 면에서 가난한 링컨은 행운아였다. 그가 진정 행운아였던 것은 문맹의 아버지를 둔 때문이었다. 링컨의 아버지 토머스 링컨은 글은 모르지만 재치 있는 이야기꾼이었다. 남달리 흉내를 잘 냈고 남이 들려준 이야기를 기막힐 정도로 잘 외웠으며, 밤마다 손님이나 이웃들과 이야기 나누는 것을 좋아했다. 링컨이 아버지에게서 배운 점은 그것이었다. 현대의 어린이는 누구나에게 기회가 있지만 당시의 미국의 청교도 가정이라면 좀처럼 보기 힘든 분위기였다. 아버지의 영향 때문이었는지 어린 링컨은 어른들에게 들은 이야기를 다시 각색해서 친구들에게 들려주는 기지를 발휘했다. 링컨의 연설은 이때부터 시작된 것이다. 게다가 어머니로 인해 가속화된 그의 독서열은 성인이 되어서까지 계속되어 변호사시험공부로 이어진다. 새어머니는 그런 링컨을 방해하지 않기 위해 특별히 배려하고, 스스로 그만둘 때까지 계속 책을 읽을 수 있는 분위기를 만들어주었다. 가난과 두 어머니는 그에게 불쌍한 사람을 배려하는 마음과 방법을 가르쳤고 그의 아버지는 정치가로서 남을 어떻게 설득하는지를 가르친 것이다. 청년 시절 집을 떠난 링컨은 가게 점원, 장사꾼, 뱃사공, 우체국장, 측량기사 등으로 일하면서 다양한 직업의 다양한 하층민의 삶을 보고 들을 기회를 가졌으며 물론 그때에도 손에서 책을 놓지 않았다. 가난한 링컨은 철저히 독학할 수밖에 없었으며, 가장 빠른 길이 책으로 하는 자격시험인 법조인이 되는 것이었다. 그는 성공했을 때에도 법조인을 지망하는 젊은이에게 책을 구해서 읽으라고 조언했다. 책을 이해할 줄 아는 것이 무엇보다 중요하다고 생각했던 것이다. 물론 성공하고야 말겠다는 굳은 결심과 의욕은 필수적이다. 성공 의욕과 독서 의욕이 가난한 링컨에게 가장 큰 자산이었고 결국에는 그를 백악관으로 이끌었다. 1863년 1월 1일 오후 2시 백악관 집무실. 그의 손은 긴장으로 떨리고 있었다. “내 평생 이 선언서에 서명하는 것보다 더 옳은 일을 한 적은 없습니다. 이 일로 내 이름과 영혼이 역사에 길이 새겨질 텐데, 서명할 때 손이 떨리면 앞으로 이 서류를 본 사람들이 내가 주저했다고 생각할지도 모르겠지요.” 그가 서명한 서류의 내용은 다음과 같다. “1863년 1월 1일부터 미합중국에 대하여 반란 상태에 있는 주 또는 어떤 주의 특정지역에서 노예로 예속되어 있는 모든 이들은 영원히 자유의 몸이 될 것이다. 육해군 당국을 포함한 미국 행정부는 그들의 자유를 인정하고 지킬 것이며, 그들이 진정한 자유를 얻고자 노력하는 데 어떠한 제한도 가하지 않을 것이다.” 그리고 그로부터 140여 년 후 그 백악관에 흑인 대통령이 출현했다. 아마 링컨도 오바마를 예견하지는 못했을 것이다. 그러나 어머니가 자식에게 위인전을 읽어주면서 자식의 앞날을 예견하는 것은 매우 가능한 일이다.

토의주제

- 어린 아이에게 위인전을 읽게 하는 것이 어떤 면에서 효과가 있나?
- 링컨의 어릴 적 성장배경은 그의 리더십에 어떻게 영향을 미쳤는지 토론해보자.
- 링컨의 어릴 적 성장배경은 대기업의 CEO가 되었을 때 어떻게 도움이 될까?
- 기타 : 이 사례에서 또 생각해보거나 토론해볼 점을 나열해보자.

10장

새로운 리더십의 출현

세상에 나쁜 분대원들은 없다. 다만 나쁜 상관이 있을 뿐이다. - 영화 〈지. 아이. 제인〉

당신은 당신이 알지 못하는 것을 가르칠 수 없으며 당신이 가보지 않은 곳으로 남을 인도할 수도 없다. - 제프 터널

부하의 잘못을 자기의 책임으로 돌리는 사람은 훌륭한 지도자이다. 어리석은 지도자는 자기 잘못까지 부하의 책임으로 돌린다. - G. 마치니

저승길이 환해질 때 / 박제영

덤불 우거지고 잡풀 웃자라
이 골이 저 골 같고 저 골이 이 골 같아서
도무지 찾을 길 없는 길을
아버지는 어찌 알고 저리 수이 오르시는가

덤불 우거지고 잡풀 웃자라
표식도 없고 비석도 없어
도무지 경계 없는 무덤을
아버지는 어찌 알고 저리 수이 찾으시는가

- 아버진 어찌 그리, 길도 무덤도 잘 찾으요?
- 늙으면 저승길이 환해지는 법이다

우거진 덤불과 웃자란 잡풀들
아버지, 낫으로 베어낼 때마다
조금씩 환해지는
알몸의 길이여
알몸의 무덤이여

10장

새로운 리더십의 출현

반세기 이상 연구해온 리더십 연구자의 주장은 나름대로 근거가 분명했으나 기존의 주장은 새로운 주장에 의해 가려지면서 전통이론 또는 고전적 이론이라는 누명을 쓰게 된다. 하지만 새로운 주장은 과거의 이론을 부정하기보다는 기존이론으로 모두 설명할 수 없으므로 추가적인 보완이 필요하기 때문에 출현하는 것이다. 그러므로 어떤 의미에서는 전통이론이 오히려 더 많은 것을 설명해주는 경우도 있다.

리더십 이론에서 특성이론이 많은 비판을 받았지만 오늘날 세계적인 대기업의 CEO들이 많아지면서 그들의 경영자적인 자질을 관찰한 학자들이 리더십 특성을 다시 강조하고 나섰다. 그뿐 아니라 위대한 리더들은 남다른 행동을 하는데 현대기업을 살린 리더들은 발전지향적 행동으로 명명된 공통적인 행동을 하고 있음도 발견되었다. 그리고 리더십 상황에서 부하의 능력과 수준에 따라서 리더의 효과성이 좌우된다는 사실도 다시 강조되면서 부하의 팔로워십을 다양한 측면에서 관찰하기 시작했다. 그러면서 카리스마 리더, 혁신적 리더가 강조되고 새로운 이름의 리더십으로 다양한 리더십이 세상에 소개되고 있다. 이 장에서는 이들을 살펴보면서 현대적 리더십의 특징을 파악하려고 한다.

이 장에서 배울 것

- 전통적 이론인 특성이론, 행동이론, 상황이론의 재조명 내용은?
- 카리스마 리더십과 혁신적 리더십의 차이는?
- 카리스마 리더십과 혁신적 리더십 이론의 유사점은?
- 리더특질, 행동 그리고 영향력 과정이 카리스마 리더십이나 혁신적 리더십과 어떤 관계에 있는가?
- 왜 카리스마 리더십이 조직과 부하를 혁신시킬 수 있는가?
- 다양한 현대적 리더십의 내용은?

1 전통적 이론에 대한 새로운 조명

2000년대를 전후하여 세계적인 글로벌 기업의 CEO와 쇠락하다가 회생된 대기업의 리더를 중심으로 리더십에 대한 새로운 조망이 시작되었다. 하지만 그 뿌리는 전통적인 리더십 이론에 두고 있으며, 특히 전통적 리더십 연구자가 강조한 내용을 전혀 무시하는 것이 아니라 이를 근거로 새롭게 조명하고 시대에 맞게 변형시켜나가고 있다는 표현이 더 적합한 견해이다. 이에 대한 몇몇 사실을 먼저 살펴보고 새로 출현한 현대적 리더십의 내용을 공부해보자.

(1) 리더특성의 재발견

훌륭한 리더가 가지고 있는 특성과 그들이 리드하고 있는 조직의 성과 사이에 상관성을 찾지 못했는데 과거의 특성이론 자료를 가지고 현대의 분석기법으로 연구한 결과들을 보면 높은 상관관계가 있었다. 1986년 로드(R. Loed)는 1959년에 연구한 만(R. D. Mann)의 자료를 재분석해 효율적 리더만이 가지는 특성을 요약하여 전형적 리더상을 제시했는데, 주요 특성으로 지성, 남성성, 지배력으로 집약되었다. 또한 최근 세계 각지의 2만여 명의 회사원에게 "귀하는 상사의 어떤 특성을 높이 평가합니까?"라는 질문의 응답을 분석하여 리더특성을 찾아낸 연구가 있는데 정직성, 영감, 능력, 미래 통찰력 등 네 가지 요소를 들고 있다. 이는 리더라면 우선 믿을 만하고 비전과 지도력을 갖춘 사람이어야 한다는 것을 의미한다.

리더십이 리더의 신체적, 성격적 특질과 관련이 있다는 연구결과가 계속 많아지고 있다. 예를 들어 훌륭한 리더는 반드시 잘생기거나 강한 육체를 가졌거나 공격적이기보다는 오히려 부드럽고 사교적이라고 한다. 그런데 그러한 유능한 리더는 스트레스를 이기고 사람들과 융화할 수 있는 소위 세로토닌(seretonin)과 테스토스테론(testosterone)이라는 생화학적 물질과 호르몬을 더 많이 지니고 있다는 것이다. 세로토닌이 증가하면 사회성이 높아지고 테스토스테론이 증가하면 경쟁욕구, 성취욕구가 올라간다. 즉 높은 세로토닌을 가진 사람은 공격성이나 적대적 욕구를 자제하면서 여러 사람과 잘 어울리면서도 높은 테스토스테론 때문에 그들로부터 우러름과 칭찬을 받으려는 행동을 하여 좋은 리더로 부상한다는 것이다. 이는 가지고 태어난 신체적 조건으로 리더십을 정의한 특성이론이나 위인이론(the great man theory)의 전형적인 주장과 일치한다. 따라서 훌륭한 리더의 개인적 특성을 찾기 위한 연구는 지금도 계속되고 있으며, 조직에서 리더를 선발할 때 그 분야에 적합한 리더의 특성이 무엇인지 먼저 정하고 후보자들 가운데서 적합한 특성을 소지한 자를 선별하는 일은 필수적인 단계이다. 과거와 현재를 비교할 때 강조되는 특성만 달라졌지 리더특성의 중요성이 사라진 것은 아니다.

(2) 리더행동의 재발견

오하이오 대학이나 미시건 대학에서 발견한 리더의 행동유형 두 가지는 지금도 여

LEADERSHIP STORY 10.1 | **상대에게 귀 기울이기**

다음은 데일 카네기의 《친구를 얻는 방법과 사람을 움직이는 방법》(**사진**) 중 한 부분이다. "뉴욕의 어느 모임에서 나는 저명한 식물학자를 만났다. 식물학자와 대화해보기는 처음이라서 나는 그에게 흠뻑 빠져버렸다. 나는 다른 손님을 개의치 않은 채 몇 시간 동안 그와 이야기를 나누었을 정도였다. 그런데 그 후 식물학자는 다른 친구들에게 나를 가리켜 '지금까지 만난 사람들 중에서 가장 말주변이 좋은 사람'이라고 말했다고 한다. 말주변이 좋은 사람이라고? 그럴 리가 없다. 왜냐하면 나는 알고 있는 것이 없어서 할 말이 없었던 것이다. 나는 단지 진심으로 흥미를 느꼈기 때문에 관심을 갖고 들었을 뿐이었다." 요즘은 듣는 시대이다. 고객에게도 설득하기보다는 들어야 하고 하청업자에도 지시하기보다는 초청하여 들으려 한다. 어느 자동차 회사 판매원은 고객과 타 회사로 자동차구경을 다니며 고객의 취향을 알아낸다. 어느 항공사 중역은 터미널에서 고객의 불만을 받는다. 게임업체 N사는 1주일에 1만 5,000통의 전화를 통해 고객으로부터 듣는다. 청와대도 홈페이지를 통해 백성의 소리를 듣는다. 기업 안에서나 밖에서나 들어야 알게 되고 알아야 통한다. 잘 들으려면 감수성이 예민해야 한다. 우리네 조상들은 벌레 소리만 듣고도 콩 타작할 때, 솜바지를 갈아입을 때를 구분했으며 심지어는 추수한 벼를 마질해서 가마니에 쏟을 때 소리만 듣고도 소출량을 가늠했다. 그와 마찬가지로 출근한 부하의 안색을 보고 피곤한지, 문제가 있는지 헤아릴 줄 아는 상사가 멋진 상사일 것이다. '상사를 아는 데는 3일 걸리고 부하를 아는 데는 3년이 걸린다'는 말이 있는 까닭은 듣는 마음 상태의 차이라고 볼 수 있을 것이다. 멋진 리더는 부하에게 말하고 지시하고 떠들기만 하는 사람이 아니라 부하에게 물어보고 부하의 말에 귀 기울이고 부하의 사정을 들어주려고 하는 행동을 계속하는 사람이다.

전히 중요한 리더행동의 표본인데 현대에 와서 제3의 행동유형이 더 훌륭한 리더에게 있다라는 주장이 대두되었다.

◆ 발전지향의 리더행동

리더십 행위를 인간중심과 과업중심이라는 두 차원으로 나누어 연구한 오하이오 대학과 미시건 대학 그리고 관리격자 연구팀 모두 1940년대에서 1960년대까지 비교적 사회안정적 시기에 그것들을 개발했기 때문에 오늘날의 다이내믹한 현실을 반영한다고 보기 어렵다. 1990년대에 들어오면서 핀란드와 스웨덴의 연구자들이 리더십 행동은 단지 두 차원만 있는 것인지 재검토한 결과 현대적 기업의 혁신적인 리더들에게는 과거에는 찾아보기 어렵던 특이한 행동, 즉 발전지향(development-oriented) 행동이 있다는 점을 밝혀냈다.

발전지향 리더십 행동이란 조직이 현실에 머무르는 것을 원치 않고 항상 새로움을 찾아 변화를 추구하고 때로는 모험을 택하면서 부하에게도 새로운 시도를 하도록 자극하는 리더의 행동이다. 이는 조직 내에서 변화와 혁신에 대한 저항이 강하거나 조직이 위계적이고 경직되어 있을수록 더욱 필요한 리더행동이며 앞으로 배울 혁신적 리더십의 출현을 자극했다고 볼 수 있는데 오늘날에는 변화지향의 리더십으로 불린다.Yukl, 2006

학자들은 오하이오 연구팀의 과거자료에서 발전지향적 요소, 즉 과업처리의 새로운 방식추구, 새로운 시도를 하도록 부하를 격려함 등을 찾아냈으나 당시에는 효율성을 보이지 못한 리더행동이었음을 발견했다. 그리고 발전지향 리더십 행동이 변화를 추구하는 오늘날의 기업세계에서 효율적인지를 연구한 결과 리더의 인간관계 행동이나 과업행동보다 발전지향의 행동이 조직의 발전에 더 효율적이라는 사실을 밝혀냈다. 발전

LEADERSHIP STORY 10.2 | **리더의 언어행동**

하버드 대학의 주포프 교수에 의하면 리더는 평상시 사용하는 언어도 조심해야 한다. 어떤 용어를 사용하는지에 따라서 부하들이 평가하는 그의 리더십 유형이 달라지기 때문이다.

- 리더로서 가능하면 회피해야 할 언어들 : 부하, 직원, 관리자, 감독자, 상급자, 부하직원, 종업원, 위계질서, 계층조직, 상하관계, 지시, 명령, 윗사람, 아랫사람, 피고용자, 노동자 등
- 리더로서 가능하면 자주 사용해야 하는 언어들 : 동료, 팀원, 멤버, 파트너, 협력자, 친구, 대원 등

지향 행동의 리더는 부하의 만족도를 높이며 부하로부터도 유능한 리더로 인정받는다는 사실이 드러남으로써 이제 리더의 중요한 행동으로 인간관계중심, 과업중심, 발전지향이라는 세 측면을 강조하게 되었다.

◆ 자기희생적 리더십

조직은 끊임없이 부하의 크고 작은 희생이 필요한데, 이때 그들의 희생이 리더에 의해 강제적으로 실행되면 수탈이요 자발적으로 이루어진다면 자기희생이다. 그런데 부하의 자발적 희생은 리더의 자기희생에서 비롯된다는 것이다. 리더의 자기희생은 미시적 차원에서는 부하로 하여금 기회주의와 불안을 극복하게 하고 적극적 행동을 유발시킨다. 그리고 리더의 자기희생은 조직의 위기상황에서 부하의 위기 적응을 촉진하며, 거시적으로는 조직 전체의 환경변화에 대한 적응력을 높이는 새로운 차원의 리더 행동이다.

한편 리더의 자기희생 행동은 부하로 하여금 리더를 카리스마 리더로 인식하게 하여 리더에게 정통성을 부여하고 리더의 행동을 본받아 조직의 목표달성을 위해 자신도 희생하고자 하는 반사적 의지를 유발시킨다. 이는 부하의 모티베이션을 높여서 조직성과에 기여한다.

그러나 자기희생적 리더라고 해서 오로지 자기희생 행동만 한다는 뜻은 아니다. 자기희생적 리더란 과업주도, 관계지향, 변화주도 등의 행동과 매일매일의 일상적 관리 행동을 수행하면서 자기희생 행동을 포함한 리더십을 발휘하는 리더를 지칭한다. 따라서 자신을 희생하면서까지 타인을 헌신적으로 배려하고 타인이나 대중의 이익과 보다 높은 가치실현을 위해 탁월한 리더십을 발휘하는 자기희생적 행동을 일종의 혁신적 리더십으로 보기도 한다.

(3) 상황으로서의 부하의 중요성

리더가 가진 특성이 중요하기는 하지만 그러한 특성이 부하에게 어떻게 지각되는지가 리더십을 결정한다는 이론이 리더십 귀인이론(attribution theory of leadership)이다. 이에 대해서는 앞의 8장에서 공부했지만 부하의 귀인을 강조한 것은 부하의 상황이 리더십 유효성과 밀접한 관계가 있기 때문이다. 그러므로 리더십이 성공적인지 아닌지는 궁극적으로 부하가 어떻게 행동하는지에 달려 있다고 볼 수 있는데, 부하가 행동을 결정하는 것은 리더의 행동이나 특성이 아니라 부하의 머릿속에 구성되는 리더에 대한 이미지이다.

그러므로 리더가 가진 특성이나 그의 리더행동보다 그가 부하에게 어떻게 지각되느냐가 중요하다. 아무 자질이 없어도 부하가 리더를 신으로 지각하면 그 리더십은 효과성이 있다. 즉 리더의 행동이 아니라 부하가 리더의 행동에서 탐색하는 그 원인이 중요하다. 왜 그랬을까, 다른 리더도 그렇게 하나, 리더가 어떤 특성과 자질을 가졌기에 그렇게 행동했을까, 리더의 의지일까 아니면 우연일까 등을 생각한 후에 리더가 훌륭하다든지 독재적이라고 판단하는 것이다. 이렇게 보면 실제로 존재하는 리더십의 모습은 부하가 만들었다고 볼 수 있다. 결국 리더십 유형을 결정하는 주체로서 리더뿐만 아니라 부하도 매우 중요하다는 것을 강조한 셈인데 이는 전통이론 중 상황이론에서 이미 거론된 내용이다.

2 카리스마 리더와 혁신적 리더

카리스마 리더는 과거부터 중요성이 인정되어왔지만 최근에 카리스마적 기질이 재평가되고 있다. 이에 못지않게 혁신적 리더란 과거의 거래적 리더에 대응되는 개념으로 현대의 대기업에서 두각을 나타내는 리더들의 모델이다.

(1) 카리스마 리더십

카리스마의 그리스어 어원은 'kharisma(신이 주신 재능, 신성한 은혜)'로 개인이 소지하고 있는 영적인, 심적인, 초자연적인 특질이 있을 때 집단부하가 이를 신봉함으로써 생기는 리더의 영향력을 말한다. 전통적인 거래적 리더십(transactional leadership)은 두 가지 기본 전제를 깔고 있는데 하나는 리더가 부하를 모티베이트 하기 위해서 응분의 보상을 주어야 한다는 것이며, 또 하나는 부하가 목표달성에 실패할 경우에는 리더의 책임도 있다는 점이다.

그러나 카리스마 리더십은 부하로 하여금 대가도 리더의 구체적 간섭도 없이 자발적으로 조직에 헌신토록 하는 리더십인데, 그러기 위해 리더에게 다음과 같은 행동이 강조된다.

◆ 자기확신

카리스마 리더들은 고도의 자신감, 자기 신념에 대한 높은 확신, 그리고 남들에게 영향력을 행사하려는 강한 욕구를 가지고 있다. 이러한 자신감과 확신은 부하가 리더의 판단을 믿도록 만들 가능성이 크며, 권력욕구가 크면 그것이 멤버를 설득하고 추종하도록 만들기 쉽다. 반면에 자신감이 없든지 권력욕구가 약하면 남들에게 영향력을

리더십 카툰

"폐하의 사후 궁전을 짓느라고 온 백성이 저렇게 땀을 흘리고 있습니다."

"넌 참 내 맘에 꼭 들어!"

고대의 왕이나 장군들은 무엇으로 백성과 부하들의 충성과 헌신을 독차지할 수 있었을까?
현대적 리더십 이론은 그때에도 적용되었을까?

행사하려는 노력도 적게 할 것이며 노력한다 하더라도 성공 가능성이 낮을 것이다.

◆ 이미지 관리

카리스마 리더는 자기가 유능하고 성공적이라는 인상을 심어주기 위해 부단히 노력하며 모든 행동을 이런 인상관리에 초점을 맞춘다. 그러다 보니 과장되거나 거짓된 행동을 삽입하는 경우도 많다.

◆ 이데올로기와 비전

행동뿐 아니라 멤버에게 이데올로기적 목표를 제시할 수도 있는데, 그들에게 장래가 어떻게 전개될 것인가에 관한 매력적인 비전을 제시해줌으로써 그 집단이 수행해야 할 목표에 대해 보다 깊은 의미를 부여하고 열성과 노력을 불러일으키려 한다. 대체로 카리스마 리더는 부하의 희망과 감성에 호소하기 때문에 더욱더 이데올로기적이고 추상적인 목표와 비전을 만들어 사용하게 된다.

◆ 솔선수범

카리스마 리더는 자신의 행동을 부하에게 보여줌으로써 부하의 행동뿐 아니라 가치관, 태도, 감정 등 모든 것을 자기가 원하는 쪽으로 변화시키려 한다. 문제해결 시 위험하고 궂은일을 솔선수범하면 좋은 리더로 인정받기가 훨씬 쉽다.

◆ 감정적 호소

부하의 동기를 유발시키기 위해 카리스마 리더는 감정에 호소하는 경우도 많다. '총화단결', "적을 무찌르자!", "일하자! 더 일하자!" 등 부하와 감정적 대화를 갖거나 연설로 호소함으로써 그들을 설득하고 추종하게 만든다.

그런데 국가든 정부든 대개는 카리스마 리더에게서 민주적 리더로 계승되는 경우가 많은데, 카리스마 리더는 민주적 리더보다 훨씬 더 권력 중심에 있고 리더 개인의 기질이 영향을 많이 미친다. 민주적 리더는 최소한의 권력발휘로 끝나기 때문에 개인차원의 영향력은 아주 적다. 그러다 보니 리더와 부하 사이에 인간적인 감정관계를 가질 기회가 적다. 한편 카리스마적인 왕은 확실한 법과 제도에 의해 움직이는 민주국가의 민주적 대통령보다 그 품성과 특성이 훨씬 중요하게 대두된다. 문민정부 대통령보다 박정희 대통령이, 박정희 대통령보다 북한의 김일성 주석이 그 이미지야 어떻든 그들 국민의 감정 속에 더 깊게 박혀 있는 이유도 카리스마적 전술 때문으로 볼 수 있다.

(2) 혁신적 리더십

혁신적 리더십(transformational leadership)이란 한마디로 설명하기보다는 현대적 리더십의 포괄적 의미로 해석하는 것이 옳다.

우선 부하에게 집단에 대한 관심사나 욕구수준을 높여서 조직의 목표수준을 높이고 이를 달성하기 위해 부하와 조직과 업무 프로세스 자체를 혁신하고 개선해나가는 리

LEADERSHIP STORY 10.3 | **카리스마는 배울 수 있다**

과거부터 현재에 걸쳐, 가장 눈에 띄는 리더들은 카리스마적인 기질을 가진 리더들이었다. 존 F. 케네디, 마하트마 간디, 마틴 루터 킹, 스티브 잡스, 메리 케이 애시, 리처드 브랜슨, 마거릿 대처, 빌 클린턴 그리고 버락 오바마 등이 그런 사람들이다. 카리스마가 전혀 느껴지지 않는 사람과 카리스마가 충만한 리더 간에는 어떤 차이가 있는 것일까? 카리스마를 가진 리더의 공통적 특성은 일종의 자신감을 포함하여 비전을 명확하게 만드는 능력, 비전에 대한 강한 확신 그리고 급격한 변화에 임하는 의지, 현재보다는 미래를 향한 강한 희망을 제안하는 것 등이다. 여기에 특별한 카리스마적 행동을 추가한다.

- 강력하고 자신감 있고 역동적으로 존재를 드러내라. 사람의 마음을 사로잡고 호소력 있게 주의를 끄는 목소리 톤을 사용하라. 자신감을 상대에게 전하라. 사람들에게 직설화법으로 말하고 직접적으로 눈을 응시하고 여러분의 신체언어를 유지하면 여러분 자신을 확실하게 보여줄 수 있을 것이다. 명확하게 말하고, '음'이나 '네가 알듯이'와 같은 내용 없는 문장으로 깐족거리지 말고, 말을 더듬지 말아야 한다.
- 애매모호한 목표를 효과적으로 명확하게 표현하라. 미래를 위한 비전을 만들고 그 비전을 달성하는 전혀 새로운 방식을 정하라. 그리고 그 비전을 다른 사람과 소통하라. 비전을 달성하는 과정은 상황맥락에 적절하지 않더라도 매우 신선해야만 한다. 또한 비전달성에 대하여 기억하고, 그러한 성공이 단지 비전을 가지고 있다는 것뿐 아니라 또한 다른 사람에게 그 비전을 달성할 수 있다는 자신감을 준 것이라는 것을 느끼자.
- 부하의 능력으로 보아 많은 가능성이 있다면 매우 성과가 높을 것이라는 기대와 확신을 부하에게 알려라. 개인에게나 집단에게 애매모호한 목표가 아닌 확실하고 실현 가능한 목표를 제시하고 부하들이 목표를 달성할 수 있다는 믿음을 보여라.

더십으로 카리스마, 개별적 배려, 지적 자극 등으로 구성된다. 이에 대한 측정도구로서 다차원 리더십 설문지(Multifactor Leadership Questionnaire : MLQ)가 많이 사용된다.Bass, 1985 이와 대비되는 리더십으로 거래적 리더십(transactional leadership)이 있는데 이는 부하의 노력과 공헌에 대한 대가로 리더가 부하에게 보상을 제공하는 교환적 과정을 전제로 이루어지는 리더십이다. 거래적 리더십이 기대된 효과를 올리게 한다면 혁신적 리더십은 기대를 훨씬 초과하는 업적을 가져오게 하여, 혁신적 리더가 거래적 리더보다 더 높은 성과를 내는 효과적인 리더로 지각된다.

과거의 리더십은 거래적 리더십에 근거하여 조직의 목표달성과 부하가 바라는 보상 간의 교환이 강조되었기 때문에 부하에게 주어진 의무 이상의 행동유발이 불가능했으나, 혁신적 리더십은 이것을 통해 장기적 비전의 제시와 목표추구를 위한 부하의 고차원적 욕구의 유발, 상하 간 신뢰분위기의 조성, 조직을 위한 개인적 희생 등의 동기부여가 가능해져서 기대 이상의 성과를 이끌어내는 리더십으로 각광을 받고 있다. 그 대신 혁신적 리더는 부하와의 관계에서 다음과 같은 네 가지 자질을 갖추고 있어야 한다.

| 도표 10-1 | 혁신적 리더십 측정설문의 예

혁신리더의 행동	설문 항목
카리스마 (charisma)	• 부하가 리더를 굳게 신뢰한다 • 부하의 직무를 열성적으로 지도한다 • 부하는 리더를 자랑스럽게 여긴다 • 부하 모두가 리더를 존경하고 믿는다 • 부하의 조직충성심을 불러일으킨다 • 비전을 가지고 부하를 격려한다 • 부하로 하여금 목적의식을 갖게 한다 • 부하에게 미래 희망을 심어준다
개별적 배려 (individualized consideration)	• 부하가 원하는 것이 무엇인지 알아서 지원해준다 • 부하가 직무를 잘 처리했을 때 격려해주고 신임해준다 • 부하 각자에게 개별적으로 친숙하게 대한다 • 부하의 노력에 대해 인정해주고 기뻐해준다
지적 자극 (intellectual stimulation)	• 부하가 문제에 직면할 때 해결의 길잡이가 된다 • 부하가 생각지 못한 새로운 아이디어를 제시한다 • 부하에게 문제를 한 번 더 생각하게 만드는 제안을 한다 • 부하가 최대한 노력할 수 있도록 자극제 역할을 한다 • 부하가 직무를 잘하고 있는지 수시로 검토하고 충고한다

◆ 비전 수립

비전이 명확하게 설정되어 있느냐 그렇지 못하느냐에 따라 조직의 성공과 실패는 판가름 나게 되어 있다. 조직의 구성원은 조직미래에 대한 비전을 가지고 있어야만 자신의 능력을 자극받고 나아갈 방향의 인식도 가능해지고 이에 따라 사기향상과 조직몰입이 유발된다.

◆ 비전의 공유와 확산

비전을 제시하였다고 부하가 모두 그 비전에 따라 행동하는 것은 아니다. 부하가 그 비전을 완벽하게 이해하고 자기 것으로 만들어야 그들이 나아갈 방향이 분명해진다. 그래서 혁신적 리더에게는 비전을 부하의 머릿속에 완전하게 심어주고 공유하도록 만드는 자질이 요구된다.

◆ 신뢰의 확보와 이미지 관리

부하와의 신뢰관계 확립은 리더가 갖춰야 할 중요한 것 중 하나이다. 부하로부터의 신뢰가 있어야 계획된 것을 강력하게 추진할 수 있고, 부하의 충성을 유도할 수 있으며, 특히 리더가 자신의 상사로부터 신뢰를 받는다면 자기 부하에게도 항상 긍정적인 태도를 가지게 함으로써 부하의 자아존중감이나 자아효능감을 높일 수 있다. 리더 자신은 귀찮은 일에도 솔선수범해야 하며 이미지 관리에 철저해야 한다. 아무리 오랫동안 신뢰를 얻었어도 한 번의 실수로 물거품이 되는 수가 있으므로 부하에게 모범을 보이며 자기관리를 철저히 하여 책망받는 일이 없도록 조심해야 한다.

LEADERSHIP STORY 10.4 | 비전을 가진 리더의 중요성

알프스 산에서 눈사태로 조난당한 산악대원들이 구조를 기다리느냐 그냥 하산하느냐 망설일 때 한 대원이 지도를 찾았으니 자기만 따라오라고 외쳤다. 모두 그를 따라서 천신만고 끝에 산을 내려온 후 사람들은 지도를 보고 놀랐다. 그것은 알프스 산맥의 지도가 아니라 피레네 산맥의 지도였다. '목표물'이 있었기에 집단이 단합하여 내려올 수 있었던 것이다. 이런 경우도 있다. 유대인 심리학자 빅터 프랭클(V. Frankl)이 늙은 노인에게 물었다. "건강한 젊은이도 죽어간 독가스실에서 어떻게 나이 많은 당신이 살아남을 수 있었습니까?" 노인이 대답했다. "내가 수용소에 있을 때 내 손자가 태어났다는 소문을 들었는데 그 손자를 꼭 한 번 보고 죽겠다고 간절히 원했소. 가스를 마시면서도 그 손자를 볼 수 있을 것같이 생각되었소." 목표는 독가스실에서도 노인을 구했다. 사람은 목표를 잃는 순간부터 죽어간다.

3 리더십의 혁신

아직 일반화된 이론은 아니지만 세계적 우수기업에서 최고경영자가 보여준 리더십 유형과 유명한 CEO가 중간간부에게 바람직하다고 추천한 리더십 형태는 매우 많다. 이러한 리더 유형은 이론으로 정립되려면 시공을 초월하여 입증되고 반복 검증되어야 하지만 대개의 경영 실무자나 학자들이 긍정적으로 수용하는 것들만 선별하여 여기에 소개하고자 한다.

(1) 코칭리더십

조직에서는 개인보다 팀을 중요시하고 팀원 간 상호교류와 네트워크, 팀원의 능력을 개발해주는 리더십이 강조되고 있는데, 이러한 것 중 하나가 스포츠 팀의 코치나 감독처럼 행동해야 한다는 코칭리더십(coaching leadership)이다. 팀을 일종의 자기 주도적인 작업집단으로 특징지을 수 있는데, 팀의 코치는 관리, 통제보다는 팀 내외의 정보흐름과 의사소통을 촉진하고 자율을 최대한 보장하며 팀원 각각의 능력을 높일 수 있는 방안을 강구하여 소개해주고 팀원의 사기를 진작시키는 역할을 한다. 이러한 팀 코치로서의 리더십의 역할은 다음과 같이 세 가지 정도로 요약할 수 있다.

첫째, 팀과 관련되는 내외의 다른 팀과의 원활한 연결자 역할을 한다. 상급자, 다른 팀, 고객, 협력업체 등 기업의 이해관계자에게 팀을 대표하여 팀의 장점을 알리며, 외부에서 얻은 지식과 정보를 팀원들과 공유하여야 한다. 둘째, 팀이 문제에 직면하거나 팀원 간 갈등상황에 빠지면 이를 적극적으로 조기에 해결하는 문제해결자 역할을 한다. 자신도 팀의 코치이기 전에는 팀원 혹은 선수였으므로 문제의 내용을 잘 알고 실력도 아직 녹슬지 않았다. 따라서 코치가 적극 개입하여 문제에 대한 해결책을 제시해

LEADERSHIP STORY 10.5 | 히딩크 감독과 박항서 코피

지난 2002년 월드컵을 통하여 자그만 공 하나가 4,700만의 가슴을 울리고 40억 인구를 놀라게 했다는 사실을 우리는 기억한다. Be the Reds! 길거리 응원단에 의해 신제품이 탄생하고 대한민국 상품의 광고효과는 수조 원에 이르렀다. 이러한 돌풍의 한가운데에는 Hiddink Leadership이 있었다. 그 특성은 다음과 같다.

- 가장 약점이었던 한국 대표팀의 체력을 오히려 강점으로 만든 변혁적 리더
- 5 : 0이란 비아냥거림을 감수하면서 단기적 성과보다 체력훈련이라는 장기 프로그램에 충실한 신념의 리더
- 페널티킥에 실수한 선수를 교체하지 않고 그들로부터 공헌을 얻어낸 실패를 탓하지 않는 리더
- 상호경쟁을 통해서 스스로 발전하며 셀프 리더가 되라고 주장한 무관리의 관리자
- 승리 후 선수들이 감독에게 뛰어가서 껴안을 정도로 마음을 산 인간적 리더
- 우리 편에게 실수한 주심에게 가서 물병을 건네며 긴장감을 웃음으로 바꾸어놓는 유머러스한 리더
- 상대국의 전술과 전법을 예리하게 분석하여 대응작전에 성공한 분석적 리더
- 선수들끼리의 복종과 서열을 금지시키고 상호 대화와 대등한 경쟁을 강조한 수평적 리더
- 학연, 인연, 연공, 유명, 인기보다 실력 위주로 선수를 기용한 능력주의 리더
- 우리도 하면 된다는 신념을 선수들에게 항상 북돋아준 비전의 리더

주어야 팀원들이 방향성을 잃지 않고 한 목표를 향해 매진할 수 있다. 갈등과 분쟁의 해결을 위해 새로운 자원을 획득하고, 보상과 업무할당 시에 공정성을 유지하면서 팀원과 합의를 이루어나가야 한다. 셋째, 코칭리더는 실무현장에서 팀원들과 함께 활동해야 팀원의 장단점을 쉽게 파악하고 팀원에게 구체적인 지적을 하면서 적극 지원하는 지원자 역할을 할 수 있다.

(2) 봉사적 리더십

봉사적 리더십(servant leadership)에서 '서번트'란 본래 노예라는 뜻이다. 주인으로서 종을 부리는 것이 아니라 주인이 일종의 노예처럼, 종처럼 부하를 모신다는 깊은 뜻이 숨어 있다. 이는 리더의 자기희생을 전제로 한 순결한 리더십이다. 거의 종교조직에서 많이 강조하고 있는 것인데 부하의 자발적 희생은 리더의 희생으로부터 생겨난다고 본다. 봉사적 리더는 자신보다는 부하, 고객, 지역사회에 대한 책임을 우선으로 하며 부하의 생활과 업무수행 방식의 변화에 초점을 두는 리더이다. 관리에는 능하지만 리드에는 익숙하지 않은 사람이 많다. 갤럽조사에 의하면 사직하는 사람들의 2/3가 관리자의 비효율성과 무능력을 꼽는다. 그들은 회사를 떠난 것이 아니라 상사를 떠난 셈이다. 서

번트 리더십이란 "공동의 목표를 향해 매진할 수 있도록 사람들에게 영향력을 발휘하는 기술인 동시에 사람들의 신뢰를 형성하는 리더의 인격이다." 이러한 정의에서 중요한 세 가지는 바로 능력, 영향력 그리고 개인의 인격이다. 봉사적 리더의 구체적인 자기희생의 행동은 **도표 10-2** 에 명시되어 있다.

| 도표 10-2 | 자기희생적 리더십 행동의 예

업무분장	다른 업무에 비해 더 위험하거나 더 힘들거나 기피하는 업무를 자청
보상분배	자신이 받을 정당한 보상을 포기하거나 양보
권한행사	자원과 권한의 사용에 대한 자유 재량권을 자제

봉사적 리더십의 본질이라고 할 수 있는 요소를 여덟 가지로 요약하면 다음과 같다.

- 인내 : 인내는 자제력의 표현이요, 충동억제이다. 유능한 리더가 되기 위해서는 충동이 아닌 원칙에 따른 행동양식을 습관화할 필요가 있다.
- 친절 : 친절은 타인에 대한 예의를 갖추는 것이다. 친절은 사람과의 관계를 유연하게 만드는 행동이다. 인간의 내면에는 상대로부터 인정받고자 하는 욕구가 숨어 있다. 주변 사람들을 격려하고 좋은 영향력을 행사하는 일이 반드시 높은 지위에 올라선 뒤에 가능한 것은 아니라는 사실이다.
- 겸손 : 겸손한 리더는 타인의 견해를 경청하며 반대의견도 폭넓게 수용한다. 겸손한 리더는 자신이 모든 것에 대한 해답을 갖고 있지 않다는 사실을 알고 있다.
- 존중 : 유망한 리더는 사람을 소중한 존재로 대한다. 리더는 존중을 표현하고 신뢰를 형성하는 가장 효과적인 방법을 부하에게 위임함으로써 부하를 성장하게 만든다.
- 무욕 : 무욕이란 욕심이 없는 것, 내 욕구보다 상대의 욕구를 더 배려하는, 즉 타인의 욕구를 충족시키는 것이다. 타인을 위해 봉사하고 희생하며 자신의 기대와 욕구보다는 타인들의 소원을 기꺼이 추구하겠다는 의지가 필요하다.
- 용서 : 리더 주변의 사람들은 잘못된 판단으로 인해 리더에게 커다란 타격을 줄 만큼 큰 실수를 하게 되어 있다. 세상에 완벽한 사람은 없기 때문이다. 용서란 그릇된 행동이 낳은 결과를 당사자들과 충분히 이야기하면서 적대감을 털어내는 과

LEADERSHIP STORY 10.6 **봉사적 리더**

고린도전서 13장의 사랑의 밀어는 다음과 같다. "사랑은 오래 참고, 사랑은 온유하며, 사랑은 자랑하거나 교만하지 아니하며, 무례히 행치 아니하며, 자기의 유익을 구치 아니하며, 성내지 아니하며, 불의를 기뻐하지 아니하고 진리와 함께 기뻐하며, 모든 것을 참고 견디며, 사랑은 결코 쇠하는 법이 없을지니." 2,000년 전의 사랑의 정의가 오늘날의 리더십 정의와 꼭 맞아떨어진다. 봉사적 리더가 갖춰야 할 조건은 다음과 같다.

- 듣기 : 부하의 욕구를 듣고 파악한다.
- 동정 : 부하가 실수했을 때 같이 동정해준다.
- 치료 : 부하의 실수를 해결해주고 위로해준다.
- 인지 : 부하의 강 · 약점을 관찰하여 알려준다.
- 설득 : 지시보다 설득을 택하여 부하에게 접근한다.
- 개념 : 장기적이고 폭넓은 사고방식을 가지려 한다.
- 예견 : 현재의 행동이 어떤 결과를 가져올 것인지 예견하고 상황판단을 할 줄 안다.
- 보호 : 자신이 인적자원의 보호자임을 안다.
- 개발 : 부하의 현재 능력에 만족하지 않고 개발, 발전시켜 나아간다.
- 협동 : 조직의 구성원에게 항상 공동체 정신을 심어준다.

정이다.

- 정직 : 정직한 리더와 일하는 사람들은 자신의 행동에 대해서도 책임감을 더 많이 느끼게 되어 있다. 만일 그렇지 못하다면 리더의 정직성을 의심해볼 필요가 있다.
- 헌신 : 리더의 강한 의지와 헌신적인 노력 없이는 안 된다. 헌신이란 올바른 길을 추구한다는 도덕적 용기가 있을 때 가능한 것으로 생소하고 개인적인 위험을 감수하더라도 올바른 일을 하겠다는 의지를 말한다.

(3) 감성리더십

골먼(D. Goleman)은 리더에게 필요한 자질로 전략적 통찰력(strategic insight)과 감성지수(emotional intelligence)를 꼽고 있다. 리더는 자신이 담당할 분야에 대한 전문적 기술과 함께 인간으로서 느낄 수 있는 감정을 이해해야만 하는 것이다. 그렇다면 감성지수란 무엇인가? 감성지수라는 말은 피터 샐로비와 존 메이어(Peter Salovey & John Mayer)에 의해 주장되었다. 그들은 "자신과 타인의 감정과 느낌을 감지하고 그 차이를 구별하며, 이 지식을 자신의 사고와 행동의 지침으로 이용할 수 있는 능력이다"라고 정의한다.

과거에는 성과중시 리더가 각광을 받았지만, 현재는 부하나 고객의 감정을 인식하고 조절하며 표현하는 능력이 많은 리더가 남다른 성과를 내는 것으로 알려져 있다. 감정을 관리하는 능력은 개인의 성공과 조직의 성공 모두에 있어 필수적이다. 이 분야의 전문가인 골먼은 리더에게 필요한 다음의 다섯 가지 감성능력을 제시한다.Daniel Goleman, 1995

- 자기인식능력 : 자신의 감정 상태를 잘 아는 능력
- 자기관리능력 : 자신의 감정을 조장, 억제, 조절하는 능력
- 자기동기부여능력 : 어려움 속에서도 긍정적 감정 유지능력
- 타인인식능력 : 타인의 감정을 감지하고 이해하는 능력
- 타인조절능력 : 타인의 감정을 억제, 조절해줄 수 있는 능력

| 도표 10-3 | 리더십 기술 : HEART

Hear and understand me (경청하기)

Even if you disagree, please don't make me wrong (비난하지 않기)

Acknowledge the greatness within me (인정해주기)

Remember to look for my loving intentions (기억하기)

Tell me the truth with compassion (진실하게 말하기)

(4) 격려리더십

과거의 회사는 운영규정이 제도적으로 잘 만들어져 있고 변화나 예외도 적었기 때문에 규정과 제도의 통제가 엄격한 관료제로 운영되었다. 그러므로 조직에서 임명받은 경영자, 중간경영자, 일선경영자가 미리 부여받은 역할과 책임만 수행해도 충분했으며 특별히 유능한 리더가 아니더라도 조직이 무리 없이 잘 운영될 수 있었다. 그러나 현대의 조직은 경쟁과 변화도 심하고 예외가 많다. 예외적인 사안에 조직이 잘못 대처하면 조직의 유지발전에 치명타가 된다. 이때 조직의 적절한 대처는 일상적인 일만 되풀이하는 구성원의 행동으로는 불가능하고 리더의 창의적인 리더십과 일사불란한 통

솔력으로 가능하다. 이제 리더가 된다는 것은 회사 내의 지위나 직위가 높아지는 것을 의미하지는 않는다. 리더십은 부하들을 감독하고 통제하는 것을 넘어서 그들을 배려하거나 애정으로 대하는 것이며 상대를 격려하는 것이다. 격려한다는 의미는 평상시 주목받지 못하고 인정을 받지 못한 부하까지도 용기와 확신으로 고무시키는 것이다.

돈 딩크마이어와 다니엘 엑스타인의 《격려리더십(*Leadership by Encouragement*)》에 의하면 그 내용은 다음과 같다.Don Dinkmeyer & Daniel Eckstein, 2000

- 사람들은 조직에서 가장 개발되어 있지 않은 자원이다. 따라서 격려를 받는다면 자존감도 높아질 것이고 서로 협동적이며 생산성 향상을 위해 노력할 것이다.
- 전 직원의 아이디어를 격려하면 생산성은 그만큼 더 높아진다.
- 격려를 통해 부하를 성장시키기도 하고 더 많은 기여를 하도록 하며 결국 조직이윤을 창출하게 한다.
- 구체적인 목표를 가지고 모든 부하를 적극적으로 참여시켜 격려한다면 좋은 의사결정과 바람직한 실천행동이 뒤따른다.
- 격려를 통해 조직에의 소속감을 더 높이고 개인목표와 조직목표를 잘 연결시켜주면 생산성은 더 높아진다.

(5) 진성리더십

지난 50년 동안 리더십을 연구한 사람들은 리더 스타일, 리더 특성 또는 리더 성격 특질 등이 무엇인지를 밝히기 위해 약 1,000여 개의 연구를 수행한 바 있다. 이처럼 많은 연구를 했음에도 불구하고 이상적인 리더의 프로파일이 무엇인지에 대해서 명확하게 밝히고 있지 못하는 것은 다행스러운 것인지도 모른다. 만일 특정 학자가 예를 들어 특정한 리더십 스타일을 만들어냈다면, 사람들은 그러한 리더십 스타일을 또 모방하려 했을 것이다. 사람들은 상대가 보여주는 외형적 특징을 리더십으로 보려고 하며 일시적으로 그 리더십을 따라하도록 만들 뿐이다. 어떤 리더를 모방하는 것으로는 어느 누구도 진성리더십(authentic leadership)을 이해할 수 없다. 다른 사람을 흉내 내는 것으로는 진정성을 갖게 할 수 없다. 여러분이 성공한 사람의 경험을 따라하면서 배울 수는 있지만 그들과 똑같이 되려고 한다고 해서 반드시 성공하는 것도 아니다.

최근 진성리더에 대한 관심이 많아지고 있다. 어떻게 그들이 리더십 능력을 발전시켰는지를 알아내기 위해 23세부터 93세까지의 125명의 리더를 면담하고 그 결과를 정리했다. 진성리더는 어떤 특징을 가지고 있는지 그 내용은 다음과 같다.George, 2003

- 진성리더는 자신의 목적을 위해 열성을 표현하고, 그들의 머리뿐 아니라 그들의 마음과 일치하는 리더를 위해 그들의 가치를 지속적으로 실천한다.
- 진성리더는 장기적이고 의미 있는 관계와 결과를 얻기 위해서 자기규율을 지킨다. 그들은 그들이 누구인지 잘 알고 있다.
- 진성리더는 자신을 발전시키기 위해 투입되는 많은 헌신을 필요로 한다. 성공한 음악가, 운동선수처럼 그들의 잠재력을 실현시키는 데 평생을 바친 사람들이다.
- 진성리더는 외부 세계에서 인정받는 실질적인 방법, 즉 돈, 명예, 권력, 지위 등에서 성공을 거두기 위해 노력한다.
- 진성리더는 도덕적 가치에 대한 확고한 기준을 갖고 있으며, 외재적, 내재적 동기의 수준이 높고 이러한 수준의 균형을 잘 잡는다.
- 진성리더는 자신을 지원하는 팀의 도움을 받는다. 진성리더는 그들이 바른 길을 걷도록 돕기 위해 특별한 지원 팀을 만든다. 그러한 팀은 불확실한 상황에서 그들을 조언하고, 어려운 시기에 그들을 돕고, 성공의 시기에 그들과 함께 축하한다.
- 진성리더는 자신이 속한 지역사회를 중심으로 가족과 가까운 친구들과 함께 시간을 보내는 것 외에도 육체적으로 운동을 하고, 정신적 운동에 참여하고, 지역사회 봉사를 하고, 그들이 자란 곳으로 돌아온다.

10장의 핵심내용

2000년대를 전후하여 리더십에 대한 새로운 조망이 시작되었다. 하지만 현대의 리더십이라고 해서 전혀 다른 것이 아니라 그 뿌리는 전통적인 리더십 이론에 두고 있으며, 이를 근거로 새롭게 조명하고 변형시켜나가고 있다. 새로 출현한 리더십으로 카리스마 리더십은 부하로 하여금 반대급부 없이, 리더의 구체적 간섭 없이 자발적으로 조직에 헌신토록 하는 리더십으로서 자기확신, 이미지관리, 이데올로기적 비전, 솔선수범, 감정적 호소 등의 특징을 갖는다. 혁신적 리더십이란 부하의 관심사나 욕구수준을 높여주고 개인이나 집단, 그리고 조직의 목표를 변화시키고자 하는 리더십이다.

부하의 자발적 희생은 리더의 자기희생에서 비롯된다. 리더의 자기희생은 미시적으로는 부하로 하여금 기회주의와 불안을 극복하게 하고 적극적인 행동을 유발하며, 거시적으로는 조직 전체의 환경변화에 대한 적응력을 높이는 새로운 차원의 리더행동이다.

조직에서는 개인보다 팀을 강조하고 팀원 간 상호교류와 네트워크, 팀원의 능력개발을 이끌어내는 리더십이 강조되고 있는데, 이러한 것 중 하나가 코칭리더십으로 리더가 코치처럼 행동해야 한다는 것이다. 봉사적 리더십은 리더의 자기희생을 전제로 한 순결한 리더십이다. 대부분의 종교조직에서 많이 강조하고 있으며 자신보다는 부하, 고객, 지역사회에 대한 책임을 우선으로 삼는 리더의 행동을 강조한다.

과거의 회사는 리더 없이도 잘 운영될 수 있었는데 그 이유는 조직 자체가 제도와 규정이 엄격했고 변화도 적어 관료적 조직운영에 불편이 없어서였다. 그러나 현대는 변화와 경쟁이 극심하여 위계, 제도, 명령이 우선이 아니라 즉흥적 대응과 현장 실무진의 빠른 의사결정이 우선이다. 그러므로 현대의 리더는 높은 자리가 필수적이 아니라 무능하거나 전문성이 없으면 자격이 없다. 성공한 리더는 남들과 대화하며 공감하고, 설득하며 협동할 수 있어야 한다. 리더는 감독과 통제가 아니라 상대를 배려하거나 애정으로 대하는 사람이다. 이 모두는 격려리더십의 근간을 이룬다.

복습 및 토의문제

1. 특성이론이 현대에도 중요한 이유는?
2. 발전지향 리더십 행동이란?
3. 카리스마 리더십의 귀인이론에 대하여 설명하라.
4. 혁신적 리더십의 과정에 대하여 설명하라.
5. 자기희생적 리더십과 봉사적 리더십이란?
6. 코칭리더십이란?
7. 감성리더십이란?
8. 격려리더십이란?
9. 진성리더십이란?

키워드 정리

발전지향의 행동, 카리스마, 혁신적 리더, 거래적 리더, 자기희생적 리더십, 코칭리더십, 봉사적 리더십, 감성리더십, 격려리더십, 진성리더십

사례연구

노자가 본 리더상

BC 550년경 중국의 춘추전국시대에 초나라의 변경 중에서도 아주 산골인 여향의 곡인리라는 곳에서 태어난 노자는 당시 초나라를 지배하고 있던 주(周)나라 중앙정부의 수장실 사직관을 지낼 정도로 학문이 특출했다. 공자는 사무 · 서기직으로 입신하여 정치로 출세하려고 애쓴 사람인 데 반하여 노자는 연구 · 전문직으로서 왕에게 국가 경영자문을 해주었다. 노자가 중앙관직도 버리고 주를 떠나려 하자 변방을 지키던 관령 윤희(尹喜)가 군대의 경영을 어떻게 해야 하는지 간곡히 자문을 구했다. 그때 그가 전한 5,000개 정도의 경영방식이 바로 《도덕경(道德經)》이라 한다.

그 핵심은 무(無), 허(虛), 자연(自然) 사상이다. 즉 경영이 없으면 또는 경영자의 자리에 경영자가 없으면 모든 것이 경영된다는 의미이기도 하다. 노자는 오늘날의 경영자들에게 계속해서 다음의 글귀를 들려주고 있다.

爲無爲則無不治(위무위칙무불치) : 다스리지 않음으로써 다스려라. 그리하면 모든 것이 다스려진다.
不敢爲天下先(불감위천하선) : 감히 하늘 아래서 앞에 나서지 마라.
功遂身退天之道(공수신퇴천지도) : 공을 완수하면 물러가는 것이 원칙이다.
聖人處無爲之事(성인처무위지사) : 위대한 리더는 무경영으로 일을 처리한다.
太上下知有之(태상하지유지) : 아랫사람들이 리더가 있는 정도로만 느끼면 그것이 최고의 리더이다.
信不足焉有不信焉(신부족언유불신언) : 부하를 믿지 못하면 조직에 불신이 생긴다.

토의주제

- 노자의 일생을 공부하고 무위사상을 몸소 어떻게 실천했는지 살펴보자.
- 노자의 주요 사상이 현대의 리더십에 시사하는 바는 무엇인가?
- 노자의 무위사상은 현대조직을 관리하는 리더에게 어떤 점을 강조하고 있는지 생각해보자.
- 다른 유교사상과 옛 성현들이 현대적 리더에게 충고하는 바가 무엇인지 논의해보자.
- 《삼국지》의 카리스마 리더는 누구인가? 《삼국지》에 나오는 리더십 유형을 논의해보자.
- 기타 : 이 사례에서 또 생각해보거나 토론해볼 점을 나열해보자.

11장

전략적 리더십과 리더십 개발

리더는 단지 효율적으로 일 처리하는 사람이 아니다. 리더는 옳은 일을 하는 사람이다. - 게리 맥킨토시

군주는 여우와 사자를 겸비해야 한다. 사자는 스스로 함정을 막을 수 없고, 여우는 이리를 막을 수 없다. 따라서 함정의 단서를 알기 위해서는 여우가 되고, 이리를 도망가게 하기 위해서는 사자가 되지 않으면 안 된다.
- 마키아벨리

지도자는 물과 같이 외유내강(外柔內剛)해야 한다. - 소크라테스

나라를 다스리는 지도자의 마음가짐은 환자를 치료하는 의사의 그것과 같다. 환자의 병이 나아지고 있을 때 의사가 방심하면 병은 오히려 악화되기 쉽다. 천하가 조용할 때 나라의 지도자는 앞으로 닥칠 위기를 생각해야 한다.
- 당태종

남을 따를 줄 모르는 사람은 좋은 지도자가 될 수 없다. - 아리스토텔레스

성장한 아들에게 / 작자 미상

내 손은 하루 종일 바빴지.
그래서 네가 함께 하자고 부탁한 작은 놀이들을
함께 할 만큼 시간이 많지 않았다.
너와 함께 보낼 시간이 내겐 많지 않았어.

난 네 옷들을 빨아야 했고, 바느질도 하고, 요리도 해야 했지.
네가 그림책을 가져와 함께 읽자고 할 때마다
난 말했다.
"조금 있다가 하자. 애야"

밤마다 난 너에게 이불을 끌어당겨 주고,
네 기도를 들은 다음 불을 꺼주었다.
그리고 발끝으로 걸어 조용히 문을 닫고 나왔지.
난 언제나 좀 더 네 곁에 있고 싶었다.

인생이 짧고, 세월이 쏜살같이 흘러갔기 때문에
한 어린 소년은 너무도 빨리 커버렸지
그 아인 더 이상 내 곁에 있지 않으며
자신의 소중한 비밀을 내게 털어놓지도 않는다.

그림책들은 치워져 있고
이젠 함께 할 놀이들도 없지.
잘 자라는 입맞춤도 없고, 기도를 들을 수도 없다.
그 모든 것들은 어제의 세월 속에 묻혀 버렸다.

한때는 늘 바빴던 내 두 손은
이제 아무것도 할 일이 없다
하루하루가 너무도 길고
시간을 보낼 만한 일도 많지 않지.
다시 그때로 돌아가, 네가 함께 놀아 달라던
그 작은 놀이들을 할 수만 있다면.

11장

전략적 리더십과 리더십 개발

많은 리더십 문헌이 조직의 경영진, 간부, 팀장 등 중간관리자에 대한 논의에 초점을 맞추고 있다. 하지만 최근에는 최고경영자에 의한 전략적 리더십(strategic leadership)에 관한 관심이 높아지고 있다.Cannella & Monroe, 1997 왜 이런 변화가 생길까? 최고경영자들이 자신의 기업을 급격한 기술변화 및 사회변화와 국제경쟁의 격화 등으로 특징되는 세계화에 대응하다 보니 그렇게 되었다는 설명도 가능하다. 이에 조직이론, 전략경영론, 의사결정이론 등에서 전략적 리더십에 관한 이론과 실무 영역의 관심이 높아지고 있다.

조직성과는 경제적 상황, 시장상황, 정부정책과 기술변화 등과 같은 리더의 통제를 능가하는 요인에 의해 결정된다는 주장이 많이 있지만 조직성과 달성에 최고경영자가 매우 중요하다는 주장도 많다.Finlelstein & Hambrick, 1996 ; Hambrick, 2007 ; Katz & Kahn, 1978 또 다른 주장으로 사람들은 리더개인의 영향력을 지나치게 강조하는 경우가 흔하며 따라서 개인 리더가 성공했을 때 더 신뢰하거나 실패했을 때 더 비난하는 경향이 있다고 한다.

이 장에서는 최고경영자에 의한 전략적 리더십과 리더십 개발에 대하여 배울 것이다. 먼저 조직의 재무성과에 개인 리더인 최고경영자가 어떻게 영향력을 행사하는지를 리더십 과정으로 기술할 것이다. 그러고 나서 최고경영자들이 조직에 대하여 가지고 있는 많은 영향력이 구체적으로 무엇인지 학습하려 한다. 그러므로 이 장에서 우리가 리더라 함은 한 조직의 최고경영자 혹은 CEO를 두고 하는 말이다.

조직 외부에서 환경변화가 날로 격심해지고 있기 때문에 앞으로 21세기 리더로서 성공하려면 더 많은 역량과 스킬이 필요할 뿐 아니라 그 수준도 높여야 한다. 이렇듯 리더십 핵심역량을 높이려는 필요성으로 인해 리더의 역량을 개발하려는 새로운 기법이 고안되고 과거의 기법도 새롭게 정비되고 있다. 리더십 개발은 미국에서만도 수십억 달러에 해당하는 비즈니스가 되어 있다.Fulmer & Vicere, 1996

그동안 리더십 핵심역량은 공식적인 교육훈련과 직무상의 개발활동, 영리학원 등의 개인개발 학습, 그리고 자기계발 활동 등 수많은 방식으로 개발되어왔다. 대부분의 공식적 훈련은 지정된 기간 동안에 실시되고 대개는 훈련전문가에 의해 관리자가 수행해야 할 업무들을 직접 수행해보는 방식이다. 직무상의 개발활동은 운영을 위해 부여받은 직무나 할당된 업무와 연계된 일들을 수행하는 것을 포함한다. 개발활동은 상사에 의한 코칭, 외부기관으로부터의 자문, 경영진이나 간부들로부터의 멘토링, 관련 스킬을 배우는 데 필요한 새로운 조언이나 기회를 제공받는 특별한 직무의 수행 등을 포함한다. 그 외에도 영리단체에서 리더십 개발프로그램을 만들어서 직장인들을 모으든지 회사와 계약을 체결하고 전문적으로 교육시키기도 한다. 자기계발 활동은 스스로 전문서적을 읽든지 스킬향상을 위한 인터넷 프로그램, 사이버 교육, 오디오, 비디오 시청 등이 포함된다.

이상의 다양한 훈련프로그램들이 효과를 거두려면 조직에서 학습내용을 응용할 기회가 주어지든지 특별한 상황이 만들어져야 한다. 예를 들면 조직이 리더십 훈련을 독려하거나 학습을 지원하고 보상프로그램을 실시하는 것도 방법이다. 또 다른 방법으로 사회적으로나 문화적으로 리더십을 학습시키고 교육하는 것을 특별히 강조하는 상황이 있을 수 있다.

이 장에서 배울 것

- 전략적 리더십의 조건은?
- 조직변화를 이끄는 최고경영자의 역할은?
- 전략적 리더십의 핵심과업은?
- 조직에서 리더십 개발의 중요성은?
- 360도 피드백, 시뮬레이션, 특별한 할당, 액션러닝, 코칭이나 멘토링이란?
- 리더십 개발을 위한 여러 방법의 장단점은?
- 리더는 어떻게 부하의 리더십 개발을 촉진하고 독려하는가?

1 조직성과에 미치는 최고경영자의 영향

전략적 리더십을 연구하고 공부하면서 중요한 관심 중 하나는 리더가 조직의 성과에 어느 정도 영향을 미치는가 하는 점이다. 조직성과에 관한 최고경영자의 영향력은 최근 이슈가 된 유연적 리더십 이론(Flexible Leadership Theory : FLY)과 많은 관련이 있다.Yukl & Lepsinger, 2004 이것은 초기 리더십 이론이나 연구의 관련분야, 즉 조직이론,Katz & Kahn, 1978 ; Lawrence & Lorsch, 1969 ; Tushman & Romanelli, 1985 전략경영론,Hambrick, 2007 ; Hambrick & Mason, 1984 ; Porter, 1996 인적자원관리,Bowen & Ostroff, 2004 ; Wright & Snell, 1998 변화관리론Beer & Nohria, 2000 ; Zajac, Kraatz, & Bresser, 1999 등으로부터의 주장을 모두 통합하는 이론이다. 유연적 리더십 이론의 네 가지 구성개념은 조직유효성, 그 유효성을 좌우하는 세 가지 요인, 즉 자원과 운영변수, 리더십 변수, 그리고 상황변수이다.

여기서 첫 번째 구성개념인 조직유효성은 조직의 생존과 장기적인 번영을 말한다. 그리고 나머지 세 가지 구성개념은 조직성과의 결정요인으로 조직의 자원과 운영변수란 인적자원의 능력과 자질 등을 일컬으며, 리더십 변수란 그 조직의 최고경영자인 리더의 능력, 자질, 리더십 유형 등을 뜻하고, 상황변수란 조직의 외적 상황으로 조직에 영향을 미치는 환경을 말한다.

이러한 조직성과 결정요인 간의 상대적 중요성은 조직마다 다를 것이며 동일한 조직이라 할지라도 시간에 따라 다른 모습을 보인다. 예를 들면 조직 창립기에는 환경적응이 중시되다가 성숙기에는 상호신뢰성이 중요해진다. 시장안정기에는 인간관계가 중요하지만 격동기에는 리더십이 중요해진다. 특히 상황변수는 조직유형, 제공하는 제품과 서비스의 유형, 외부 시장환경(예를 들어 경제적 · 정치적 환경, 경쟁정도, 고객선호도의 변화, 기술변화 속도 등)에 따라 상대적 중요성이 달라진다.

조직성과 결정요인 사이의 복잡한 상호 의존관계나 상호작용들은 조직유효성에 영향을 미치는 리더(CEO)의 영향력을 강화시키기도 하고 약화시키기도 한다. 예를 들면 시장 환경이 자주 바뀌는 상황이라면 아무리 훌륭한 리더라도 그 영향력은 약화되고 현장 직원의 역할이 커지기 때문에 CEO가 조직성과를 좌우할 수 없다.Beer, 2001 ; Quinn, 1988 ; Yukl & Lepsinger, 2004

(1) 조직성과의 결정요인은 무엇인가?

조직의 성과는 무엇에 의해 좌우될까? 크게 세 가지를 들 수 있다. 첫째는 조직이 환경에 적응을 잘 했느냐이다. 둘째는 조직이 능률적으로 운영되었느냐이다. 셋째는 조직구성원의 질과 상호 협동 수준이 어떠했느냐이다. 이 세 가지 쟁점의 수준이 모두 높다면 그 조직은 성과도 높을 것이다. 이를 좀 더 자세히 살펴보자.

◆ 환경적응

조직유효성은 외부위협과 기회에 어떻게 적절하게 대응했는지에 따라 좌우된다. 외부환경이 급격한 기술변화, 정치적 · 경제적 혼란, 혹은 경쟁자로부터의 새로운 위협 등으로 불확실하고 격렬할수록 조직의 환경적응은 더욱 중요해진다. 이때 조직이 고객의 욕구를 정확히 파악하고 있거나 그것을 채워줄 수 있는 제품과 서비스를 가지고 있다면 환경에 보다 성공적으로 적응할 수 있다. 그리고 급변하는 환경에 성공적으로 적응하려면 제품과 서비스의 변화 또는 공급시스템이나 마케팅 절차의 변화를 필요로 한다.

이러한 변화전략은 환경정보를 빠르게 입수하고 정확하게 해석함으로써 가능한데 여기에는 구성원에 의한 집단적인 학습(원인파악과 대응프로세스의 이해)과 평소 효과적인 지식경영(항상 새로운 지식을 보유하고 공유하고 확산시킴)이 필수적이다. 또한 유연한 생산방식과 공급체계의 혁신능력(기존의 것을 신속하게 변화시키는 능력)도 필수적이다. 이를 위해 리더는 스스로도 환경변화의 인지에 민감해야 되지만 조직시스템을 설계할 때 환경경계역할을 잘 수행하도록 구축해야 하며 구성원에게도 환경인지에 적극적이도록 권유해야 한다.

◆ 능률과 공정의 신뢰성

능률(efficiency)이란 노력과 자원의 낭비를 피하고 비용을 최소화하는 방식으로 조직을

LEADERSHIP STORY 11.1 **경기변동과 미니스커트**

경기호황 때에는 여성들의 스커트 길이가 짧아진다. 케인스의 유효수요이론에 의하면 불황 때에는 경기를 회복시키기 위해 옷감을 많이 쓰기 때문에 여성의 스커트 자락이 길어지고, 호황 때에는 옷감을 짧게 끊어 많이 팔려고 하기 때문에 스커트 자락이 짧아진다고 한다. 인간행동학의 권위자인 모리스 교수도 경험적 분석을 토대로 이에 찬성한다. 1920년대 호황 시에 스커트 길이는 짧아졌다가 1930년대 대공황 때에는 다시 길어졌다. 1960년대 호황기에는 짧아지다 못해 핫팬츠까지 등장했다. 그러다가 1970년대 스태그플레이션 때에는 판탈롱 바지와 롱코트에 장발도 유행했다. 그러나 이 이론은 도전을 받는다. 1970년대 불황이 장기화되자 판탈롱 바지는 미니스커트로 변했다. 이에 대해 패션계에서는 호황 때가 그리워서 복고풍으로 돌아선 때문이라고 했다. 불황기에는 매우 긴 혹은 매우 짧은 스커트가 유행할 수 있다는 패션계의 이론도 설득력이 있다. 유행의 변화는 소비자가 아닌 업계, 나아가서 디자이너의 몫이다. 불황으로 옷이 안 팔리니까 더욱 파격적이고 튀는 디자인에 몰두할 수밖에 없고 그런 결과 극히 짧은 혹은 극히 긴 스타일이 유행할 수 있다. 그렇다면 지금까지 경제학자들은 디자이너의 손에 놀아난 셈인가? 그러나 분명한 것은 최고경영자가 경기변동을 외면하고는 조직성과를 올리기 어렵다는 점이다. CEO나 조직이나 인간에게 환경적응은 생존과 번영의 근원이다.

운영하여 목표를 완수하는 것이다. 실질적인 운영을 위한 자원이 불충분하거나 재무적 위기가 발생했을 때 경쟁자보다는 낮은 자원으로 제품과 서비스를 제공하는 전략을 가지고 있다면 능률이 높아진다. 능률향상은 생산과정에서 업무공정을 새롭게 설계하거나 신기술을 사용하거나 불필요한 활동을 제거함으로써도 가능해진다.

공정의 신뢰성(process reliability)이란 품질결함, 사고, 착오, 불필요한 지연 등을 피하는 것을 일컫는다. 결함을 가진 제품이나 일관성 없는 공정은 비용을 증가시키고 능률을 저하시키는 요인이다. 해로운 물질에 지속적으로 노출되거나 실수 혹은 사고에 의해 해를 입은 종업원이나 고객에 의한 법적 소송, 망가진 장비를 수리하고 대체하는 비용, 서비스의 잘못된 사용 혹은 종업원 절도 등은 공정신뢰성을 저하시키는 요인이다. 공정신뢰성은 주로 일상적인 비용증가를 뜻하지만 피할 수 있었던 위험과 사고에 의한 죽음이나 심각한 손상 등 인적자원의 적응문제도 포함한다.

품질을 안정적으로 유지하고 기준을 지킬 수 있는 자원을 사용하면 능률이 오르지만 이를 위해 비용이 너무 지출되면 능률은 오히려 저하된다. 또는 운영비를 줄이거나 업무공정을 단순화해서 사고와 실수의 위험을 줄이도록 제품 생산설계를 변화시키면 능률이 오르기도 하는데 이러한 예가 바로 리엔지니어링(re-engineering) 또는 식스시그마 프로그램(six sigma programs)이다.

| 도표 11-1 | 조직성과의 영향요인

능률과 공정의 신뢰성
• 성과관리와 목표설정프로그램(MBO, 제로 예산) • 공정과 품질향상프로그램(QC, TQM, 6시그마) • 비용절감프로그램(다운사이징, 아웃소싱, JIT 재고관리) • 구조형태(기능전문화, 공식화, 표준화) • 능률과 공정의 신뢰성에 초점을 둔 칭찬, 인정, 보상시스템
인적자원과 인간관계
• 생애업무프로그램의 질(유연, 직무공유제, 유아보호, 피트니스 센터) • 종업원 복리후생프로그램(건강관리, 방학, 퇴직, 안식년제) • 사회화 및 팀빌딩(오리엔테이션 프로그램, 의식 및 예식, 사회적 이벤트와 축하행사) • 종업원 개발프로그램(훈련, 멘토링, 360다면평가, 교육보조) • 인적자원계획(승계계획, 평가센터, 리쿠르팅 프로그램) • 권한위임프로그램(자기관리식 팀, 종업원지주제, 산업민주화) • 충성, 서비스 혹은 기술향상을 위한 인정 및 보상프로그램
혁신과 환경적응
• 경쟁자와 시장분석프로그램(시장조사, 초점집단, 고객패널, 비교제품시험, 경쟁사제품 및 공정의 벤치마킹) • 혁신프로그램(기업가정신프로그램, QC, 혁신목적) • 지식획득(자문, 합작투자, 타인으로부터의 최상의 실무방법 도입) • 조직학습(지식관리시스템) • 변화실행을 위한 일시적 구조형태(태스크포스팀) • 성장과 다각화 프로그램(인수합병, 프랜차이즈, 합작투자) • 구조형태(연구조사부서, 소규모 제품부서, 제품관리자, 다기능제품개발팀) • 고객만족과 혁신에 초점을 둔 칭찬, 인정, 보상시스템

◆ 인적자원과 인간관계

인적자본(human capital)이란 용어는 구성원의 경험이나 관련 기술을 포함하여 조직의 인적자원의 질을 의미한다.Hitt & Ireland, 2002 반면에 사회적 자본(social capital)이란 구성원끼리의 네트워크나 상호관계의 질, 그리고 구성원의 동기부여 정도라고 할 수 있다. 즉 구성원의 인적자본도 커야 하지만 사회적 자본의 수준도 중요하다. 이 둘이 조직성과에 영향을 미침은 말할 필요도 없다. 조직의 업무는 구성원의 기술과 능력수준도 높아야 하지만, 과업에의 강한 몰입, 사명감과 조직 정체성, 높은 상호신뢰, 도전적인 목표에 대한 자신감 등도 조직성과를 결정한다.Gelade & Ivery, 2003 ; Harter, Schmidt, & Hayes, 2002 ; Pfeffer, 1994, 2005

그러므로 인적자원의 질이나 인간관계 수준은 조직의 능률에 다양한 방식으로 영향을 미친다.Becker & Gerhart, 1996 ; Becker & Huselid, 1998 ; Huselid, Jackson, & Schuler, 1997 ; Wright & Snell, 1998 이 둘이 미치는 영향은 업무가 어려울수록 더 커진다. 즉 쉬운 업무는 인적자원의 질이 낮아도 그런대로 완성되겠지만 복잡하고 어려운 직무는 인적자원의 질이 어떠냐가 성공을 좌우한다. 리더가 실제로 상대하고 관리하는 대상은 인적자원이다. 인적자원 개발에 대한 리더의 가치관이 뚜렷하면 조직구성원들의 능력수준은 오를 수밖에 없다. 리더의 관리정책에 따라 구성원 상호 간 인간관계의 유형도 결정되기 마련이다.

(2) 조직성과에 미치는 리더의 영향력

최고경영자가 조직성과에 영향을 미치는 경우는 세 가지 경로를 통한다. 첫째가 최고경영자(CEO : 리더)의 리더십 행동을 통해서, 둘째는 조직의 운영체계, 제도, 조직구조의 변화를 통해서, 그리고 셋째는 리더가 주도하고 펴나가는 경쟁전략을 통해서 영향을 미친다.

◆ 직접적 영향력 : 리더십 행동

리더는 부하를 대하고 리드하는 직접적 리더십 행동을 통하여 조직의 성과에 영향을 미칠 수 있는데 그러한 행동유형은 4장과 10장에서 공부한 바와 같이 크게 다음의 세 가지로 분류된다.

- 과업지향적 행동 : 리더가 조직의 목표달성을 위한 과업의 완수에 초점을 두고 일처리의 능률과 공정과 생산성 향상만을 목표로 조직을 관리하고 리드한다.
- 변화지향적 행동 : 조직이 급변하는 외부환경에 잘 적응하기 위해 모든 자원과 인력을 조정하고 혁신을 주도하면서 조직을 관리한다.
- 관계지향적 행동 : 조직구성원들의 자아계발과 직무만족도를 높이고 동기부여된 상태에서 상호 협조하고 리더를 잘 따르도록 하는 데 최선을 다한다.

리더가 이상의 세 가지 행동을 모두 잘 하면 조직성과를 향상시키는 데 도움이 되지만 하나라도 잘못하면 성과향상에 대한 영향력도 그만큼 줄어들 것이다.

LEADERSHIP STORY 11.2 | **워런 버핏의 리더십**

워런 버핏(Warren Buffett : **사진**)은 사원을 뽑을 때 두뇌나 에너지보다 성실성을 우선한다. 부정직한 사람을 채용하면 결국 회사를 망친다는 것을 잘 알기 때문이다. 그는 아직도 1958년에 3,000만 원 주고 산 시골집에서 살면서 2만 원짜리 스테이크와 햄버거를 먹고 오래된 중고차를 직접 몰고 다니며 1만 2,000원짜리 이발을 한다. 그리고 자기 재산의 85%인 37조 원을 자선기금으로 내놓았다. 그는 돈보다 평판을 중시하며 큰돈은 많이 잃어도 좋지만 작은 평판이라도 잃으면 절대 안 된다고 한다. 그는 올바른 인격과 성품을 기초로 단기적으로는 손해를 감수하더라도 원칙을 고수하여 부하의 존경과 신뢰를 받는다. "신문에 톱기사로 나더라도 떳떳할 수 있게 하자"라고 직원들을 독려한다. 그리고 그는 그러한 직원들을 믿고 퇴직할 때까지 계속 권한을 배분하겠다고 한다. 그 결과 버크셔사에는 3만 3,000명의 사원이 있지만 본사 직원은 열댓 명에 불과하다.

◆ 간접적 영향력 : 조직운영시스템과 조직구조의 변화

리더는 업무를 담당한 구성원들을 직접 리드함으로써, 즉 앞의 여러 리더십 행동을 함으로써 조직성과에 영향을 끼치기도 한다. 그러나 조직의 생산프로세스나 운영체계를 만들고 제도를 도입하고 조직구조를 설계할 수 있는 결정권한을 활용하여 조직성과에 영향을 끼칠 수도 있다. 리더가 이러한 체계운영과 구조의 변화에 성공하면 성과가 오르겠지만 잘못 경영하면 조직성과는 떨어진다. 이러한 영향력은 간접적 리더십이라 불리며 리더의 태도나 행동은 부하와 직접적인 상호작용이 없다. 대개의 리더십 이론은 부하태도나 동기부여에 리더가 직접 관여하는 직접적 리더십이 더 큰 영향력을 행사하여 조직성과에 더 많은 영향을 미칠 것으로 일반화하지만 사실은 간접적 리더십의 영향력이 더 크다. 왜냐하면 부하는 리더의 행동에 의해 직접 지배되는 측면도 있지만 조직의 제도나 운영체계, 조직의 구조와 설계, 조직의 규정과 시스템에 의해 지배되는 경우가 더 많기 때문이다. 결과적으로 리더의 간접적 리더십이 직접적 리더십보다 더 크다고 할 수 있다.

◆ 두 영향력의 상호 보완관계

조직운영프로그램과 시스템을 변화시키거나 조직구조의 설계를 통해서 구성원의 행동을 통제하고 이를 통하여 조직성과에 영향을 미치는 리더의 간접적 리더십과, 리더가 부하들을 직접 통솔하고 지휘하는 리더십 행동을 통하여 조직성과에 영향을 미치는 직접적 리더십은 상호 배타적이기보다는 오히려 상호 보완적인 성격이 짙다.

왜냐하면 리더가 조직 시스템을 바꾸거나 새로운 규정을 도입하려면 부하를 설득하고 부하에게 지시해야 하는데 이때 리더는 직접적 리더십을 사용해야 하며, 앞에서 제시한 위의 세 가지 중 어떤 리더십 행동을 하는지에 따라서 제도개선과 구조변경의 성공이 좌우될 것이다. 예를 들면 시스템이나 규정의 중요한 변화라는 것은 리더가 변화 도입이 필요하고 조직에 이득을 준다는 것을 부하 앞에서 확실하게 보여주어야만, 즉 성공적인 리더행동을 해야만 부하에게 받아들여진다. 새로운 프로그램의 도입과 제도의 변경도 리더가 부하를 설득하고 동기부여를 해야만 성공할 수 있는데, 리더의 이러한 설득행동과 동기부여 행동은 리더의 직접적 리더십이다. 결국 직접적 리더십의 성공이 간접적 리더십의 성공을 가져와서 조직성과에 영향을 미치는 것이다.

반대로 간접적 리더십이 성공하면 직접적 리더십도 성공할 가능성이 크다. 예를 들어 관리프로그램이나 새로운 도입한 제도가 제대로 만들어지고 운영된다면 직접적인 리더십 행동의 효과도 높아진다. 일례로 조직의 인사평가시스템이 매우 정확하고 객관적이라면, 그리고 보상시스템이 매우 공정하고 성과 위주로 되어 있다면 리더가 부하에게 혁신을 지시할 때 쉽게 수용될 것이다. 즉 제도와 조직 운영프로그램이 잘 되어 있을수록 직접적 리더십이 제대로 기능을 발휘하는 것이다. 성과혁신적인 사고를 독려하는 리더의 직접적 리더십이 부하에게 효과적이려면 조직이 혁신에 대한 보상을 촉진하는 잘 설계된 프로그램을 가지고 있을 때에야 가능하다는 뜻이다. 부하의 혁신활동은 신제품과 새로운 공정의 개발을 증가시킬 가능성을 높이고 결국 조직성과를 높인다. 다시 말해 리더의 간접적 리더십의 성공은 직접적 리더십의 성공을 가져오고 이는 종국적으로 조직의 성과를 높인다. 따라서 직접적 리더십과 간접적 리더십의 영향은 상호 배타적이 아니라 상호 보완적이라는 사실을 확인할 수 있다.

◆ 경쟁전략의 선택

최고경영자는 경쟁전략에 대한 의사결정의 최종 권한을 가지고 있다. 그러므로 그가 최종적으로 어떤 전략을 선택하느냐에 따라서 조직성과가 좌우된다.Hambrick, 2007 전략이란 제공할 제품이나 서비스의 유형, 고객들의 요구사항(가격, 품질, 고객서비스, 독창성 등) 그리고 고객에게 영향력을 행사하는 데 사용되는 방법(광고, 할인, 판매촉진) 등에 관한 의사결정이라고 할 수 있다. 물론 경쟁전략은 이외에도 필요한 재무적 자원(주식, 채권, 대출금, 기부금)을 획득하는 방법, 조직의 성장방법, 새로운 시장을 확장하는 방법(인수합병, 합작투자, 전략적 동맹, 프랜차이즈) 등도 포함한다.

이러한 경쟁전략에 대한 의사결정은 종국에 가서 조직성과에 영향을 미친다. 비록 전략의 기본적인 초점은 환경에 적응하기 위한 것이지만 어떻게 적응했는지에 따라서 조직성과에 영향을 미친다. 전략을 수립하는 것이 여러 대안 중 하나를 택하는 의사결정인데 이를 위한 과정은 우선 여러 대안을 평가하고 자기 조직의 능력수준을 판단하여 결정한다. 이때 환경의 기회와 위협을 평가하고 외부환경을 감시하는 등의 적절한 리더십 행동을 사용할 것이다.Yukl & lepsinger, 2004 외부환경을 알아내고 평가하는 조직의 시스템이나 운영프로그램이 잘 되어 있다면 적절한 전략을 선택하는 데 훌륭한 지원을 해줄 것이다. 동시에 직접적 리더십도 주요한 혁신과 새로운 전략을 실천하는 데 필수적이다. 왜냐하면 새로운 전략을 실행하려면 조직의 운영프로그램과 규정과 구조를 변경해야 하기 때문이다.

(3) 조직성과에 영향을 미치는 적응적 리더십

앞의 도표 11-1 에서 우리는 조직성과를 좌우하는 요인으로서 조직의 환경적응 여부, 조직이 능률적으로 운영되는지의 여부, 그리고 조직구성원의 질과 상호 협력의 수준, 이렇게 세 가지로 요약해서 살펴보았다. 그런데 이 세 가지 중 한 가지 요인을 개선하면 그것이 다른 요인의 개선에 도움이 될 것이다. 예를 들면 구성원의 능력과 협동수준을 높이면 그 조직은 환경적응도 잘 한다. 조직시스템이 능률적이면 구성원은 협동적이며 환경적응도 잘 할 것이다. 즉 이들은 서로 보완적인 관계이다.

◆ 균형 유지

그러나 리더가 다른 두 개의 요인에 대해서는 아무런 노력을 하지 않은 채 한 가지 요인의 개선만을 지나치게 강조한다면 결과적으로 조직성과는 낮아질 수 있다. 구성원의 질은 너무 높은데 제도가 따라주지 않는다든지 구성원 상호 간 인간관계가 너무 좋아서 새로운 변화에 저항이 심한 경우가 그렇다. 따라서 세 가지 요인을 유연성 있게 잘 개선시키고 변화해나간다면 환경에 잘 적응하게 되므로 이를 적응적 리더십이라고 명명한 것이다.

◆ 시너지 효과

물론 한 가지 요인을 강조하면서 상대적 우선순위를 반영하여 다른 요인과의 균형을 유지하고 강조하는 것은 매우 어렵기는 하지만 이런 리더의 노력은 필요하다.Yukl & Lepsinger, 2004 즉 조직성과는 최고경영자의 혁신적인 적응노력과 능률향상을 동시다발적으로 진행할 때 증진될 수 있는 것이다. 이는 팀 성과일 때에도 마찬가지이다. 예를 들어 기계설비 관리팀의 팀원 실력을 높게 향상시켜놓으니까 그들은 항상 창의성을 발휘하여 새로운 방식을 도입하고 고객서비스(적응) 수준을 향상시키고 관리비용을 줄여서 팀 능률을 향상시켰다.Gilson, Mathieu, Shalley, & Ruddy, 2005 이 세 요인은 상호 보완하면서 시너지 효과를 달성하기 때문에 더욱더 균형적 개선이 필요하다.Yukl & Lepsinger, 2004

◆ 발전적 균형

조직성과의 세 가지 결정요인들 간에 균형을 잡는 것이 중요하기는 하지만 현재 상태를 불변으로 유지시키면서 균형을 잡는 것은 의미가 없다. 지속적으로 개선하고 발전시키고 변화시킨다는 전제하에서 균형을 의미하는 것이다. 즉 한쪽만 변화시키지 말고 세 분야에 적절하게 안배하여 변화·발전시켜야 한다는 의미이다. 리더인 최고경영자가 이 균형을 잡는 역할을 담당해야 한다. 이를 리더의 적응적 리더십(adaptive leadership) 또는 유연적 리더십(flexible leadership)이라고 하며, 최근 연구에 의하면 이러한 리더의 적응적이고 유연적 특질이 더욱 요구된다.Yukl & Lepsinger, 2005

◆ 조정 리더십

최고경영자의 리더십은 조직의 여러 부서와 모든 계층에서의 공식적 또는 비공식적 리더십을 포함한다. 이 말은, 조직의 운영은 때로는 여러 리더에 의해 의사결정이 내려질 때도 있는데 이들 여러 리더들의 의사결정들이 통합되고 연결되어 조직 전체의 목적에 이바지한다는 뜻이다. 최고경영자인 리더는 이들의 결정을 조정하고 교통

정리를 하여 최종 선택을 해야 한다. 그런데 이들 의사결정이 상호 배반적이거나 엇갈릴 경우 조직성과 달성은 곤란한 상황에 처한다. 즉 최고경영자들이 전략적 의사결정에 최종책임을 가지고 있다손 치더라도 그들은 조직의 높고 낮은 각 계층에 있는 여러 리더의 몰입과 지원 없이는 성공적인 조직성과를 내기 어렵다.Beer, Eisenstat, & Spector, 1990 ; Huy, 2002 아무리 강력한 CEO를 가진 조직이라 하더라도 경쟁전략이나 CEO의 비전에 대해 종종 갈등상황이 발생한다.Robbins & Duncan, 1988 그러므로 이러한 차이를 잘 이해하고 서로 충분히 대화하며 상호 협력하여야만 조직의 공통된 경쟁전략이나 비전을 잘 정할 수 있다.

리더십 카툰

"자, 누가 먼저 링 안으로 텀블링 해보겠나?"
"제가 먼저 해보겠습니다."

최고경영자라면 자기 아래의 다양한 리더들 입장을 고려하면서 각자에게 알맞은 정도의 노력과 헌신을 요구해야 함에도 불구하고 모든 리더를 획일적으로 대할 때가 많다. 전체적인 조직성과를 위해 리더에게는 어떠한 태도와 중재의 기술이 필요한지 토의해보자.

결국 조직성과는 목표의 우선순위에 대한 불일치나 부서 간의 경쟁을 최고경영자가 어떻게 처리하느냐에 달려 있다.Smith & Tushman, 2005 그러므로 CEO는 각 부문의 리더에게 조직 전체의 전략적 결정이 각 부서에 어떤 결과를 초래할 것인지와 해당 부서 간의 상호 연계성에 어떤 영향을 미칠 것인지를 잘 이해시키고 서로 협력하도록 인도하고 양보하도록 독려해야 한다. 이것은 최고경영자의 중요한 리더십 과업 중의 하나이다.

LEADERSHIP STORY 11.3 | **리더의 조정과 균형유지의 결과**

안데스 산에서 추락된 페어차일드(Fairchild) F0227은 우루과이에서 칠레로 가는 특별기였다. 하늘은 맑았지만 조종사가 위치를 잘못 계산했던 것이다. 그래서 그는 목적지에 하강하지 않고 사화산인 틴 퀴리카로 비행하다가 부딪쳐 충격으로 양 날개와 꼬리부분이 비행기 동체에서 떨어져 나갔고 시속 200마일 이상의 속도로 고산 기슭에 떨어지고 말았다. 그로 인해 동체는 높은 산들로 둘러싸인 해발 1,200피트의 눈 속에 처박히게 되었다. 추락으로 비행기 승무원은 모두 죽었고 몇십 명의 승객들만 살아남게 되었는데, 생존자들은 아마추어 럭비팀의 선수 그리고 그들과 같이 칠레의 산티애고로 가는 가족과 친구들이었다. 40명의 승객 중 3분의 2만이 생존할 수 있었다. 안데스의 겨울은 영하의 기온으로 생존자들을 꼼짝 못 하게 만들었으며 그들이 먹을 것이라고는 약간의 포도주와 캔디뿐이었다. 오직 동체의 꼬리에 해당하는 부분만이 그들의 은신처였다. 그들은 절망적인 상황에도 불구하고 이삼일 동안 살 수 있는 길을 찾기 시작했다. 럭비팀의 주장인 마르셀로 페레즈(M. Perez)는 생존자들을 '팀'으로 나누고 그들에게 수행할 일을 주었다. 마실 물을 위해서 눈을 녹인다든지 부상자를 돌본다든지 그들의 은신처를 청소하는 등의 일들이었다. 마르셀로 자신은 얼마 안 되는 식량을 공급하는 일을 맡았다. 비록 생존자들이 가능한 한 같이 일하려고 노력했으나 집단을 분리시키는 의견의 불일치가 때때로 일어나곤 했다. 집단은 수색대가 그들을 곧 발견하게 될 것이라는 주장을 계속하는 다른 몇 사람과 함께 구조의 가능성을 주장했지만 다른 몇 사람들은 그들이 산에서 내려가야만 구조될 수 있다고 주장하였다. 밤에 부상자들의 울부짖음은 동정보다는 오히려 분노로 대접받을 수밖에 없었으며, 매우 비좁은 잠자리 때문에 계속 자리다툼을 하였다. 며칠이 지난 다음에 생존자들은 점차 위축되어 초조해졌다. 구조의 기색은 보이지 않았지만 두 가지 사건으로 말미암아 생존자들은 한 집단으로 뭉치게 되었다. 첫째로 그들은 죽은 사람들의 꽁꽁 언 살을 먹기 시작해야만 된다는 것을 깨닫게 되었고, 둘째로 고통스러운 시간을 보내던 17일째 되던 날 잠자고 있는 사이에 눈보라가 그들의 은신처를 휘몰아쳐서 그들을 꼼짝 못 하게 만든 것이다. 청년들은 산에서 도망치는 것만이 살아남는 길이라고 결정했다. 결국 이러한 마지막 결정으로 2인조 구조대가 구성되었다. 구조대들은 많은 몫의 음식과 물을 허락받고, 세 명의 친인척으로 구성된 팀의 통제에서 벗어나 아래로 내려갈 수 있는 특혜를 얻었다. 그러나 나머지 사람들은 비행기의 추락과 눈보라로 친지와 친구를 잃었다. 집단의 지도자 마르셀로도 눈 속에서 죽고 말았다. 결국 세 명의 사촌으로 구성된 팀이 구조를 기대하는 집단의 활동과 계획을 통제하게 되었다. 생존자가 집단으로 함께 묶임으로써 산을 내려갈 수 있는 두 명의 가장 적절한 사람을 훈련시킬 수 있었으며 양식을 공급할 수 있게 되었다. 산 중턱 아무데서나 9일 밤을 자면서 10일째 되던 날, 구조대는 산기슭의 조그만 농장에 다다르게 되었다. 구조대가 나타난 것은 추락한 지 70일 후의 일이었다. 안데스의 산 속에 있던 열네 명도 공중구조대에 의해 구출되었다. 최후의 생존자들은 후에 기술하기를 "우리들이 생명을 구할 수 있었던 것은 합심해서 노력했기 때문이다"라고 했다. 이 이야기는 영화 〈얼라이브(Alive)〉의 풀 스토리가 되었고 생존자 중 한 사람인 카네기 씨는 1995년 우루과이 대통령 후보에까지 올랐다.

2 전략적 리더십의 조건

최고경영자가 조직의 성과에 강한 영향력을 행사할 수 있는 정도는 조직의 발전단계가 어디에 위치해 있는지와 같은 역사적 요인에 의해 달라진다.Tushman, Newman, & Romanelli, 1986 연구자들은 단절적 균형모형(punctuated equilibrium model)을 통해 조직이 시간 흐름에 따라 어떻게 진화하는지, 진화단계별로 최고경영자가 어떻게 역할수행을 해야 하는지를 밝히고 있다. 우선 단절적 균형모형부터 이해하고 CEO의 영향력을 살펴보기로 하자.

(1) 단계별 전략

단절적 균형모형이란 조직의 진화는 조직의 삶 전반에 걸쳐 전형적으로 발생하는 변화(reorientation : 방향을 다시 정하기) 단계와 안정화(convergence : 정해진 방향으로 수렴하기) 단계를 거치면서 조직이 발전되어간다고 설명한다.

◆ 변화단계 : 재설정과 혁신

우리는 건강 상태에 아무 문제가 없으면 그냥 두지만 어느 순간에 아프거나 몸이 약해지면 병원을 찾든지 헬스를 시작하면서 일상의 변화를 시도한다. 마찬가지로 조직이 처음에 마음먹은 대로 혹은 지금까지 해온 대로 지속적으로 성장을 계속한다면 대대적인 변화가 별로 필요 없겠지만, 어느 시점에 조직성과가 감소하기 시작한다면 현재를 점검하고 목표와 조직의 구조와 역할분담 등을 수정해야 하는데 이를 리오리엔테이션(reorientation) 단계라고 이름 붙였다. 수정작업은 단기간에 끝내게 되는데 만일 이 작업이 성공한다면 조직은 활력을 되찾고 다시 목표를 향해 전진한다.

리오리엔테이션, 즉 재설정과 변화의 단계는 최고경영자가 조직의 업무공정, 조직구조, 전략 등의 주요한 변화를 통해 강력한 활동을 전개하는 매우 짧은 기간을 의미한다. 이 단계에서는 환경이 변화한 만큼 적응해야 하는데 이를 위해 새로운 경쟁자, 기술의 변화정도, 조직의 생산품에 대한 수요의 감소, 또는 기업문화의 변화 등을 자세히 살피고 대응해야 한다. 조직 전반에 걸쳐 전략을 재정비하고 이에 맞게 조직 내 권력과 역할의 재분배를 실시하고 지시와 보고절차의 재조정, 자원할당의 재편성, 상호작용을 위한 의사소통, 조직구조의 재편과 승진인사 등의 활동이 일사분란하게 진행되는 단계이다. 특히 리오리엔테이션 과정이 성공하려면 전략, 구조, 업무공정, 인적자원 간의 상호 통합적이고 균형 잡힌 동시적 변화를 추구해야 한다.

| 도표 11-2 | 조직의 진화단계와 단절적 균형모형

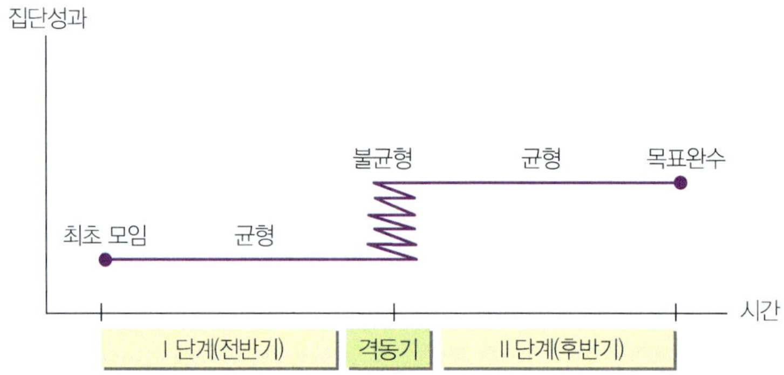

◆ 안정화단계 : 수렴과 정착

단기적인 리오리엔테이션 단계가 진행된 후 모든 것이 재정비되었으면 조직은 이제 새로운 체제하에서 새로운 목표를 향해 나아가게 된다. 이를 수렴단계 혹은 진화단계 혹은 안정화단계라고 표현할 수 있는데, 이 단계는 단기적이기보다 장기적인 시간을 요한다. 수렴기간에는 작고 점증적인 변화가 구체화되어 새로운 전략을 강화하고 그 전략과 목표를 중심으로 조직구조, 문화, 인적자원, 물적자원 등을 조화롭게 접근시켜야 한다. 이러한 조정의 시간에는 정책과 절차를 세련되게 만들고 이의 정착을 위한 특별한 부서를 설립하여 가동하기도 한다. 그리고 구성원들의 역할과 관계를 다시 확실하게 규명해주고 새로운 과업에 타당한 보상체계를 도입하고 전략에 적합한 인사를 선발하고 개발하면서 조직몰입을 유도한다. 그래서 수렴기간 내내 환경에 적응하기 위한 작은 전략변화들이 이어질 수도 있다. 그러나 이러한 변화는 목표달성을 위한 수단이나 기법의 변화이지 혁신적인 변화는 아니다.Romanelli & Tushman, 1994

점진적인 변화인 수렴단계는 장점과 단점을 가진다. 장점은 조직전략이 수행되도록 조직을 효율적으로 만든다는 데 있다. 강한 문화적 가치가 강화되거나 구성원들에게 작업절차를 명확하게 인식시켜서 혼란과 갈등을 줄이고 조직정치를 감소시키는 작은 변화가 지속적으로 필요하다. 한편 점진적이고 지속적인 변화의 단점으로는 안정을 추구하려는 내부적인 힘이 더 강력해져서 이를 통해 최고경영자가 환경변화에 따른 실제적인 변화를 진행하기가 더 부담될 수도 있다. 더구나 어떤 최고경영자는 내부저항이 지속됨에도 불구하고 극단적인 성공전략을 무리하게 추구함으로써 조직을 오히려 무모한 경쟁과 위협의 구덩이로 몰아넣을 수도 있다.Miller, 1990

(2) 진화단계에 따른 최고경영자의 영향력 차이

최고경영자는 안정을 위한 힘과 변화를 위한 힘을 조정하는 일종의 메커니즘을 가지고 있다. 안정을 위한 힘은 조직이 자신이 하는 일과 유사하거나 표준화된 방식을 개발하거나 강한 문화로서 수렴의 기간을 지나는 동안 더욱더 강해진다. 리오리엔테이션을 위한 힘은 조직이 조직성과가 감소하는 위기를 막으려는 점진적인 환경변화를 수행하지 못할 때 발생한다.

조직성과에 관한 CEO의 노력과 영향력은 이 두 가지 진화단계 중 조직이 어느 단계에 놓여 있는지에 따라 다르다. 전술한 바와 같이 환경이 매우 안정적이든지 조직이 환경에 매우 적절하게 적응한다면 CEO는 조직에 영향력을 행사할 필요를 크게 못 느낀다. 이러한 수렴기간 동안에 필요한 점진적인 변화는 전문성을 요하기는 하지만 책임의 많은 부분은 보다 낮은 수준의 리더에게 위임시키고 CEO가 할 혁신적 변화의 필요성은 별로 없다. 그러나 기존의 전략이 조직성과를 크게 위협하든지 극심한 환경변화가 있으면 새로운 전략이 도입되어야 하는데 이때에는 CEO가 직접 개입하며 그의 영향력은 극도로 상승한다. 즉 CEO의 영향력의 크기는 조직이 안정화단계에 있는지 리오리엔테이션 단계에 있는지에 따라 변하고 역시 같은 맥락에서 조직성과에 미치는 영향력도 달라진다.

(3) 조직정치와 전략적 리더십

실제로 조직 안을 들여다보면 리더나 구성원의 행동은 겉으로 나타난 모습과 다르다. 조직의 공식목표만을 위해 노력하는 것도 아니며 눈치껏 자신들의 이익을 챙기려고 거짓행동도 하고 서로 줄다리기도 한다. 그것이 조직의 실상이다. 이러한 정치행동들이 리더십의 영향력과 어떤 관계가 있는지 알아보자.

◆ 조직정치

1960년대 이후에 프랑스의 크로지에(M. Crozier)라는 학자를 중심으로 조직은 합리성이나 조직의 규정에 따라 움직이는 것도 아니며 그렇다고 자신의 심리적 만족을 충족하는 방향으로만 움직이는 것도 아니라는 주장이 대두되었다. 리더를 포함하여 조직구성원은 조직의 규정에 의해 피동적으로 움직이는 꼭두각시가 아니라, 조직목표나 조직이익과 무관할지라도 개인적 이익을 챙기려고 능동적으로 행동하는 행위자들(actors)이라고 한다. 특히 개인과 조직, 부서와 부서, 개인과 개인 간에 이해관계가 엇갈리면 상대를 지나치지 않을 정도로 제압하면서 자기 이익을 좇아야 하기 때문에 이들 사이에는 항상 권력게임이 있기 마련이다. 물론 도가 지나치면 조직에서 퇴출당하기 때문에 적당한 선(game rule)을 지키면서 자기이익을 최대한 달성시키는 방향으로 행동한다. 그러므로 구성원 각자가 가진 권력의 크기와 이해관계가 행동기준이 되며 각자 자기 이익을 위해 자신이 가진 자원을 활용하고 기회를 놓치지 않으려고 노력한다는 것이다.

그렇다면 각자가 활용할 수 있는 기회는 어디서 오는 것일까? 리더는 구성원에게 합리적인 규정과 원칙을 강요하지만 리더도 신이 아닌 이상 개인의 재량권을 모두 통제하고 오직 조직을 위해서만 희생하도록 강요하고 감독하는 데 한계가 있다.

결국 조직을 움직이는 실제의 원리는 합리적이지도 규칙적이지도 않다. 오직 구성원들이 자신들의 이익을 위해 조직이 정한 규칙과 자원을 미움받지 않을 정도만 달성해놓고 나머지는 자신이 모두 활용한다는, 보이지는 않지만 보다 현실적인 원리가 조직을 움직이고 그것이 실제의 조직이다. 개인은 조직만 이용하는 것이 아니라 조직생활에서 상사, 부하, 동료, 혹은 고객까지도 이용할 수 있다. 그러나 정도가 지나치면 상사한테 혼나기도 하고 감봉 처분을 당할 수도 있으며 급기야는 쫓겨나기까지 한다. 이를 잘 알기 때문에 그 정도까지 조직의 공식적 · 합리적 룰을 어기는 사람은 드물다.

이를 가리켜 개인의 전략적 행동(strategic behavior)이라고 하며 이것이 조직정치적 행동이다. 그러므로 조직 안에는 항상 전략이 난무하고 있으며 사장에서 말단에 이르기까지 모든 구성원은 전략가이다. 모두가 자신의 이익을 극대화하기 위해 전략적으로 행동하는데 이를 구체적으로 살펴보면 서로가 권력게임(power game)을 하는 것이다. 권력이 많은 사람일수록 자신의 이득을 더 많이 챙기고, 권력이 작은 사람은 규정에서 벗어나 조금이라도 자기이득을 챙기려 하면 금방 상사나 동료의 제지가 따른다. 그러므로 구성원은 조직 안에서 자신의 권력을 키우려 하고 부족한 권력은 거짓으로라도 과장해 보이려 하는 정치활동(organizational politics : 조직정치)을 하는 것이다.

◆ 전략적 리더십

개인이나 부서의 리더는 조직에서 기존의 권력원천을 보호하거나 자신이 가진 권력을 높이려는 정치적 전술을 사용한다.Salancik & Pfeffer, 1977 그러므로 조직 안에서 일어나는 변화와 혁신은 CEO에 의해서뿐만 아니라 서로 다른 부서나 연합체 사이의 권력투쟁에 의해서도 야기된다. 전략적 상황적합이론에서 조직이 환경에 적응하는 과정에

LEADERSHIP STORY 11.4 사장과 직원의 권력게임

한 중소기업의 기계 고치는 기술자와 이를 고용한 사장의 권력게임은 어떻게 진행될까? 사장 입장에서는 통제하려는 것(노력봉사, 성실근무)이, 기술자 편에서는 통제에서 벗어나려는 것(자율, 휴식 등)이 게임의 목표가 된다. 사장은 기술자를 통제하기 위해 고용관계, 승진제도, 회사 내규, 위계적 명령규정 등을 사용할 것이다. 즉 사장 입장에서는 기술자의 행동을 통제하는 데 규정과 계약에 따라 움직이는 관료제가 가장 편하다. 하지만 관료제적 규칙이 적용될 수 없을 때가 있다. 기계가 멈추고 생산이 중단되었을 때 이 난관을 극복하여 공장가동을 다시 시작할 수 있는 사람은 사장이 아니라 기술자이다. 기계고장일 때에는 쉬는 것이 관료제 규칙이지만 기계고장이 어느 정도인지 애매할 때가 많다. 기술자는 사장 몰래 부품을 조작하여 일부러 기계를 고장 나게 할 수도 있다. 본인이 기계를 수리해서 다시 가동해도 되는데 못 고치는 척하고 시간을 끌 수도 있다. 즉 기술자 입장에서 보면 자기 행동의 자유재량지역(liberty zone)이 생긴 것이다. 이 지역이 기술자가 권력을 가지는 지역이며, 사장은 잘 모르는 불확실 지역(uncertainty zone)이다. 기술자는 이 지역을 최대한 확장하려 한다. 규정과 법으로 확실히 정해졌을 때에는 통제가 가능하지만 애매모호하거나 규정이 없는 불확실성 상태는 권력의 원천이 되는 셈이다. 그러므로 기술자가 빨리 고쳐놓으면 자기 권력은 사라진다. 기술자는 사장의 불확실성을 이용하여 최대한 권력을 만끽할 것이다. 결국 조직의 권력은 조직의 생존(효율성)과 관련된 불확실성을 많이 통제할 수 있는 사람(개인 혹은 부서 혹은 집단)의 것이다. 다른 모든 것은 관료적 통제하에 있지만 기계고장만은 그 통제에서 벗어나 있기 때문에 기술자는 큰 권력을 가질 수 있다. 기술자의 재량과 권력은 한 예에 불과하다. 이 중소기업의 경우에는 기계고장만이 불확실성의 근거가 되지만 다른 회사의 경우에는 재무담당자, 영업부장, 또 다른 전문가 등 많이 존재한다. 따라서 최고경영자인 CEO와 재무이사, 영업전무와 영업팀장 사이에 권력게임이 항상 존재한다. 그러므로 게임에서 우위를 확보하려고 서로가 지닌 힘의 크기를 과장하고 감추고 확보하고 빼앗는 조직정치가 난무하는 것이다.

서 하부부서 간의 상대적 권력의 차이로 인하여 변화가 발생한다고 설명하고 있다. 이러한 이론에 의하면 중요한 문제해결 시 독보적인 전문성을 보유한 하부부서가 조직의 전략적 의사결정에 영향력을 행사하는 데 더 많은 힘을 가지고 있다. 대부분의 강력한 힘을 가진 하부부서는 조직의 CEO로부터 선택된 구성원일 가능성이 높으며, 이런 부서의 리더는 전략적 계획수립의 책임을 가지고 주도권을 행사할 가능성도 높을 것이다. 즉 리더가 전략적 리더십을 발휘할 수 있는 정도는 그가 가진 권력의 크기에 달려 있기도 하지만 다른 리더그룹이나 연합체들 간의 권력관계나 권력게임의 양상이 어느 정도인지에 달려 있기도 하다. 조직 안에 조직정치가 많고 CEO가 조직정치력이 약하다든지 주변에 강한 정치적 집단이 협조하지 않을 경우 리더는 스스로 전략적 리더십을 발휘할 수 없다. 그러나 반대로 리더의 조직정치력이 강하고 구성원들의 조직정치력은 약하다면 리더가 펼치는 전략적 리더십의 영향력은 그만큼 커진다. 즉 최고경영자의 리더십이 조직성과에 미치는 영향력의 크기는 조직을 구성하고 있는 연합체(CEO, 간부, 이사회, 노조, 고객단체 등) 간의 조직정치와도 관련이 깊다.

(4) 전략적 리더십의 핵심업무

전략적 리더십은 조직의 낮은 수준에 있는 리더보다는 최고경영자와 관련이 깊다. CEO가 전략적 리더십을 수행한다는 의미는 다음 두 가지 핵심적 업무수행이 필수적이다. 첫째는 조직의 외부환경을 감시하고 인지해내는 것이며, 둘째는 이에 대한 대응전략을 개발해내는 것이다.

◆ 환경을 감시하는 역할

CEO가 해야 할 가장 중요한 활동 중 하나는 조직 외부의 위협과 기회를 규명하고 외부환경을 모니터링, 즉 감시하는 것이다. 대부분의 리더는 그들 자신의 조직에 영향력을 행사하기 위해 다양하고 광범위한 외부사건과 변화추세에 매우 민감하다.Ginter & Duncan, 1990 최고경영자라면 도표 11-3 에서와 같은 질문을 종종 받는다.

도표 11-3 | 외부환경 감시를 위한 질문

1. 고객욕구는 무엇인가?
2. 조직의 현재 제품과 서비스에 대한 고객의 반응은?
3. 주요 경쟁자는 누구인가?
4. 추구하고 있는 전략은 무엇인가?
5. 우리와 경쟁하는 회사의 제품과 서비스는?
6. 조직이 수행하고 있는 다양한 재료, 정보, 입력 등에 영향을 주는 사건은 무엇인가?
7. 정부에 의한 새로운 법률과 제도가 우리 조직에 어떤 영향을 주는가?
8. 조직에 영향을 주는 새로운 기술은?
9. 경제상황의 변화와 환경에 의한 영향력은?
10. 변화하는 인구통계적 특성이 어떤 영향을 행사하는가?

외부환경 감시는 환경스캐닝(environmental scanning)이라고도 한다.Bourgeois, 1985 기업에서의 수익성을 조사한 바에 의하면 시장과 기술 측면에서 변동 가능성을 명확하게 지각한 CEO를 가진 회사의 수익성이 더 높은 것으로 분석되었다. 또는 높은 조직성과를 올린 기업이 보통 기업보다 외부환경의 변화를 더 빠르게 인식하고 기회탐색도 더 많이 하는 것으로 나타났다.Grinyer, Mayes, & McKierna, 1990 이를 보면 기업들이 외부환경을 얼마나 감시하느냐에 따라 변화와 적응 정도가 다르고 그에 따른 성과가 달라짐을 알 수 있다.

◆ 경쟁전략을 개발하는 역할

조직을 위해서 수익을 남기고 시장에서 효과적으로 경쟁하기 위해 수립하는 전략을 경쟁전략이라 할 수 있다.Porter, 1980 경쟁전략의 예는 제품이나 서비스를 낮은 가격으로 팔 수 있는 것, 우월한 품질이나 고객서비스를 보유하는 것, 매우 혁신적인 제품과 서비스를 개발하는 것, 경쟁관계에 있는 조직이 무시한 고객을 찾아서 특수한 제품과 서비스를 제공하는 것(틈새전략), 그리고 고객욕구에 부응하기 위한 고객지향적인 제품이나 서비스를 제공하는 것 등이다. 때로는 동시적으로 전략믹스를 추구하는 것도 포함된다. 예를 들어 표준화된 제품과 서비스뿐 아니라 동시에 고객지향적인 제품과 서비스를 추구하는 것 등이다.

LEADERSHIP STORY 11.5 | **7-Eleven의 고객우위전략**

일본의 대형 할인마트를 운영하는 유통소매업의 대부 이토 마사토시는 7-Eleven의 창업자이다. 성공비결을 묻자 마사토시는 "손님과 거래처를 중시한다", "거짓말을 절대로 하지 않는다", "감사하는 마음을 잊지 않는다" 이렇게 세 가지를 들었다. 이 세 가지 모토는 비즈니스나 영업, 혹은 기업경영이나 장사하는 비결이라기보다는 인간으로서의 기본을 매일매일 반복해왔을 뿐이라는 말과 상통한다.

이 회사의 상식파괴 중 '강과 우물' 모델이라는 것이 있다. 고객욕구와 관심은 시시각각 변하고 있는데, 강 저편에서 보듯이 이미 과거가 되어버린 관점에서 고객들을 본다면(강 모델) 그들은 이미 다른 곳으로 가 있다. 오히려 고객욕구를 심층적으로 파고들어가 그들이 원하는 이상을 해주면 고객은 같은 제품이라도 타사가 아닌 자사에서 상품을 산다는 것이다(우물 모델). 따라서 한 사람의 고객이라도 가족처럼 그 사람만을 심층연구하고 그의 욕구에만 몰입하며 장기적인 안목에서 그의 요구를 들어주는 태도가 필요하다는 것이다. 한 번 스쳐가버리고 말 사람으로 대하면 결국 모든 고객이 흘러가버리고 만다는 뜻이다.

경쟁우위를 확보하는 방법은 다음 세 가지 중에서 선택 가능하다. CEO는 다음 전략 중 한 가지 혹은 동시에 두 가지 이상을 선택하여 실행에 옮기는 노력이 필요하다.

◆ 원가우위전략(cost leadership strategy)

경쟁사 제품과 품질이나 인지도가 비슷하다면 판매가격을 최대한 낮추는 방향으로 모든 전략을 짜는 것이다. 판매가격을 낮추려면 생산원가를 줄여야 하고 생산원가를 줄이기 위해서는 인건비, 원료구입비를 절감할 수도 있고 생산시설, 생산관리를 재정비하여 제품생산에 들어가는 총비용을 낮출 수도 있다. 월마트나 이마트는 유통과정 단축을 통한 원가우위전략으로 고객을 항상 많이 끌고 있다. 그러나 오직 원가만 낮추려 한다면 아무도 사려고 하지 않을 것이다. 가격을 낮추지만 제품은 문제없다는 신뢰를 얻어야 한다.

◆ 차별화전략(differentiation strategy)

제품가격은 좀 비싸더라도 경쟁사 제품보다 품질이나 디자인이 뛰어나도 된다(제품 차별화). 이를 위해서는 특별한 원료로 멋있고 비싸게 만드는 방법도 있지만 엄청난 광고비를 투자하여 소비자에게 고상한 이미지를 심어주는 전략(광고 차별화)도 있고, 직접배달 등과 같은 경쟁사와는 차별화된 유통망전략(서비스 차별화)도 있다.

◆ **집중화전략(focus strategy)**

가격을 특별히 낮추든지, 품질을 특별히 높이는 전략을 세우되 전 고객을 상대로 하는 것이 아니라 한정된 특수고객에 집중하여 원가우위 혹은 차별화 전략을 쓰는 것을 말한다. 포항공대는 공학분야에 집중투자해서 다른 대학보다 앞섰고 Cray사는 수퍼컴퓨터 분야에서만은 IBM을 능가한다.

LEADERSHIP STORY 11.6 | **CEO의 내부 조직관리 전략**

금융위기 이후 세계 최대의 자동차 회사인 GM(General Motors)은 GM(Government Motors)으로 전락하고 말았다. 하지만 GM이 왕성하던 시기에는 'GM에게 좋은 것이 미국에도 좋은 것'이라는 말이 나돌 정도로 미국을 대표하는 상징적인 회사로 오랜 인정을 받아 왔다. GM 성장 비결이 어디에 있었는지에 대해 여러 이유가 있겠지만 그중 하나는 관료제 덕분이었다. GM 이전의 회사들은 주로 기능 중심으로 만들어져서 생산부서와 판매부서가 위주인 공장기업이었으며 공장장이 사장인 셈이었다. 그러나 GM은 실제 생산역할과 판매역할은 각 부서에 맡기면서 생산계획과 판매계획, 더 나아가서 회사 전체를 운영하는 오늘날의 기획/전략 부문을 사장실로 독립시켜 운영한 최초의 회사이다. 즉 관리와 실무를 분리한 최초의 기업인 셈이다. 실무적 생산과 판매는 기술자와 영업전문가에게 맡기지만 관리업무는 회사가 실천에 옮기기 전에 가장 옳은 방식을 계획하고 전략을 구상하여 행동지침을 미리 만들어 놓는 역할을 한다. 실무부서에서는 미리 만들어진 계획대로 실천만 하면 되는 것이다. 즉 관리의 전문성이 대두되고 스태프(staff)라는 부서가 새롭게 추가되어 회사는 이들에 의해 관리되는 것이다. 이들을 관료라고 한다면 회사가 관료에 의해서 관료들이 짜놓은 계획과 전략에 의해서 운영되는 것이다. 관료제의 장점으로 인하여 GM은 다른 회사보다 급성장할 수 있었다. 그렇다면 GM은 왜 약해졌는가? 이에 대해서도 여러 이유를 들으면서 노동자들이나 경영진이 높은 임금과 보너스를 받는 등 도덕적 해이가 원인이라며 인간적인 탓으로 돌리는 사람도 있지만, 사실은 관료제의 병폐가 가장 큰 원인이라는 주장이 대세이다. 관료제로 성장한 기업이 관료제로 망한다면 아이러니인 것 같지만 그렇지 않다. 관료제는 환경변화가 없을 때는 효율적이었다. 하지만 관료들이 과거의 경험에 의해 현장에 가지 않고 사무실에서 짜놓은 법칙은 오늘날처럼 급변의 시대에는 안 맞는다. 특히 소프트산업이 지배적이라서 유연한 탄력을 요구하는 시대에 어제 정해 놓은 법을 오늘 그대로 지키는 것은 상황에 어긋날 때가 더 많다. 관료제에 익숙해 있던 GM문화로서는 대응이 힘들었을 수밖에 없다. 관료는 준법적이고 엄숙하며 두려운 존재이다. 유머러스하고 변덕스러우며 친구 같은 관료는 없다. 현대사회에서 관료적 인물은 왕따 당하기 일쑤이다.

3 리더십 교육훈련의 효율적 설계

교육(education)이란 정신적 학습이고, 훈련(training)은 행동의 학습이라는 뉘앙스 차이가 있지만 이 장에서는 교육과 훈련을 포함하는 의미로서 두 단어를 혼용하여 사용할 것이다. 리더십 훈련프로그램의 효과는 어떻게 프로그램을 잘 설계하는지에 크게 좌우된다. 리더십 설계는 학습이론의 도움을 받아야 한다. 그리고 학습목적의 구체화, 훈련대상자의 특징, 훈련으로부터의 이득과 비용, 학습활동의 촉진과 제약 등을 실질적으로 고려하면서 훈련을 설계해야 한다. 그런데 리더십 훈련계획은 훈련기법과 학습과정에 관한 연구자들이 공통적으로 주장하는 방식을 반영하여 설계한다면 성공 가능성이 더 높아질 것이다.Baldwin & Ford, 1992 ; Salas & Cannon-Bowers, 2000 ; Tannenbaum & Yukl, 1992 연구자들의 공통적인 주장을 도표 11-4 에 요약하였다.

| 도표 11-4 | 리더십 교육훈련의 성공조건

학습목적의 명확화	중요한 교육내용의 명확화
내용과 진도의 적절한 순서	다양한 훈련방법들의 적절한 배합
실질적인 실습의 기회	교육훈련 평가와 결과의 주기적 피드백
훈련대상자의 자신감	사후관리와 지속적 지원

◆ 학습목적의 명확화

학습목적은 교육훈련대상자의 리더십 관련 지식, 스킬, 행동 측면에서 반드시 교육훈련으로 보충되어야 하는 내용을 분명하게 제시하고 또한 그것들이 교육훈련을 통해서 개선될 수 있음을 확신시키는 것이 필요하다. 교육훈련에 들어가기 앞서 학습목적을 명확화하는 이유는 훈련대상자와 어떤 관련이 있는지와 왜 교육을 받아야 하는지를 뚜렷하게 부각시키기 위함이다. 이 단계에서 학습받을 것이 무엇이며 그 훈련이 어떤 가치가 있는지를 설명하는 것도 매우 중요하다. 그러므로 교육훈련프로그램 시작 전에 교육자나 상급 리더는 리더십 교육목적을 분명히 밝히고 리더십 스킬의 개선에 이번 교육훈련이 많은 도움이 되는 이유를 설명해주어야 한다.

◆ 학습내용의 명확화

교육훈련내용은 항상 명확하고 의미 있는 것이어야 하기 때문에 교육훈련대상자의 사전지식과 그들의 교육니즈를 감안하면서 구성되어야 한다. 교육훈련은 구체화되고 관련 있는 다양한 사례와 실례들을 포함해야 하며 교육내용별 요약과 핵심요점의 재언급도 필요하다. 이는 교육받은 내용을 이해하고 기억을 촉진하는 방법이다. 리더십과 관련된 개념적 내용들은 분류체계, 도표, 분석과 모형 등의 제공을 통해 더욱 효과적으로 습득될 수 있다.

◆ 학습진행의 순서

교육훈련 활동은 학습을 촉진할 수 있도록 미리 순서를 짜고 체계화할 필요가 있다. 예를 들어 지식을 필요로 하는 활동을 수행하기 전에 절차, 규칙, 상징, 개념 등을 먼저 배우는 것이 더 효과적이며 단편적인 것으로부터 점차 복잡한 내용으로 구성되

LEADERSHIP STORY 11.7 | 리더십 기술은 배울 수 있다

"리더십이 없다"라는 말은 나쁘고 부족한 리더십이 존재한다는 뜻이다. 어느 조직이나 리더십이 없을 수는 없다. 결국 이 말은 리더로서의 자질이나 인격의 결핍과 직결된다. 그래서 리더십과 리더 자질은 불가분의 관계에 놓인다. 인간 스스로의 선택을 통해 리더십 특성과 인격과 자질을 가꾸어나가듯 리더의 인격이 성장하면 그의 리더십은 제2의 본성으로 자리 잡게 된다. 그러므로 리더십은 언제, 어디서나 존재 가능한 것이며 대기업이든 중소기업이든 그곳이 공공부문이든 영리조직이든 모두 마찬가지이다. 물론 가정에도 교회에도 지역사회에도 리더십은 어떻게든 존재하고 있다. 리더십은 개인이 물려받은 인성과 후천적인 교육의 조합이다. 그러나 리더십은 하나의 기술(skill)이기도 하다. 이는 학습을 통해 체득할 수 있는 능력이기에 누구든 노력하면 리더십 기술을 배양할 수 있다. 더 유능한 리더로 성장하기 위해서 기술을 배우고 익혀야 하는 것이다. 그러므로 피아노, 테니스, 골프 등을 배우는 것과 크게 다를 바 없다. 이 책을 통해서 리더십을 열심히 배우면 좋은 리더가 될 수 있는 가능성이 그만큼 높아지는 것이다.

는 것이 좋다. 복잡한 내용은 구성요소로 나누어 진행하거나 모듈별로 분리해서 진행하면 더 쉽게 학습시킬 수 있다. 교육훈련이 진행되는 동안 적절한 빈 공간을 두는 것도 좋은 방법이다. 때로는 몇십 분의 휴식시간이나 몇 주 동안의 휴지 기간도 필요한데 이는 반복학습의 기회를 제공할 뿐 아니라 휴식을 통해 재충전도 하고 피로도 덜 수 있다.

◆ 다양한 교육방식의 배합

교육훈련 방법의 선택은 훈련대상자가 현재 가지고 있는 기술수준, 동기수준 그리고 복잡한 정보를 기억하고 이해하는 능력 등을 고려해야 하며, 학습내용이 지식, 기술, 태도, 행동 중 어느 것인지를 살펴보면서 일방적 강연, 토론과 실습, 시뮬레이션과 사례연구 등의 다양한 방식을 적절하게 조화시켜 사용하면 좋다. 무엇보다 교육훈련 방식은 교육훈련대상자의 관심을 끌 수 있는 것이 좋으며 단순한 한 가지만 사용하는 것보다는 다양한 것이 좋다. 강의의 경우 한 시간이 넘어가면 교육생들의 관심과 주목을 잃을 가능성이 있기 때문에 토의나 사례연구 등을 적절히 배합하도록 한다.

◆ 실습기회

교육훈련대상자는 학습할 때 앉아서 듣기만 원하는 것이 아니라 실질적이고 활동적인 실습을 원한다. 교육훈련대상자들이 리더십 스킬과 원칙을 재확인하고 다양한 상황에 이를 적용하며 그들 자신에게 부합되도록 적응이 이루어질 때 효과가 크다. 실습은 실제 현장상황이나 직무상황에서 간략하게 교육 말미에 진행되거나 교육훈련 기간 중간에 실행되는 것도 무방하다. 팀 활동을 포함하는 리더십 기술은 현실적인 상황조건 하에서 팀플레이로 실습되어야 한다.

◆ 주기적 피드백

실제 현장에서 교육훈련받은 내용을 실천에 옮겨보고 그 결과를 분석함으로써 학습이 제대로 이루어졌는지를 평가하여 피교육자에게 피드백 하는 것이 필수적이다. 그러므로 교육훈련의 효과와 진도에 관한 피드백은 정확하고, 시기적절하며, 건설적이어야 한다. 이를 통해서 피교육자들은 자신의 과정을 되돌아보고 선배나 상사의 충고와 도움을 받으며 더욱 독려될 수 있다. 그러나 피드백은 학습자가 잘못된 인식을 가지거나 정확한 충고내용이 없다면 도움이 되지 못하며 가치가 없는 것이 되고 만다. 따라서 학습내용의 적용은 실제 과업현장에서 이루어져야 하며 다양한 사례단서가 포함되어 있어야 피교육자들에게 실질적 도움이 된다.

◆ 학습자의 자신감

교육자나 조직의 상급리더는 교육훈련 교육대상자에게 자기효능감과 기대를 강화해 주어야 교육훈련이 성공적으로 마무리될 수 있다. 기대를 강화시키려면 리더십 교육훈련의 결과가 확실히 리더십 스킬을 증대시키며 조직에서의 승진 또는 보상과 직결될 수 있든지 적어도 자기계발에 도움이 된다는 사실을 확신시키는 것이 좋다. 동시에 훈련의 어려움을 인내하고 학습을 마무리 짓는 데 자신감을 가지도록 교육훈련프로그램 계획단계에서부터 철저한 준비가 우선되어야 하며 훈련 도중에도 칭찬과 독려를 병행함으로써 훈련대상자의 자신감을 높이도록 해야 할 것이다.

◆ 사후관리

리더십 교육훈련내용 중 복잡한 스킬과 기술은 실습의 기회가 제한되어 있는 단기적인 교육과정에서는 제대로 학습하기 어렵다. 이와 같은 내용의 학습은 적절한 사후관리와 지속적인 지원활동이 필요하다. 따라서 교육훈련프로그램이 종료된 후에도 적절한 간격을 두고 완성된 프로그램의 진행을 다시 짚어보고 학습기간 중에 배웠던 기술, 개념, 토론내용, 문제점 등을 체크해보도록 충고해준다. 또는 교육훈련에서 학습된 리더십 기술을 사용할 수 있는 특수한 프로젝트나 그러한 부서에서 근무해보도록 알선하고 배려해줄 필요도 있다.

LEADERSHIP STORY 11.8 | 일상생활과 리더십

경영현장에서 조직 생활을 하는 사람들만이 리더십이 필요할까? 그렇지 않다. 일반인들에게도 생활 깊숙이 리더십이 관심의 대상이 되고 있다. 우리가 경험하는 세상살이에는 성공한 리더의 행동, 실패한 리더의 행동이 그대로 보이고 있다. 정치가와 사장, 간부와 회장 말고도 리더는 주변에 널려 있다. 자녀를 훈계하는 어머니, 학생을 지도하는 교사, 알코올 중독자를 치료하는 상담가, 환자의 태도를 바꾸려는 의사, 자신의 종교로 교화시키려는 전도사, 동료의 잘못을 깨우쳐주려는 친구, 동네 농민을 계몽하려는 이장님, 고객의 마음을 바꾸려는 영업사원이 모두 효율적 리더십을 필요로 하는 리더들이다. 그만큼 리더십은 일상에서도 요구되고 있다. 자녀를 양육하는 것도 리더십의 문제요, 아이가 학교생활을 하면서 반장 한 번 하는 것도 리더십의 문제이다. 따라서 리더십은 직장생활을 하는 남편들만의 문제가 아닌 최소한의 조직인 가정을 이끄는 가정주부의 관심대상이며 기업을 운영하는 사장과 국가를 통치하는 대통령에 이르기까지 모두의 관심사이다.

(1) 교육훈련을 통한 리더십 개발

리더십 스킬을 증진시키기 위한 다양한 방법들은 그동안 매우 많이 개발되고 사용되어왔다.Bass, 1990 ; Burke & Day, 1986 ; Latham, 1988 ; McCauley & Van Velsor, 2004 ; Terault, Schriesheim, & Neider, 1988 강의, 시연, 진행매뉴얼, 비디오테이프, 시뮬레이션, 그리고 상호적 컴퓨터 학습 등이 사용되었으며 사례연구, 실습, 비즈니스 게임, 시뮬레이션 비디오테이프 등은 개념적 기술과 관리적 기술을 학습하는 데 사용되었다.

한편 효과적인 리더십을 위한 본질적 기술은 공식적인 교육과 훈련프로그램보다는 개인이 직접 경험으로부터 배우는 것이 더 많다.Davies & Easterby-Smith, 1984 ; Kelleher,

리더십 카툰

무인도에 우리 세 명만 있어도 서열은 있어!

업무기술을 익히고 성과를 많이 내면 승진하듯이
리더십 기술도 더 익힐수록, 리더십 효과를 더 낼수록 상위리더로 승진할 것이다.
리더십 기술을 더 익히려면 어떤 방법들이 있을지 가능한 대안들을 생각해보자.

Finestone, & Lowy, 1986 ; Lindsey, Homes, & McCall, 1987 리더십 교육훈련을 위한 대표적인 기법인 행동역할모형, 사례연구, 시뮬레이션에 대해 자세히 알아보자.

◆ 역할모형

역할모형(role modeling)은 시연과 역할연기라는 두 가지 오래된 방법으로 리더의 대인관계기술을 강화시키는 교육방식이다. 역할모형의 이론적 토대는 사회적 학습이론(social learning theory)에 근거한다.Bandura, 1986 역할모형 교육훈련은 소수의 피교육자들을 모아놓고 대인관계문제를 어떻게 처리하는지 그들에게 직접 모범을 보이고 나서 그들로부터 보고 난 내용을 피드백 받고 실습을 시켜보는 교육훈련이다. 모범적이고 효과적인 행동은 짧은 비디오테이프 시청을 통해서도 가능하지만 강사나 조교가 교육훈련대상자들 앞에서 표본행동을 연기할 수도 있다. 그러고 나서 역할연기에 참여한 교육훈련대상자들이 학습요점을 적용해보는 실습을 한다. 나중에 강사나 조교들은 교육훈련참가자들에게 리더십 직무에 관한 실질적 행동지침을 개발하였는지 질문한다.

◆ 사례연구 토론

사례는 조직에서 발생한 실제의 사건으로, 단지 몇 분 동안에 현장에서 진행되었던 사건의 스토리를 묘사하기도 하고 수년간 지속된 사건을 간단하게 묘사하는 등 유형은 다양하다. 사례는 리더십 기술을 개발하는 과정에서 매우 다양한 방식으로 사용되었는데 경쟁전략이나 재무성과와 같은 사례는 매우 분석적이라서 의사결정 테크닉을 실습하는 데 유용하게 쓰인다. 교육훈련대상자는 비즈니스 상황의 상세한 이야기를 분석해야 하고, 사례 속에 등장하는 인물, 사건 등에 대한 정량적 의사결정 기법과 해결방식을 학습한다. 사례연구의 장점은 책임자나 관리자의 입장에서의 사건을 이해하는 데 적합하며 더욱이 가장 효과적인 관리자 행동이 무엇인지 이해하고 학습하는 데 좋다.

리더십 교육훈련에서 사례연구에 의한 학습효과를 높이는 조건은 도표 11-5와 같다.

도표 11-5 | 사례연구의 학습효과 증진방안

교육대상자의 기대를 명확히 하라. 사례에 대한 목적을 설명하고, 교육대상자들이 해야 할 역할이 무엇인지 설명하라	훈련대상자의 작업경험을 사례와 연관시켜 질문하고 그들이 사례에서 얻어낸 통찰력과 사고를 촉발할 수 있도록 하라
서로 다른 가정, 우선순위 등을 통해 문제에 접근하는 방법에 대한 상이한 진단기회를 사용하라	토론집단의 구성을 다양하게 하여 토론 참여자들의 상이한 관점을 경험하고 창의적인 해결책이 나오도록 유도하라
토론에의 참여를 고무시키고 촉진하는 질문을 계속 사용하라	문제의 복잡성을 강조하고, 해결대안을 규명해내도록 안내하고 독려하라

◆ 비즈니스 게임과 시뮬레이션

의사결정과 복잡한 문제를 분석하는 데 유용한 비즈니스 게임과 시뮬레이션은 리더십 교육훈련을 위해 오랫동안 사용되어왔다. 하지만 사례연구와는 다르게 교육훈련대상자는 그들 자신이 해결방안을 내어놓아야 한다. 의사결정이 내려진 후, 교육훈련대상자는 그들의 해결방안의 가치와 효력에 대하여 무엇이 좋고 부족한지에 대한 피드백을 받는다. 비즈니스 게임은 대개 정량적인 재무정보를 포함하고 있으며 공식적인 교육훈련 프로그램을 통해 의사결정 기술과 분석적인 실습을 함께 사용한다.

한편 시뮬레이션 교육훈련 내용은 다양한 비즈니스 문제나 사업상의 사례와 관련된 중요한 변수들 간의 복잡한 인과관계를 실제처럼 설정한 모형에 현실적으로 일어날 가능성이 있는 수치나 케이스를 대입해보고 나타나는 현상을 사전에 경험해보는 것이다.

이는 개별적으로 해도 되고 집단참여를 통해도 된다. 제품의 가격, 광고, 생산결과물, 제품개발과 자본투자 등의 사안에 대하여 실제로 시작한다면 어떻게 진행되고 어떤 결과가 나올지 궁금할 때 미리 알아보는 것이다. 미리 예측하고 관리적 대안을 예비하게 함으로써 리더십 교육훈련에 자주 쓰인다. 대형 시뮬레이션은 비즈니스 게임으로부터 진화된 형태로 인간관계 사례, 역할연기, 인바스켓(in-basket) 훈련, 그리고 집단의 문제해결 사례 등을 모두 조합하여 의사결정 기술, 문제파악과 인지 기술, 대인관계 기술 등의 습득에 활용된다.

(2) 경험을 통한 리더십 개발

실무를 진행하는 동안 선배나 다른 사람으로부터 코칭이나 멘토링의 기회가 많다면 새로운 리더십을 학습하는 진도가 빠를 것이다. 특히 보통사람은 핵심역량을 가진 자신의 상사에게서 효과적인 리더행동 모형이 무엇인지 습득하기가 가장 쉽지만Manz & Sims, 1981 팀이나 조직의 성과를 내지 못하는 비효율적인 상급자로부터는 어떤 것도 배우지 않으려 한다.Mccall et al., 1988

그런데 직접 실무경험으로부터 리더십을 학습하기 위해서는 새로운 도전이 많아야 하고 책임 맡은 업무가 다양해야 하며 자신의 행동결과에 대해 진정 어린 충고와 함께 피드백을 받을 수 있어야 한다. 이에 대해 자세히 알아보자

◆ 도전적 상황

쉬운 업무가 매일 반복된다면 해결책을 생각해볼 필요도 욕구도 일어나지 않겠지만 어렵고 새로운 문제에 부딪치면 잘 해결해보려는 욕구가 솟는다. 도전적인 상황이란 비일상적인 문제를 해결해야 한다든지 어려운 방해물을 극복할 책임이 주어졌든지 위험한 의사결정을 해야 할 때를 일컫는다. 상급자의 세심한 지원 없이 일을 해야 하든지 외부의 강한 압력에 처하든지 중요한 업무를 자기 책임하에 처리해야 하는 상황이라야 도전정신이 생긴다. 조직을 합병하거나 재설계하는 일, 태스크포스팀이나 다기능팀을 이끄는 일, 주요한 변화를 시도하는 일, 비우호적인 비즈니스 조건에 대처하는 일, 약한 부서에 배치되는 일, 관리직책의 상이한 이동이 벌어지는 일, 그리고 상이한 문화를 가진 국가에서 직무를 수행하는 일 등이 도전수준을 높인다. 이때 당사자는 무엇인가를 배울 수 있으며 저절로 리더십 교육훈련이 되는 것이다. 왜냐하면 이러한 상황은 당사자로 하여금 새로운 정보를 찾게 하고 새로운 방식으로 문제를 바라보게 하고 새로운 인간관계를 구축하며 새로운 행동을 찾아내고 실천하며 자신을 둘러싼 이해관계자들을 더욱더 이해할 수 있게 하는 새로운 기술을 습득할 수 있기 때문이다.

수준 높은 도전과업을 성공적으로 처리하는 경험은 리더십 개발을 위해 반드시 필요하다. 이러한 과정에서 관리자는 새로운 기술을 습득하고 자신감을 얻기 마련이다. 물론 성공경험에서만이 아니라 실패경험에서도 많은 것을 배운다. 다만 실패를 경험할 때에나 도전의 양이 지나치게 클 때에는 상급자나 동료의 지원과 코칭이 당사자의 사기극복과 자포자기를 피하도록 하는 데 반드시 필요하다.

◆ 다양한 관리업무 경험

리더십 교육훈련뿐만 아니라 모든 배움은 경험이 다양하고 복잡하고 도전적일 때에 더욱 효과적이다. 그러므로 리더십을 직무현장에서 경험으로 배우려면 맡고 있는 직무

가 다양하고 도전적이어야 할 것이다. 다양한 직무경험은 관리자를 계속 새로운 문제에 직면하게 하여 새롭게 생각하고 새로운 상황에 적응하는 방식을 가르친다. 한 종류의 문제만 계속 해결하다 보면 외골수가 되고 고집만 세어져서 문제해결에 전혀 융통성이 없게 된다. 그러므로 상이한 리더십 행동과 기술을 요구하는 다양한 문제들을 처리하는 유능한 리더가 되려면 직무의 다양성에 자주 노출되어야 할 것이다. 이를 위해 특수한 임무를 만들거나 상이한 부서로 직책을 자주 순환시키거나 라인과 스태프의 직책을 바꾸기도 하고 해외나 국내 임무를 교차적으로 할당하기도 한다.

◆ 피드백 경험

어떤 학습이든 학습자들이 자신이 학습한 것을 실행에 옮겨보고 그 결과에 대해 피드백을 받거나 배운 것을 현장에서 경험하면서 학습한 내용은 더 세련되고 굳어지는 것이다. 그런데 불행하게도 리더십 학습내용은 실행에 옮겨야 하는데도 당장 리더가 못 된다든지 적절한 관리업무를 맡지 못하면 머릿속에만 남는다. 시간이 지난 뒤에 리더의 자리에 오르면 잊어버린 후가 되거나 현실에 안 맞기도 한다. 따라서 배운 것을 바로 실행에 옮겨보고 자신의 장단점을 경험해보는 것이 확실한 교육훈련이다. 리더를 포함한 대개의 사람들은 자기방어적이기 때문에 자신의 약점에 대한 정보를 회피하거나 무시한다. 그래서 대개의 리더는 자기방식대로 혹은 자기가 성공해온 대로 리더행동을 하면서 타인들이 자신의 리더행동에 대한 피드백을 해주면 안 들으려 하는 것이다. 이러한 태도는 리더로서 성장하고 개발하는 데 치명적인 걸림돌이 된다. 상급자, 동료, 심지어는 부하들로부터 항상 자신의 리더십 행동에 대해 피드백을 받고 수정해가는 자야말로 가장 올바른 리더십 교육훈련을 받는 자이다. 실제 현장에서의 경험이나 교육훈련을 통한 리더십 학습은 초급관리자에게는 매우 효과적이지만 상급관리자로 올라갈수록 교육훈련효과가 적다.Kaplan, Kofodimas, & Drath, 1987 그 이유는 높은 자리의 리더일수록 과거 자신의 리더십이 성공한 경험도 많고 또한 그랬기 때문에 상급관리자의 위치에 올랐다고 생각하고 자신의 과거 방식을 고집하는 경향이 있다. 특히 자수성가한 CEO에게 리더십 행동의 부족한 점을 피드백 해주면 좀처럼 듣지 않을 것이다. 그러지 않아도 CEO 주변에는 함부로 충고해줄 사람이 없는데 당사자인 최고경영자가 남의 충고를 안 들으려 한다면 그는 완전히 고립되어서 피드백의 기회를 영원히 놓치고 만다.

4 조직의 리더십 개발활동과 조직여건

많은 업무현실에서 리더로서 활동을 하다 보면 경험으로부터 리더십 기술을 학습하게 된다. 그러나 리더십 개발에 초점을 두고 조직이 실시하는 활동을 리더십 개발활동이라 할 수 있으며 도표 11-6 은 리더십 개발을 촉진하는 활동들이다.

| 도표 11-6 | 리더십 개발활동

피드백 워크숍	평가센터
특별한 임무할당	직무순환
액션러닝	멘토링
대표자 코칭	외부기관의 도전프로그램
개인적인 성장프로그램	실습과 역할연기

(1) 직접적 관리를 통한 리더십 개발

조직은 평소 리더의 관리행위과정에서 리더십 개발에 필요한 관리행동을 수행하도록 항상 일깨워주고 이를 동기화하면 특별한 조치를 취하지 않더라도 조직 안에 있는 기존의 리더들의 관리행동을 통하여 하위 리더들의 리더십을 개발할 수 있다.

◆ 피드백 워크숍

다양한 원천으로부터 리더십 행동 피드백을 제공받는 것은 리더십 스킬을 향상시키는 매우 쉽고도 흔한 방법이며 이는 대규모 조직에서 폭넓게 사용되어왔다.London &

Smither, 1995 이 접근법은 다양한 이름으로 불렸는데 소위 360도 피드백 또는 다면평가 피드백이라고도 한다. 상사, 부하, 동료, 고객 등의 다양한 원천으로부터 관찰된 리더십 행동의 평가결과를 당사자에게 알려주는 다차원적인 피드백 프로그램은 평가와 보상을 위해 사용되기도 하지만 주요 목적은 개별 관리자의 강약점을 평가하여 그의 관리스킬을 개발하는 데 있다. 360도 피드백 프로그램의 사용과 설계는 여러 책에서 묘사되고 있다. 임창희 역, 360도 다면평가 ; Lepsinger & Lucia, 1997 ; Tornow & London, 1998

피드백 프로그램에서 리더는 도표 11-7 에서처럼 외부인, 상사, 동료, 부하와 같은 사람들이 답한 표준화된 설문지로부터 리더의 관리기술이나 행동에 대한 정보를 얻는다.

| 도표 11-7 | 360도 다면평가

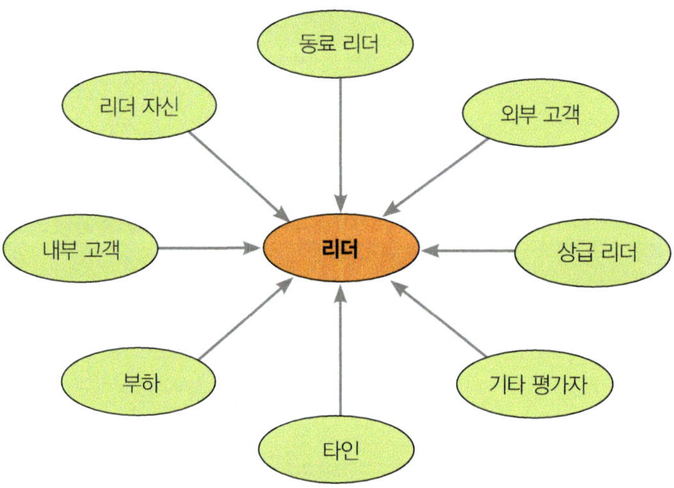

설문지는 특수한 전문조직에 의해 작성된 피드백을 제공하는 데 사용되지만 대부분의 피드백 워크숍은 표준화된 설문지를 활용하도록 되어 있으며 16개 서베이 도구들이 피드백 워크숍에서 공통적으로 사용된다. Van Velsor, Leslie, & Fleenor, 1997 참여자들은 서로 상대방 참여자들로부터의 피드백을 받고 나서 자신이 생각한 규범적 리더십과 비교하면서 관리스킬을 배운다. 때때로 관리자는 결과를 해석하는 데 사전에 만들어진 도움을 받지만 다른 프로그램에서 관리자는 경험 많은 상급 리더들로부터 지원을 받으면서 워크숍에 참석하게 된다. 평가 설문지를 제대로 채우려면 상호 관찰이 용이한 상황을 만들어야 하고, 중요한 리더십 행동을 관찰하고 추적할 수 있는 근무분위기가 되어야 정확한 피드백이 가능할 것임은 말할 필요도 없다.

◆ 직무순환

대부분의 직무순환프로그램에서 관리자는 대개 6개월에서 3년까지 다양한 기간 동안 조직의 상이한 기능부서를 다양하게 경험하도록 계획되어 있다. 리더십 교육훈련을 이유로 새로운 직무를 담당하는 개인은 승진을 통한 직무순환은 아니다. 가장 공식적인 직무순환프로그램은 개인이 이미 보유한 기술이나 이미 알고 있는 결점을 파악하는 것이어서는 안 된다. 조직은 당사자에게 직무순환을 통하여 새 리더십을 배우고 관리능력을 향상시킬 수 있는 기회를 제공해야 한다.

새로운 직무를 완수하기 위해 당사자는 다른 사람들과의 협력관계를 어떻게 만들고 적절한 준비가 부족한 사람들이 어떠한 기술적인 문제를 처리하게 할 것인지 등의 문제에 직면한다. 이러한 상황에서라야 그는 생소한 부서에서의 문제해결과 공정에 대하여 배우고 조직 내 다양한 부서의 사람들과 사회적 상호작용을 잘할 수 있을 것이다.

◆ 액션러닝

액션러닝(action learning)은 경험으로부터 학습하는 것과 공식적 훈련프로그램을 조합하여 사용하는 것이 있다.Dotlich & Noel, 1998 ; Margerison, 1998 개인이나 팀은 복잡한 조직의 문제나 해결책 개발을 위한 실무프로젝트를 수행한다. 이러한 프로젝트는 대개 기술적 지식보다는 주로 대인관계 기술이나 인지적 기술의 개발을 촉진하는 데 사용된다. 프로젝트의 유형은 매우 다양하고 몇 주나 몇 달이 걸리는 것도 있다. 이러한 프로젝트가 수행되는 동안 상호적 코칭이나 멘토링이 연계된다. 액션러닝의 효과는 프로젝트의 유형, 팀의 구성, 제공된 코칭의 유형에 따라 달라진다.

◆ 멘토링

공식적인 멘토링 프로그램은 많은 조직에서 관리능력 개발을 향상하는 데 사용된다.Giber, Carter, & Goldsmith, 1999 ; Noe, 1991 멘토에는 두 가지 기능이 있는데 하나는 심리적 기능(수용, 독려, 코칭, 자문 등)이고 다른 하나는 경력촉진 기능(스폰서십, 보호, 도전할당, 노출과 가시성)이다.Kram, 1985 ; Noe, 1988 어떤 특정인이 최초로 관리직책에 승진했을 때, 리더가 현재와는 상이한 다른 부서로 이동했을 때, 해외로 나갔을 때, 조직의 구조조정으로 새로운 업무의 관리할당을 받았을 때에는 멘토가 있으면 어려운 변동시기에 증대되는 스트레스를 감소시키고 오히려 좋은 리더십 훈련을 받도록 힘이 되고 독려가 된

LEADERSHIP STORY 11.9 진정한 멘토

칭기즈칸이 아끼던 한 마리의 매는 하늘 높이 날아서 사냥감을 찾아주기도 하고 길도 가르쳐주며 물 있는 곳도 알려주는 진정한 멘토 역할을 하고 있었다. 유난히 무덥던 어느 날 왕이 길을 잃고 물을 찾아 헤매다가 작은 물줄기를 발견하고 똑똑 떨어지는 물을 은컵에 한참 동안 받아서 막 마시려고 하자 그가 아끼던 매가 날아와서 컵을 내동댕이쳤다. 칭기즈칸은 매가 장난치는가 보다 생각하고 다시 오랫동안 물을 받아 마시려는 순간 바위에 앉아 있던 매가 다시 날아와 그의 손에서 컵을 쳐서 떨어뜨렸다. 화가 난 칭기즈칸은 칼로 매를 단숨에 죽여 버렸다. 간신히 벼랑을 기어올라 물웅덩이를 본 순간 칭기즈칸은 곧 후회했다. 굉장히 큰 독사 한 마리가 죽은 채로 물웅덩이를 검게 물들이고 있었던 것이다.

다.Kram & Hall, 1989

◆ 특수한 임무할당

대개의 과업은 정규적인 직무책임과 정해진 방식으로 일처리를 하면 되지만 어떤 업무는 예외적이고 갑자기 출현하기 때문에 능숙한 관리능력을 필요로 한다. 조직은 교육훈련대상자에게 이러한 업무를 맡김으로써 리더십을 교육훈련할 기회를 준다. 새로운 프로젝트 또는 새로운 사업을 관리하게 하거나, 다기능팀을 대표하는 부서를 지원하거나, 난해한 문제를 다루는 태스크포스팀을 관리하게 할 수도 있다. 또는 조직 전체의 교육훈련프로그램을 수행하는 책임을 지게 하거나, 상사에 의해 주도되는 관리 활동을 대신 관리하라고 할 수도 있다.

(2) 제도와 프로그램을 활용한 리더십 개발

조직은 리더십 개발을 위해 여러 제도를 정하고 새로운 프로그램을 도입하여 운영하면서 구성원들의 리더십 개발을 지원할 수 있다.

◆ 평가센터

평가센터란 전문가 한두 명이 특정한 장소에 리더 후보자를 모두 모아 리더십 과제를 던져놓고 해결하게 하면서 리더십 특성을 누가 더 가지고 있는지, 누가 무엇이 부족한지를 평가하는 시스템이다. 전통적인 평가센터(assessment center)는 관리자의 핵심역량과 관리의 성공수준을 측정하는 좋은 방법이다. 이러한 방법은 면접, 태도검사, 성격검사, 상황검사, 간략한 자기소개서, 화술 그리고 작문검사 등을 포함한다. 이러한 다양한 원천으로부터의 정보는 통합되어 각 참여자의 관리 잠재력을 전반적으로 평가하는 데 사용된다. 과거에 이러한 방법은 리더를 선발하고 승진결정을 하는 데에만 사용되었지만 최근에는 리더십 개발을 위한 방법으로 사용되고 있다.Goodge, 1991 ; Munchus & McArther, 1991 ; Rayner & Goodge, 1988 피드백 워크숍과 비교해보면 리더십 평가센터는 더욱더 강도 높은 측정절차를 거치면서 자신을 제대로 이해하며 자신의 강점과 약점을 규명하고 나아가 개인이 가진 개발욕구를 평가하는 매우 광범위한 측정도구이다.

◆ 대표자 코칭

최근에는 개인코칭이 비즈니스 조직에서 사원들의 리더십 개발을 위한 도구로서 각광받고 있다.Hall, Otazo, & Hollenbeck, 1999 전문가로부터 개인적으로 코칭을 받는 리더는 매우 높은 수준의 CEO나 임원급이다. 코칭을 담당한 사람은 높은 경험을 가진 내 · 외부의 전문적 자문가들이거나 대기업을 성공적으로 이끈 경력의 소유자들이어야 한다. 이처럼 전문적인 코치를 받는 경우는 어떤 리더가 주요한 변화를 실행해야 하든지 새로운 자회사의 책임자로 가야 하든지 또는 해외에 투자한 기업을 관리하기 위해 파견나가는 때이다. 자문역을 맡은 코치는 전반적인 리더십 수준이 높아야 하는 것은 아니고 피교육자가 처할 특수한 상황에서 미리 리더로서 근무한 경험이 있든지 그쪽 분야의 지식을 많이 연구한 사람이면 된다.

◆ 외부기관의 도전프로그램

외부기관에서 수행되는 활동프로그램에 참여함으로써 리더십을 개발시킬 수 있다.Galagan, 1987 가정에서 아이를 해병대 체험훈련에 참가시키는 것도 같은 이치이다. 전형적 리더십 프로그램은 집단구성원들 사이에서의 협력과 상호 신뢰를 필요로 하는 도전적인 활동으로 구성된다. 경험을 가진 교관이나 지원자들은 코칭제공과 독려활동을 수행하고 조직생활과 활동에서의 경험 간에 연결을 이해하도록 참여자들을 도와준다. 이러한 외부기관의 도전프로그램은 개인의 성장과 팀워크 수준을 높이는 방법을 가르쳐줄 것이다.Conger, 1992

◆ 개인적인 성장프로그램

개인성장프로그램은 리더십 핵심역량의 개발과 심리적 성장에 대한 개인적 약점을 극복하고 정확한 자기인식을 할 수 있도록 설계된다. 이러한 프로그램은 1960년대에 있었던 인간심리학 운동으로부터 발전된 것이며 인간의 잠재력을 개발하는 것에 초점을 둔다. 개인성장 워크숍은 대부분의 사람들이 자기 내부의 감정과 가치관을 조화롭게 다루지 못한다는 가정에서 출발한다. 이것만 잘 다루면 다른 부하들과의 인간관계도 성공적으로 유지할 수 있다고 보아 개인에게 자신의 감정을 다스리는 기법을 학습시키는 프로그램이다. 이러한 전문 리더십 프로그램은 우리나라에서는 아직 일반화되지 않았으며 개인 스스로 전문가 또는 대학 등의 전문기관의 도움을 받아 학습할 수밖에 없다.

(3) 리더십 개발과 조직여건

◆ 직속상사의 부하개발 지원

공식적 훈련, 경험적 참여학습, 스스로의 자아계발 활동의 리더십 훈련 방식이 있음에도 불구하고 리더십 기술을 배우는 것은 조직의 여러 상황으로 인하여 촉진될 수도 있지만 방해를 받을 수도 있다. 이러한 조건은 조직이 얼마나 많은 교육기회를 제공할 것인지, 얼마나 많은 피드백을 제공할 것인지, 새로운 기술을 학습하는 데 어떻게 사람들을 고취시킬 것인지, 실수와 실패에 대하여 어떻게 해석하고 평가할 것인지, 리더십 교육에 대한 분위기는 어느 정도인지 등에 따라 달라진다. 우선 조직에서 리더십 개발 활동이 촉진될 수 있는 방법부터 배워보자.

직속상사는 부하에 대한 리더십 기술의 개발을 촉진하는 가장 큰 장본인이다.Hillman, Schwandt, & Baartz, 1990 ; London & Mone, 1987 그럼에도 불구하고 대개의 관리자는 부하에게 충분한 충고나 지원을 꺼리는데, 그 이유는 여러 가지가 있겠지만 자신의 관리기술에 대한 보호와 리더십과 관련된 자신의 내면을 부하에게 보이기 싫어서일 것이다. 그러다 보니 코칭이나 멘토링의 중요한 당사자인 상급 리더로부터 대개의 관리자들은 얻는 것이 별로 없고 스스로 관찰하면서 깨우칠 수밖에 없다.

더구나 관리자는 자신의 경력성공을 위해 바쁘고 잡다한 많은 업무처리에 노출되어 있기 때문에 한가하게 부하들에게 리더십을 훈련시키고 충고해줄 시간이 없다. 그리고 상급 리더는 잠재적인 경쟁자가 되는 부하를 개발하는 것을 그리 좋아하지 않는다. 특히 많은 새로운 시도와 실패를 통한 리더십 학습이 효과적인데 부하의 실패가 자신에게 득이 될 리 없는 상황에서 부하에게 새로운 기회를 마구 주면서 위험을 택할 리도 없다. 설령 부하의 개발을 원하는 관리자들이 있다손 치더라도 반드시 지켜야 하는 지침을 주지 않는다면 실수할 수 있기 때문에 쉽사리 자율권을 내어줄 수도 없다. 그러나 상급 관리자라면 부하를 보호하고 리더십 기술을 개발함에 있어 성공하도록 정직한 피드백을 제공하고 충분한 도전기회를 제공하여야 하는 것이다.

◆ 학습분위기

리더십 교육훈련과 관리자 개발의 양은 조직에서 개발에 관한 가치관이 얼마나 많이 확산되어 있는지에 달렸다. 이를 학습분위기라고도 하는데 이것이 확산되어 있으면 조직의 교육지원도 많고 상사의 직접지원도 많아서 관리자들은 항상 리더십 향상의 기회를 갖는다.Ford & Weissbein, 1997 이러한 분위기 형성은 관리자의 직속상사에게 영향을 가장 많이 받는다. 이러한 조직에서 더 많은 자원이 교육을 위해 사용되고 학습자를 보상하고 정확하게 측정하는 더 많은 노력이 이루어진다면 관리자 교육의 붐은 지속적으로 확장되겠지만, 이를 꺼리고 교육훈련받은 리더에게 기회가 주어지지도 않는 조직, 특히 승진 정체로 관리자의 자리도 부족하고 리더가 되어도 자율권도 없는 상황이라면 학습분위기는 소멸될 것이다.

많은 업무활동들이 지속적인 학습과 개발을 위한 지원적 분위기를 유지하고 창출하는 데 사용된다. 몇 가지 예를 들면 새로운 기술을 학습하고 그들 자신의 관심에 맞는 업무를 할당받는 것, 새로운 방식을 적용하는 데 충분한 재량권을 허용하는 업무, 이러한 것들이 많으면 사원들의 향상과 개발이 지속된다. 그 외에도 교육훈련을 위한 재정적 지원, 종업원을 위한 기술 워크숍과 전문적 강사 배치, 안식년 등 종업원 재충전의 기회제공, 피드백 프로그램이나 피드백 평가시스템, 학습자에 대한 보상제도 등도 조직의 학습분위기를 높여준다.

◆ 다양한 직무이동 경험

최근에 대부분의 조직은 학습을 위해서 특별한 교육훈련 프로그램이나 교육훈련기회의 제공에 크게 신경 쓰지 않으며 오히려 리더십 개발에 도움이 되는 다양한 직무에 당사자를 배치함으로써 저절로 리더십을 습득하도록 기회를 마련해준다.Baldwin &

Padgett, 1993 대부분의 조직은 관리자를 양성하기 위해 이런저런 여러 부서에 이동시키지 않고 하나의 동일한 부서에서 전문인으로 키우는 제자리 승진에만 치중해왔다.

관리자를 다양한 부서의 다양한 업무에 처해보도록 배치하면서 리더십 개발을 원하는 것은 과거에는 별로 좋은 전략으로 취급되지 못했다. 누군가에게 도전적인 직무를 부여하거나 아직 경험해보지 못한 직무를 부여하는 것은 심각한 실수나 실패의 위험을 수반한다. 그러나 훌륭한 관리자라면 여러 업무에 새롭게 도전하고 새롭게 닥친 문제를 해결할 능력을 키워야 할 것이다. 왜냐하면 현대의 조직은 급변하는 환경에 처함으로써 매일 새로운 문제가 대두되고 새롭게 혁신하지 않으면 좋은 해결책을 찾아내기 어렵기 때문이다.

LEADERSHIP STORY 11.10 | 스타벅스의 변신

오늘날 미국은 물론 전 세계 도시민의 일상생활에 가장 많은 영향을 끼치는 스타벅스(STARBUCKS)의 원조는 1971년 세 명의 동업자들에 의해 시애틀에서 시작된다. 처음에는 커피콩과 커피도구를 파는 조그만 가게였지만 1987년 슐츠(H. Schultz)에게 팔리면서 STARBUCKS 제국이 열린다. 초기에는 시애틀 1호점(**사진**)을 비롯하여 11개 점포에서 100명의 종업원으로 시작한 작은 회사였다가 2018년 기준 전 세계에 2만 5천여 개에 가까운 점포수를 유지하고 있다. 한국에도 1999년 이대 앞에 1호점을 시작한 이래 2018년 기준 서울에만 460호점, 전국에 1,178호점을 돌파했다. 세계적으로 유일무이하게 서울 홍익대 주변에 일곱 개나 공존한다. 슐츠 회장은 회사가 새로운 시장, 새로운 고객, 새로운 제품, 새로운 서비스 부문에서 항상 새 목표를 개발하여야 한다고 강조한다. 그래서 과거에는 주로 커피전문점이었던 스타벅스가 커피숍보다는 새로운 소매체인점으로 박차를 목표를 변경하고 있다. 이 회사는 2005년부터 대부분의 점포에서 점심을 팔기 시작했다. 시애틀 점에서는 따뜻한 아침식사도 팔다가 전국으로 확대하였다. 이제 스타벅스 커피점에서는 음악프로덕션회사와 파트너관계를 맺었다. CD에 음악 녹음 등 스타벅스 고객에게 고급음악을 팔기 위해서이다. 그리고 햄버거처럼 자동차에 탄 채로 커피 서비스를 받을 수 있도록 드라이브스루(drive-through)점포를 개설하였다. 스타벅스의 목표는 지금도 계속 바뀌면서 확장되고 있다.

11장의 핵심내용

많은 리더십 문헌이 조직에서 경영진, 간부, 팀장 등 중간관리자에 대한 논의에 초점을 맞추었지만 최근에는 최고경영자에 의한 전략적 리더십(strategic leadership)에 관심이 크다. 유연적 리더십 이론의 네 가지 구성개념은 조직유효성, 그 유효성을 좌우하는 세 가지 요인, 즉 자원과 운영변수, 리더십 변수, 그리고 상황변수이다. 그리고 조직성과는 조직의 환경적응, 능률적 운영과 시스템, 구성원들의 질과 상호협동 수준에 달렸다. 최고경영자가 조직성과에 영향을 미치는 경우는 세 가지 경로를 통한다. 첫째가 최고경영자(CEO : 리더)의 리더십 행동을 통해서 영향을 미치며, 둘째는 조직의 운영체계, 제도, 조직구조의 변화를 통해서, 그리고 셋째는 리더가 주도하고 펴나가는 경쟁전략을 통해서 영향을 미친다.

조직운영 시스템을 변화시키거나 조직구조의 설계를 통해서 구성원의 행동을 통제하고 이를 통하여 조직성과에 영향을 미치는 리더의 간접적 영향과정과, 리더가 부하들을 직접 통솔하고 지위하는 리더십 행동을 통하여 조직성과에 영향을 미치는 직접적 리더십 행동은 상호 배타적이기보다는 오히려 상호 보완적인 성격이 짙다.

최고경영자가 조직의 성과에 강한 영향력을 행사할 수 있는 정도는 조직의 발전단계가 어디에 위치해 있는지와 같은 역사적 요인에 의해 달라진다. 조직에서 집단 간의 정치적 권력관계도 전략적 리더십의 영향력 크기를 좌우한다. 최고경영자의 전략적 리더십의 핵심업무는 환경을 감시하는 역할과 경쟁전략을 개발하는 역할 두 가지로 요약된다.

리더십 교육훈련이란 대학, 자문회사 그리고 조직훈련센터에서 수행된다. 공식 리더십 교육훈련을 하는 많은 방법들에도 불구하고 리더십 개발 효과성을 평가하는 연구들은 매우 적었다. 교육방법들, 예를 들어 행동역할모형, 사례 그리고 시뮬레이션 등이 있으며, 리더십 핵심역량은 수많은 방식으로 개발되어왔다. 즉 공식교육훈련(formal training), 개발활동(developmental activities) 그리고 자가도움 활동(self-help activities) 등의 형태이다. 성공적인 훈련조건이 달성된다면 리더십 효과는 높아질 수 있다.

다양한 방법들이 리더십 교육훈련을 위해 그동안 효과적으로 사용되어왔다. 강의, 시연, 절차 매뉴얼, 비디오테이프, 시뮬레이터 장비 그리고 상호적인 컴퓨터 학습 등이 리더십 테크닉을 교육시키기 위한 방법으로 사용되었다. 사례연구, 연습, 비즈니스 게임, 시뮬레이션 그리고 비디오테이프 등은 개념적 기술과 관리적 기술을 학습하는 데 사용되었다. 리더십 교육훈련을 위한 세 가지 기법, 즉 행동역할모형, 사례연구 그리고 대형 시뮬레이션이 있다.

공식훈련, 경험학습, 자기 스스로의 개발활동에도 불구하고, 리더십 기술을 배우는 것은 조직 내의 조건에 의해 저해되거나 촉진되기도 한다. 이러한 조건은 얼마나 많은 훈련을 제공할 것인지, 얼마나 많은 피드백을 제공할 것인지, 새로운 기술을 학습하는 데 어떻게 사람들을 고취시킬 것인지, 실수와 실패에 대하여 어떻게 해석할 것인지, 다른 사람들로부터 어떻게 동기부여될 것인지 등등에 따라 달라진다.

복습 및 토의문제

1. 조직성공에 영향을 미치는 대표적 요인은 무엇인가?
2. 리더는 조직성과의 결정요인에 어떻게 영향력을 행사하는가?
3. 의사결정과정에서 스스로의 영향력을 부풀리는 정치적 과정은?
4. 조직에서 최고경영자의 리더십이 왜 중요한가?
5. 리더십 교육훈련을 위한 사례연구, 행동역할모형, 시뮬레이션이란?
6. 교육훈련프로그램을 더욱 효과적이게 만들려면?
7. 리더개발을 위한 멘토링의 장점은?
8. 평가센터와 360도 피드백 워크숍의 유사점과 차이점은?
9. 액션러닝은 무엇이며 리더십 개발과 관련된 점은?
10. 리더십 개발과 조직여건이란?

키워드 정리

CEO, 경쟁전략, 유연적 리더십, 간접적 리더십, 직접적 리더십, 리오리엔테이션, 수렴단계, 외부환경 감시, 조직성과, CEO 리더십, 단절적 균형모형, 전략적 리더십, 환경스캐닝, 액션러닝, 행동역할모형, 사례연구, 평가센터, 코칭, 멘토링, 직무순환프로그램, 리더십 개발, 학습분위기, 360도 다면평가, 외부기관 도전프로그램, 개인적인 성장프로그램, 시뮬레이션

사례연구

조지 워싱턴

비교적 부유한 집안에서 태어났음에도 어린 시절의 조지 워싱턴은 유복하지 못했다. 아버지는 11세 때 세상을 떠났고, 어머니는 이기적이었다. 아버지가 살아 있었으면 영국으로 유학 갈 수 있었지만, 어머니가 허락하지 않았다. 조지는 어린 시절에 병정놀이를 즐겼다고 하는데, 항상 지휘관을 맡았다. 그는 모든 운동을 좋아했고, 친구들 사이에 다툼이 생기면 중재자 역할을 했다. 아버지의 재산은 이복형인 로렌스의 것이었다. 조지가 성공하기 위해서는 부지런히 노력하는 길밖에 없었다. 좋지 않은 조건이 그에게 오히려 더욱 노력해야 한다는 동기를 부여했다. 다행히 좋은 멘토가 있었다. 첫 번째 멘토는 이복형 로렌스였다. 로렌스와는 열네 살 차이가 났지만 조지는 형을 무척 따랐고, 형도 동생을 잘 이끌어주었다. 형이 버지니아 주의 명문가 페어팩스 집안에 장가를 가자 조지도 자주 그 집안에 드나들게 되었다. 사돈이 되는 윌리엄 페어팩스 대령은 조지의 새로운 멘토가 되었다. 형과 페어팩스 대령의 조언에 따라 조지는 독학하여 측량사가 되었고 일자리도 얻었다. 1748년 페어팩스 대령의 아들 조지 윌리엄은 셀리 게리와 혼인했는데, 당시 16세의 조지 워싱턴은 그만 셀리에게 푹 빠지고 말았다. 워싱턴은 셀리에게 사랑을 고백했고 서로 편지도 교환했다. 그

것은 아마도 청소년 시절의 턱없는 열정이었을 것이다. 워싱턴은 사랑이 열정만으로 이루어지지 않는다는 것을 일찌감치 깨달았다. 1759년 부유한 과부 마사 커티스와 혼인한 것은 현실적인 선택이었다. 1752년(20세) 형과 윌리엄 대령의 주선으로 영국군에 입대하여 군인이 되었는데, 조지 워싱턴이 세상에서 눈부신 활약을 펼치기 시작한 시점이었다. 그해 7월 형 로렌스가 죽었지만, 그때 조지는 모든 슬픔을 이겨낼 준비가 되어 있었다. 조지는 프랑스와의 전쟁에서 혁혁한 공을 세웠지만 식민지 출신인 조지는 영국 정규군이 될 수 없었다. 좌절한 조지는 제대하고 고향으로 돌아왔지만, 이 전쟁 경험은 훗날 독립군 총사령관이 될 자질을 닦은 훌륭한 훈련이 되었다. 젊은 시절 조지 워싱턴의 인생 목표는 간단명료했다. 사회적으로 성공하는 것이었다. 그러기 위해 그는 늘 배우고 새로운 일에 도전했다. 군인의 길을 포기한 조지 워싱턴은 정치에 도전했다. 그는 버지니아 주의 하원의원이 되어 정치계에 입문하였다. 하원의원으로 활동하면서 워싱턴은 영국 정부의 부당한 식민통치에 반기를 들었다. 1774년 제2차 대륙회의에서 워싱턴은 새로 창설하기로 한 대륙군의 총사령관에 선출되었다. 대통령에 당선되었을 때 그의 취임은 세계 역사상 각별한 의미가 있었다. 세계사에서 최초로 국민이 직접 뽑은 대표가 국가원수가 된 것이었다. 대포와 총 앞에서는 의연했던 장군이 취임 연설을 하면서는 어느 때보다 떨고 있었다. 연설 말미에 그는 다음과 같이 말했다. "조국의 부름을 처음 받았을 때, 이 나라의 자유를 위한 투쟁의 불빛 앞에서 나는 나의 의무를 생각했습니다. 그 불빛은 나에게 어떤 금전적인 보상도 바라지 말 것을 요구하였습니다. 이에 나의 개인적 보수는 사절하겠습니다. 업무상 따르는 비용도 공익을 위해 꼭 필요한 실질 경비로 한정해주시기 바랍니다." 그의 퇴임은 더욱 아름다웠다. 재선은 수락했으나 3선은 파멸의 지름길이 될 수 있음을 워싱턴은 직감으로 알고 있었다. 전혀 욕심 없는 사람은 아니었지만 그는 어느 선에서 욕망을 제어해야 한다는 것도 알고 있었다. 전쟁에서 승리한 후에 왕이 되어달라는 국민의 성원이 있었을 때에도 그는 과감하게 욕심을 접었다. 임기가 6개월 남은 1796년 9월 17일, 워싱턴은 더 이상 대통령에 출마하지 않겠다는 '고별연설'을 발표했다. "조국에 대한 고마움과 수세대에 걸친 선조들과 이 땅에 뜨거운 애정을 느끼면서, 나는 은퇴 후에 누리고자 스스로 다짐했던 생활을 즐거운 마음으로 기대해봅니다." 1797년 3월 4일 워싱턴은 제2대 대통령 존 애덤스에게 자리를 물려주고 대통령직에서 내려왔다. 1799년 2월 자필로 긴 유언장을 작성한 워싱턴은 그해 12월 14일 "죽은 후 사흘이 되기 전에 묻어주오"라고 부탁한 후 세상을 떠났다. 그의 유언장에는 "개인 시중을 든 윌리엄을 노예 신분에서 즉각 해방하고 그에게 연금 30달러를 줄 것이며, 아내가 죽으면 나머지 노예들도 해방시켜달라"는 항목이 포함되어 있었다.

토의주제

- 어린 시절의 환경이 리더에게 어떤 영향을 미치는가?
- 자녀교육과 리더십은 얼마나 관계가 깊은가?
- 조지 워싱턴이 미국사, 혹은 세계사에 끼친 중요한 역할은?
- 기타 : 이 사례에서 또 생각해보거나 토론해볼 점을 나열해보자.

12장

팀 리더십

1. 팀 리더가 갖춰야 할 조건
(1) 기본적 자질
(2) 실무적 자질

2. 팀장의 리더행동
(1) 팀원 관리행동
(2) 업무 관리행동
(3) 자기 관리행동
(4) 팀 리더십 체크리스트

3. 팀원개발을 위한 팀 리더의 자세
(1) 팀원에 대한 교육훈련 마인드
(2) 팀원육성을 위한 실제 전략

4. 팀 활성화 전략
(1) 팀 임파워먼트
(2) 학습팀의 구축
(3) 팀의 진화

5. 팀 리더십 축소와 자율경영
(1) 관리계층의 축소
(2) 팀 리더십 개발
(3) 중간간부의 업무역량 개발

누군가에게 책임을 맡기고 그를 신뢰한다는 사실을 알게 하는 것만큼 한 사람을 성장시키는 일은 없다.
- 부커 워싱턴

리더십은 비전을 현실로 전환하는 능력이다. - 워런 베니스

상벌의 공정성을 잃은 지도자는 발톱과 이빨을 버린 호랑이와 같아서 뜻대로 움직일 수 없다. - 한비자

화투(和鬪) / 박제영

점에 백 원짜리 밤새 쳐봐야 따도 일이만 원이요 잃어도 일이만 원이지만 화투판이란 게 본디 걸린 판돈이 십 원이든 백 원이든 감정조절이 그리 녹록한 게 아니어서 별의별 일이 다 벌어지기 마련이라 어젯밤도 그랬다. "아빠 빨리 죽어", 그러니까 여동생이 자기 패가 좋으니까 아빠는 광이나 팔고 한 판 쉬시라고 한 것인데, 아버지 갑자기 화투판을 엎으며 "죽으라니, 그게 어디 애비한테 할 소리냐, 못된 년 같으니라고", 두어 시간 내내 선 한 번 못 잡고 잃기만 했으니 속이 상하셨던 탓일텐데, 마흔 살 넘은 딸도 울고 일흔 살 넘은 아버지도 울고 그렇게 판이 깨졌던 것인데, 오늘 아침 누가 먼저랄 것 없이 아버지 어머니 나 그리고 여동생 다시 판을 깔고 앉았더니 "어제 그리 난리치고도 또 화투냐" 형이 한 마디 던지는 것인데, 아침상 준비하던 두 며느리 그만 웃음보 터뜨리니 둥근 웃음이 방안 가득 번지더라.

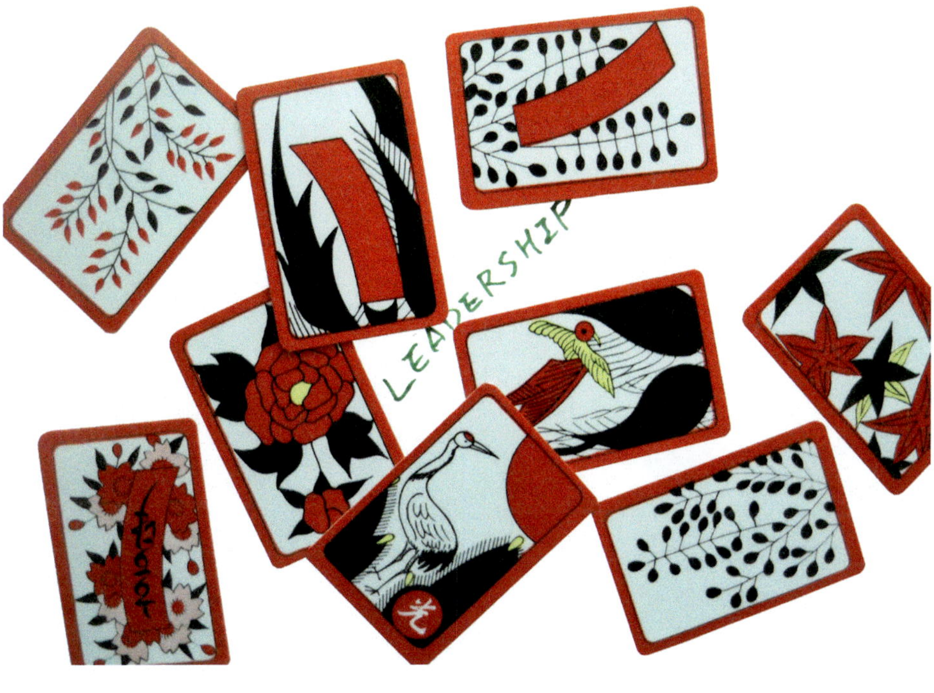

12장

팀 리더십

지난 수년 동안 우리나라는 대그룹을 중심으로 조직편제를 팀제라고 고쳐놓고 부서장의 호칭이 팀장이 되고 회사에 따라서는 과장이 부팀장, 파트장 등으로 불리고 있다. 얼마 전까지만 해도 '팀' 하면 축구팀이나 야구팀을 연상하고 회사의 팀은 태스크포스팀, 프로젝트개발팀이 고작이었다. 이제 전사적으로 팀제가 되면서 경영진, 팀장, 팀원, 팀제를 도입하여 추진하는 조직관리 부서의 담당자로 팀제의 형태, 운영, 팀장과 팀원의 역할 등을 어렴풋이 이해하기 시작하였다. 이제는 병원도 대학도 정부기관도 조직을 팀으로 설계하고 있다. 그렇다면 팀장의 리더십과 과거 부과제(部課制)에서의 과장이나 부장의 리더십은 차이가 있는 것일까?

그런데 어떤 조사에 의하면 팀제를 도입한 기업도 그 결과에 대한 평가가 아주 낮게 나와 있다. 전반적으로 보아 팀제는 제도적으로는 정착되어 있으나 팀의 운영과 팀 리더십에 대한 이해는 아직 부족한 실정이다. 조직이나 팀의 담당자도 팀제의 의미를 여러 갈래로 해석하면서 그 본질의 이해는 아직 요원하다. 가장 큰 문제점은 신분사회인 한국의 기업에서 간부들이 과장이니 차장이니 하던 자격을 박탈당했다고 생각하든지 결재권의 상실을 권력의 상실로 오해한다. 도장을 찍는다는 것이 개인에게나 기안자에게나 상당한 의미를 가지고 있었는데 그것이 없어진다는 것 자체가 충격이며 그 여파가 조직운영체계에 영향을 미칠 것이라고 우려한다. 팀제 도입으로 팀의 운영과 팀 리더십에 대한 관심은 높아지고 있음에도 불구하고 팀 리더들이 팀 리더십에 관한 지식을 접할 기회는 적었다.

이 장에서는 다양한 팀에서의 리더십에 대해 조사할 것이다. 리더십과 관련된 주제 중 하나는 집단회의에서의 맥락에 대해 살펴보는 것이다. 회의는 조직에서의 의사결정 수단으로 사용되었기 때문에 행동과학자들은 수십 년 동안 이러한 회의에서의 리더십 과정에 대하여 연구하였다.

이 장에서 배울 것

- 팀 리더의 기본적 자질과 실무적 자질은?
- 팀원과 팀 업무, 그리고 자기관리를 위한 팀장 행동수칙은?
- 팀 리더의 자기진단 체크리스트란?
- 부하의 육성을 위한 팀장의 태도와 전략은?
- 팀의 활성화를 위한 임파워먼트와 학습팀 구축전략은?
- 팀 내 중간간부의 개발이란?

1 팀 리더가 갖춰야 할 조건

팀은 소규모 구성원이 밀접한 상호작용과 협동으로 업무를 처리하면서 비공식적 인간관계도 많기 때문에 팀 리더도 공식적인 것 이외에 비공식적 관계도 많이 가진다. 이때 리더로서 필요한 자질을 인간적인 기본 자질과 업무지원을 위한 자질로 나누어 나열하면 다음과 같다.

(1) 기본적 자질

팀 리더라면 누구에게나 필요한 기본 자질은 한두 가지가 아니다. 이는 사실 일반적인 리더도 갖춰야 할 기본적 자질이다.

◆ 노력과 학습

위에서 떨어진 명령을 그대로 실천만 한다면, 어떤 의미에서 실력이 필요 없다. 복종하는 능력만 있으면 된다. 그러나 팀제하의 팀장은 중소기업의 사장이요 대기업이라면 '소사장'이다. 따로 장기목표를 정해주는 사람도 없고 막힌 문제를 책임져줄 상사도 부하도 없다.

팀내 문제는 모든 것이 팀장 선에서 끝난다. 그러니 팀장이 모르고서는 팀의 계획도 목표도 없게 된다. 팀장이 모르는데 지시는 어떻게 내리고 올라온 서류는 어떻게 검토할 것인가? 결국 실력을 갖출 수밖에 없다. 부과제하에서는 아랫사람이 줄줄이 있었고 위에서도 줄 서서 기다렸지만 팀제하에서는 담당자와 팀장뿐이다. 팀장은 팀을 대표해서 책임과 권한을 상급 관리자로부터 대폭 위임을 받았기 때문에 그만큼 책임도 따른다. 그러니 공부하는 수밖에 없다. 팀원을 이끌어가기 위해서는 전공 부문은 물론이요, 어학이며 컴퓨터까지 모르고는 불가능하다. 공부하는 일이 오늘의 회사 간부들에게 떨어진 제일의 숙제이다.

◆ 고독과 인내

팀장은 가장 고독한 존재이다. 어떤 문제에 봉착해서 모두가 팀장의 입만 쳐다보고 있을 때, 그리고 뾰족한 해결책도 떠오르지 않을 때, 게다가 누구 하나 헌신적으로 선뜻 나서지도 않을 때 팀장은 극심한 고독에 빠질 것이다. 이때 최후의 보루는 자신과의 싸움이다. 평소의 투지와 인내와 끈기는 팀장에게 반드시 필요한 덕목이다.

◆ 실패에서의 학습

인간적 한계 때문에 할 수 있는 실패 말고도, 불확실한 상황에서 항상 결단을 내려야 하는 팀장에게는 누구보다도 더 많은 실패가 있을 수 있다. 그러나 문제는 실패를 경험하고 난 후에 있다. '실패는 성공의 어머니'라고 알고는 있으면서도 실패의 뒷맛이 쓰기 때문에 누구나가 다시 기억하고 싶지 않고 다른 사람에게 알리려고도 하지 않는다. 모든 경험 중에 가장 값진 경험이 실패의 경험이다. 물론 자기의 실패뿐 아니라 남의 실패담을 수집, 정리하는 것도 중요하다.

◆ 인간적인 접근

팀장은 생각이나 성격이나 위치 등 모든 것이 부하보다 우수할 때가 많다. 그래서 주변 사람은 이미 일정 선을 긋고 팀장을 대한다. 가로막힌 벽을 허물고 그들과 가까워질 수 있는 가능성은 오직 팀장에게 달려 있지 상대편에게 있는 것이 아니다. 그 힘은 팀장의 능력도 아니요, 위치도 아니요, 오직 인간적인 매력에서 나온다.

◆ 조정의 책임자

팀장은 타 부서나 이해관계자와의 조정자 역할을 잘해야 한다. 부하를 리드할 수 있는 역할은 공식적으로 주어졌지만 그것이 전부는 아니다. 부하의 요구에 적절히 적응하는 능력이 필요하다. 과거와 같은 권위주의적 관리방식으로는 충돌을 면하기 어렵다.

(2) 실무적 자질

◆ 완전주의자

흔히 기업경영을 스포츠 게임에 비유한다. 팀장이 경영게임에서 패배하면 그 부하들이 비판을 받고 회사에도 지대한 영향을 미친다. 따라서 일단 선수로 나온 이상 승자가 되어야 한다. 또 목표를 정했으면 그것을 향해 한없는 탐욕과 집념이 있어야 한다. 이 정도면 우수하다는 타협주의는 통용되지 않는다. 과거의 팀장들은 책임과 권한도 그리 많지 않았고 문제가 생기거나 하면 차상급자에게 물어서 그의 지시에 따르면 간단하게 일이 끝났지만, 재량이 많이 주어진 팀의 경우 최종 책임자로서의 팀장은 실무를 완전하게 파악하고 있어야 한다.

◆ 다양성의 소지자

다양성이란 성격, 경력, 취미, 경험 등 모든 면에서의 다양성이다. 많은 사람과 만나야 하고 수많은 문제를 주관해야 하는 팀장으로서는 다양한 면모를 갖추어야 여러 상황에 대처하기가 수월할 것이며 또 편협되지 않을 것이다. 특히 업무 경력으로는 팀의 전문분야를 반드시 거쳐야 하며 다른 부서에 대해서도 잘 알고 있어야 할 것이다. 만약 하위직급 시절에 한곳에 묻혀 있기보다는 어려운 부서를 편력했다면 더욱 도움이 될 것이다.

◆ 건설적 파격성

팀장이라면 건설적 파격성을 구사할 수 있는 능력, 특정상황에서 아무도 생각해내지 못한 예외적인 차원을 인식할 수 있는 능력이 필요하다. 지금까지의 타성을 깨뜨리고 새로운 문제를 제기할 줄 아는, 그래서 위험부담을 안고 불연속적인 긴장을 만들어 낼 줄 아는 그런 팀장은 만인의 인기를 얻는다. 따라서 관리와 감독의 기술이 뛰어난 전통적 관점의 관리자와는 달리 변화하는 환경을 재빠르게 통찰하고 신기술 개발, 기존 관행의 파괴 등 모든 것을 새로운 방법으로 재창조하려는 의도를 항상 품고 있어야 유능한 팀장이다.

LEADERSHIP STORY 12.1 **파리의 파격성**

캄캄한 곳에서 병 안에 여섯 마리의 꿀벌과 파리를 집어넣고 그 밑바닥을 밝은 창문을 향하게 수평으로 놓아두면 꿀벌과 파리 중 어느 쪽이 더 빨리 병 속을 빠져나올까? 고든 서어(Gordon Sir)의 이 실험은 놀라운 사실을 말해준다. 꿀벌은 "모든 출구는 가장 밝게 빛나는 곳에 있어야만 한다"는 너무도 논리적인 사고 때문에 그 스스로 지치거나 굶어서 죽을 때까지 출구를 찾아내지 못한다. 그러나 파리는 단 2분도 되지 않아서 반대쪽의 병목을 통해 기운차게 빠져나온다. 꿀벌에 있어서 유리는 그들이 자연에서 겪어보지 못한 초자연적인 신비일 것이며 그들의 지능이 높으면 높을수록 이러한 방해물은 더욱더 받아들일 수 없고 이해할 수 없는 것으로 보일 것이다. 그러나 파리의 경우는 어떤가? 바보 같고, 논리에 부주의하고, 빛의 부름을 무시한 채 그저 이리저리 날아다니다가 결국은 자유를 회복시켜주는 출구를 발견하게 되는 것이다. 우리의 기업환경은 바로 이러한 어두움과 불확실성으로 비유될 수 있으며 꿀벌과 파리는 그 기업을 구성하고 있는 사람들의 행동과 사고의 한 단면을 말해준다. 수단이 목적에 묶이고 행동이 의도에 의해 통제되고, 앞선 행동, 과거의 경험이 뒤의 행동, 현재의 활동을 제약하고 논리가 탐색을 지배하는 일들이 우리 조직에는 없는가? 여기서 파리는 그 자신의 과거에 집착하지 않았기 때문에 탈출문제를 해결하는 데 있어서 수많은 적응을 시도할 수 있었던 것이다. 파리는 이성(reason)의 기술뿐만 아니라 어리석음(foolishness)의 기술 또한 필요하다는 것을 가르쳐 준다.

◆ 과감한 추진력

기업은 사업이 아니라 시업(時業)을 하는 것이라고 한다. 어떤 결정을 하기 위해서는 많은 정보가 수집되어야 하지만 확실한 정보를 손에 넣고 나면 이미 때를 놓치고 마는 것이 기업의 의사결정이다. 아랫사람의 눈치를 본다든지 반대의견에 부딪쳐서 해결의 실마리를 찾지 못하고 주저하다가는 적기를 놓치고 만다. 팀장의 의사결정은 거의 불확실성하의 의사결정이다. 그러므로 어느 정도 감이 잡히면 용단을 내릴 줄 알아야 한다. 물론 이를 위해서는 탁월한 통찰력과 판단력이 앞서야 할 것이다. 그러나 이 모두를 소유하고 있더라도 어차피 불확실한 만큼, 위험과 실패를 두려워하거나 모든 책임을 진다는 굳은 신념이 없이는 결단을 내리기 어렵다. 팀장에게 요구되는 결단력이란 '침착, 냉정한 용단'을 일컫는 말이다.

◆ 선견지명

급변하는 기업환경에서 선견력이 없으면 뒷북이나 치면서 다른 사람 뒤를 따를 뿐이다. 먼저 미래지향적이 되지 않고서는 예측력을 기르기가 어렵다. 또한 과거를 충분히 이해하지 않고서는 현재가 어떻게 되어갈지 모른다. 팀장은 세계의 역사를 알아야 한다. 자신의 개인적 과거도 회고해봐야 한다. 미래에 대해 써놓은 많은 서적을 읽어두어야 하되, 그것으로 족해서는 안 된다. 그것은 이미 누구나 알고 있는 미래이기 때문이다. 항상 사고하고 고정관념에서 벗어나려는 노력을 계속해야 팀원의 창조능력을 자극할 수 있을 것이다.

LEADERSHIP STORY 12.2 | **역발상의 리더들**

현대의 경영자들에게 가장 큰 영향을 미치는 경영사상가는 빌 게이츠(Bill Gates)나 잭 웰치(Jack Welch)나 톰 피터스(Tom Peters)가 아닌 개리 하멜(Gary Hamel : **사진**)이다. 하멜은 부지런한 꿀벌보다 치열한 게릴라가 되라고 말한다. 20세기에는 기업이 지속적 개선을 통해 경쟁력을 유지할 수 있었지만 21세기에는 '더 빠르게, 더 우수하게, 더 싸게'라는 점진적 사고에서 벗어나서 혁명의 시대로 가야 한다고 외친다. 21세기는 비선형적이고 불연속적이며 돌발적 변화가 본격화되는 시대라서 조직이나 개인이나 착실하게 주어진 일만 열심히 수행하는 꿀벌이 아닌 창의와 상상으로 무장된 행동주의자이자 혁명가인 게릴라가 되어야 한다는 것이다. 현대조직의 관리자와 구성원들은 합리성과 착실성, 복종과 근면에 바탕을 둔 좌뇌(左腦)만 수박만큼 커진 채 창조와 혁신의 우뇌(右腦)는 야구공 수준에 머물러 있다고 한다. 하루빨리 우뇌를 자극하여 양뇌가 균형을 이루어야 한다. 개는 아무리 훈련시켜도 먹이를 줄 때만 두 발로 걷다가 조련사가 돌아서면 다시 네 발로 걷는다. 개는 두 발 DNA가 없기 때문이다. 기업조직도 아날로그 DNA 소유자들로서는 한계가 있으므로 구성원을 바꿔야 한다. 과거의 전통과 성공 노하우도 버려야 한다. 포드 이후 100년간 세상은 너무 바뀌었으나 관리의 혁신은 없었다. 실무자는 위에서 시키는 대로 일하고 중요한 결정은 위에서 만들어 아래로 내려주는 100년 전의 관리가 지금도 불변이다. 창조경영의 전도사 리처드 브랜슨(Richard Branson), 아마존 창업자 제프리 베조스(Jeffrey Bezos), 페이스북 설립자 마크 주커버그(Mark Zuckerberg), 테슬라의 엘론 머스크(Elon Musk), 구글 창업자 래리 페이지(Larry Page)의 공통점은 역발상자(逆發想者)라는 사실이다.

2 팀장의 리더행동

팀장은 팀 리더로서 팀원을 관리하고 업무를 지원하지만 특히 팀은 소규모이기 때문에 자신의 행동거지가 모두에게 근접해 있어서 자기관리가 무엇보다 중요하다. 팀장의 모범적 행동에 대해 살펴보자.

(1) 팀원 관리행동

◆ 상징적 역할

팀원 한 사람의 잘못된 직무태도는 직속상사와 동료 몇 사람만 알지만 팀장의 잘못된 행동습관은 팀원 모두에게 알려지기 마련이다. 그러나 이보다 더 중요한 사실이 있다. 팀원 한 사람의 불성실과 나태는 다른 사람이 배우지 않지만 팀장의 행동은 주변에 금방 파급된다. 좋은 행동도 마찬가지이다. 팀장의 행동은 만인이 주시하고 있을 뿐 아니라, 팀원들이 그것을 모델로 생각하여 따르려 한다. 그런 의미에서 팀장은 배우요, 모델이요, 교사이다.

◆ 신뢰의 표현

팀장이 부하의 신뢰를 얻으려면 팀장이 먼저 자기 팀원을 믿어야 한다. 부하의 보고를 확인하려고 드는 것은 꼼꼼하게 보일지는 몰라도 그에게 실망을 주게 된다. 부하를 진심으로 믿는 것도 중요하지만 믿어준다는 사실을 그가 알도록 하는 것도 중요하다. 대개 팀장과의 거리감 때문에 팀장의 믿음이 완전히 전달되기까지는 오해도 있을 수 있고 시간도 걸리기 마련이다. 따라서 팀장은 거리감을 없애려는 의도적인 노력을

LEADERSHIP STORY 12.3 **부하직원 알아주기**

옛말에 "남자는 자기를 알아주는 사람을 위해 목숨을 바치고(士爲知己者死) 여자는 자기를 기쁘게 해주는 사람을 위해 화장을 한다(女爲說己者容)"는 말이 있다. 우리의 인력구조상 현장에서 직접 땀 흘려 뛰는 사람보다도 뒤에서 챙기고 간섭하고 관리 감독하는 인력이 많은 이유는 결국 인간에 대한 불신 때문이리라. 경영자는 조직원의 마음을 사로잡아야 한다. 채찍질을 해서는 안 된다. 미끼를 이용해서도 안 된다. 일일이 뒤따라 다니면서 감독할 수도 없다. 조직에는 '보이는 끈(system)'과 '보이지 않는 끈(shared value)'이 있다. 사람과 사람 사이에 오가는 가치관의 공유, 바로 이 보이지 않는 끈을 조종할 줄 아는 경영자가 현명한 경영자이다. 부하직원들은 스스로 '나는 중요한 인재다', '나는 신뢰받고 있다'고 느끼고 있을 때 자기의 역할과 책임을 다하는 것이다.

해야 한다.

◆ 동행

팀장이 '다른 세계'의 사람으로 군림해서는 팀원으로부터 영원히 차단되고 만다. 따라서 평소에 함께 어울리는 것이 중요하다. 그러나 더 중요한 것은 같이 지내고 있다는 '느낌'을 주는 것이다. 위에 있지 않고 옆에 있다는 감정을 갖게 하기 위해서는 서민적이고 소탈한 성품의 소유자여야 한다.

◆ 자기표현

밑에서 몰라준다며 불만을 토로하는 팀장이 있다. 그것은 아랫사람의 잘못이 아니다. 다만 팀장의 의도가 밑에까지 알려지지 않았거나 잘못 알려졌기 때문이다. 팀장의 의도를 말단 팀원이 오해하고 있다면 그것은 팀장의 책임이다. 직접 대면해서라도 이해를 시켜야 한다. 거짓이 아닌 이상 무엇을 기다리고 격식을 차리는가. "팀장이 다 알아서 하니까 묵묵히 믿고 따라오기만 하면 된다"는 식의 관리는 커뮤니케이션의 단절을 조장하고 결국에는 신뢰의 단절을 가져오게 된다. 신뢰를 원하기에 앞서 나를 알려야 한다.

◆ 비전 제시

미래는 결코 보통사람이 생각하는 대로 전개되지 않는다. 팀장과 다른 사람의 차이점은 미래를 보는 시각의 차이에 있다. 팀장이 부하에게 비전을 제시해주는 능력이 있을 때 부하는 팀장을 신임한다. 그러나 미래에 대한 비전은 그날그날의 일과에 허덕이는 사람에게 언뜻 떠오르는 것이 아니다. 미래에 대해 자주 생각을 해봐야 한다. 그리고 떠오르는 비전을 부하에게 제시하여 희망을 갖게 할 필요가 있고, 자신의 비전을 실현 가능하다고 믿을 정도로 어리석어져야 하고, 실현하려고 생각한 것에 모든 정력을 쏟아 넣을 정도로 외골수가 되어야 한다. 비전만 제시하고 실행에 옮기지 않으면 그다음에 제시된 비전을 아무도 믿지 않는다. 비전 없이는 팀원들은 움직이지도 않고 사기도 오르지 않는다.

(2) 업무 관리행동

◆ 시간으로부터의 해방

팀장은 추상적 업무나 먼 훗날의 계획을 생각해야 하는 사람임에도 불구하고 워낙 많은 업무에 시달리고 있기에 장기적 구상에 시간을 투자하려 하지 않는다. 또한 오늘날의 팀 업적의 극대화는 변화를 생각할 여유를 주지 않는다. 또한 한 업무에 대해 여러 관련 정보에 기초해서 심사숙고한 후에 결정을 내려야 함에도 불구하고 대개의 업무가 간헐적으로 진행될 뿐 아니라, 급히 대강 보고 넘기는 데 익숙해 있는 팀장으로서는 특정업무를 깊이 생각할 여유가 없다. 관리와 잡무는 팀원들에게 위임하고 팀장은 반복되는 일에서 해방되는 것이 바람직하다.

◆ 버리는 과감성

인간의 한계 때문에 오판은 언제나 있을 수 있으며 당시로서는 정확한 선택이었을지라도 실천과정에서 의외의 사태가 돌발할 수 있다. 그렇지만 일이 제대로 풀리지 않을 때 그 일을 시작하게 한 당사자로서는 후퇴하기가 싫은 법이다. 후퇴는 실수를 스스로 자인하는 것이기 때문이다. 월남전 초기에 미국의 정책결정자들은 이미 오판이었음을 알았다는 설이 있다. 그러나 베트남에서의 철수는 당시 정권의 실수와 허약함을 국민 앞에 드러내는 셈이기에 '자기정당화'를 위해 철수는커녕 계속 확대시켜나가다가 종국엔 더 큰 비극으로 끝나고 말았다.

◆ 초창기의 각오

어떤 자리를 맡게 되면 첫해에는 누구나 각오가 대단하여 수많은 계획을 수립하고 또한 왕성한 정력으로 실천에 옮긴다. 그러다가 어느 정도의 세월이 흐르고 나면 자리도 잡히고 쉬고 싶기도 해서 능력을 한 번 보인 후로는 초기의 투혼과 용기를 줄이고 안일한 경영으로 되돌아가는 것이 보통이다.

◆ 현장경영

유능한 팀장이면서도 일상업무가 바쁘다 보면 현장을 소홀히 하기 쉽다. 그래서 간부를 불러 보고하게 하고 책상에서 결정을 내린다. 이런 식으로 계속하다 보면 자신도 모르게 팀장만의 편협한 '현장관'을 새겨놓기 마련이다. 또한 정보라는 것은 팀장에게 이를 때까지 많이 여과되고 왜곡되기 쉽다. 현장에서 직접 듣는 생생한 정보에 기초한 의사결정은 문제해결에 도움이 되지만 반대로 잘못된 정보에 기초한 팀장의 결정은 문제를 확대시킨다. 높은 직급으로 승진할수록 현장과 멀어지는 경향이 많기는 하지만 자주 현장을 순시하되 있는 그대로를 파악할 수 있는 방법을 강구해야 한다.

◆ 정보공유

전술한 바와 같이 과중한 업무가 팀장에게만 집중되어 신속한 결정과 해결을 해야 하는 이유 중 하나는 팀장이 모든 정보를 가지고 있다는 데 있다. 따라서 팀장에게 쌓이는 정보가 관련자에게 수시로 잘 배분된다면 팀장은 많은 업무를 관련 부하직원에게 믿고 맡길 수 있게 된다. 왜냐하면 그도 팀장만큼 알고 있기 때문이다.

◆ 간결한 보고

담당자의 보고는 재치 있게 재빨리 이해해야 한다. 자기는 가만히 앉아 있고 밑에 있는 사람이 전부 씹어서 입에 넣어주어야 먹는다는 식으로 하면 담당자가 볼 때 답답하기 그지없고 종국에는 피상적인 보고만 하게 된다. 개중에는 자신의 정확성을 과시하기 위해 꼬치꼬치 캐묻는 타입도 있는데, 이것은 첫째 이해를 못한다는 우둔함의 표시요, 둘째 담당자를 못 믿겠다는 신호이므로 삼가는 것이 좋다.

(3) 자기 관리행동

◆ 고집

팀장은 경력이 많기에 좀처럼 남의 말을 듣지 않으려 한다. "내가 항상 당신보다 옳았다"는 과거가 계속 유혹해오기 때문이다. 그러나 인간인 이상 한 사람의 생각은 한계가 있다. 남의 의견에 항상 귀 기울이고 제삼자 입장에서 자신의 생각을 재평가해보되 과거 성공의 유혹에서 벗어나려는 '의지력'이 필요하다. 만약 '고집쟁이'의 낙인이 찍히면 팀원은 일체 의견을 내려 하지 않고 무저항의 수긍을 하게 된다. 게다가 팀장은 이런 현상을 팀원의 신뢰로 착각하고 점점 더 자기가 최고라는 아집의 유혹에 빠져들 수 있다. 능력과 경험이 풍부한 팀장일수록 부하의 간섭과 제안을 무시하려는 경향이 많은데 일단 의견을 경청하고 난 후에 타당하지 않다면 논리적 근거를 기초로 이해시켜야 한다.

리더십 카툰

"주인님! 나하고 좀 놀아주세요!"

"…."

리더가 자기 고집에만 빠지는 이유는 무엇이며 우물 안 개구리가 안 되려면 어떻게 해야 하는지 생각해보자.

◆ '예스맨' 피하기

팀이 정비됨에 따라 어떤 타성이 생기고, 여기에 걸맞지 않는 사람은 견디기 힘들게 된다. 따라서 대개의 사원들은 기존의 체제를 잘 수긍하는 태도를 보여야 자신을 보호할 수 있다는 '몸조심' 풍조에 젖어들기 쉽다. 이쯤되면 아무도 자기의 소신을 밝히려 하지 않으며, 한두 번 눈치만 보면서 시도하다가 태도를 바꾸고 만다. 그러나 유능한 팀장이라면 팀원의 직언을 내심으로 좋아하고 그것이 막히지 않도록 요령껏 부추겨주어야 할 필요가 있다.

◆ 효율적 회의

회의는 팀장에게 있어 정보관리의 중심센터 역할을 하기 때문에 이것이 "시간만 잡아먹는 것"인지 "가장 효율적인 커뮤니케이션 수단"인지의 문제는 팀장의 역할수행과 깊은 관계가 있다. 그러므로 팀장은 특히 회의 운용방식에 있어서 낭비적 요소를 철저하게 파악하여 지침을 정해놓아야 할 것이다.

◆ 감정표출의 억제

팀장은 쉽게 화를 내거나 경거망동을 해서는 안 된다. 부하를 앞에 놓고 성을 내면 부하는 더 이상 할 말을 잊게 되고 다시 꾸지람을 받을까 봐 새로운 아이디어도 속에

LEADERSHIP STORY 12.4 | 동로마를 멸망시킨 회의

〈효율적 회의 원칙〉

- 3사고 : 그만둔다, 간소화한다, 위양한다.
- 3원칙 : 회의 없는 날, 1시간 이내, 회의자료 간소화
- 7지침 : 정시 시작 및 종료, 회의 코스트 명시, 참석대상 최소화, 회의목적 명확화, 자료 사전 배포, 전원 발언, 회의록 생략(결정, 지시사항만 기록 보관)

한편 위와는 전혀 반대의 회의가 동로마제국을 멸망시켰다. 동로마제국의 수도였던 비잔티움 시에서는 집 한 채를 짓기 위해 관련 행정기관의 도장을 60개나 받아야 할 정도로 규정과 절차가 복잡하기로 유명했다. 그 나라는 오스만 터키군이 쳐들어올 때에도 그리스정교 회의실에서 정부 관리들이 군대를 출동시킬 것인지의 찬반투표를 놓고 왈가왈부하고 있었는데, 결국 그 회의가 끝나기도 전에 정복당하고 말았다. 회의의 주도권을 가진 리더의 회의 운영방식은 또 하나의 리더십이다.

간직한 채 묵살해버리고 만다. 팀장의 가벼운 지적이나 경솔한 말 한마디가 팀원에게는 크게 작용할 수 있다. 흘리는 말이라도 직접적으로나 간접적으로나 구성원의 험담을 하는 것도 절대 금해야 한다. 팀장이 기분에 따라 한 말인데도 듣는 사람은 "난 이제 틀렸구나!" 하고 확대 해석하기 쉽다.

◆ 중립적 자세

자기의 관심이 쏠리고 흥미가 당기는 사소한 업무에 너무 많은 관심과 정열을 쏟는 것도 금물이다. 특히 팀장은 본인의 아이디어였거나 자신이 가진 전문지식과 상통하는 업무에 대해서는 지나친 관심을 갖기 쉬운데, 팀장의 위치가 지대한 영향력을 미치는 자리임을 감안할 때 특정업무에 매달리는 것은 바람직하지 않다. 상급자의 비위를 맞추려는 사람들이 계속 그 업무를 확대, 강화하다 보면 자칫 팀 전체의 방향이 그쪽으로 옮겨질 수도 있기 때문이다.

◆ 솔선수범

팀장은 가장 일찍 출근하여 밝은 인사로 팀 구성원들을 맞이한다. 그뿐인가. 어떤 일을 하고 있는 동안에 다음 일을 생각하고, 숨 돌릴 새도 없이 척척 일을 처리하는가 하면 시간이 비면 팀원에게 "어떤가?" 하여 말을 걸고 또한 타 부서도 돌아본다. 단 일

LEADERSHIP STORY 12.5 | **복차지계**

중국 전한시대의 효문제(孝文帝) 때 가의(覆誼)라는 신하가 황제에게 올린 국가정책지표가 복차지계(覆車之戒)이다. 앞에 갈아엎어진 마차의 수레바퀴 자국은 뒤에 오는 마차의 교훈이 된다는 뜻이다. 그가 황제에게 다음과 같이 진언했다. "먼 옛날 하, 은, 주 세 나라는 잘 다스려진 나라입니다. 이 세 나라에서 배우는 임금은 나라를 오래 번영시킬 것입니다. 그러나 진 나라는 일찍 망했습니다. 그들의 어리석은 행동을 우리도 밟게 된다면 우리나라의 앞길도 어두울 것입니다." 중국 전국시대 위나라 임금 문후(文候)는 술 마시는 규칙을 정하고 이것을 어기면 큰 잔으로 벌주를 받게 했다. 그런데 임금이 먼저 이 규칙을 어겼다. 그러자 역시 충신이었던 공손불인(公孫不仁)이라는 신하가 임금에게 말했다 "앞 수레의 엎어진 바퀴자국은 뒤에 오는 수레의 교훈이 된다는 속담이 있습니다. 지금 임금께서 법을 만드시고 지키지 않는 전례를 만드신다면 앞일이 어떻게 되겠습니까? 벌주를 받으셔야 합니다." 임금 역시 그의 말이 옳다고 생각하여 벌주를 들이켰다.

초도 가만히 있지 않는 팀장의 이런 에너지는 팀원에게도 확산되고 팀원의 활력소가 될 것이다.

(4) 팀 리더십 체크리스트

팀장의 역할을 한마디로 한다면 효율적인 의사결정을 하기 위해 또는 남으로 하여금 효율적 의사결정을 하도록 하기 위해 다양한 방법으로 다량의 정확한 정보를 수집하여 전달해주는 것이라고 할 수 있다. 그러므로 팀장의 정보전달에 대한 임무는 막중하며, 이것이 잘못되면 기업은 올바른 의사결정을 할 수 없다. 특히 이러한 임무는 기업규모의 증가에 따라 커지기 마련이고, 효율적 정보유통 시스템 없이는 그 임무를 다 할 수 없고, 무리하다 보면 팀장 자신이 오히려 정보유통을 정체시키는 장본인이 되어 기업 의사결정이 제대로 이뤄지지 못하는 결과를 가져오게 된다. 이러한 딜레마에서 벗어나기 위해 팀장은 항상 자신의 정보전달 업무의 세부내용을 스스로 체크해보면서 오류가 없나 관찰해야 할 것이다.

◆ 체크 포인트

- 나는 어디서, 어떻게 정보를 얻고 있는가? ○○○과 만났을 때 더 많은 정보를 얻어낼 수는 없었는가? 누가 나의 정보수집을 도와줄 수 없을까?
- 나는 어떤 정보를 부하에게 주고 있는가? 내가 준 것이 부하에게 과연 중요한 것이었을까? 일일이 말해주기에는 시간이 없고 귀찮아서 나 혼자 너무 독점하고 있지는 않은가?
- 나는 충분한 정보를 얻기 전에 미리 실천에 옮기는 일이 없는가? 반대로 철저한 정보수집을 하느라고 실천이 너무 늦어져 기회를 놓치지는 않았는가?
- 아래에서 올라온 안건에 대한 결정에 앞서 나는 충분한 정보를 갖고 있는가? 차라리 부하와 같이 결정하는 것이 낫지 않을까? 혹은 지금까지 너무나 부하 혼자서 해온 것이기에 나와 같이 결정하는 데 문제가 있는 것일까?
- 회사의 앞날에 대한 나의 의도 내지 방향은 과연 무엇인가? 또한 그러한 내 뜻은 부하에게 알려서 그들의 의사결정에 참고하도록 해야 할 내용인가, 아니면 비밀로 해두고 융통성 있게 가끔 바꿀 필요가 있는 내용인가?
- 우리 회사가 지금 혼란스러울 정도로 너무 많이 변하고 있지는 않은가? 조금 늦

출 수는 없는가? 이 변화를 나는 어떻게 관리하고 있는가?

- 나는 어떤 유형의 리더인가? 부하가 내게 어떻게 반응하는가? 그들의 업무활동을 완전히 이해하고 있는가? 그들의 반응을 그때그때 옳게 이해하고 있다고 생각하는가? 용기를 북돋우고 있는가 아니면 강제책을 쓰는가? 이것들을 얼마만큼 잘 배합하고 있는가?
- 대외적 인간관계는 어느 정도인가? 누구와 만나는가? 어떤 식으로 만나는가? 그들 중에는 내가 더 알아두어야 할 사람 혹은 배워야 될 사람이 있는가? 내가 너무 시간을 뺏기고 있는 사람은 없는가?
- 시간활용은 합리적으로 하고 있는가? 그때그때 즉흥적, 임기응변적으로 하고 있지는 않은가?
- 내가 해야 할 여러 업무 중 그저 흥미 때문에 그것에 시간을 너무 투자하는 경우는 없는가?
- 타인이나 비서실이 나의 시간배정을 너무 독점하고 있지 않은가?
- 업무가 너무 과중해서 오히려 비효율적이지는 않은가? 과연 내가 다 해야 하는 일인가? 위임시킬 일은 없는가?
- 너무 겉핥기식으로 업무를 처리하지는 않는가? 또한 너무 급하게 처리하지는 않는가? 신중하게 처음부터 끝까지 붙들지 않고 사이사이 간헐적으로 끊어지지는 않는가?
- 지금 현재의 사건, 구체적으로 분명한 문제에만 너무 치중하고 있지 않은가?
- 지나친 정열과 흥분으로 업무에 매달리다가 심사숙고하는 신중한 자세를 잃어버리는 일은 없는가?
- 업무처리방식은 어떤가? '기록물'에 의한 업무처리방식을 어느 정도 알고 있는가? 직접대면, 직접대화에 의한 업무방식을 너무 선호하고 있지는 않은가?
- 사람을 스케줄링해서 만나는가, 닥치는 대로 만나는가?
- 현장검증(공장방문, 필드에 나감)은 얼마나 하는가? 현장을 보지 않고 너무 추상적으로 업무처리를 해오지는 않았는가?
- 내 시간을 꼭 해야 할 일에 쓰고 있는가? 마지못해 끌려다니는 것은 아닌가?
- 의무를 기회로 삼을 수는 없는가?

3 팀원개발을 위한 팀 리더의 자세

팀 리더의 중요한 역할 중의 하나는 무엇보다 팀원의 능력을 개발하여 팀이 이전보다 더 나은 업무처리를 할 수 있도록 하는 것이다. 이를 위해 리더는 팀원을 대하는 태도와 신념은 물론 구체적인 개발전략까지 실행해야 할 것이다.

(1) 팀원에 대한 교육훈련 마인드

우선 팀장의 팀원에 대한 기본적 생각과 신념을 다음과 같이 정리할 필요가 있다.

◆ 부하 실수의 대처

자신의 팀 업적을 위해서 능력 없는 부하나 싫은 팀원을 내쫓으려고 하는 사람은 제대로 된 팀장이 아니다. 잘못된 점은 분명하게 주의, 지도가 필요하지 다른 팀으로 보낼 기회만 노려서는 안 된다. 부하의 부족한 점을 발견한 상급자가 그것을 고쳐줄 생각을 하고 다른 업무로 바꾸어주는 것도 방법이다.

◆ 부하의 특기 개발 의지

부하 지도란 내가 힘을 가해서 내가 바라는 방향으로 휘게 만드는 일이 아니다. 싹이 텄을 때 물을 주어 성장을 돕고, 바람이 거세게 불 때 꺾이지 않도록 막아주고, 좋지 않은 방향으로 휘지 않도록 잔가지를 잘라주듯 그 사람 나름대로 성장할 수 있도록 도와주는 일이다.

◆ 업무를 통한 부하육성의 의지

부하 지도육성의 중요성은 알지만 바빠서 못하겠다고 하는 리더가 있다. 형편에 따라 업무분담을 재배치하여 부하가 경험하지 못한 업무를 경험케 하는 것도 부하 육성의 한 방법이다. 즉 업무처리와 부하육성은 양립될 수 있는 것이다.

◆ 헌신적 육성

나를 잘 따르지 않는 부하는 따돌리고 잘 따르는 부하는 편애하거나, 부하를 힘으로 누르려고 해서는 안 된다. 그는 자신이 권력을 쥐고 세도를 키우기 위한 수단으로서 부하를 육성하고 있을 따름이기 때문이다. 인재육성은 반대급부를 바라지 말고, 오로지 부하가 조금이라도 잘되기를 바라는 마음가짐으로 해야 한다.

◆ 부하의 특기와 장점 개발

부하에 대한 지도육성은 내 자리를 물려줄 후계자를 양성하는 것이 결코 아니다. 내가 육성한 부하는 내가 가지지 못한 능력을 가지고 있는 다른 리더에게 위탁시켜서 그 부하가 나의 단순 복사판에 머물지 않고 최종적으로 나를 넘어서는 사람으로 클 수 있도록 도와주어야 한다.

◆ 부하의 잠재력 개발

팀장의 고집된 생각을 부하가 눈치 채게 될 때 부하의 마음은 더욱더 굳게 닫히고 만다. 누구든 훌륭한 잠재적 능력을 지니고 있으니 그 가능성을 굳게 믿고 이를 개발시켜야 한다. 그러기 위해서는 부하를 꼭두각시처럼 만들지 말고 평소에 권한을 위임하여 자신의 재량과 능력을 발휘할 기회를 주고, 새로운 시도를 하다가 실패를 하더라도 격려하며 용기를 북돋아줄망정 도전정신을 꺾어서는 안 될 것이다.

◆ 부하에 대한 신뢰

팀장이 일단 부하를 신뢰하지 않으면 부하도 이를 알아차리고 동기부여가 되기 어렵다. 그렇게 되면 부하는 새로운 일을 창조하려고 노력하기를 포기하고 복지부동의 자세가 된다. 하지만 팀장의 신뢰를 얻고 있다는 확신이 들게 되면 그는 누가 시키지 않아도 새로운 도전에 발벗고 나선다. 팀원의 도전정신은 물질적 보상보다 팀장과의 상호 신뢰에서 비롯되는 상호적인 반응행동이다.

(2) 팀원육성을 위한 실제 전략

◆ 신뢰

이기적인 상사는 자기중심적이어서 무엇이든 개인이 득을 보는 방향으로 행동하므로 부하의 불신을 산다. 희생적인 리더는 자신보다 부하를 더 많이 생각해주므로 부하에게 도움이 되는 방향으로 행동해서 신뢰를 얻는다. 아무리 바쁜 일이 있어도 부하가 성공적으로 업무를 마무리 지을 수 있도록 보살펴야 한다. 채찍질만 해놓고 결정적인 순간에 리더가 슬그머니 빠져버려 일의 결과가 잘못되었을 때 부하는 좌절감과 함께 깊은 불신의 늪에 빠지게 된다.

◆ 권한위임

부하가 처리하게 되면 나만큼은 솜씨 있게 잘 처리하지는 못하지만 내가 도와줌으로써 그런대로 처리할 수 있다고 판단되는 업무라면 모조리 부하에게 맡겨야 한다. 부하에게 강한 신뢰감을 심어주고 권한을 대폭 위양한다는 인식을 주어야 한다.

◆ 지원자 위치

부하에게 일을 맡기기가 불안해서 꼼꼼하게 지시하는 사람이 있다. 완벽하게 일을 처리하려 하기 때문이겠지만 그럴수록 부하는 도리어 소극적인 사람으로 변하고 말 것이다. 60의 능력이 있는 팀원에게 100의 업무목표를 주었을 경우 20~30의 힘을 보태어주는 데 그쳐야 한다. 부족한 만큼 스스로 발전할 수 있는 여지를 남겨두는 것이다.

◆ 업무의 교체

일을 성취하였을 때 기뻐하고, 실패했을 때에는 다시 생각하는 과정에서 능력이 자란다. 그러나 몇 년이 지나서 자신이 생기고 남의 의견을 수용할 수 없게 되면서부터 능력의 발전은 멈추게 된다. 동시에 변화가 두려워진다. 그러므로 부하가 능력 포화상태가 되기 전에 다른 업무로 전속시키거나 업무분장을 바꿔주어야 한다.

◆ 칭찬과 동기부여

신임 팀장은 부하에게 선수를 쳐가며 지시하기 바쁘다. 그러나 부하는 자꾸 선수공격에 쫓기면 반대로 소극적으로 일하게 된다. 부하가 진취적으로 제언하는 풍토를 조성하려면 먼저 부하가 무엇이든 말할 수 있는 분위기를 조성해주어야 한다.

◆ 책망금지

부하에게 주의를 주는 일, 꾸짖는 일은 나의 스타일에 맞지 않는다고 핑계 대며 우물쭈물하는 사람이 있다. 할 말은 분명히 하는 것이 리더의 첫걸음이며 의무이다. 그러나 여러 번 주의를 주어 고쳐지지 않는 경우를 제외하고는 부하에게 야단을 치는 것은 삼가야 한다.

4 팀 활성화 전략

팀을 활성화한다는 의미는 팀원 개개인의 동기유발과 잠재능력을 발휘하게 하는 것도 물론 포함하지만 팀원 상호 간의 의견과 지식의 교류로써 더 나은 의사결정을 하여 팀 성과 향상에 공헌하도록 한다는 데 있다. 다시 말해서 팀원 개개인의 능력이 육성되었다고 팀의 성과가 저절로 높아지는 것은 아니다. 개인 능력의 합이 팀의 성과가 아니라, 개인이 어떻게 상호작용하는지에 따라서 팀 성과는 변화한다. 팀 리더의 사명은 팀원 상호작용의 틀을 짜고 이를 지원하여 팀 성과를 높이는 일이다.

(1) 팀 임파워먼트

팀원은 각자 자기 업무에 대해 주인의식을 갖고 주도권을 가질 때 힘이 솟아날 것이다. 힘이 솟아난 팀원들은 자신의 업무가 자기 책임하에 자기 방식에 의해 수행될 수 있다는 사실을 인지하고 더 많은 보람과 각오로 업무에 임하게 될 것이다. 팀 리더의 사명은 팀원에게 힘을 실어주어 자기 업무를 스스로 혁신하고 생산성을 향상시키게 하는 것이다.

◆ 임파워먼트란?

임파워먼트(Empowerment : 힘 실어주기)란 용어는 전에 공부한 대로 권한위임, 능력의 신장, 구성원의 활력향상 등 여러 가지로 번역되고 있는데 구성원의 모티베이션을 위해 권한이 위양되는 것이 필수적임을 입증하는 말이다. 우리말로는 부하들에게 힘 실어주기로 해석되며 이 역할은 팀의 리더가 해야 한다. 그러나 권한위임도 구체적으로 지시

LEADERSHIP STORY 12.6 | 세종의 리더십

사람들의 사기를 올려 신바람 나게 일하도록 여러 방법을 고안해낸 것은 어제오늘의 얘기가 아니다. 오늘날까지 남아 있는 아테네의 신전을 짓는 방법에서도 옛사람들의 사기진작기술을 배울 수 있다. 신전을 짓기 위해 거대한 대리석을 산꼭대기에서 밑으로 운반할 때 천천히 내려가도록 하기 위해 산 위에 줄을 걸고 수십 명이 아래로 잡아당기는 일은 매우 중요하고 어려운 일이었다. 이때 옆에서 피리를 불며 장단을 맞춰주는 악사가 필요했다. 빵을 구워 파는 아테네 시 빵 공장 아낙네들도 밀가루반죽을 할 때, 옆에서 피리 부는 사람이 따로 있어 사기를 돋우었다. 우리나라에서는 전통적으로 모내기할 때, 집터를 돋울 때, 들 샘에서 물을 퍼 올릴 때 장단을 맞추는 많은 노랫가락들이 아직도 전해지고 있다. 또한 세종대왕께서는 변방을 지키는 장수들의 사기를 올리는 방안을 적극적으로 연구하게 했다는 기록도 있으며 나아가 집현전 연구원들에게는 사기앙양을 위해서 안식년을 주기도 했다.

하면서 맡길 경우 팀원의 활력이 일어나지 않을 수도 있다. 단순히 권한만 위임한다기보다는 재량껏 계획하고 자기 통제하에 아이디어도 내면서 일을 처리할 때 임파워되었다고 할 수 있다. 돈을 주면서 청바지를 사 입으라고 하는 것은 권한위임이지만 돈을 주면서 알아서 사 입도록 한다면 임파워먼트라고 볼 수 있다.

◆ 임파워먼트 방법

팀원이 자기 발전과 개선에 적극 동참하는 것이 조직의 경쟁력에 좋은 밑거름이 되며, 이것은 주인의식과 함께 중요한 성공 요인이다. 또한 조직의 문화, 리더십, 직무구조, 교육훈련, 보상제도 등도 팀원의 임파워먼트에 큰 영향을 미친다. 팀원들에게 더 많은 책임을 주고 그들의 지식과 학습능력을 활용하여 스스로 배우고 실천하면서 성과를 만들어내면 임파워먼트가 이루어진 상태라고 볼 수 있다. 이를 위해서는 CEO나 팀 리더가 팀원들에게 권한을 위임하고 자주 의견을 묻는 것도 필요하지만 팀 운영제도를 민주적으로 정착시키는 것도 중요하다.

(2) 학습팀의 구축

팀의 능력과 팀원의 수준이 세월이 가도 그대로라면 그 팀은 학습한 것이 아니다. 팀이나 조직도 개인처럼 매일 학습하여 문제해결과 성공을 위한 실력이 나날이 증가해야 한다. 즉 지속적으로 학습하여 성장하는 팀을 만드는 것도 팀 리더의 역할이다.

이미 성장한 팀보다 지속적으로 성장해가는 팀, 즉 학습의 방법과 체질을 득하여 학습 활동이 계속되는 팀 문화를 만들면 팀장으로서의 역할을 다 한 것이다.

◆ 정보창조팀

팀 개발, 팀 활성화, 효율적 팀 운영 등등의 궁극적 목표는 실력 있는 팀을 만드는 것이다. 팀의 미션을 잘 수행할 수 있는 실력 내지는 능력, 좀 더 유식하게 표현하면 팀의 지식, 정보, 가치를 높이는 것이 팀 개발이다. 그런데 이러한 실력, 지식은 크게 두 부류로 나눌 수 있다. 그 하나는 구체지식(有形知)이요, 또 하나는 잠재지식(無形知)이다.

최 아무개는 북한산 대남문에 자주 갔기 때문에 그는 자기 집에서 북한산 대남문까지 어떻게 가는지 잘 알고 있다. 남에게 자세히 설명해줄 수도 있고 약도까지 그려줄 수 있다. 이것은 구체지식이다. 박 아무개는 한 번도 대남문에 가본 적이 없기 때문에 남에게 가르쳐줄 수 없다. 그러나 물어물어 찾아갈 수 있는 실력은 있는데 이것이 잠재지식(無形知)이다. 그러므로 대남문에 가본 적이 없는 박 아무개와 그의 일곱 살짜리 아들에게 대남문에 찾아가보라면 박 아무개는 찾아가지만 그의 아들은 찾아가지 못한다. 그의 아들에게는 잠재지식이 없기 때문이다. 즉 유형지는 무형지에서 나온다.

◆ 지속적인 정보창조 행동

개인이든 팀이든 업무처리에 대한 정보와 지식이 지속적으로 증대된다면 학습팀이라고 했다. 팀에서 정보창조가 계속되려면 다음의 네 과정이 반복되어야 한다.

- 이식화 : 김 사장의 일거수일투족은 박 군에게 모두 보이고 박 군은 배우려는 열렬한 태도로 김 사장의 작업을 세밀하게 관찰한다.
- 구체화 : 잠재지식을 구체화할 수 있는 계기를 만들려면 동료나 상급자들과 계속 대화를 해나가야 한다. 아이디어가 떠오르면 실제로 시도해봐야 실패든 성공이든 실감하게 되며 실패하더라도 실패의 노하우를 얻을 수 있다. 그러나 잠재지식을 혼자만 간직하고 있든가 실패가 두려워 복지부동하고 있으면 있는 지식마저 녹슬게 된다.
- 연결화 : 구체화된 지식이나 기술은 공표해야 상대에게 전달되어 그의 지식이 될 수 있다. 또 서로의 지식을 교환하다 보면 혼자서는 생각하지 못한 새로운 원리나 기술을 배우게 된다.

■ 내면화 : 새로운 경험과 지식이 머리에 쌓일수록 잠재실력은 계속 축적되고 이러한 잠재실력은 언젠가 구체화될 수 있는 보배가 된다. 잠재실력의 증가는 새로운 시도나 실행이 계속 있으므로 발생하는 것이다. 앞의 예에서 아무 데도 가지 않고 방 안에만 있는 사람은 어디를 찾아갈 수 있는 잠재실력 증대가 없다. 국내에서도 이곳저곳 자주 가본 사람이 해외에 가서도 어떤 장소를 쉽게 찾아갈 수 있는 것과 마찬가지이다.

(3) 팀의 진화

팀은 진화한다. 그러나 완전한 팀이 하루아침에 인위적으로 만들어지는 것은 아니다. 팀제로 전환하는 수많은 조직은 처음부터 한꺼번에 모든 것이 정립되어서 이론대로 되리라고 성급하게 기대하는 경향이 있다. 또는 반대로 어느 단계에서 필요 이상 그대로 진행되는 경우도 있다. 이 모두가 바람직한 현상은 아니며 팀은 점차 발전해나가는 것이 정상이다. 급작스런 성장이 가능하다면 더욱 좋겠지만 그것을 기대했다가는 부작용이 있을 수 있다.

◆ 팀의 진화단계

발전 속도는 팀마다 차이가 있지만 팀은 갓난아이가 어른이 되듯이 모두 비슷한 단계를 거쳐서 성장한다.

■ 초기단계 : 팀원은 다소 긴장감과 미래에 대한 두려움을 느끼며 팀이 제대로 운영될지 염려한다. 책임은 누가 지며 자기는 무슨 일을 어느 정도 하며 다른 사람과 어떤 관계에 있는지 궁금해하면서 조심스럽게 탐색해나간다.

■ 시행착오단계 : 아직 모든 것이 정립이 안 되고 함께 일하는 데 익숙하지 않기 때문에 시행착오를 거듭하며 팀원으로 행세하는 노하우를 축적해나간다. 자신의 업무와 인간관계, 전방업무와 후방업무의 파악 등 무엇이든 배우는 데 총력을 기울인다.

■ 정상궤도 진입단계 : 팀원 서로가 익숙해짐에 따라 함께 조화롭게 일해나간다. 이 단계에서는 목표를 향해 점진적으로 나아가고 있음을 인식하게 되고 팀원은 업적을 보고 더욱 신바람 나게 일하게 된다.

■ 쾌속질주단계 : 팀은 완숙단계에 이르러 팀미션 달성에 대한 열정을 가지며 개인으로서가 아니라 하나의 팀으로서 업적을 이룩했음을 인식한다. 자신들이 개인적으로 능력향상이 되어 있음을 알게 되고 자부심도 느끼면서 팀을 위해서 자기의 재능을 최대한 발휘하려는 의욕이 생긴다.

◆ 교육훈련에서 학습으로

전통적 조직에서는 직무가 안정적이고 최선의 방법이 정해져 있다는 전제하에 효과적으로 작업을 수행하기 위한 방법을 가르친다. 팀의 직무는 정해진 방법으로 일정한 규칙에 입각하여 단순 반복적으로 수행할 것을 요구하는 것이 아니라 직무 담당자가 스스로 어떤 것이 올바른 것인지를 판단할 수 있는 능력을 요구한다.

특히 팀제에서의 직무는 다차원적이고 일을 수행하는 방법을 변경하는 것이 가능하기 때문에, 일의 수행방법보다는 왜 그렇게 해야 되는지에 대한 이유를 아는 것이 더욱 중요하다. 따라서 판단하고 이해하며 통찰력을 갖게 하기 위해서는 교육훈련보다는 학습(learning)이 더욱 중요하다. 팀제 조직에서는 지속적인 변화에 대응하여 현재의 일을 잘하는 사람보다는 일을 새롭게 정의하고 왜 그러한 일을 수행하는지를 이해할 수 있도록 해야 한다.

그런데 학습의 방법이 이제는 제삼자나 간접교육보다는 실무현장에서 직접 체험하면서 시행착오를 통해 지식을 축적하고 새로운 변화에서 정보를 얻는 것이 더 중요하게 되었다. 학습은 시간과 장소의 제약 없이 언제 어디서나 계속해서 정보를 더 쌓게 되는 것이므로 학습상황을 만들어주는 것이 회사의 분위기이며 효율적 학습을 위해 개인보다는 팀워크를 통해 학습하도록 여건을 만들어주어야 한다.

학습의 궁극적 도달점은 구성원 각자를 신의 경지에 이를 정도의 다기능 인재로 키우는 것이지만 사실상 그러기에는 한계가 있으므로 팀 자체를 다기능팀으로 만드는 것이다. 이는 팀원 상호 간의 긴밀한 정보교류와 직무의 공동분담으로 이루어지는데 팀장이 팀원 각자의 핵심역량과 강약점을 파악한 뒤에 상호 교류의 분위기를 만들어 주어야 학습활동이 활성화될 것이다. 그뿐 아니라 팀원 각자에게 새로운 시도와 전통의 파괴에 대한 자율권을 허락하고 새롭게 도전하여 실패하는 경우가 있더라도 사기를 북돋아주어야 할 것이다.

◆ 교환훈련의 효과

팀제에서 단일의 직무는 사실상 사라졌다. 팀원들은 다기능화(multiple-skilling)를 위해 교차훈련(cross-training)되어야 한다. 팀원 모두가 여러 직무를 다룰 수 있어야 하고 결과적으로 조직의 유연성과 팀원의 직무만족도를 높여야 한다. 팀원들은 팀의 목표를 달성하는 데 필요한 거의 모든 기능을 습득할수록 좋다. 요즘에는 자격증도 어학, OA, 정비, 판매사 등 매우 다양해졌다.

교차훈련의 효과를 나열하면 다음과 같다.

- 똑같은 업무과제를 종일 반복하는 지루함을 완화시킨다.
- 인력수급의 유연성을 높이며, 문제가 발생하거나 대량의 수요가 발생할 때에는 구성원 간 상호 지원이 가능하다.
- 직무들이 어떻게 서로 조화되고 구성원 각자가 팀의 전체결과에 어떻게 공헌하는지를 팀원이 더 잘 이해하게 된다.
- 팀원을 고무시켜 다른 사람의 개발과 교육훈련에 도움을 주도록 만든다.
- 새로운 업무과제를 수행할 자격을 가지게 되면, 팀원은 자부심과 성취감을 느낀다. 교차훈련의 성과를 공개적으로 알려서 자기 자신뿐만 아니라 관리자와 동료로부터 강화를 받을 수 있는 기회를 가지게 한다.

LEADERSHIP STORY 12.7 | 알렉산드로스의 리더십

알렉산드로스 대왕은 리더십에 있어서 누구도 따라잡을 수 없는 리더였다. 알렉산드로스와 동시대의 사람들, 특히 그의 동료와 추종자들은 그를 보기 드문 훌륭한 리더로 간주했다. 바위와 모래뿐인 사막에 고립되었을 때, 알렉산드로스 역시 다른 사람들처럼 갈증으로 고통스러웠다. 그러나 그는 선두에 서서 행진을 계속할 뿐이었다. 그가 할 수 있는 것은 계속 걷는 일뿐이었다. 병사들은 고통을 견뎌내며 알렉산드로스 장군을 따라서 걸었다. 그들이 고생하는 동안 물을 찾으러 다니던 정찰병들이 비참하리만큼 적은 양의 물을 발견했다. 그들은 어렵게 물을 떠서 알렉산드로스 장군에게로 다가왔다. 알렉산드로스는 그들에게 감사하고 물이 든 투구를 받아들었다. 그러고는 모든 부하들이 보는 앞에서 투구의 물을 땅에 쏟아버렸다. 장군 혼자 물을 마시면 나머지 병사들의 갈증과 저항은 더 클 것이라는 사실을 간파하고 고생을 부하들과 함께 하겠다는 의지를 몸소 행동으로 보인 것이다. 투구의 물을 쏟아버린 그의 행동은 모든 병사들이 각자 물을 마신 것과 똑같은 효과를 거두었던 것이다.

교차훈련으로 다기능화된 인재들로 구성된 선진기업은 업무를 분할하기보다는 한데 묶어서 한 사람에게 맡기고 있다. 팀제 도입 시 가장 명심해야 할 점 중의 하나는 조직이 팀 교육을 실행하는 데 충분한 시간과 헌신적 참여, 그리고 자원을 확보해야 한다는 것이다.

교육훈련이 팀 도입의 성공을 좌우한다. 교육훈련에 시간을 투자하는 것을 방해하는 가장 첫 번째 요인이 팀 활동을 들먹이는 것이다. 팀 훈련을 하게 될 때 아무리 많은 시간을 투자해도 결코 충분하지는 않겠지만 선진기업은 전통적인 조직구조를 유지하고 있는 기업들보다 훨씬 많은 시간을 교육에 쏟고 있다. 물론 그 효과는 당장 드러나지 않는 경우가 대부분이지만 팀과 조직의 장기적 발전을 위해서 약간의 업무지장은 감수해야 한다.

5 팀 리더십 축소와 자율경영

팀 리더는 팀원뿐만 아니라 팀이라는 조직의 책임자로서 조직 관리자가 되기도 한다. 조직 활성화를 위한 여러 부문의 전략이 필요하지만 여기서는 팀의 계층조직과 관련하여 수평적 조직 만들기, 자율과 권한위임을 다루고자 한다. 그리고 우리나라의 특별한 상황으로 팀의 중간간부라고 할 수 있는 간부팀원에 대한 관리도 팀 운영을 위한 중요한 요소이므로 이에 대해서도 팀장으로서 대책 마련이 필요하다.

(1) 관리계층의 축소

리더십은 변할 수밖에 없고 또 변해야만 한다. 팀제 전환으로 영향을 크게 받는 사람들은 바로 리더이다. 팀이 성숙함에 따라 대부분의 일선 및 이선 리더는 더 커다란 책임을 지게 된다. 이는 리더십의 역할이 변해야 한다는 것을 의미한다. 만약 그렇지 않으면 팀 실행은 지지부진해질 것이다. 도전에 대처할 준비가 되어 있지 않다면 팀원이 관리자를 앞질러 갈 것이다.

우선 리더의 자리, 직책의 수가 줄어들고 있다. 대부분의 기업이 실질적인 관리자 직책, 즉 팀장 자리를 과거의 부장 자리 수보다 줄이고 있다. 과장의 자리는 파트 리더 혹은 부 팀장이라고 하면서 유보시킨 회사도 있지만 아예 파트 리더를 두지 못하게 하는 회사도 많다. 외국기업도 자율팀 도입 이후 관리직의 축소가 현저하다.

우리나라에서는 팀장이나 보직 담당이 아닌 경우 조기퇴직이나 명예퇴직이 많은데 사실은 자연감소 재배치, 실무진 투입 등으로 해결하는 것이 바람직할 것이다. 또한 많은 리더가 공식적인 리더 지위에서 다른 직무로 옮겨가게 되는데 어떤 사람은 전문기술이나 영업직무, 어떤 사람은 사내강사나 훈련보조자 역할, 어떤 사람은 일선의 팀원 역할을 맡기도 한다. 재배치를 받지 않고 여전히 관리직을 맡게 되는 경우 팀장의 책임 범위가 확대되기 때문에 팀장 역할의 일부를 완전히 떼어서 전통적 관리 책임을 맡길 수도 있다.

리더십 축소의 필요성과 밀접하게 관련된 것이 관리계층의 축소이다. 자율팀에서는 대규모의 명령 계통이나 견제장치를 마련할 필요가 전혀 없다. 팀제 도입 이전보다 더 적은 관리계층으로 운영될 수 있기 때문이다. 관리계층과 관리자의 수가 축소됨에 따라 통제범위는 그와 함께 확대된다. 외국의 경우에는 이러한 확대가 매우 극적일 정도이다. K슈즈사는 팀원 60명당 1명의 리더라는 책임 범위로 운영되고 있다. 밀워키 보험에서는 통제범위가 1 : 6에서 1 : 20으로 확대되었다. 밀러 맥주에서는 1명의 리더가 50~60명의 팀원을 책임지기도 한다. 텍사스 인스트루먼츠 말레이시아 지사에서는 1명의 팀장이 200명의 팀원을 책임진다. 책임범위가 확대되면 보다 더 활력을 주는 리더십 스타일(임파워링 리더십)이 요구된다. 20명에게 사용했던 통제와 결재방식으로 200명의 팀원을 관리할 수는 없기 때문이다. 따라서 관리가 아니라 자율방식으로 유도해야 한다.

◆ 고객이 관리자이다

조직에서 하의상달적인 상향적 커뮤니케이션은 참여와 동기부여 측면에서 필요하지만 조직 밖의 고객으로부터 그들의 기대, 요구, 정보를 듣고 경영에서 실천하는 것이 '고객중심의 경영'과 함께 특히 강조되고 있는 추세이다. 세계 굴지의 기업들이 펼치고 있는 '듣는 경영'의 실례를 살펴보자. 닌텐도 미국지사는 고객으로부터 하루에도 수백 통씩의 전화를 받는다. 퀴즈 경품 등으로 상품을 주면서 아이디어를 얻고 있는데 이렇게 얻은 것이 수천 가지가 된다고 한다. 스위스항공(Swiss Air)의 중역은 고객터미널에서 직접 고객들의 불만을 듣는다. 볼보자동차 중역들도 고객과 그들의 자녀들까지 대동하고 자동차 판매장을 돌아다니면서 고객의 기호와 요구를 파악한다. 일본의 삼정은행 중역도 창구에서 고객을 만나고 있고 우리나라 또한 한 전자회사의 전무이사가 A/S센터에서 고장접수를 받기도 했다. 어떤 백화점에서는 가정주부를 모셔다가 중역회의에 참석시키기도 한다.

(2) 팀 리더십 개발

전통적 피라미드 조직이 변하여 프로세스 중심의 팀제가 되었다면 조직혁명이 일어난 것과 마찬가지이다. 이처럼 외형상의 대변혁이 있는데 그 조직의 리더들이 변하지 않는다면 매우 혼란스러울 것이다. 아무리 열심히 일을 하더라도 성실하고 부지런하다는 것만으로 팀을 이끌어가던 시대는 지났다. 리더는 능력이 있어야 한다. 능력 중의 하나는 다른 사람과 더불어 조직의 성과를 창출하는 리더십이다. 즉 오늘날에는 과거의 자기중심적, 지시통제적 리더십 스타일에서 벗어나 구성원의 능력을 키워주고 부하로부터 신뢰를 받을 수 있는 효과적이고 성공적인 새로운 리더십이 필요한 때이다. 리더십의 방향을 정하기 전에 팀원이 팀장에게 바라는 기대가 무엇인가 먼저 파악해보는 것이 가치 있는 일이다.

◆ 팀원이 바라는 리더상

- 종전의 조직에서 벗어난 팀제를 느낄 수 있도록 해달라.
- 책임감을 갖고 의욕적으로 일할 수 있는 여건을 마련해달라.
- 지시 일변도 관리를 지양해달라.
- 업무는 자율적으로 하도록 권한과 책임을 위임하라.
- 주관을 가지고 업무를 추진하라.
- 자질구레한 일에 관여하지 말라.
- 팀내 어떤 업무라도 할 수 있도록 순환보직을 시켜라.
- 서로 다른 자질과 기능을 가진 일단의 사람들이 모여 보다 큰 성과와 팀의 목표를 달성하도록 해달라.
- 팀원의 담당업무 범위를 확장해달라.
- 하나하나의 업무에만 국한하지 않고 팀의 전반적인 업무를 고루 수행하여 시너지가 창출될 수 있도록 하라.

◆ 팀 리더의 행동기준

- 자기 분야의 전문지식 축적
- 팀을 리드하지 못하는 팀장에 대한 평가시스템 제도화
- 의식전환을 위한 교육훈련프로그램 개발

- 팀원의 자율과 창의성 존중 필요
- 팀원의 팀장 평가제 도입
- 팀제 정착 및 발전을 위한 협의체 구성
- 팀장 업무의 규정과 한계 필요
- 팀장의 과다한 업무 감소
- 스태프, 라인 조직별로 팀장 대 팀원으로 이루어지는 팀제 회의 신설
- 서로의 고충 토론
- 일일 팀장, 팀제 도입
- 팀장 자신의 정확한 목표인식
- 팀장의 의견과 정보를 공유할 수 있도록 열린 관리

(3) 중간간부의 업무역량 개발

관리자, 감독자, 상급자의 신분적 지위가 유명무실하게 되어가는 추세는 비단 팀장이 되지 못한 과장, 차장, 부장에게 국한된 것만은 아니다. 일선 감독자의 입장보다 오히려 코치 역할을 맡은 팀장의 사실상 신분적 특권은 더욱 줄어들었다고 볼 수 있다. 아직은 팀장이 권한을 많이 소유한 채 팀원에게 위임을 하지 않은 상태이기 때문에 얼핏 보아서는 팀장의 권한이 큰 것처럼 보이는 것은 사실이다. 그러나 머지않아 팀에서의 신분의 고하는 줄어들 것이다. 현재로서는 과거 관리자의 위치에 있다가 팀원에 소속된 과장, 차장 등 중간간부가 특권을 박탈당한 느낌이 드는 것도 사실이다. 팀원 활성화를 위해서는 팀원 개개인에 대한 불필요한 업무 간섭이 배제되어야 함에도 불구하고 중간간부팀원들의 업무간섭이 많고 실무능력 부족으로 책임전가 현상도 많기 때문에 이에 대한 대책이 마련되어야 한다.

◆ 중간간부의 리더십 개발

- 교육훈련을 통한 사고(의식)의 전환
- 상사에게 직언할 수 있는 분위기 조성
- 목표에 대한 공감대 형성 및 책임의식 고취
- 조직 활성화를 통한 팀워크 배양
- 토론문화 정착

- 전원참여, 순번 팀장제
- 회의 시 좌석 배치의 비서열화
- 상사에 대한 평가제도 도입
- 자기계발(팀원)을 통한 업무능력 배양
- 팀내 팀원의 업무추진 사항 제공을 위한 전자사서함 활용
- 팀내 티타임(tea time)을 통한 팀원의 의견수렴
- 중간관리자의 스마트한 IT 마인드 제고 등

12장의 핵심내용

팀 리더는 일반 리더와 약간 다른 자질과 특성을 갖출 필요가 있다. 점차 팀의 활용이 증대되는 상황에서 팀장이라면 가장 큰 사명은 팀원들 상호 간의 교류와 협동으로 업무를 처리하게 하는 것이며 이를 활용하여 팀의 능력을 꾸준히 증가시키는 것이다. 그러므로 팀원에 대한 감독이 아닌 자질개발과 업무의 협동추진이 필요하고 이를 위해 자기관리 능력이 특히 필요하다. 팀 리더로서 자질이 있는지 자기인식 체크포인트를 점검하는 것도 필요하다. 팀원개발을 위한 몇 가지 리더의 자세를 체크해야 하며 팀을 활성화하는 임파워먼트 전략과 학습팀의 구축방법도 학습해야 한다. 팀학습을 통해 지속적인 진화가 필요하고 팀 리더십을 축소하는 것이 궁극적 목적이므로 계층을 축소하고 자율권을 위임하여 팀원을 육성시키는 일을 지속해야 한다.

복습 및 토의문제

1. 팀 리더가 일반 리더와 다른 점이 있다면?
2. 팀장의 자기관리를 위한 행동수칙은?
3. 팀장의 자기진단 체크리스트란?
4. 팀원육성 전략은?
5. 팀의 활성화를 위한 임파워먼트란?
6. 학습팀 구축전략은?
7. 리더십 축소란?
8. 팀내 중간간부의 역할은?

키워드 정리

팀 리더, 자기관리, 자기진단 체크리스트, 임파워먼트, 학습팀, 암묵지, 형식지, 리더십 축소, 팀의 진화

사례연구

로마제국의 리더십

로마를 흔히 '천년제국'이라고 하지만 BC 753년에 건국되어 서로마는 AD 476년에 망하고 동로마는 AD 1453년에 망했으므로 서로마 역사는 1,200년, 동로마는 2,200년이다. 이토록 긴 역사를 가진 제국이 왜 멸망했을까? 로마는 하루아침에 성장한 것도 아니지만 하루아침에 망하지도 않았다. 멸망은 BC 476년이지만 BC 2세기 때부터 멸망은 시작되었다. 전반기 500여 년간 로마를 성장시킨 원동력이 쇠퇴의 길로 접어든 것이다. 자진 병역의무가 징집제로 바뀌고 귀족과 원로원 자제의 자진입대와 자진납세는 병역기피와 용병을 사서 입대시키는 용병제로 변했다. 상류층의 솔선수범으로 유지되어오던 평등은 균열되어 BC 241년에 최상 1계급과 최하위 평민계급인 6계급 간의 소득격차가 8배이던 것이 BC 145년에 150배로 늘었고, BC 130년에는 600배나 되었다. 초기에는 적국인 사비니 여인과도 결혼을 허락하고 로마에 거주만 하면 모두에게 시민권을 주었고 타국의 종교에도 개방적이었던 로마가 BC 126년에 로마 거주 비시민을 추방하는 유니우스법과 이어서 BC 95년에는 로마 거주 이탈리아인과 라틴인을 추방하는 무키니우스법을 연달아 발표한다. 삼권분립의 갈등과 견제로써 균형을 유지해오던 정체(政體)가 서기시대로 넘어오면서부터 카이사르와 5현제의 인기로 인하여 민회와 원로원에게 의존했던 로마 국민의 인기권력은 모두 황제에게로 몰려 독재를 자초했다. 결과적으로 팍스로마나(Pax Romana) 시대에 겉으로는 로마를 화려하고 평화롭게 했지만 환경의 도전도 없고 내부 권력기관들 간의 견제와 갈등도 없는 패망의 씨앗을 키우고 있었던 것이다.

토의주제

- 로마제국 위정자들의 리더십을 오늘날의 기업가들에게 적용할 때 필요한 것과 멀리해야 할 것은?
- 로마가 성장한 이유와 패망한 이유를 위정자의 리더십을 위주로 나열해보자.
- 국가적 리더와 기업의 리더가 갖춰야 할 특성 중 유사점과 차이점은 무엇일까?
- 기타 : 이 사례에서 또 생각해보거나 토론해볼 점을 나열해보자.

13장

리더십 이슈

사려 깊고 근심하는 시민들이 모인 작은 팀이 세상을 변화시킬 수 있다는 사실을 의심하지 마라. 세상은 실제로 그렇게 변화하여왔다. - 마거릿 미드

리더십이란 모범을 보이는 것이다. - 리 아이어코카

고용주는 직원들을 밖으로 내보낸다. 지도자는 그들을 지도한다. 고용주는 권위에 의존하고 지도자는 친절에 의존한다. 고용주는 공포를 불어넣고 지도자는 열광을 고취한다. 고용주는 '나'라고 말하고 지도자는 '우리'라고 말한다. 고용주는 고장에 대한 책임에 눈길을 돌리고 지도자는 그 해결방법을 보여준다. 고용주는 '일하라'라고 말하고 지도자는 '일합시다'라고 말한다. - 고든 셀프리지

나는 한 개의 별입니다 / 헤르만 헤세

나는 천공에 달린 한 개의 별입니다.
세상을 내려다보고 멸시합니다.
그리고 내 정열 속에 타 버립니다.

나는 바다입니다. 밤이면 격노합니다.
낡은 죄에 새 죄를 덮어서
무서운 희생을 요구하며 설레는, 비탄의 바다입니다.

나는 그대들의 세상에서 쫓기어
자만하게 자랐고 자만에 속았습니다.
나는 나라 없는 왕입니다.

나는 말없는 정열입니다.
집안에는 난로도 없고 전쟁에는 칼도 없습니다.
그리고 내 힘에 병들고 있습니다.

13장

리더십 이슈

좋은 리더만 있으면 조직은 성과를 올리는가? 리더개인의 성격이나 심리상태에 따라 조직문화는 닮아가는가? 조직의 전략은 경제성과 합리성 말고도 리더개인의 의도에 따라 만들어질 수 있는가? 성별이나 문화가 다르면 리더십의 형태도 달라지는가? 리더는 조직에 이모저모로 지대한 영향을 미치지만 리더 없이도 좋은 결과를 내는 단체가 있으며 리더가 다른 사람으로 바뀌어도 여전히 좋은 성과를 내는 집단도 있다. 그 이유는 무엇일까? 이는 조직성과에 영향을 미치는 요인이 리더 말고도 다른 변수가 많이 존재한다는 증거이다. 그리고 리더십 영향력을 더 강화시키거나 약화시키는 제3의 변수도 존재한다. 이에 대해 확실한 경로는 아직 밝히지 못하고 있지만 잠재적인 변수들이 많이 거론되고 있다. 그리고 우리가 배운 리더십 이론은 시대와 장소를 불문하고 항상 진리인가의 문제도 있다. 문화에 따라 조직상황에 따라 이론의 주장이 달라지지는 않을지도 모른다. 민주적 리더십이 좋다고 하지만 자율을 경험하지 못한 집단에서는 독재적 리더가 오히려 카리스마 리더십 행동으로 존경을 받는다. 이러한 내용은 우리가 계속 연구하고 밝혀나갈 문제이다.

이 장에서 배울 것

- 리더십 효과를 조절하는 제3의 변수는 무엇인가?
- 리더개인의 성격과 심리상태는 조직에 어떤 영향을 미치나?
- 리더가 조직의 분위기와 조직문화에 미치는 영향은?
- 리더십 효율성은 리더나 부하의 성별에 따라 달라지는가?
- 각국의 문화적 차이와 효율적 리더십의 관계는?
- 리더십의 향후 연구방향은?

1 리더십이 전부인가?

현대에 와서 마치 기업의 성패가 모두 리더십에 의해 좌우되는 양 리더십의 중요성을 그 어느 때보다도 강조하고 있으나 이에 대한 반론도 만만치는 않다. 즉 기업을 비롯한 조직의 성패는 좋은 리더만 있으면 그만이라고 생각하는 것은 위험하다는 것이다. 다른 변수가 좋은 리더십보다 더 조직발전에 이바지하기도 하며 아무리 좋은 리더십이 발휘되더라도 다른 변수에 의해 그 효과가 약화 내지는 소멸될 수 있다.deVries Reinout, & Taillieu, 2002

(1) 완충요인

◆ 부하의 능력과 자질

리더십의 영향을 가로막거나 리더십을 불필요하게 만드는 요인들은 예를 들면 구성원들의 전문성, 교육정도, 경력수준 등이다. 즉 이들 변수가 좋은 리더십보다 생산성 향상에 영향을 더 미치기 때문에 리더십을 대신하는 대체요인으로 볼 수 있다. 구성원들의 능력과 리더십의 상호작용이 없다는 전제하에서 사원의 경력이 많다면 그리고 그들이 잘 훈련된 전문가라면 이미 높은 생산성을 유지하고 있을 것이다. 이때에는 아무리 좋은 리더가 오더라도 생산성이 급격하게 더 오를 리 없을 것이며 아무리 형편없는 리더가 오더라도 기본 자질이 있기 때문에 생산성이 크게 낮아지지는 않을 것이다. 그러므로 이러한 사원들로 구성된 조직이라면 조직유효성이 반드시 리더의 손에 달렸다고 볼 수는 없다.

◆ 부하의 성향과 집단분위기

리더십이 발휘될 때 개별구성원의 특성이나 집단의 문화에 따라서 리더십의 효과가 증폭되기도 하지만 경우에 따라서는 그 효과가 반감되기도 한다. 예를 들면 남의 말을 잘 듣지 않는 성격의 소유자들로 구성된 집단이라면 리더가 아무리 훌륭한 리더십을 발휘해도 영향력을 극대화하기 어렵다. 원래 게으르고 무능력하고 이기적인 집단에서는 리더십의 효과가 반감될 것이다. 이러한 완충요인의 예는 비단 성격뿐만 아니라 태도, 능력, 집단 분위기 등 많이 산재해 있다. 실제로 리더십과 이직률, 결근율, 조직시민행동 등과의 상관성을 연구한 결과 아무런 유의적 상관관계를 찾지 못했다는 연구가 많다.

◆ 직무의 특성

리더십의 영향을 무용지물로 만드는 것은 사원들의 자질과 경력뿐이 아니다. 직무 자체가 원래부터 규정대로 규율과 절차에 의해서 반복되는 일상적인 일이라든지 집단의 응집력이 강하다든지 원래 재미있고 보람 있는 일이라면 훌륭한 리더십이 발휘되지 않더라도 혹은 좋은 리더가 오더라도 생산성의 변화는 미미할 것이다.

(2) 리더십과 문화차이

대부분의 리더십 이론이 상황을 감안해야 한다고 주장하는데 상황의 핵심변수가 부하들이요 부하는 그들이 속한 문화의 영향을 안 받을 수 없을 것이다. 리더 역시 문화적 차이에 따라 가치관이나 태도가 달라진다. 따라서 효율적 리더십 스타일을 결정하는 주요변수 중의 하나가 국가의 문화가 될 수 있다.Cooper & Robertson, 1990 그런가 하면 연구대상이 어느 나라 국민이냐에 따라 여러 리더십이론의 결과가 다르다. 예를 들면 피들러 모형의 상황변수들(리더 · 부하, 과업구조, 지위권력) 각각에 대해 가중치를 부여할 때 미국인은 리더-부하관계가 가장 중요한 상황요소이지만 한국인에게는 지위권력이 가장 중요한 상황요소이기 때문에 리더가 느끼는 상황 유리성이 다를 수 있다.Casimir & Waldman, 2007

따라서 우리는 이상적 리더십 유형에 대해 여러 가지를 배웠지만 사실은 각기 다른 문화권마다 이상적 리더십에 대한 견해가 다를 수 있다. 특히 상황이론을 감안한다면 더더욱 그렇다. 리더는 비전(vision)을 제시해야 하는데 전통적으로 기업의 비전은 그들이 한 부분을 이루고 있는 사회의 가치와 목표를 반영해왔다. 그러므로 비전을 보고 리더십을 판단할 경우 문화적 요인이 작용했음을 간과해서는 안 된다. 예를 들면 혁신만 일삼으며 미국에서 성공한 잭 웰치가 인도에 가서도 동일한 혁신비전으로 환영받을 수 있을까?

리더는 또한 서로 다른 문화 속에서 맥그리거의 X이론과 Y이론의 가정을 달리한다. 예를 들면 미국의 많은 Y이론 리더들은 안전과 안정에 대한 사원들의 기본적인 욕구는 충족되었다고 보기 때문에 존경과 성장욕구 충족에만 신경 쓰면 된다고 생각할 것이다. 그러나 똑같은 Y이론 리더라고 해도 중국의 리더는 현재 종업원들의 욕구수준이 낮기 때문에 이것을 충족시키는 것이 인간존중의 경영이라고 생각한다.Oh, 1976 그래서 일찍이 일련의 비교문화적 연구자들은 국가 간의 리더십 유형차이는 기술적, 경제적인 것보다는 인종적, 문화적인 요소 때문임을 발견했다.Haire, Ghiselli, & Porter, 1963 그래서 홉스테드(G. Hofstede)는 맥그리거의 Y이론, 리커트의 시스템 IV, 블레이크와 머튼의 9.9형 리더십이 모든 문화에 다 적합한 것은 아니라고 주장했다.

또한 권력지향성(power distance)에 따라 권한위임의 정도를 달리해야 한다고 한다. 피들러의 리더십 상황이론에서 리더의 지위권한은 중요한 상황요인인데 이것은 그 사회의 문화와 깊은 관계가 있다. 그러므로 리더십이 상황의 함수라면 곧 문화의 함수가 된다.Adler, 1991 어떤 사람은 권력지향성이 낮을수록 참여적 리더십이 유효하다고 보고

LEADERSHIP STORY 13.1 라인강의 동쪽과 서쪽

프랑스, 독일, 영국, 스페인, 이렇게 4개국이 미국의 보잉에 대항해보려고 여객기제조 합작회사(European aeronautic Defense & Space Company : EADS)를 만들어 비행기 제작에 들어갔다. '하늘 위의 궁전'이라고 불리는 초호화 여객기(A380)를 제작한 Airbus의 모회사이다. 한때 개발비만 16조 원이 들어간 초대형 여객기 A380의 인도시기가 세 차례나 지연되면서 EADS의 주가는 계속 폭락하여 3개월 만에 반 토막이 났다. 손실액은 1만 7조 원이었다. 보잉사를 제치고 비행기 매출액 세계 1위로 올랐던 명성과 신뢰도 함께 추락했다. 원인이 어디 있었을까? 에어버스의 제작공장은 프랑스 서남부의 툴루즈와 독일 북부의 함부르크에 나누어 있었다. 그런데 두 나라의 제작자들은 자기 공장에서 해온 대로 각각의 컴퓨터 설계프로그램을 사용했다. 그 결과 독일 함부르크에서 제작이 끝난 비행기의 동체 뒷부분을 라인강을 건너 프랑스 툴루즈 공장(**사진**)으로 실어와서 앞부분과 이으려니까 문제가 발생했다. 빈틈없이 연결되어야 할 부품들이 어긋나고 전선들은 짧아서 연결이 불가능하게 되는 어처구니없는 일들이 벌어졌던 것이다. 이에 대해 당시 새로 임명된 갈루아 회장은 라인강을 사이에 두고 독일과 프랑스는 서로 다른 방식으로 일하고 있었기 때문에 각 나라 공장의 독자적 문화를 지우고 통일된 표준을 시행하는 것이 불가능했다고 속사정을 털어놓았다.

다른 사람은 참여적 리더십은 언제나 유효하다고 하지만 또 다른 연구에 의하면 권력 지향성이 높은 국가, 즉 수직주의 국가라면 참여적 리더십보다 독재적 리더십을 선호한다.

그러나 문화적 특수성도 시대와 환경에 따라 변하기 마련이다. 중동과 북아프리카의 여러 나라들이 그동안 전제적 리더들에 의해 잘 다스려져왔던 것은 튀니지와 이집트에 있는 나라들의 공통점이었다고 할 수 있었다. 하지만 튀니지와 이집트에 이어 리비아로 이어진 아프리카와 중동의 민주화 바람은 리더십의 혁신을 예고한다. 이런 관점에서 볼 때 문화적 특수성에 따른 리더십 차이는 지나치게 강조될 필요는 없다.

| 도표 13-1 | 기업목표에 관한 국가별 경영자들의 가치관 비교(%)

기업의 목표	인도	미국	호주
조직유효성	69	65	64
높은 생산성	62	63	62
조직의 유지, 안정	58	41	41
조직의 성장	47	47	29
종업원 복지	44	34	45
산업계의 두각	38	43	44
이윤극대화	36	58	38
사회복지, 사회봉사	18	8	25

2 리더개인과 리더십

리더개인의 성격과 그의 심리상태가 리더십에 영향을 미치고 그 리더십이 조직의 운명을 좌우한다면 매우 심각한 일이 아닐 수 없다. 좋은 경영을 하려면 이에 대해 올바로 알고 효율적인 리더십을 찾는 데 주력해야 할 것이다.

(1) 리더의 성격에 따른 리더십 유형

우리는 앞에서 조직의 운영형태(리더십 유형)가 리더 자신, 부하, 그리고 상황의 복합적 산물임을 배웠다. 그러나 리더가 조직에 영향을 미치는 것은 그의 성격과 관련이 깊다. 리더의 영향력이 잘 작용하려면 리더와 부하 사이의 심리적 일치가 먼저 있어야 한다. 프로이드Freud, 1973는 《집단심리학과 자아분석》에서 집단의 멤버들은 자아의 일부를 리더에게 일임해놓고 그 공동의 장에서 공통의 요소들을 발견해낸다고 풀이하고 있다. 그러므로 리더십 효과에 직접 영향을 미치는 집단의 단결은 리더의 의지가 있어야 할 뿐 아니라 멤버들 상호 간의 연결정도와 멤버들이 조직에 대해 얼마나 좋은 이미지를 가지고 있는지와도 관계가 깊은데 이 모두가 리더가 하기에 달려 있다. 그리고 리더의 이러한 행동들은 그의 개인적인 취향, 성격, 태도, 습관 등에 의해서도 영향을 받는다.

(2) 리더의 심리상태에 따른 리더십 유형

인간의 행동에 영향을 미치는 요인은 매우 많은데 크게 보면 개인의 성격과 환경에 따라 달라진다고 보는 것이 학자들의 견해이다. 리더도 인간이기 때문에 부하들 앞에

LEADERSHIP STORY 13.2 | **한니발의 승리**

한니발은 워낙 지는 것을 싫어하는 성격이었다. 자기 휘하의 패전한 장군을 불러 부하들이 보는 앞에서 항문에 말뚝을 박아 죽이는 고문을 시행할 정도였다. 이를 본 장군이 다음 전쟁에서 머뭇거릴 리가 없었을 것이다. BC 216년 8월 2일 이탈리아 반도 남동쪽 아풀리아(Apulia)의 칸나이(Cannae) 마을에 2만 2,000명의 카르타고군과 7만 2,000명의 로마군이 대치했다. 수적으로는 로마군이 절대 우세였다. 기마병의 수는 각 2,000명씩 비슷했지만 보병의 수가 극히 열세에 있던 카르타고의 한니발(Hannibal)은 비슷한 군사 수의 기마병 전략으로 나가는 것이 당연했다. 지형적으로도 고지대였기에 기마병 전략이 전술적으로 유리했다. 그뿐 아니라 한니발은 2,000명의 기마병을 일렬로 세우되 한쪽에는 강한 기마병을, 다른 쪽에는 상대적으로 약한 기병을 세웠다. 물론 이를 모르는 로마군의 바로(Varro) 장군은 기마병 2,000명을 동등하게 횡대로 세웠다. 전투가 시작되자 우세한 쪽의 카르타고 기마병이 치고 나가고 열세한 쪽은 방어만 했다. 얼마 되지 않아서 강한 쪽과 싸우던 로마군 기마병이 많이 죽었다. 강세를 몰아 카르타고의 강한 쪽 기마병은 로마군의 후방을 방어하고 반대쪽에서 방어만 하고 있던 자기편의 기마병과 합세하여 로마의 나머지 기마병도 쉽게 격퇴시켰다. 나머지 7만 명의 로마군 보병이 공격해 오자 카르타고의 보병 2만 명은 작전상 후퇴를 하고, 이를 도망치는 것으로 착각한 로마군이 깊숙이 들어왔을 때 카르타고는 이순신의 학익진법처럼 로마군을 포위하여 대기하던 기마병은 로마군 후방을 차단하고 전후양공작전으로 로마군을 파죽지세로 만들었다. 후에 로마군의 스키피오 장군은 기병을 좌우 불균형 배치한 이 독창적 방식을 벤치마크하여 카르타고를 점령하는 데 활용하였다.

서 리더십 행동을 할 때 자신의 성격으로부터 영향을 받지 않을 수 없는 것이다. 심리적 특성으로 간주되는 리더마다 다른 성격의 특수성으로 인하여 서로 다른 행동유형이 표출되고 그것이 리더십 유형으로 굳어지기 때문에 리더의 심리적 특성과 심리상태는 매우 중요한 요인으로 간주된다.

리더십 스타일과 그의 심리적 상태의 연결을 시도한 스토라는 리더십 유형이 리더의 심리특성과 밀접한 관계가 있다고 주장하며 다음과 같이 네 유형으로 분류하고 있다.Stora, 2000

- 자기도취형 리더 : 자기도취적 심리상태를 갖고 있기에 외부에 대한 잠재공격성과 자신의 자리, 권력 보존에만 강한 집념이 있다. 이 리더의 자아 속에는 공격잠재본능이 특히 많아서 역사를 휘두르거나(네로 황제, 히틀러 등) 기업의 창시자가 되기도 한다. 이 세상의 많은 독재형 리더들이 이러한 성격의 소유자이다.
- 유혹형 리더 : 부하와의 인간적 관계유지에 헌신하며 사랑하고 사랑받음을 최대의 모토로 한다. 따라서 부하를 부모처럼 친근하게 대하는데 미성숙형 부하들에게 더욱 효율적이며, 리더는 우상이 되어 부하들 모두를 자기의 팬으로 만들고 싶

어 하고 카리스마 리더가 되기도 한다.

- 소유형 리더 : 모든 것, 자기 자녀와 부하까지도 자기 소유라고 생각하는 유형으로 그에게는 타인의 개별 인격은 의미가 없고 부하들이라면 누구라도 대체 가능하다고 여긴다. 이런 리더에게는 어떠한 저항이나 자기주장도 용납되지 않으며 부하는 그저 리더의 시녀일 뿐이다. 그러므로 충성과 헌신과 맹종도 당연한 것으로 여긴다.
- 이상형 리더 : 부하들의 인격을 존중하며 보살피는 리더로 심리상태가 매우 조화롭고 안정되어 있는 유형이다. 그래서 자기가 속한 공동체의 행복을 위해 자기의 전 생애를 바칠 수 있는 리더이다.

LEADERSHIP STORY 13.3 음악가가 리더가 된다면?

음악과 정치는 동일 요구에서 비롯되는 것일까? 로마의 폭군 네로 황제는 그리스를 흠모했는데 이유는 그리스 음악 때문이었다. 계몽군주였던 프레데릭 2세는 탁월한 플루트 연주자였으며 히틀러는 바그너 음악의 광적인 팬이었다. 유태인을 싫어했던 바그너는 유태인인 멘델스존의 음악을 연주할 때에는 장갑을 낀 채 지휘봉을 휘두르다 연주가 끝나면 장갑을 벗어던졌다. 또한 그는 1849년 5월 드레스덴 봉기에 참여한 혁명주의자이다. 그는 드레스덴의 반란으로 자기가 맡았던 역할을 후에 매우 중요한 공헌을 한 것처럼 보이게 하려고 군대에 선동 삐라를 뿌리고 바리케이드에 신경을 썼으며, 교회의 탑 위에서 감시 역할을 하는 등 매우 분주하게 움직였다. 그러나 혁명군 측에 정세가 절망적으로 기울자 바이에른 국왕 루드비히 2세에게 "나의 신이여 구원자시여!"라는 편지를 쓸 정도로 국왕에게 충복한다. 오스트리아의 왈츠 황제 요한슈트라우스 2세는 1848년 2월 혁명의 적극적인 지지자로서 바리케이드 음악을 작곡했다가 혁명이 진압되고 황제가 등극하자 황제행진곡을 작곡하며 변신했다. 한편 베르디는 이탈리아 통일 후에 국회의원을 지냈고 폴란드의 피아니스트 겸 작곡가 파데레프스키는 아예 폴란드 독립 직후에 대통령이 되었다. 그들 음악의 주제가 사랑 말고도 정치적인 것이 많았음을 추측할 수 있다.

3 리더개인과 조직

리더 한 사람의 영향력은 다른 구성원의 영향력과는 다르게 조직의 분위기를 좌우하므로 때로는 경제성과 합리성에 바탕을 두고 선택되어야 할 조직의 전략도 리더개인에 의해 변경될 수 있다는 사실을 알아두는 것이 중요하다.

(1) 리더와 조직문화

사람은 각자 독특한 개성, 신체, 지나온 역사와 생활습관 등이 있으며 이런 것들이 합쳐져 그 사람의 고유한 인격체를 구성한다. 이것이 그의 정체성(identity)이 되는 것이다. 마찬가지로 어느 조직체가 가지고 있는 분위기, 역사, 상징, 의식, 금기사항과 같은 것들이 한데 엉켜서 그 조직의 전체적 특성으로 부각되는데 이를 우리는 그 조직의 정체성 혹은 그 조직의 문화라고 부른다. 그런데 이러한 조직이 자기의 정체성을 만들어 나갈 때 가장 많이 영향을 끼치는 사람이 바로 그 조직의 리더이다.Schein, 1997 이처럼 리더의 특성은 조직의 전체적 분위기에 영향을 미치는데 그 예로 리더의 비정상적 특성이 조직에 미치는 부정적 영향을 몇 가지로 나눠서 살펴보자.

- 마비조직 : 리더가 지나치게 남을 의심하기 때문에 조직분위기는 정보사찰, 감독, 눈치 보기가 최우선이다. 불확실성에 대한 의심도 대단하기에 만약의 경우를 대비한 예방에 대부분의 에너지를 낭비한다.
- 강박조직 : 리더가 지나친 완벽주의자이기 때문에 조직의 분위기는 사소한 일까지도 심혈을 기울이며 인간관계는 지배와 복종 관계만 있다. 모든 활동은 사전에 완료, 대비해놓고 정해진 절차대로 움직인다. 규정과 법칙이 으뜸이 되고 환경변

화에 대한 융통성이 약하다.

- 극장조직 : 리더가 자기도취적이기에 리더개인의 위상을 높이기 위한 전략을 세우며 외부환경을 고려하지 않고 무계획적이고 충동적인 확장전략을 시도한다. 리더가 주목을 받는 것이라면 무모한 모험이라도, 불가능한 것이라도 닥치는 대로 전략을 세우고 모든 부서원이 동원되어 총력을 기울인다.
- 열등조직 : 리더가 항상 열등의식, 무기력, 죄책감에 빠져 있기에 조직 역시 사기는 침체되고 변화의 시도는 짓밟힌다. 극단적 보수주의, 수동적 관료주의가 판치고 무사안일로 일관한다. 구체적 비전도 목표도 없기에 조직은 줏대 없이 흔들리고 지도층에 대한 불만만 높아간다. 콤플렉스로 인하여 간혹 과분한 전략을 세워 추진하다가 주저앉고 만다.
- 정신분열조직 : 리더가 비판과 불평만 있고 야망 없이 사는 비관론자일 경우 구체적 목표가 없으므로 구성원들은 안이하게 지내며 리더는 사람도 책임도 피하여 고립되어 생활하기 원한다. 리더 권위도 없기에 주변 사람끼리의 암투만 계속되다가 혁명에 의해 리더가 밀려나기도 한다.

(2) 리더와 조직전략

조직이 전략을 수립하고 추진하기 위해서는 환경변화에 맞추는 것이 당연한 것 같지만 사실은 리더 자신의 의도에 의해 진행되기 쉽다. 더구나 조직의 탄생기나 초창기 시절에는 리더역할은 더욱 결정적이다. 그리하여 기업의 비전은 물론 비전달성을 위한 전략수립과 정책방향은 리더가 갖고 있는 개인적 가치관에 바탕을 두고 형성되는 경우가 많다.

현대그룹의 금강산 개발전략은 총수 고(故) 정주영 회장이 떠나온 고향이 북쪽이었을 뿐만 아니라 수십 년 전에 집에서 기르던 소를 판 돈을 가지고 나온 것이 계기가 되어 소떼를 몰고 방북하면서 북한 당국과 대화를 시작하고 성사된 일이라고 볼 수 있다. 포드(H. Ford)의 경우도 리더가 기업전략에 미치는 영향이 얼마나 직접적인가를 알려주고 있다. T자형 대중자동차를 만들어 자동차왕국을 건설했던 그는, 아버지가 농부로 일하다 세상을 떠났기에 농사꾼을 위해 더 실용적이고 더 저렴하게 차를 공급하고자 하였다.

LEADERSHIP STORY 13.4 | **포드자동차의 전략**

포드 자동차의 회장이었던 헨리 포드는 컨베이어 시스템(conveyer system)이라는 자동차 장치를 만들어 아주 유명해진 인물이다. 포드는 1921년 우연히 정육점을 방문하게 되었는데 이곳에서 자동화에 대한 착상을 하게 되었다. 정육점에서는 고기의 부위를 구분하여 포장할 때 작업자의 머리 위쪽에 고기를 걸어서 이동시킬 수 있는 갈고리 걸이를 만들어두고 여러 사람이 분업을 실시하는데, 첫 번째 사람이 등심살을 구분하여 저민 다음 고기를 갈고리에 걸어서 옆으로 밀면, 그다음 사람은 안심살을 저미고 그다음 작업자에게로 갈고리에 끼어서 고기를 이동시키는 식의 작업 방법이었다. 포드는 이 장면을 보고 한 사람이 자동차 엔진을 장착하면 그다음 사람이 타이어 바퀴를 낀다든지 하는 식의 작업대에서 할 수 있는 분업을 생각하게 되었다. 그리고 고기를 사람이 손으로 밀어서 옆으로 옮기는 식의 수동적 방법 대신에 자동으로 움직이는 벨트를 장착해 하나의 작업이 끝나면 자동으로 작업대가 다음 작업자에게로 움직이는 장치도 구상하였다. 그리하여 컨베이어 시스템이 개발되었다. 포드는 이러한 자동화로 T형 모델의 자동차(**사진**)를 값싸게 대량생산할 수 있게 되었고 차 값은 1908년 825달러이던 것이 6년 후 절반인 440달러로 하락했다. 전 세계 굴러다니는 자동차의 절반은 포드차였지만 종업원 수는 다른 회사의 1/4도 안 되었다. 마침내 그는 1914년 1월 4일 종업원 임금을 일당 2달러 34센트에서 5달러로 무려 2배 이상 올린다고 발표했으며 다음 날 아침 신문 1면의 톱기사는 "포드에게 하나님의 축복을!"이었다. 포드자동차의 주가는 1903년 10달러이던 것이 16년 후 25만 달러로 1년에 60배씩 상승한 결과가 되어 포드는 명실상부한 자동차왕이 될 수 있었다. 이러한 컨베이어 시스템은 오늘날까지도 보편적으로 이용되는 귀중한 발명품으로 칭송을 받고 있다. 그리고 최근에는 사람 대신 로봇 팔이 컨베이어 벨트에서 작업을 하고 있다.

한편, 재벌 총수들 간의 개인적인 경쟁심리가 무모한 확장전략을 계속하게 하여 실패 내지는 비능률을 경험한 경우도 많았고 재벌 2세, 3세가 아버지의 성공에 비교되는 자신의 콤플렉스를 만회하고자 무작정 신규투자를 하는 경우도 종종 있었다. 이 모두가 리더개인이 조직전략에 미치는 영향이 얼마나 큰지를 보여주는 사례이다. 기업의 장기적 전략이나 조직이 세운 계획이 반드시 조직에게 유리한 쪽으로만 합리적으로 전개되는 것이 아니라 리더의 개인적 관심이나 선호도에 따라 정해지는 경우가 종종 있으며 국가의 경우도 예외가 아니다.

4 리더십과 남녀차이

성(gender)은 리더십 이론 중에서 적어도 다음과 같은 두 가지 이유로 중요한 변수이다. 리더십에 있어 분명 성차(gender difference)가 존재한다는 점이고, 사회변화로 인한 여성의 경제활동 참여가 증가하면서 조직에서의 성차별문제가 중요한 화두가 되고 있다는 점이다. 우리나라에서도 여성의 사회적 진출이 증가할 뿐 아니라 결혼 후까지 계속 근무하는 추세, 그리고 여권의 신장 등으로 각 사업장에 여성 리더가 증대될 전망이다.

LEADERSHIP STORY 13.5 | 노자(老子)는 최고(最古)의 여권주의자

BC 600년경 중국 주나라 춘추시대에 노자(老子 : **사진**)는 공자로 대표되는 남성 중심의 사상과는 달리 여성과 어머니를 높이 평가하였는데 《도덕경(道德經)》 제6장에 유약한 여성을 잘 활용하라는 다음과 같은 충고가 있다. "谷神不死 是謂玄牝(곡신불사 시위현빈), 玄牝之門 是謂天地根(현빈지문 시위천지근), 綿綿若存 用之不勤(면면약존 용지불근)." 이를 해석하면 다음과 같다. "골짜기(여성성)의 신은 영원히 죽지 않으니 이를 일컬어 유연한 암컷이라 칭한다. 유연한 암컷의 문, 이것이 말하자면 천지의 근원이 된다. 곳곳에 부드러움(여성성)이 존재하니 이를 활용한다면 (남성은) 부지런히 땀을 흘리지 않아도 살아갈 수 있다."

(1) 여성리더와 남성리더, 누가 더 우월한가?

리더십의 스타일이나 유효성에 남녀 간 성차이가 존재하는지의 여부에 대한 수많은 연구가 서양에서는 일찍부터 있어왔는데 주로 다음과 같은 이슈들이 연구의 초점이었다.

- 리더십 역할에 대한 남녀 간의 지각은 서로 다른가?
- 남녀 리더의 리더십 스타일은 서로 다른가?
- 남녀 간 리더십 스타일이 다르다면 어느 쪽이 더 효율적인가?
- 리더십 유효성이 남녀 간에 차이가 있다면 다른 상황이 지배하기 때문인가?

공식적으로 리더가 일단 되고 난 후에는 신뢰성, 사교성, 추진력, 포용력 등 리더로서 갖춰야 할 기본특질에는 남녀 간 차이가 별로 없는 것으로 나타나지만 그들의 행동스타일은 약간 다르다고 관찰되고 있다. 즉 여성리더는 남성리더보다 더 민주적이고 참여적인 것을 원하지만 남성리더는 관료적이고 독재적인 유형을 보이는 것이 특징이다. 그러므로 여성리더는 부하와의 직접대면관계를 가능한 한 많이 유지하면서 정보도 많이 나누고 부하의 의견에 귀 기울이면서 협조를 얻으려고 하는 반면에, 남성리더는 명령과 통제를 일삼으며 공식적인 권위와 자신의 높은 위치에 의존하려는 경향이 많다.

지금까지 밝혀진 바에 의하면 리더역할 지각에서 남성은 과업중심, 여성은 인간중심 쪽이 많았으며,Eagly & Karau, 1991 여성일수록 민주적, 참여적 스타일이 많았다.Eagly, Karau, & Johnson, 1992 그동안의 연구논문을 종합 분석한 연구에서는 남녀 간 리더십 차이를 다음과 같이 결론짓고 있다.Eagly, Karau, & Makhijani, 1995

- 스테레오타입의 편견(예 : 여성리더는 아무래도 약하다)이 있음에도 불구하고 남녀 간 리더의 유효성 차이는 없었다.
- 리더십 요건 중 남성적 요건(예 : 호탈함)에는 남성이 더 효율적이었고 여성적 요건(예 : 포용과 배려)에는 여성이 더 효율적이었다. 즉 남성리더가 포용적일 때보다 여성리더가 포용적일 때 더 효율적이었다.
- 남성들이 많은 조직에서는 남성리더가, 여성들이 많은 조직에서는 여성리더가 더 효율적이었다.

LEADERSHIP STORY 13.6 | **만들어진 여성리더**

미국 부시 대통령 시절에 국무장관이었던 콘돌리자 라이스(C. Rice : **사진**)는 여자, 그것도 흑인이라는 신분으로 최고의 지위에 올랐다. 목사 겸 교수인 아버지와 음악교수인 어머니는 백인동네에 살기 때문에 투표권이 있어도 투표소에 못 가고, 먹고 싶어도 음식점에 못 갔다. 백인과 동등하려면 두 배로 노력해야 하며 백인을 능가하려면 세 배로 일해야 한다고 생각하고 미국 사회에서 인정받으려면 교육뿐이라는 것을 알았다. 그들은 딸 라이스에게 3세부터 피아노, 발레, 피겨스케이팅, 테니스, 스페인어, 프랑스어를 가르치고 집을 줄여 사립학교에 보내고 피아노를 사줬다. 라이스는 고교 시절 4시 30분에 일어나 피겨스케이팅학원에 가야 했다. 현재도 6시 30분에 출근하며 일에 방해된다고 결혼도 안 한다. 여성승진 제한이라는 유리천장을 뚫은 것은 아버지가 동네 미식축구팀 지도자인 덕에 미식축구를 훤히 꿰뚫고 있었기 때문이다. 유일한 약혼자도 미식축구선수였다. 어려서 익힌 피아노와 발레는 감수성 풍부한 여성성을 겸비하게 했다. 덕분에 유연한 양성성으로 누구와 어떤 대화도 할 수 있다. 부시 전 미국 대통령은 그녀를 대단히 똑똑하고 함께 있기 가장 편한 사람이라고 평했다.

하지만 다른 주장도 있다. 여성은 인간중심적 리더로서의 경향이 강하고, 남성은 과업중심적 리더로서의 경향이 강하리라는 두 리더십 유형에서 남녀 간의 차이가 발견되지 않았다. 오히려 여성은 남성에 비해서 민주적이거나 부하의 참여를 유도하는 경향이 많은 반면 독재적인 경향은 적었다.

(2) 여성리더와 승진차별

◆ 여성리더십

여성들이 사회생활에 적극적으로 참여하는 수준을 넘어 이제는 경영간부의 가장 높은 위치를 점령하고 있다. 여성사장의 급격한 증가는 이제 현실이 되었다. 그러나 아직도 전 세계적으로 여성들이 차별 없이 상위의 관리직으로 올라가지는 못하고 있다. 나이스비트와 애버딘(J. Naisbitt and P. Aburdene)의 《메가트렌드 2000(*Megatrends 2000*)》을 보면 미래 열 가지 경향 중 1990년대 특징이 바로 여성리더십 시대이다. 로스너(J. Rosener)는 여성리더십의 특징은 부하와 더 많은 상호작용을 한다는 것이며 남성리더는 대화나 상호작용보다는 일방적 명령과 통제가 더 많다고 한다.

리더십 카툰

"내 책상 제대로 닦아놓으라고 했잖아!"

여성 리더십과 관련하여 성 고정관념에 대한 현실은 어떤지,
신구세대 간 여성리더를 바라보는 관점은 차이가 있는지에 대해 진지하게 토의해보자.

◆ 성차별

경영계에서 성차별 현상을 조사한 결과를 보면, 전형적인 남성 직업군과 여성 직업군이 존재하고 이 둘 사이에는 지위차별이 있었으며 남성과 여성의 역할에도 차별이 있었다. 여성들은 남성에 비해 지시를 받는 낮은 위치에 있었고 영향력을 행사하는 리더의 위치에 있는 경우는 많지 않았다. 여성이 공식적인 리더로서 대우받거나 승진되는 경우도 매우 적었다.

특히 귀인이론(attribution theory)으로 보면 남성이 리더로 성공하면 그의 능력 때문에 성공했다고 여기지만 여성이 리더로 성공하면 주로 행운이나 주변 도움의 탓으로 돌리는 경향이 심했다. 결국 성공적인 리더로서 성장하는 데 여성은 남성에 비해 경영수업을 제대로 받을 기회가 부족했고 여성에 대한 무관심과 편견 같은 차별이 커다란 장애물로 작용했다.

LEADERSHIP STORY 13.7 | **유리 천장(glass ceiling)**

유리로 된 천장은 하늘이 보이기는 해도 유리로 막혀 있기 때문에 더 이상 천장 위로 올라갈 수 없다. 보이기는 해도 오를 수 없는 자리, 더 이상 오를 수 없는 승진 정체를 '유리 천장(glass ceiling)'이라 한다. 승진 코스에 차별적 장애가 없는 것 같아 보이지만 분명히 유리 장벽은 있는 것이다. 특히 소수 민족, 여성, 저학력자, 소유주 가족이 아닌 전문경영자 등에게 적용되는 말이다. 〈포춘〉이 조사한 500대 기업의 CEO 중 97%가 백인이며 96%가 남성이다. 미국 종업원 중 8%가 중남미의 히스패닉 출신이지만 히스패닉계 CEO는 0.4%에 불과하다. 동양계 미국인도 예외가 아니다. 능력과 자질에 관계없이 단순히 여성이라는 이유만으로, 혹은 고졸이라는 이유만으로, 소유주 가계가 아니라는 이유만으로 최고위층으로의 승진은 '하늘의 별따기'이다. 더구나 유리로 막혀 있으니 별 따기는 더욱 불가능하다. 유리 천장은 유리 장벽(glass wall)을 낳는다. 소수민족이나 여성이나 약자에게 유리 장벽을 두르고 그들에게는 최고위층 접촉, 승진에 필요한 정보 접촉, 고급기술의 접촉 기회가 제공되지 않는다. 결국 실력 부족자가 될 수밖에 없다. 약자들은 두꺼운 마루 바닥(sticky floors) 밑에 갇혀서 저임금, 저기술, 저기회라는 장애를 뚫지 못하고 영원히 눌려 살아간다.

5 리더의 양성

훌륭한 리더를 둔 조직은 행운아이다. 그래서 많은 조직이 자신에 알맞은 좋은 리더를 찾기 위해 여러 방법을 사용한다.

(1) 리더의 발굴과 리더십 교육훈련

일반 사원을 선발할 때 거치는 시험과 면접처럼 리더로서의 자질을 갖추고 있는지 검증을 하고 리더의 자리에 앉히는 것이 좋을 것이다. 이때 필요한 특성으로서 앞에서 공부한 리더의 특성인 추진력, 경력, 통솔력 등의 일반적인 자질보다도 카리스마적 기질과 외향, 비전과 이슈를 표현하는 언변 같은 리더십의 성공에 직결되는 특유의 요인들이 검증되어야 할 것이다.

그뿐만 아니라 리더십 상황이론에 비추어볼 때 리더에게는 상황적합적인 리더의 자질이 매우 필요하다. 따라서 여러 상황에 리더의 후보를 적용해보면서 적응력, 변혁력, 창의력 등을 검증해야 한다. 이런 이유 때문에 조직의 관리자들은 리더를 선발하거나 승진시킬 때 매우 긴 시간을 두고 심사숙고한다. 특히 여러 사람이 천거한다고 해서 좋은 리더는 아니다. 리더의 역할은 사람들의 인기와는 별개이기 때문이다.

그런데 리더는 갑자기 출현하기도 하지만 만들어지기도 한다. 그러므로 기본 자질이 있는 인재를 점찍어서 미리부터 리더의 역량을 키워주면 더없이 좋은 일이다. 오늘날의 조직은 그래서 리더십훈련과 개발에 수십억의 돈을 쏟고 있다.Ellis, 2003 특히 고급관리자나 최고경영자는 하루아침에 나오지 않기 때문에 장기적 안목에서 보면 후계자 양성을 목표로 고위직의 승진 이동에 특별히 관심을 가질 필요가 있다. 몇몇 회사에서는 최고경영자가 되기 위해 거쳐야 할 부서와 직급을 암암리에 내정해놓고 유능한 사원을 일찍부터 선발하여 경영자 훈련을 받도록 한다. 경영자가 되기 위해 무슨 교육을 받는 것이 좋을지 미리 만들어서 그 계획표에 맞게 직무할당도 하고 필요한 부서로 이동시키면서 배치하는 회사도 있다. 좋은 리더를 양성할 때 활용되는 효율적인 교육훈련기법을 몇 가지 요약하면 다음과 같다.Day, 2000

- 리더십 교육훈련은 셀프모니터링 능력이 많은 사람을 대상으로 실시하는 것이 좋다. 왜냐하면 그런 사람들이 환경변화에 따라 행동을 더 적극적으로 변화시킬 수 있는 융통성 있는 사람들이기 때문이다.
- 리더십 스킬은 어떤 것일까? 리더가 하는 일이 주로 비전창출, 비전실천, 신뢰구축, 멘토링, 상황분석 등이기 때문에 이와 관련되는 기술을 특별히 교육시킬 필요가 있다.
- 교육훈련방법은 기존 리더나 중역들이 직접 나서는 일대일 교육훈련이나 직접 시범을 보이는 모델링 등이 이용되지만 어떠한 리더를 교육훈련시키는가에 따라 방식은 여러 가지이다.

(2) 조직개발과 리더십

조직개발(Organizational Development : OD)은 특별히 훈련된 기구의 다양한 조정을 통해 조직구성원의 대인관계 능력을 개선하고 향상시키기 위해 설계되는 프로그램이다. 이러한 여러 개발활동에는 리더십 과정의 발전도 포함된다. 예를 들어 일단 훈련프로그램을 실천하고 결과가 어떻게 변했는지 그 결과를 조사하고 수집하는 과정에서 부하들의 태도와 인식에 관한 정보는 면접이나 설문조사법을 통해 수집된다. 이러한 정보는 리더에게 피드백이 되어 의사소통, 의사결정 그리고 대인관계 등에 어떤 문제가 어느 정도 쌓여 있는지 리더의 문제인식에 사용된다. 이러한 피드백은 그 자체가 리더의 태도와 행동변화를 위한 촉매제로서 작용하기도 한다. 그러나 리더는 부하의 행동변화를 위해 조직개발프로그램 자체 말고도 조직개발 효과를 높이기 위해서 여러 전략을 사용하는데 주로 MBO(목표에 의한 관리)를 위한 목표설정(goal setting), 감수성훈련(T-group training), 팀빌딩(team building), 자문, 상황조정, 경력상담 등이 활용된다. 조직개발프로그램과 리더십 개발은 궤를 같이한다고 볼 수 있다.

6 향후 리더십의 연구방향

리더십 연구 역사가 100여 년이라고 하지만 갈 길은 아직도 멀다. 아직 손을 못 댔거나 연구가 미진한 분야가 너무 많다. 우선 그러한 쪽의 연구분야를 확정 지어야 할 것이며 과연 이상적인 리더십이란 무엇인지에 대한 의견일치가 필요하다. 그리고 조직의 발전과 개선에 리더십이 공헌할 역할을 연구하는 것이 나아갈 방향이다.

(1) 지속적인 관심을 끄는 연구주제들

많은 리더십 연구자가 리더십 분야에서 연구되어야 할 특정주제들을 다음과 같이 제시하고 있다. 최근까지의 연구들에서 많은 관심을 가진 주제를 나열하면 다음과 같다. 앞으로의 연구는 이러한 주제에 더욱 관심을 두고 사실 여부를 구체적으로 밝혀내야 할 것이다.

- 리더의 성격, 가치관, 행동은 어떻게 부하의 성격, 가치관, 행동과 상호작용하는가? 즉 두 가치관은 충돌하는가, 보완적인가, 서로에게 영향을 미치는가?
- 어떤 사람이 어떻게 리더로서 출현하며 다른 사람의 도전에 대해 어떻게 지위를 유지하는가? 보통사람과 다른 무엇 때문에 저절로 리더로 부상하는가?
- 리더십 과정은 조직이 사용하는 기술, 조직이 처한 환경의 불확실성 정도, 조직분위기와 조직문화, 조직구조의 공식화, 권한의 집권화 정도 등에 의해서 다른 리더십이 실행되기도 하며 실행된 리더십의 유효성도 이러한 외적 환경에 의해 영향을 받는다. 그렇다면 이러한 외적 상황 이외에 리더십이 실천되는 상황에 영향요인으로 작용하는 것들은 또 없을까? 있다면 무엇이 있을까?

- 부하들의 성격, 능력, 욕구수준 등은 모두 다르다. 리더십 상황이론이나 상호작용 이론의 입장에서 본다면 리더는 부하의 다양성에 맞게 적합한 리더십을 발휘해야 한다. 그렇다면 리더는 이렇게 다양한 부하에 대해, 그리고 시간에 따라 변화하는 상황에 대해 어느 범위까지 자신의 행동을 다양하게 변화시켜야 하는가? 그뿐 아니라 리더가 과연 자유롭게 자신의 리더십을 상황에 따라 민첩하게 변화시킬 수 있을까?
- 카리스마 리더십은 다른 유형의 리더십 과정과 어떻게 다르며 역기능적인 면에 반하여 어떤 경우에 조직효과를 높일 수 있는가? 즉 카리스마 리더십은 특히 어떤 상황에 가장 잘 어울리는가?
- 개개인의 부하를 직접 다루는 리더가 한 사람일 때와 여러 사람일 때에 리더십 과정은 어떻게 다른가? 또 어떻게 달라져야 하는가?
- 효율적인 리더는 어떻게 정보를 획득하여 처리하며, 부하와 적절한 상호의사소통 관계를 가지기 위해 특별히 어떠한 방법을 활용하는가?
- 리더는 항상 복잡한 상황과 많은 업무에 처하게 된다. 그럼에도 불구하고 리더는 중요한 의사결정을 해야 하며 개인적으로도 대단한 결심을 해야 할 때도 많다. 복잡하고 다양한 활동 상황에서 어떻게 중요한 의사결정을 효과적으로 해낼 수 있으며 장기적인 계획수립을 위해 어떤 방법을 활용해야 하는가?
- 리더는 권한이 많이 필요한데 어떤 정치적 활동을 해야 필요한 권력을 축적할 수 있을까? 그리고 권한을 효율적으로 사용하려면 어떻게 하는 것이 가장 이상적일까?

아직 미진한 연구 또는 최근에도 학자의 많은 관심을 끄는 주제를 나열하기는 했지만 빠짐없이 모두 나열한 것은 아니다. 하지만 이상의 주제들만이라도 연구에 진척을 보인다면 리더십을 보다 더 깊이 이해하는 데 중요한 공헌을 할 것임이 틀림없다.

(2) 효율적 리더십의 본질

이 책에서 리더십의 본질에 대해 다양한 견해를 공부했다. 결국 리더십 책이란 리더십이란 무엇인가에 대한 본질을 파헤치는 것이다. 다시 말해서 효율적 리더십이 과연 무엇인지를 밝혀내는 일이다. 우리가 배운 리더십의 본질은 다음과 같다. 그러므로 앞으로도 이를 방향 삼아 리더십 연구가 지속되어야 할 것이다.

- 조직구성원이 과업과 사안의 의미를 이해하도록 돕는 것
- 조직의 전략과 목표를 잘 수립하는 것
- 조직구성원으로 하여금 과업에 몰입하고 긍정적 사고를 갖도록 만드는 것
- 조직구성원 상호 간 신뢰와 협력을 구축해주는 것
- 조직구성원으로 하여금 집단정체성을 갖도록 하고 이를 강화시키는 것
- 조직구성원의 활동을 서로 연결하여 조직화하고 조정해주는 것
- 조직학습을 촉진하고 독려하는 것
- 필수자원을 공급해주고 구성원의 업무활동을 지원해주는 것
- 조직의 인적자원을 개발하여 능력을 키워주고 그들에게 권한을 부여하는 것
- 조직이 사회에 공헌하도록 하여 사회정의와 도덕성을 촉진하는 것

◆ 이상적 리더십

여기 나열된 리더십 본질은 결국 개인과 조직이 더 나은 방향으로 나아가도록 하는 일이다. 다시 말하자면 개인과 조직을 변화시키는 일이다. 가장 이상적인 리더는 개인과 조직을 바람직한 방향으로 이끈다. 그러나 이런 일은 쉽지 않다. 비난이 없이는 개혁은 어렵다. 박수를 받으면서 제도를 바꿀 수도 없다. 니체는 《차라투스트라는 이렇게 말했다》에서 인생을 이렇게 비유한다. "줄을 타는 곡예사는 외롭다. 아슬아슬한 위험에 처해 있지만 수많은 관객 중 아무도 대신 타주려 하지 않기 때문이다." 그런데 혁신의 선구자로서 대중을 이끄는 진정한 리더는 욕을 먹고 따돌림을 당하거나 외롭다 못해 위험하기까지 하다. 대신 타주기는커녕 줄에서 떨어뜨리려고 야단이다.

그렇다고 아예 줄에 오르려고도 하지 않는다면 그는 진정한 리더가 아니다. 회사는 기우는데 욕먹기 싫어서 감원은 하지 않고 보고만 있는 사장, 회의가 엉뚱한 곳으로 흘러가도 조용히 앉아 있는 이사, 불량한 학생에게 침묵으로 일관하는 선생, 무사히 임기만 채우려는 장관은 모두 좋은 리더가 아니다. 이 땅의 모든 리더가 위험한 줄에 올라서서 성공적으로 줄타기를 한다면 우리의 가정과 학교와 기업과 국가는 현재의 모순과 부족에서 조금씩 벗어날 수 있을 것이다.

◆ 이상적 리더십은 언제 발휘되는가?

리더십을 발휘할 기회는 우리 주변에 항상 널려 있다. 팀 분위기를 바꾸려는 팀장, 자녀의 습관을 바꾸려는 부모, 교통체계를 개선하려는 시장, 국가 행정을 개혁하려는

대통령은 모두가 리더이다. 그러나 현실적으로는 망설이는 리더가 너무 많다. 그저 더 높은 자리에 있는 상급자의 부족만을 탓한다거나, 복지부동하다가 명령이 떨어지면 조금 하는 척한다거나, 그래서 아무런 개혁도 하지 못하는 쓸모없는 리더가 많고 이상적 리더는 부족하다.

그러나 리더의 길은 위험하면서도 매우 가치 있는 투자이다. 왜냐하면 리더의 목적이 단순히 개인의 영욕이나 이익추구에 그치지 않기 때문이다. 즉 리더는 주변 사람들의 삶을 함께 발전시킴으로써 우리 모두의 삶에 의미를 부여한다. 그러므로 진정한 리더는 원래 가지고 있는 지위와 권력만 가지고는 안 되며 그 이상의 무엇이 더 있어야 한다. 그것은 바로 사랑이요 삶의 철학이다.

◆ 이상적 리더의 조건

보다 근본적인 질문을 던져보자. 우리는 왜 리더가 되고자 하는가? 리더가 되는 길이 그렇게나 험난하다면 그냥 포기하는 편이 낫지 않은가? 왜 위험을 무릅쓰고 나서려고 하는가? 명예와 돈 때문인가? 군인은 무엇을 위해 목숨을 바쳐 싸우는가? 단순한 진격명령이나 애국심만으로는 그들의 용기와 희생정신을 설명할 길이 없다. 군인이 참호에서 뛰쳐나와 위험천만한 적진으로 뛰어드는 것은 자신이 도와주지 않으면 동료가 위험에 처하기 때문이다. 따라서 "리더십을 행사하는 이유는 무엇인가?"라는 질문에 대한 답은 간단하면서도 심오하다. 우리는 모두 다른 사람들과의 관계에서 중요한 삶의 의미를 발견한다. 리더가 되면 명예와 부를 얻을 수도 있지만 더 중요한 것은 사원과 고객과 학생과 국민들의 삶에 좋은 영향을 줄 수 있기 때문이다. 그러므로 사랑은 모든 리더십의 원동력이다.

사랑은 어쩌면 감상적이고 전문가답지 못한 용어 같지만 회사에서, 공동체에서, 교실에서, 가정에서 모든 것에 의미를 부여한다. 그러므로 진정한 리더라면 위험을 무릅써야 한다. 리더가 아끼는 자들의 삶을 더 나은 방향으로 향상시키려면 말이다. 우리는 리더십을 발휘함으로써 다른 사람들의 삶에 기여할 수 있고, 그 속에서 인생의 의미를 찾을 수 있다. 기업과 사회가 진정으로 필요로 하는 리더는 대중의 박수를 받는 리더가 아니라 위험한 고행의 가시밭길을 가는 슬프고 고독한 리더이다.

13장의 핵심내용

조직의 성과는 리더십에만 의존하는 것은 아니다. 부하의 능력과 직무의 특성, 그리고 경영환경의 지배를 더 받기도 한다. 그러나 리더개인의 성격이나 기호가 조직의 성패에 많은 영향을 미치는 것은 부인할 수 없다. 리더의 가정환경과 심리상태는 리더십의 유형을 결정한다. 리더의 성격은 조직을 마비시킬 수도 있고 성공적으로 이끄는 동기가 되기도 한다. 리더의 행동유형이 조직의 분위기를 만들고 리더의 결심이나 고집이 조직의 전략이 되어 조직성패에 영향을 주기도 한다. 그만큼 리더개인과 조직은 밀접한 관련이 있다. 리더십의 유형은 남녀 간뿐만 아니라 문화에 따라서 서로 유효한 것도 불리한 것도 될 수도 있으며, 국가마다 문화마다 다른 리더십이 요구되기도 하므로 그 사회의 문화현상을 잘 이해하고 리더십을 발휘하는 것이 현명한 처사이다. 많은 리더십 연구자들이 최근까지도 리더십 분야에서 연구해야 할 주제들을 확정 짓고 있다. 앞으로의 연구는 그러한 주제에 더욱 관심을 두고 사실을 적나라하게 밝혀내야 할 것이다.

복습 및 토의문제

1. 리더십 유효성은 리더에게만 달린 것인가?
2. 리더개인은 어떤 식으로 조직에 영향을 미치는가?
3. 리더의 성격은 조직의 분위기 형성과 어떻게 관련되는가?
4. 리더의 마음가짐은 조직의 전략수립에 어떻게 영향을 미치는가?
5. 남녀 간에 리더십 유형은 차이가 있는가?
6. 남녀 어느 쪽 리더십이 더 낫다고 할 수 있을까?
7. 문화와 리더십 유형의 관계는?
8. 향후 리더십 연구의 방향은?

키워드 정리

리더십 완충요인, 소유형 리더, 유혹형 리더, 자기도취형 리더, 마비조직, 강박조직, 열등조직, 스테레오 타입 편견, 리더십 성차, 조직개발

사례연구

버진그룹 브랜슨 회장

버진아일랜드에서 푸에르토리코로 가려고 공항에 도착했는데 비행기가 취소돼서 사람들이 우왕좌왕하고 있었다. 리처드 브랜슨(Richard Branson : **사진**)은 재빨리 2,000달러에 비행기 한 대를 전세 냈다. 그는 '버진항공사, 푸에르토리코행 39달러'라고 칠판에 썼고, 표는 순식간에 팔려 자신은 공짜 티켓 두 장을 건지고도 약간의 이득을 얻었다. 이렇게 시작된 버진항공은 오늘날 세계 300곳을 운항하는 대형항공사가 되었다. 난독증으로 읽고 쓰는 학업에 흥미를 못 느끼고 고교를 중퇴한 한 소년이 스스로 사업가가 되겠다며 런던 옥스퍼드 거리 구석에 조그만 레코드 가게로 시작한 사업은 마침내 전 세계 30여 개국에 200여 계열사를 거느린 버진(Virgin)그룹으로 성장했다. 비결은 무엇이었을까? 항공사, 기차, 호텔, 방송사, 영화, 스파, 와인, 콜라에서 이동통신, 주택담보회사, 결혼업체, 온라인 게임, 란제리사업까지 벌이며 돈을 번 7조 원의 자산가 리처드 브랜슨 회장은 고객의 감정을 움직이기 위해 별의별 괴짜행동을 다한다. 일본에서는 콜라 캔으로 만든 옷을 입고 여성 도우미를 들어 올리는가 하면 캐나다에선 수퍼맨 복장을 하고 고층빌딩에서 줄을 타고 내려왔다. 영국에선 버진그룹 이름을 새긴 빨간 간판을 들고 거리에서 엉덩이춤을 추고 미국에선 자기 비행사의 라스베이거스 취항을 기념하려고 목사도 아니면서 목사가운을 입고 그것도 비행기 안에서 사내 커플의 결혼식 주례를 섰다. 그 외에도 보트를 타고 대서양을 횡단했고 일본에서 캐나다까지 기구를 타고 날아갔으며 걸프전 때에는 바그다드에서 인질구조 비행에 나섰다. 뉴욕의 타임스퀘어에서 그는 크레인에 매달렸다. 그가 입은 누드보디 슈트는 마치 알몸으로 보이게 하고 중요한 곳을 버진휴대전화로 가린 우스운 모습이었는데 버진모바일 서비스에 숨은 비용이 없다는 메시지를 알렸다. 그는 자신의 책 《리처드 브랜슨의 열 가지 성공비결》에서 고객을 감동시키는 방법을 다음과 같이 주장한다. "재미있게 일하라!", "카메라를 보고 웃어라!", "히피처럼 행동하라!", "대중성을 잃지 마라!", "남의 머리를 지배하려 하지 말고 남의 가슴을 움직여라. 그래야 세상을 얻는다."

토의주제

- 동양문화권에서라면 리처드 브랜슨 회장의 튀는 행동에 대해 어떤 반응을 보일까?
- 브랜슨 회장이 우리나라에서 기업을 운영한다면 무엇이 추가되어야 하는지 구체적인 기업가를 지명하여 토론해보자.
- 우리나라에서도 브랜슨 회장 같은 리더십을 발휘할 필요가 있다면 왜 그럴까?
- 기타 : 이 사례에서 또 생각해보거나 토론해볼 점을 나열해보자.

이 책의 도움글과 더 읽을거리

1장

- Bass, B. M., Waldman, D. A., Avolio, B. J., & Bebb, M. (1987). Transformational Leadership and the Falling Dominoes Effect. *Group & Organization Studies,* 12 (1), pp.73-87.
- Bennis, W. G. (1959). Leadership Theory and Administrative Behavior: The Problem of Authority. *Administrative Science Quarterly,* 4, pp.259-260.
- Campbell, J. P. (1977). The Cutting Edge of Leadership: An Overview. In J. G. Hunt & L. L. Larson (Eds.), *Leadership: The Cutting Edge.* Carbondale, IL: Southern Illinois University Press.
- Capowski, G. (1994). "Anatomy of a Leader: Where are the Leader of Tomorrow?", *Management Review*, 83(3), pp.10-18.
- Estill, J. (2007). *How Leading Companies Win by Hiring, Coaching, and Keeping the Best People,* Revised and Updated Edition.
- Giberson, T. R., Resick, C. J., & Dickson, M. W. (2005). Embedding Leader Characteristics: An Examination of Homogeneity of Personality and Values in Organizations. *Journal of Applied psychology,* 90(5), pp.1002-1010.
- Gronn, P. (2002). Distributed Leadership as a Unit of Analysis. *The Leadership Quarterly*, 13, pp.423-451.
- Hollander, E. P. (1985). Leadership and Social Exchange Processes. In K. J. Gergen, M. S. Greenberg, & R. H. Willis (Eds.), *Social Exchange: Advances in Theory and Research.* New York: Plenum Press, pp.343-354
- Janda, K. F. (1960). Towards the Explication of the Concept of Leadership in Terms of the Concept of Power. *Human Relations,* 13, pp.345-363.
- Karmel, B. (1978). Leadership: A Challenge to Traditional Research Methods and Aassumptions. *Academy of Management Review,* 3, pp.475-482.
- Kotter, J. P. (2001). "What Leaders Really Do?", *Harvard Business Review*, 79(11), pp.85-96.
- Kotterman, J. (2006). "Leadership vs. Management: What's the Difference?", *Journal for Quality & Participation*, 29(2), pp.13-17.
- Lord, R. G., & Maher, K. J. (1991). *Leadership and Information Processing: Linking Perceptions and Performance.* Boston: Unwin-Hyman.
- Schein, E. H. (1992). *Organizational Culture and Leadership,* 2nd ed., San Francisco: Jossey-Bass.
- Smith, B. (1995). Mutual Mentoring on Projects: A Proposal to Combine the Advantages of Several Established Management Development Methods. *Journal of Management Development,* 9, pp.51-57.
- Stogdill, R. M. (1974). *Handbook of Leadership: A Survey of the Literature.* New York: Free Press.
- Waldman, D. A., & Yammarino, F. J. (1999). CEO Charismatic Leadership: Levels of Management and Levels of Analysis Effects. *Academy of Management Review,* 24(2), pp.266-285
- Yammarino, F. J. (1994). *Indirect Leadership: Transformational Leadership at a Distance.* in B. M. Bass & B. J. Avolio (Eds.), *Improving Organizational Effectiveness through Transformational Leadership.* Thousand Oaks, CA: Sage, pp.26-47.
- Yukl, G. (2010). *Leadership in Organizations* 7th ed., Pearson.

2장

- Arvey, R. D., Zang, Z., Avolio, B. J., & Krueger, R. F. (2007). Developmental and Genetic Determinants of Leadership Role Occupancy among Women. *Journal of Applied Psychology,* 92(3), pp.693-706.
- Bass, B. M. (1990). *Handbook of Leadership: A Survey of Theory and Research.* New York: Free Press.
- Boyatzis, R. E. (1982). *The Competent Manager.* New York: John Wiley.
- Bray, Campbell, & Grant(1974). *Formative Years in Business: A Long-term AT&T Study of Managerial Lives.* New York: John Wiley.
- Digman, J. M. (1990). Personality Structure: Emergence of the Five-Factor Model. *Annual Review of Psychology,* 4, pp.417-440. Palo Alto, CA: Annual Reviews.
- Gardner, J. W. (1990). Chapter 2. The Tasks of Leadership. In J. W. Gardner, *On Leadership.* New York: The Free Press. pp.11-22.
- Goodstadt, B. E., & Hjelle, L. A. (1973). power to the powerless: Locus of control and the use of power. *Journal of Personality and Social Psychology,* 27, pp.190-196.
- Goodstein, L. D., & Lanyon, R. I. (1999). Applications of Personality Assessment to the Workplace: A Review. *Journal of Business and Psychology,* 13, pp.291-322.
- Hogan, R. J., Curphy, G. J., & Hogan, J. (1994). What we know about Personality: Leadership and Effectiveness. *American Psychologist,* 49, pp.493-504.
- Hough, L. M. (1992). "The Big Five" Personality Variables-Construct Confusion: Description versus Prediction. *Human Performance,* 5, pp.139-155.
- House, R. J., Spangler, W. D., & Woycke, J. (1991). Personality and Charisma in the U.S. Presidency: A Psychological Theory of Leadership Effectiveness. *Administrative Science Quarterly,* 36, pp.364-396.
- Howard, A., & Bray, D. W. (1988). *Managerial Lives in Transition: Advancing Age and Changing Times.* New York: Guilford Press.
- Howell, J. M., & Avolio, B. J. (1993). Transformational Leadership, Transactional Leadership, Locus of Control, and

Support for Innovation: Key Predictors of Consolidated Business Unit Performance. *Journal of Applied Psychology,* 78, pp.891-902.

- Kotter, J. P. & Heskett, J. L. (1992). *Corporate Culture and Performance*. New York: The Free Press.
- Litwin, G. H., & Stringer, P. A. (1966). *Motivation and Organizational Climate*. Boston: Division of Research, Harvard Business School.
- McCauley, C. D., & Lombardo, M. M. (1990). Benchmarks: An Instrument for Diagnosing Managerial Strengths and Weaknesses. In K. E. Clark & M. B. Clark (Eds.), *Measures of Leadership*. West Orange, NJ: Leadership Library of America. pp.535-545.
- McClelland, D. C. (1965). N-achievement and Entrepreneurship: A Longitudinal Study. *Journal of Personality and Social Psychology*, 1, pp.389-392.
- McClelland, D. C. (1985). *Human Motivation*. Glenview, IL: Scott Foresman.
- McClelland, D. C., & Boyatzis, R. E. (1982). Leadership Motive Pattern and Long-term Success in Management. *Journal of Applied Psychology*, 67, pp.737-743.
- Miller, D,, & Toulouse, J. (1986). Chief Executive Personality and Corporate Strategy and Structure in Small Firms. *Management Science*, 32, pp.1389-1409.
- Miller, D, Kets de Vries, M. F. R., & Toulouse, J. (1982). Locus of Control and its Relationship to Strategy, Environment, and Structure. *Academy of Management Journal*, 25, pp.237-253.
- Miner, J. B. (1965). *Studies in Management Education*. Atlanta: Organizational Measurement Systems Press.
- Miner, J. B. (1978). Twenty years of Research on Role Motivation Theory of Managerial Effectiveness. *Personnel Psychology*, 31, pp.739-760.
- Miner, J. B. (1985). Sentence Completion Measures in Personnel Research: The Development and Validation of the Miner Sentence Completion Scales. In H. J. Bernardin & D. A. Bownas (Eds.) *Personality Assessment in Organizations.* New York: Praeger, pp.145-176.
- Raskin, R. N., Novacek, J., & Hogan, R. (1991). Narcissistic Self Esteem Management. *Journal of Personality and Social Psychology*, 60, pp.911-918.
- Paglis, L. L, & Green, S. G. (2002). Leadership Self-efficacy and Managers' Motivation for Leading Change. *Journal of Organizational Studies*, 23, pp.215-235.
- Rotter, J. B. (1966). Generalized Expectancies for Internal versus External Control of Reinforcement. *Psychological Monographs*, 80, p.609.
- Raskin, R., & Hall, C. S. (1981). The Narcissistic Personality Inventory: Alternate form Reliability and Further Evidence of Construct Validity. *Journal of Personality Assessment*, 45, pp.159-162.
- Stahl, M. J. (1983). Achievement, Power and Managerial Motivation: Selecting Managerial Talent with the Job Choice Exercise. *Personnel Psychology*, 36, pp.775-789.
- Stogdill, R. M. (1948). Personal Factors Associated with Leadership: A Survey of the Literature. *Journal of Psychology*, 25, pp.35-71.

3장

- Avery, G. C. (2004). *Understanding Leadership: Paradigms and Cases*. Sage, London, GB.
- Dess, G. G., & Picken, J. C. (2000). Changing Roles: Leadership in the 21st Century. *Organizational Dynamics*, 28(3), pp.18-33.
- Eagly, A. H., Karau, S. J., & Johnson, B. T. (1992). Gender and Leadership Style among School Principals: A Meta-Analysis, *Educational Administration Quarterly*, February, pp.76-102.
- Eagly, A. H., Karau, S. J., & Makhijani, M. G. (1995). Gender and the Effectiveness of Leader: A Meta-Analysis, *Psychological Bulletin*, January, pp.125-145.
- Eagly, A. H. & Karau, S. J. (1991). Gender and the Emergence of Leaders: A Meta-Analysis, *Journal of Personality and Social Psychology*, May, pp.685-710.
- Gabarro, J. J. (1985). When a New Manager Takes Charge. *Harvard Business Review*, May-June, pp.110-123.
- Ganster, D. C. (2005). Executive Job Demands: Suggestions from a Stress and Decision Making Perspective. *Academy of Management Review*, 30(3), pp.492-502.
- Hales, C. P. (1986). What Do Managers Do: A Critical Review of the Evidence. *Journal of Management Studies,* 23, pp.88-115.
- Hambrick, D. C., Finkelstein, S., & Mooney, A. (2005). Executive Job Demands: New Insights for Explaining Strategic Decisions and Leader Behaviors. *Academy of Management Review*, 30(3), pp.472-491.
- Hemphill, J. K. (1959). Job Descriptions for Executives. *Harvard Business Review*, 37 (September-October), pp.55-67.
- Janis, I. L., & Mann, L. (1977). *Decision Making: A Psychological Analysis of Conflict, Choice, and Commitment*. New York: Free Press.
- Kahn, R. L., Wolfe, D. M., Quinn, R. P., & Snoek, J. D. (1964). *Organizational Stress: Studies in Role Conflict and Ambiguity*. New York: John Wiley.
- Kanter, R. M. (1983). *The Change Masters*. New York: Simon & Schuster.
- Kaplan, R. E. (1988). The Warp and Woof of the General Manager's Job. In F. D. Schoorman & B. Schneider (Eds.), *Facilitating Work Effectiveness*. Lexington, MA: Lexington Books, pp.183-211.
- Kotter, J. P. (1982). *The General Managers*. New York: Free Press.
- Mahoney, T. A., Jerdee, T. H., & Carroll, S. J., Jr. (1965). The Jobs of Management. *Industrial Relations*, 4, pp.97-110.

- McCall, M. W. Jr., Morrison, A, M., & Hannan, R. L. (1978). *Studies of Managerial Work: Results and Methods.* Technical Report No. 9. Greensboro, NC: Center for Creative Leadership.
- Mintzberg, H. (1973). *The Nature of Managerial Work*, New York: Harper & Row.
- Pfeffer, J., & Salancik, G. R. (1975). Determinants of Supervisory Behavior: A Role Set Analysis. *Human Relations*, 28, pp.139-153.
- Yukl, G., & Nemeroff, W. (1979). Identification and Measurement of Specific Categories of Leadership Behavior: A Progress Report. In J. G. Hunt & L. L. Larson (Eds.), *Crosscurrents in Leadership.* Carbondale: Southern Illinois University Press, pp.164-200.
- Zaccoro, S. J., Kemp, C., & Bader, P. (2004)."The Bases of Social Power", J. R. P. French, Jr. and B. Raven, 1962. In D. Cartwright (Ed.), *Group Dynamics: Research and Theory.* New York : Harper and Row, pp.59-269.

4장

- Blake, R. R. & Mouton, J. S. (1964). *The Managerial Grid: The Key to Leadership Excellence.* Houston, TX: Gulf.
- Blake, R. R. & Mouton, J. S. (1964). *The New Managerial Grid: Strategic New Insights into a Proven System for Increasing Organization Productivity and Individual Effectiveness, Plus a Revealing Examination of how your Managerial Style can Affect your Mental and Physical Health.* Houston, TX: Gulf.
- Blake, R. R. & Mouton, J. S. (1964). *The Managerial Grid III: A New look at the Classic that has Boosted Productivity and Profits for Thousands of Corporations Worldwide.* Houston, TX: Gulf.
- Blake, R. R. & Mouton, J. S. (1964). *The Managerial Grid.* Houston, TX: Gulf.
- Bowers, D. G. & Seashore, S. E. (1966). Predicting Organizational Effectiveness with a four-factor Theory of Leadership. *Administrative Science Quarterly,* 11(2), pp.238-263.
- Day, R. C. (1971). Some Effects of Combining Close, Punitive, and Supportive Styles of Supervision. *Sociometry*, 34, pp.303-327.
- Farris G. F., & Lim F. G., Jr. (1969). Effects of Performance on Leadership, Cohesiveness, Influence, Satisfaction, and Subsequent Performance. *Journal of Applied Psychology*, 53, pp.490-97.
- Flanagan, J. C. (1954). The Critical Incident Technique. *Psychological Bulletin,* 51(4), pp.327-358.
- Gilmore, D. C., Beehr, T. A., & Richter, D. J. (1979). Effects of Leader Behaviors on Subordinate Performance and Satisfaction: A Laboratory Experiment with Student Employees. *Journal of Applied Psychology*, 64, pp.166-172.
- Halpin, A. W. & Winer, B. J. (1956). "A Factorial Study of Leader Behavior Descriptions", In R. M. Stogdill & A. E. Coons (Eds.), *Leader Behavior : Its Description and Measurement.* Columbus, Ohio : Bureau of Business Research, The Ohio State University.
- Herold, D. M. (1977). Two Way Influence Processes in Leader-follower Dyads. *Academy of Management Journal*, 32, pp.466-476.
- Lewin, K., Lippitt, R. & White, R. K. (1939). Patterns of Aggressive Behavior in Experimentally Created "Social Climates". *Journal of Social Psychology,* 10(2), pp.269-299.
- Lowin, A., Hrapchak, W. J., & Kavangh, M. J. (1969). Consideration and Initiating Structure: An Experimental Investigation of Leadership traits. *Administrative Science Quarterly*, 14, pp.238-253.
- Sims, H. P., Jr., & Manz, C. C. (1984). Observing leader verbal behavior: Toward Reciprocal Determinism in Leadership Theory. *Journal of Applied Psychology*, 69, pp.222-232.
- Stogdill, R. M. (1963). *Manual for the leader behavior description questionnaire-Form XII.* Columbus: Ohio State University, Bureau of Business Research.

5장

- Barnard, C. I. (1952). A Definition of Authority. In R. K. Merton, A. P. Gray, B. Hockey, & H. C. Selven (Eds.), *Reader in Bureaucracy.* New York: Free Press.
- Chandler, Alfred D., Jr. (1977). *The Visible Hand*, Cambridge, Mass. and London, England: The Belknap Press of Harvard University Press.
- Chang, C. H., Rosen, C. C. & Levy, P. E. (2009). The Relationship between Perceptions of Organizational Politics and Employee Attitudes, Strain and Behavior: A Meta-Analytic Examination. *Academy of Management Journal,* 52(4), pp.779-801.
- Crozier, C. R., & Boerner, R. E. J. (1984). Correlations of Understory Herb Distribution Patterns with Microhabitats under Different Tree Species in a Mixed Mesophytic Forest. *Oecologia*, 62, pp.337-343.
- Emerson, R. M. (1977). "Power Dependance Relations," *American Sociological Review*, vol.27.
- French, J. R. P., & Raven, B. H. (1956). The Bases of Social Power. In D. Cartwright (Ed.), *Studies of Social Power.* Ann Arbor, MI: Institute for Social Research, pp.150-167.
- French, Jr. J. R. P & Raven, B. (1959). The Bases of Social Power. In: Cartwright, D. (Ed.), Studies in Social Power. *Institute for Social Research,* Ann Arbor, MI, pp.150-167.
- French, J. R. P. (1956). A Formal Theory of Social Power, *Psychology Review*, vol.63, pp.181-194.
- French, J. R. P., & Raven, B. (1959). The Bases of Social Power, in Studies in *Social Power*, ed. D. Cartwright (Ann Arbor: University of Michigan Press), pp.150-167.
- Hickson, D. J., Hinings, C. R., Lee, C. A., Schneck, R. E., & Pennings, J. M. (1971). A Strategic Contingencies:

Theory of Intraorganizational Power, *Administrative Science Quarterly*, vol.16, pp.216-229.
- Hollander, E. P. (1958). Conformity, Status, and Idiosyncrasy Credit. *Psychological Review*, 65, pp.117-127.
- Hollander, E. P. (1960). Competence and Conformity in the Acceptance of Influence. *Journal of Abnormal and Social psychology*, 61, pp.361-365.
- Hollander, E. P. (1961). Some Effects of Perceived Status on Responses to Innovative Behavior. *Journal of Abnormal and Social Psychology*, 63, pp.247-250.
- Hollander, E. P. (1979). Leadership and Social Exchange Processes. In K. J. Gergen, M. S. Greenberg, & R. H. Willis (Eds.), *Social Exchange: Advances in Theory and Research*. New York: Plenum Press, pp.343-354.
- Hollander, E. P., & Julian, J. W. (1978). A Further Look at Leader Legitimacy, Influence, and Innovation. In L. Berkowitz (Eds.), *Group Processes: Papers from Advances in Experimented Social Psychology*. New York: Academic Press, pp.135-165.
- Hollander, E. P., & Offermann, L. R. (1990). "Power and Leadership in Organizations," *American Psychologist*, February, pp.179-89.
- Ivancevich, J. M., & Matteson, M. T. (1987). *Organizational Behavior and Management*, Business Publication, Inc.
- Jacobs, T. O. (1970). *Leadership and Exchange in Formal Organizations*. Alexandria, VA: Human Resources Research Organization.
- Keltner, D., Gruenfeld, D. H., & Anderson, C. (2003). Power, Approach and Inhibition. *Psychological Review*, 110, 2, pp.265-284.
- Lachman, R. (1989). Power from What? A Reexamination of Its Relationships with Structural Conditions, *Administrative Science Quarterly*, vol.34, pp.231-251.
- Lawrence, P. R., & Lorsch, J. W. (1967). *Organization and Environment*, Cambridge, MA: Harvard University Press.
- Lawrence, P. R., & Lorsch, J. W. (1967). New management job: The integrator. *Harvard Business Review*, 45 (November-December), pp.142-151.
- Lesly, E. (1995). Manager See, Manager Do, *Business Week*, April 3, pp.90-91.
- Medcof, J. W. (2001). Resource Based Strategy and Managerial Powers, *Strategic Management Journal*, vol.22.
- Milgram, S. (1963). *Dynamics of Obedience*. Washington: National Science Foundation, 25 January.
- Mintzberg, H. (1983). *Power In and Around Organizations*, Upper Saddle River, NJ: Prentice Hall.
- Pennings, J. M., & Schneck, R. E. (1974). Structural Conditions of Intraorganizational Power, *Administrative Science Quarterly*, vol.19, pp.22-44.
- Pfeffer, J. (1981). *Power in Organizations*. Marshfield, MA: Pittman.
- Pfeffer, J. (1992). *Managing with Power: Politics and Influence in Organizations*. Boston, Harvard Business School Press.
- Pfeffer, J., & Moore, W. L. (1980). Average Tenure of Academic Department Heads: The Effects of Paradigm, Size and Department Demography. *Administrative Science Quarterly*, 25, pp.387-406.
- Pfeffer, J., & Salancik, G. R. (1974). Organizational Decision Making as a Political Process: The Case of a University Budge. *Administrative Science Quarterly*, 19, pp.135-151.
- Pfeffer, J., & Salancik, G. R. (1978). *The External Control of Organizations: Resource-dependence Perspective*. New York: Harper& Row.
- Stewart, R. (1997). *Choices for the Manager: A Guide to Understanding Managerial Work*. Englewood Cliffs, NJ: Prentice Hall.
- Stewart, T. A. (1997). Get with the New Power Game, *Fortune*, January 13, pp.58-62.
- Tillquist, J., King, J. L., & Woo, C. (2002). A Representational Scheme for Analyzing Information Technology and Organizational Dependency, *MIS Quarterly*, 26(2), p.91.
- Tjosvold, D. (1984). The Dynamics of Positive Power, *Training and Development Journal*, June, p.72.
- Toffler, A. (1991). *The Third Wave*, New York, Morrow.
- Ulrich, D., & Barney, J. B. (1984). Perspective in Organizations: Resources Dependence, Efficiency, and Population, *Academy of Management Review*, vol.9, pp.471-481.
- Weber, M. (1968). *Economy and Society: An Outline of Interpretive Sociology.* New York: Bedminster Press.
- Weber, M. (1972). *The Theory for of Social and Economic Organizations*. Translated by T. Parsons. New York: Free Press.
- Yeh, Y. P. (2005). Identification of Factors Affecting Continuity of Cooperative Electronic Supply Chain Relationships; Empirical Case of the Taiwanese Motor Industry. Supply Chain Management, *An International Journal*, 10(4), pp.327-335.
- Zacharia, Z. G., & Mentzer, J. T. (2004). Logistics Salience in a Changing Environment. *Journal of Business Logistics*. 25(1), pp.187-210.

6장

- Janis, I. L. (1972). *Victims of Groupthink.* Boston: Houghton Mifflin.
- Lind. E. A., & Tyler, T. R. (1988). *The Social Psychology of Procedural Justice*. New York: Plenum.
- Somech, A. (2005). *Directive versus Participative Leadership :Two Complementary Approaches to Managing School Effectiveness,* Educ. Adm. Q.41(5), pp.777-800.
- Tannenbaum, R., & Schmidt, W. H. (1958). How to Choose a Leadership Pattern. *Harvard Business Review*, 36, (March-April), pp.95-101.

- Terry, P. T. (1972). Mechanisms for Environmental Scanning. *Long Range Planning*, 10, pp.2-9.
- Trewatha, R. L., & Newport, M. G. (1979). *Management, Functions and Behavior* (3rd ed.). Dallas, TX: Business Publications, Inc.
- Vroom, V. H., & Yetton, P. W. (1973). *Leadership and Decision Making*. Pittsburgh: University of Pittsburgh Press.

7장

- Fiedler, F. E. & Chemers, M. (1974). *Leadership and Effective Management*, reprinted in Hampton, et al., pp.624-625.
- Hersey, P., & Blanchard, K. H. (1972). *The Management of Organizational Behavior*(3rd ed.). Englewood Cliffs, NJ: Prentice Hall.
- House, R. J., & Dessler, G. (1974). The Path-goal Theory of Leadership: Some Post Hoc and a Priori Tests. In J. Hunt & L. Larson (Eds.), *Contingency Approaches to Leadership*. Carbondale: Southern Illinois University Press, pp.29-55.
- House, R. J., & Mitchell, T. R. (1974). Path-goal Theory of Leadership. *Contemporary Business*, 3 (Fall), pp. 81-98.
- House, R. J. (1971). A Path-goal Theory of Leader Effectiveness. *Administrative Science Quarterly*, 16, pp.321-339.
- Vroom, V. H. (1964). *Work and Motivation*. New York: John Wiley.
- Yukl, G. (1971). Toward a Behavioral Theory of Leadership. *Organizational Behavior and Human Performance*, 6, pp.414-440.

8장

- Ashkansy, N. M., & Gallois, C. (1994). Leader Attributions and Evaluations: Effects of Locus of Control, Supervisory Control, and Task Control. *Organizational Behavior and Human Decision Processes*, 59, pp.27-50.
- Awamleh, R. & Gardner, W. L. (1999). Perceptions of Leader Charisma and Effectiveness: The Effects of Vision Content, Delivery, and Organizational Performance. *Leadership Quarterly*, 10, pp.345-373.
- Calder, B. J. (1977). An Attribution Theory of Leadership. In B. M. staw & G. R. Salancik (Eds.), *New Direction in Organizational Behavior*. Chicago: St. Clair.
- Chaleff, I. (1995). *The Courageous Follower: Standing up to and for our Leaders*. San Francisco: Berrett-Koehler Publishers.
- Choi, Y., & Mai-Dalton, R. R. (1999). The Model of Followers' Responses to Self-sacrificial Leadership: An Empirical Test. *Leadership Quarterly*, 10, pp.397-421.
- Collinson, D. (2006). Rethinking Follwership: A Post-structualist Analysis of Follower Identity *Leadership Quarterly*, 17(2), pp.179-189.
- Crant, J. M., & Bateman, T. S. (1993). Assignment of Credit and Blame for Performance Outcomes. *Academy of Management Journal*, 36, pp.7-27.
- Dansereau, F. Jr., Graen, G., & Haga, W. J. (1975). A Vertical Dyad Linkage Approach to Leadership within Formal Organizations: A Longitudinal Investigation of the Role Making Process. *Organizational Behavior and Human Performance*, 13, pp.46-78.
- Deluga, R. J., & Perry, T. J. (1994). The Role of Subordinate Performance and Ingratiation in Leadership-member Exchanges. *Group and Organization Management*, 19, pp.67-86.
- Duarte, N. T., Goodson, J. R., & Kich, N. R. (1994). Effects of Dyadic Quality and Duration on Performance Appraisal. *Academy of Management Journal*, 37, pp.499-521.
- Dugan, K. W. (1989). Ability and Effort Attributions: Do they Affect how Managers Communicate Performance Feedback Information? *Academy of Management Journal*, 32, pp.87-114.
- Epitropaki, O., & Martin, R. (2004). Implicit Leadership Theories in Applied Settings: Factor Structure, Generalizability, and Stability over Time. *Journal of Applied Psychology*, 89(2), pp.293-310.
- Ferris, G. R., Judge, T. A., Rowland, K. M., & Fitzgibbons, D. E. (1994). Subordinate Influence and the Performance Evaluation Process: Test of a Model. *Organizational Behavior and Human Decision Processes*, 58, pp.101-135.
- Gardner, W. L., & Martinko, M. J. (1988). Impression Management in Organizations. *Journal of Management*, 14, pp.321-338.
- Gerstner, C. R., & Day, D. V. (1997). Meta-analytic Review of Leader-member Exchange Theory: Correlates and Construct Issues. *Journal of Applied Psychology*, 82, pp.827-844.
- Gioia, D. A., & Sims, H. P., Jr. (1985). On Avoiding the Influence of Implicit Leadership Theories in Leader Behavior Descriptions. *Journal of Educational and Psychological Measurement*, 45, pp.217-237.
- Godfrey, D. K., Jones, E. E., & Lord, C. G. (1986). Self-promotion is not Ingratiating. *Journal of Personality and Social Psychology*, 50, pp.106-115.
- Graen, G. B., & Scandura, T. (1987). Toward a Psychology of Dyadic Organizing. *Research in Organizational Behavior*, 9, pp.175-208.
- Graen, G. B., & Uhl-Bien, M. (1991). The transformation of Work Group Professionals into Self-managing and Partially Self-designing Contributors: Toward a Theory of Leadership-making. *Journal of Management Systems*, 3(3), pp.33-48.
- Graen, G., & Cashman, J. F. (1975). A Role Making Model of Leadership in Formal Organizations: A Developmental Approach. In J. G. Hunt & L. L. Larson (Eds.),

Leadership Frontiers Kent, OH: Kent State University Press.

- Green, S. G., & Mitchell, T. R. (1979). Attributional Processes of Leaders in Leader-member Exchanges. *Organizational Behavior and Human Performance*, 23, pp.429-458.
- Heneman, R. L., Greenberger, D. B., & Anonyuo, C. (1989). Attributions and Exchanges: The Effects of Interpersonal Factors on the Diagnosis of Employee Performance. *Academy of Management Journal*, 32, pp.466-476.
- Higgins, Judge, & Ferris (2003). Influence Tactics and Work Outcomes: A Meta-analysis. *Journal of Occupational Behavior*, 24, pp.89-106.
- Hogg, M. A., Fielding, K. S., Johnson, D., Masser, B., Russell, E., & Svensson, A. (2006). Demographic Category Membership and Leadership in Small Groups: A Social Identity Analysis. *Leadership Quarterly*, 17(4), pp.335-350.
- Jones, E. E., & Pitman, T. S. (1982). Toward a General Theory of Strategic Self Presentation. In J. Suls (Ed.), *Psychological Perspectives on the Self*. Hillsdale, NJ: Lawrence Erlbaum, pp.231-262.
- Keller, T. (1999). Images of the Familiar: Individual Differences and Implicit Leadership Theories. *Leadership Quarterly*, 10, pp.598-607.
- Kelley, R. E. (1992). *The Power of Followership: How to Create Leaders People Want to Follow and Followers Who Lead Themselves*. New York: Doubleday/Currency.
- Kipnis, D., Schmidt, S. M., Price, K., & Stitt, C. (1981). Why do I like thee: Is it your Performance or my Orders? *Journal of Applied Psychology*, 66, pp.324-328.
- Konst, D., Vonk, R., & Van der Vlist, R. (1999). Inferences about Causes and Consequences of Behavior of Leaders and Subordinates. *Journal of Organizational Behavior*, 20, pp.261-271.
- Leary, M. R., & Kowalski, R. M. (1990). Impression Management: A literature Review and Two-component Model. *Psychological Bulletin*, 107, pp.34-47.
- Liden, R. C., & Maslyn, J. M. (1998). Multidimensionality of Leader-member Exchange: An Empirical Assessment through Sale Development. *Journal of Management*, 24, pp.43-72.
- Liden, R. C., Wayne, S. J., & Stilwell, D. (1993). A Longitudinal Study on the Early Development of Leader-member Exchanges. *Journal of Applied Psychology*, 78, pp.662-674.
- Lord, R. G., & Maher, K. J. (1991). *Leadership and Information Processing: Linking Perceptions and Performance*. Boston: Unwin-Hyman.
- Lord, R. G., Brown, D. J., Harvey, J. L., & Hall, R. J. (2001). Contextual Constraints on Proto-type Generation and their Multilevel Consequences for Leadership Perceptions. *Leadership Quarterly*, 12, pp.311-338.
- Manz, C. C. (1992). *Mastering Self-leadership: Empowering yourself for Personal Excellence*. Englewood Cliffs, NJ: Prentice Hall.
- Manz, C. C., & Sims, H. P. Jr. (1980). Self-management as a Substitute for Leadership: A Social Learning Perspective. *Academy of Management Review*, 5, pp.361-367.
- Manz, C. C., & Sims, H. P. Jr. (1991). Superleadership: Beyond the Myth of Heroic Leadership. *Organizational Dynamics*, 19, pp.18-35.
- Martinko, M. J., & Gardner, W. L. (1987). The Leader/member Attribution Process. *Academy of Management Review*, 12, pp.35-249.
- Martinko, M. J., Harvey, P., & Douglas, S. C. (2007). The Role, Function, and Contribution of Attribution Theory to Leadership: A Review. *Leadership Quarterly*, 18(6), pp. 561-585.
- McFillen, J. M., & New, J. R. (1979). Situational Determinants of Supervisor Attributions and Behavior. *Academy of Management Journal*, 22, pp.793-809.
- Meindl, Ehrlick, & Dukerich, (1985). The Romance of Leadership. *Administrative Science Quarterly*, 30, pp.78-102.
- Mitchell, T. R., & Kalb, L. S. (1982). Effects of Job Experience on Supervisor Attributions for a Subordinate's Peer Performance. *Journal of Applied Psychology*, 67, pp.181-188.
- Mitchell, T. R., Green, S. C., & Wood, R. E. (1981). An Attributional Model of Leadership and the Poor Performing Subordinate: Development and Validation. In L. L. Cummings & B. M. Staw (Eds.), *Research in Organizational Behavior*, vol. 3, Greenwich, CT: JAI Press.
- Northouse, P. G. (2004). *Leadership: Theory and Practice (3rd Edition)*. London: Sage Publications Ltd.
- Offerman, L. R., Kennedy, J. K., & Wirtz, P. W. (1994). Implicit Leadership Theorise: Content, Structure, and Generalizability. *Leadership Quarterly*, 5, pp.43-58.
- Offermann, L. R., Schroyer, C. J., & Green S. K. (1998). Leadership Attributions for Subordinate Leader Interactive Behavior and Ratings *Journal of Applied Social Psychology*, 28, pp.1125-1139.
- Pfeffer, J. (1977a). Power and Resource Allocation in Organizations. In B. Staw & G. Salancik (Eds.), *New Directions in Organizational Behavior*. Chicago: St. Clair Press, pp.235-265.
- Philips, A. S., & Bedeian, A. G. (1994). Leadership-follower Exchange quality: The Role of Personal and Interpersonal Attributes. *Academy of Management Journal*, 37, pp.990-1001.
- Salancik, G. R., & Meindl, J. R. (1984). Corporate Attributions as Strategic Illusions of Management Control. *Administrative Science Quarterly*, 29, pp.238-254.
- Schriesheim, C. A., Castro, S., & Cogliser, C. C. (1999). Leader-member Exchange Research: A Comprehensive Review of Theory, Measurement, and Data-analytic Procedures. *Leadership Quarterly*, 10, pp.63-113.

- Shcriesheim, C. A., Neider, L. L., Scandura, T. A., & Tepper, B. J. (1992). Development and Preliminary Vlidation of a New Scale (LMX-6) to Measure Leader-member Exchange in Organizations. *Educational and Psychological Measurement*, 52, pp.135-147.
- Sims, H. P., Jr., & Lorenzi, P. (1992). *The New Leadership Paradigm: Social Learning and Cognition in Organizations*. Newbury Park, CA: Sage.
- Trahan, W. A., & Steiner, D. D. (1994). Factors Affecting Supervisors' Use of Disciplinary Actions Following Peer Performance. *Journal of Organizational Behavior*, 15, pp.129-139.
- Van knippenberg, D., van Knippenberg, B., De Cremer, D., & Hogg, M. A. (2004). Leadership, Self, and Identity: A Review and Research Agenda. *Leadership Quarterly*, 15(6), pp.825-856.
- Wayne, S. J., & Ferris, G. R. (1990). Influence Tactics, Affect, and Exchange Quality in Supervisor-subordinate Interactions: A laboratory Experiment and Field Study. *Journal of Applied Psychology*, 75, pp.487-499.
- Wayne, S. J., & Ferris, G. R. (1990). Influence Tactics, Affect, and Exchange Quality in Supervisor-subordinate Interactions: A laboratory Experiment and Field Study. *Journal of Applied Psychology*, 75, pp.487-499.
- Wayne, S. J., & Kacmar, M. K. (1991). The Effects of Impression Management on the Performance Appraisal Process. *Organizational Behavior and Human Decision processes*, 48, pp.70-88.
- Whetton, D. A., & Cameron, K. S. (1991). *Developing Management Skills*. New York: Harper-Collins.
- Wood, R. E., & Mitchell, T. R. (1981). Manager Behavior in a Social Context: The Impact of Impression Management on Attributions and Disciplinary Actions. *Organizational Behavior and Human Performance*, 28, pp.356-378.

9장

- Babcock, L., & Laschever, S. (2003). *Women don't Ask: Negotiation and the Gender Divide*. Princeton, NJ: Princeton University Press.
- Beer, M., Eisenstat, R. A., & Spector, B. (1990). Why Change Programs don't Produce Change. *Harvard Business Review*, November-December, pp.158-166.
- Beitler, M. (2006). *Strategic Organizational Change*, Second Edition, Practitioner Press International.
- Bennis, W., & Nanus, B. (1985). *Leaders: The Strategies for Taking Charge*. New York: Harper & Row.
- Connor, D. R. (1995). *Managing at the Speed of Change: How Resilient Managers Succeed and Prosper where others Fail*. New York: Villard Books.
- Duncan, R. D. (2012). *Change-Friendly Leadership*. Maxwell Stone Publishing.
- Dunphy D. C., & Stace D. A. (1988). Transformational and Coercive Strategies for Planned Organizational Change: Beyond the OD Model, *Organization Studies*, 9(3), pp.317-334.
- Emery, P. E., & Trist, E. L. (1965).The Causal Texture of Organizational Environments, *Human Relations*, vol.18, pp.21-32.
- French, J. R. P., & Raven, B. H. (1989). The Bases of Social Power. In D. Cartwright (Ed.) *Studies of Social Power*. Ann Arbor, MI: Institute for Social Research, pp.150-167.
- French, W. L. (1989).Organization Development: Objectives, *Assumptions and Strategies*, vol.12, pp.23-24.
- Gebert, D., Boerner, S., & Lanwehr, R. (2003). The Risks of Autonomy: Empirical Evidence for the Necessity of Balance in Promoting Organizational Innnovativeness. *Creativity and Innovation Management*, 12(1), pp.41-49.
- Herscovitch, L., & Meyer, J. P. (2002). Commitment to Organizational Change: Extension of a Three-component Model. *Journal of Applied Psychology*, 87, pp.474-487.
- James, R. (2002). Designing Learning Organizations. *Organizational Dynamics*, 32(1), pp.46-61.
- Jick, T. D. (1993). *Implementing Change*. Burr Ridge, IL: Irwin.
- Kotter, J. P. (1979). *The General Managers*. New York: Free Press.
- Kotter, J. P. (1996). *Leading Change*. Boston: Harvard Business School Press.
- Kotter, J. P., & Schlesinger, L. S. (1979). Choosing Strategic for Change, *Harvard Business Review*, pp.106-114.
- Krause, D. E. (2004). Influence-based Leadership as a Determinant of the Inclination to Innovate and of Innovation-related Behaviors: An Empirical Investigation. *Leadership Quarterly*, 15, pp.79-102.
- Lazarus, R. S. (1991). *Emotion and Adaptation*. New York: Oxford University Press.
- Lewin, K. (1951). *Field Theory in Social Science*. New York: Harper & Row.
- May, D., & Kettelhut, M. (1996). Managing Human Issues in Reengineering Projects, *Journal of Systems Management*, January / February, pp.4-11.
- Nadler, D. A. (1988). *Champions of Change: How CEOs and Their Companies are Mastering the Skills of Radical Change*. San Francisco, CA: Jossey Bass.
- Saskin, M. (1984). Participative Management is an Ethical Imperative. *Organizational Dynamics*, 12, pp.4-22.
- Schein, E. H. (1968). *Process Consultation: Its Role in Management Development*. Reading, MA: Addison-Wesley.
- Schein, E. H. (1992). *Organizational Culture and Leadership*, 2nd ed. San Francisco: Jossey-Bass.
- Schein, E. H. (1968). Management Development as a Process of Influence, in D.R. Hampton, *Behavioral Concepts in Management*, Belmont, California: Dickinson Publishing Co.
- Tichy, N. M., & Devanna, M. A. (1986). *The Transformational*

Leader. New York: John Wiley.
- Tsui, A. S., Zhang, Z-X., Wang, H., Xin, K. R., & Wu, J. B. (2006). Unpacking the Relationship between CEO Leadership Behavior and Organizational Culture. *Leadership Quarterly*, 17(2), pp.113-137.
- Vera, D., & Crossan, M. (2004). Strategic Leadership and Organizational Learning. *Academy of Management Review*, 29, pp.222-240.
- Weisbrod, M. R. (1976). Organizational Diagnosis: Six Places to Look for Trouble with or without a Theory, *Groups and Organizational Studies*, 1976, pp.430-437.
- Woodward, H., & Bucholz, S. (1987). *After shock*. New York: John Wiley.

10장

- Dinkmeyer, D. C., & Eckstein, D. E. (1995). *Leadership by Encouragement*, Published Dec.
- George, B. (2003). *Authentic Leadership : Rediscovering the Secrets to Creating Lasting Value*. John Wiley & Sons.
- Goleman, D. (1995). *Emotional Intelligence*. New York Bantam Books.

11장

- Baldwin, T. T., & Padgett, M. Y. (1993). Management Development: A Review and Commentary. In C. L. Cooper & I. T. Robertson (Eds.), *International Review of Industrial Organizational Psychology*, vol. 8, pp.35-85.
- Bass, B. M. (1990). *Handbook of Leadership: A Survey of Theory and Research*. New York: Free Press.
- Becker, T. E., & Gerhart, B. (1996). The Impact of Human Resource Management on Organizational Performance: Progress and Prospects. *Academy of Management Journal*, 39(4), pp.779-801.
- Becker, T. E., & Huselid, M. A. (1998). Human Performance Work Systems and Firm Performance: A Synthesis of Research and Managerial Implications. *Research in Personnel and Human Resource Management*, 16, pp.53-101.
- Beer, M. & Nohria, N. (2000). Cracking the Code of Change. *Harvard Business Review*, May-June, pp.133-141.
- Beer, M. (2001). How to Develop an Organization Capable of Sustained High Performance: Embrace the Drive for Results-capability Development Paradox. *Organizational Dynamics*, 29, pp.233-247.
- Beer, M., Eisenstat, R. A., & Spector, B. (1990). Why Change Programs don't Produce Change. *Harvard Business Review*, November-December, pp.158-166.
- Bourgeois, L. J. (1985). Strategic Goals, Perceived Uncertainty, and Economic Performance in Volatile Environments. *Academy of Management Journal*, 3, pp.548-573.
- Bowen, D. E., & Ostroff, C. (2004). Understanding HRM-firm Performance Linkages: The Role of the "Strength" of the HRM System. *Academy of Management Review*, 29(2), pp.203-221.
- Burke, M. J., & Day, R R. (1986). A Cumulative Study of the Effectiveness of Managerial Training. *Journal of Applied Psychology,* 71, pp.232-246.
- Cannella, A. A. Jr., & Monroe, M. J. (1997). Contrasting Perspectives on Strategic Leaders: Toward a More Realistic View of Top Managers. *Journal of Management*, 23(3), pp.213-237.
- Conger, J. A. (1992). *Learning to Lead: The Art of Transforming Managers into Leaders*.
- Davies, J., & Easterby-Smith, M. (1984). Learning and Developing from Managerial Work Experiences. *Journal of Management Studies*, 2, pp.169-183.
- Dotlich, D. L., & Noel, J. L. (1998). *Action Learning: How the World's Top Companies are Recreating their Leaders and themselves*. San Francisco: Jossey-Bass.
- Finlelstein, S., & Hambrick, D. C. (1996). *Strategic Leadership: Top Executives and their Effects on Organizations*. St. Paul, MN: West.
- Ford, J. K., & Weissbein, D. A. (1997). Transfer of Training: An Updated Review and Analysis. *Performance Improvement Quarterly*, 10, pp.22-41.
- Fulmer, R. M., & Vicere, A. (1996). *Strategic Leadership Development: Crafting Competitiveness*. Oxford: Capstone Publishers.
- Galagan, P. (1987). Between two Trapezes. *Training and Development Journal*, 41(3), pp.40-53.
- Gelade, G. A., & Ivery, M. (2003). The Impact of Human Resource Management and Work Climate on Organizational Performance, *Personnel Psychology*, 56(3), pp.383-404.
- Giber, D., Carter, L., & Goldsmith, M. (1999). *Linkage Inc.'s Best Practices in Leadership Development Handbook*. Lexington, Ma: Linkage Press.
- Gilson, L. L., Mathieu, J. E., Shalley, C. E., & Ruddy, T. M. (2005). Creativity and Standardization: Complementary or Conflicting Drivers of Team Effectiveness. *Academy of Management Journal*, 48(3), pp.521-531.
- Ginter, P. M., & Duncan, W. J. (1990). Macroenvironmental Analysis for Strategic Management. *Long Range Planning*, 23, pp.91-100.
- Goodge, P. (1991). Development Centers: Guidelines for Decision Makers. *Journal of Management Development*, 10(3), pp.4-12.
- Grinyer, P. H., Mayes, D., & McKierna, P. (1990). The Sharpbenders: Achieving a Sustained Improvement in Performance. *Long Range Planning*, 23, pp.116-125.
- Hall, D. T., Otazo, K. L., & Hollenbeck, G. P. (1999). Behind Closed Doors: What Really Happens in Executive Coaching. *Organizational Dynamics*, 29 (Winter), pp.39-53.
- Hillman, L. W., Schwandt, D. R., & Baartz, D. E. (1990). Enhancing Staff Member's Performance through Feedback

and Coaching. *Journal of Management Development*, 9, pp.20-27.

- Hambrick, D. C., & Mason, P. A. (1984). Upper Echelons: The Organization as a Reflection of its Top Managers. *Academy of Management Review*, 9, pp.193-206.
- Hambrick, D. C. (2007). Upper Echelons Theory: An Update. *Academy of Management Review*, 32(2), pp.334-343.
- Harter, J. K., Schmidt, F. L., & Hayes, T. L. (2002). Business- unit-level Relationship between Employee Satisfaction, Employee Engagement, and Business Outcomes: A Meta-analysis. *Journal of Applied Psychology*, 87(2), pp.268-279.
- Hitt, M. A., & Ireland, R. D. (2002). The Essence of Strategic Leadership: Managing Human and Social Capital. *Journal of Leadership and Organizational Studies*, 9(1), pp.3-14.
- Huselid, M. A., Jackson, S. E., & Schuler, R. S. (1997). Technical and Strategic Human Resource Management Effectiveness as Determinants of Firm Performance. *Academy of Management Journal*, 40(1), pp.71-188.
- Huy, Q. (2002). Emotional Balancing of Organizational Continuity and Radical Change: The Contribution of Middle Managers. *Administrative Science Quarterly*, 47, pp.31-69.
- Kaplan, R. E., Kofodimas, J. R., & Drath, W. H. (1987). Development at the Top: A Review and Prospect. In W. Pasmore & R. W. Woodman (Eds.), *Research in Organizational Change and Development*, vol. 1. Greenwich, CT: JAI Press, pp.229-273.
- Katz, D., & Kahn, R. L. (1978). *The Social Psychology of Organizations*, 2nd, New York: John Wiley.
- Kelleher, D., Finestone, P. & Lowy, A. (1986). Managerial Learning: First Notes from and Unstudied Frontier, *Group and Organization Studies*, 11(3), pp.169-202.
- Kram, K. E., & Hall, D. T. (1989). Mentoring as an Antidote to Stress during Corporate Trauma. *Human Resource Management*, 28, pp.493-510.
- Kram, K. E. (1985). *Mentoring at Work: Developmental Relationship in Organizational Life*. Glenview, IL: Scott Foresman.
- Latham, G. P. (1988). Human Resource Training and Development. *Annual Review of Psychology*, 39, pp.545-582.
- Lawrence, P. R., & Lorsch, J. W. (1969). *Organization and Environment: Managing Differentiation and Integration*. Homewood, IL: Richard D. Irwin.
- Lepsinger, R., & Lucia, A. D. (1997). *The Art and Science of 360° Feedback*. San Francisco: Pfeiffer.
- Lindsey, E., Homes, V., & McCall, M. W. Jr. (1987). *Key Events in Executive Lives*. Technical Report #32. Greensboro, NC: Center for Creative Leadership.
- London, M., & Mone, E. M. (1987). *Career Management and Survival in the Workplace*. San Francisco, CA: Jossey-Bass.
- London, M., & Smither, J. W. (1995). Can Multi-source Feedback Change Perceptions of Goal Accomplishment, Self-evaluations, and Performance-related Outcomes? Theory-based Applications and Directions for Research. *Personnel Psychology*, 48, pp.803-839.
- Manz, C. C., & Sims, H. P. Jr. (1981). Vicarious Learning: The Influence of Modeling on Organizational Behavior. *Academy of Management Review*, 6, pp.105-113.
- Margerison, C. (1998). Action Learning and Excellence in Management Development. *Journal of Management Development*, 7, pp.43-54.
- McCall, M. W. (1988). 'Developing Executives through Work Experience'. *Human Resource Planning*, 11(1), pp.1-12.
- McCauley, C. D., & Van Velsor, E. (2004). *The Center for Creative Leadership Handbook of Leadership Development*, 2nd ed., San Francisco: Jossey-Bass.
- Miller, D. (1990). *The Icarus Paradox*. New York: Harper-Collins.
- Munchus, G., & McArther, B. (1991). Revisiting the Historical use of the Assessment Center in Management Selection and Development. *Journal of Management Development*, 10(1), pp.5-13.
- Noe, R. A. (1988). An Investigation of the Determinants of Successful Assigned Mentoring Relationships. *Personnel Psychology*, 41, pp.457-479.
- Noe, R. A. (1991). Mentoring Relationship for Employee Development. In J. W. Jones, B. D. Steffy, & D. W. Bray (Eds.), *Applying Psychology in Business: The Manager's Handbook*. Lexington, MA: Lexington Press, pp.475-482.
- Pfeffer, J. (1994). *Competitive Advantage through People*. Boston: Harvard Business School Press.
- Pfeffer, J. (2005). Producing Sustainable Competitive Advantage through the Effective Management of People. *Academy of Management Executive*, 19(4), pp.95-106.
- Porter, M. E. (1996). What is Strategy? *Harvard Business Review*, Nov-Dec, pp.61-78.
- Porter, M. E. (1980). *Competitive Strategy*. New York: Free Press.
- Quinn, R. E. (1988). *Beyond Rational Management: Mastering the Paradoxes and Competing Demands of High Performance*. San Francisco: Jossey-Bass.
- Rayner, T., & Goodge, P. (1988). New Techniques in Assessment Centres: LRT's Experience. *Journal of Management Development*, 7(4), pp.21-30.
- Robbins, S. R., & Duncan, R. B. (1988) . The role of the CEO and Top Management in the Creation and Implementation of Strategic Vision. In D. C. Hambrick (Ed.), *The Executive Effect: Concepts and Methods for Studying Top Managers* (pp. 137-162). Greenwich, CT: JAI Press.
- Romanelli, E., & Tushman, M. L. (1994). Organizational Transformation as Punctuated Equilibrium: An Empirical

Test. *Academy of Management Journal*, 37, pp.1141-1186.
- Salancik, G. R., & Pfeffer, J. (1977). Who gets Power and How they Hold on to it: A Strategic Contingency Model of Power. *Organizational Dynamics*, 5, pp.3-21.
- Salas, E., & Cannon-Bowers, J. A (2000). The Science of Traning: A Decade of Progress. *Annual Review of Psychology*, 52, pp.471-499.
- Smith K. W., & Tushman, L. M. (2005). Managing Strategic Contradictions: A Top Management Model for Managing Innovation. *Organization Science*, 16(5), pp.522-536.
- Tannenbaum, S. I., & Yukl, G. (1992). Training and Development in Work Organizations. *Annual Review of Psychology*, 43, pp.399-441.
- Tetrault, L. A. Schriesheim, C. A. & Neider, L. L. (1988). Leadership training interventions: A Review, *Organizational Development Journal*, 6(3), pp.77-83.
- Tornow, W. W., & London, M. Eds. (1998). *Maximizing the Value of 360-degree Feedback: A Process for Successful Individual and Organizational Development*. San Francisco: Jossey-Bass.
- Tushman, M. L., & Romanelli, E. (1985). Organizational Evolution: A Metamorphosis Model of Convergence and Reorientation. *Research in Organizational Behavior*, 7, pp.171-222.
- Tushman, M. L. Newman, W. H., & Romanelli, E. (1986). Convergence and Upheaval: Managing the Unsteady Pace of Organizational Evolution. *California Management Review*, 29(1), pp.29-44.
- Van Velsor, E., Leslie, J. B., & Fleenor, J. W. (1997). *Choosing 360: A Guide to Evaluating Multirater Feedback Instruments for Management Development*. Greensboro, NC: Center for Creative Leadership.
- Wright, P. M., & Snell, S. A. (1998). Toward a Unifying Framework for Exploring Fit and Flexibility in Strategic Human Resource Management. *Academy of Management Review*, 23(4), pp.756-772.
- Yukl, G., & Lepsinger, R. (2004). *Flexible Leadership: Creating Value by Balancing Multiple Challenges and Choices*. San Francisco, CA: Jossey-Bass.
- Yukl, G., & Lepsinger, R. (2005). Why Integrating the Leading and Managing Roles is Essential for Organizational Effectiveness. *Organizational Dynamics*, 34(4), pp.361-375.
- Zajac, E., Kraatz, M., & Bresser, R. (2000). Modeling the Dynamics of Strategic fit: A Normative Approach to Strategic Change. *Strategic Management Journal*, 21, pp.429-453.,

13장

- Adler, N. J. (1991). Global Women Political Leaders: An Invisible History, and Increasingly Important Future. *Leadership Quarterly*, 7, pp.133-161.
- Adler, N. J. (1991). *International Dimensions of Organizational Behavior*, Boston, Kent.
- Archer, J. (2004). Sex Differences in Aggression in Real-world Settings: A Meta-analytic Review, *Review of General Psychology*, vol.8, pp.291-322.
- Barnett, R., & Rivers, C. (2004). *Same Difference: How Gender Myths are Hurting Our Relationships, Our Children, and Our Jobs*. New York: Basic Books.
- Casimir, G., & Waldman, D. A. (2007). A Cross Cultural Comparison of the Importance of Leadership Traits for Effective Low-level and High-level Leaders: Australia and China, *International Journal of Cross Cultural Management*, vol.7, pp.47-60.
- Cooper, C. L & Robertson, I. T. (eds.). (1990). *International Review of Industrial and Organizational Psychology*, vol.5 in Chichester, England: John Wiley and Sons, pp.79-89.
- Day, D. V. (2000). Leadership Development: A Review in Context, *Leadership Quarterly*, Winter, pp.581-613.
- DeVries, R. E., Roe, R. A., & Taillieu, T. C. B. (2002). Need for Leadership as a Moderator of the Relationships between Leadership and Individual Outcomes. *Leadership Quarterly*, 13(2), pp.121-137.
- Eagly, A. H., & Karau, S. J. (1991). Gender and the Emergence of Leaders: A Meta Analysis, *Journal of Personality and Social Psychology*, May, pp.685-710.
- Eagly, A. H., Karau, S. J., & Johnson, B. T. (1992). Gender and Leadership Style among School Principals: A Meta-Analysis, *Educational Administration Quarterly*, February, pp.76-102.
- Eagly, A. H., Karau, S. J., & Makhijani, M. G. (1995). Gender and the Effectiveness of Leader: A Meta-Analysis, *Psychological Bulletin*, January, pp.125-45.
- Ellis, K. (2003). Making Waves, *Training*, June, pp.16-21.
- Freud, S. (1973). Psychologie Collective et Analyse du Moi, Paris: Payot.
- Gibson, C. B. (2000). An Investigation of Gender Differences. in Leadership across Four Countries, *Journal of International Business Studies*, p.25.
- Haire, M., Ghiselli, E. E., & Porter, L. W. (1963). Cultural Patterns in the Role of the Manager, *Industrial Relations*, vol.2, pp.95-117.
- Hamlin, R. (2002). Towards a Universalistic Model of Leadership: a Comparative Study of British and American Empirically Derived Criteria of Managerial and Leadership Effectiveness. *Working Paper*, University of Wolverhampton.
- Maccoby, M. (2000). Narcissistic Leaders, *Harvard Business Review*, 78(1), pp.68-77.
- Maccoby, M. (2004). Narcissistic Leaders: The Incredible Pros, the Inevitable Cons, *Harvard Business Review*, 82(1), pp.92-101.
- Oh, T. K. (1976). Theory Y in the People's Republic of China, *California Management Review*, vol.19, Winter, pp.77-84.
- Reinout, E. D., Roe, R. A., & Taillieu, T. C. B. (2002).

Need for Leadership as a Moderator of the Relationships between Leadership and Individual Outcomes, *Leadership Quarterly*, April, pp.121-138.

- Schein, E. H. (1997). *Organizational Culture and Leadership*, 2nd ed., Jossey Bass, San Francisco.
- Schein, E. H. (1997). *Process Consultation: Its Role in Management Development*. Reading, MA: Addison-Wesley.
- Stelter, N. Z. (2002). Gender Difference in Leadership: Current Social Issues and Future Organizational Implications, *Journal of Leadership Studies*.
- Stora, J. B. (2000). *Stress*, Presses Universitaire de France, Paris, pp.111-115.

국문

인명

리더십 공부에 도움이 되는 웹사이트

http://teamleader.hunet.co.kr / 휴넷 팀장 리더십 스쿨

http://www.sungkong.com / SC컨설팅

http://www.eklc.co.kr / 한국 리더십 센터그룹

http://cafe.naver.com/vlcenter / 비전 리더십 센터

http://www.leadershipkorea.org / 리더십코리아

http://www.christopher.co.kr / 한국 크리스토퍼 리더십 센터

http://www.aiesec.org / 국제리더십학생단체(AIESEC)

http://www.president21.org / 대통령 리더십 연구원

http://www.creven.org / 크레벤 아카데미

http://sleadership.ac.kr / 숙명 리더십 개발원

http://koreanleadership.co.kr / 한국 리더십 개발원

http://www.envy.or.kr / 에듀윈 변화경영 연구소

http://cli.hanyang.ac.kr / 한양대학교 마이크로사이트 CMS

http://leadership.snu.ac.kr / 서울대학교 정보화본부

http://cafe.daum.net/ilc114 / 국제 리더십 센터

http://cafe.naver.com/leadershipdiversity / 리더십 다양성 센터

http://cafe.daum.net/okleader / 이선화 리더십 아카데미

http://cafe.daum.net/ikium / 키움 리더십 센터

http://cafe.daum.net/mcodi / 고객만족경영

http://leadership.kaist.ac.kr / 카이스트 글로벌 리더십 센터

http://cafe.naver.com/jun7729191 / 카리스마적 리더십

http://www.kjlcb.co.kr / 한국 청소년 진로센터

저자약력

- 임 창 희

서강대학교 경제학과를 졸업하고 서울대학교 경영학과에서 석사학위(인사 · 조직)를 취득한 후 프랑스 정부 장학생으로 도불하여 엑스 마르세이유 경영대학(Aix-Marseille III-IAE)에서 석사학위(DEA)를 받고 파리국립대학(UniversitéNationale de Paris IX-Dauphine)에서 인사 · 조직 분야의 경영학 박사학위를 취득한 후 홍익대학교 경영학부 교수로 재직해 왔다. 홍익대학교 대학원장, 경영대학원장, 세무대학원장, 중앙도서관장직을 역임하였고 프랑스 그랑제꼴 HEC(Haute Etudes Commerciales)의 연구교수로 있기도 하였으며, 현재는 홍익대학교 명예교수로 재직 중이다. 한국인사조직학회 편집위원장, 한국윤리경영학회 부회장, 한국경영학회 국제교류위원 이외에도 주요 학회 이사 등으로 봉사하였으며 국내 유수기업과 정부조직에서 공기업 평가위원, 자문위원과 강의를 담당해 왔다. 박사학위 논문(한불 인사관리 비교연구)은 우수논문으로 파리시 교육감(Rectorat de Psris)상을 받았으며 그 후 프랑스 인사관리제도의 허와 실(프랑스 SEDEIS지), 한일 신세대 가치관 변화(프랑스 Personnel지) 등 지금까지 60여 편의 논문을 국내외의 학술지에 발표한 바 있다.『경영학 원론』,『조직행동』,『조직론』,『리더십』,『인적자원관리』,『비즈니스 커뮤니케이션』등 대학교재 이외에도『한국형 팀제』는 장기간 베스트셀러로 수년간 우리나라 정부와 기업의 변혁을 이끌었으며 이어서『한국형 팀제를 넘어서』를 출간하였다.『스마트 학습조직』,『360도 다면평가』,『실행의 리더십』을 번역한 바 있다. E-mail: sky33@hongik.ac.kr

- 홍 용 기

서울에서 태어나 홍익대학교 경영대학에서 학사, 석사, 박사 학위를 취득하였다. 인사 · 조직을 전공하였으며, 미국 오하이오 주립대학교(OSU) 직무분석전문가(DACUM) 과정을 수료하였다. 샌디에이고 주립대학(SDSU) 교환교수로 있으면서 리더십, 조직개발, 기업문화 등 조직행동 분야에서 연구한 바 있다. 대한경영정보학회 회장을 역임하고 현재 대림대학교 경영학과 교수로 있으면서 기획처장을 겸하고 있다. 인적자원관리, 조직론, 조직행동론, 산업조직심리학, 비즈니스 커뮤니케이션 분야에서 강의와 연구를 담당하고 있다. 지금까지「비즈니스 커뮤니케이션」(비앤엠북스, 2015),「인간관계론」(비앤엠북스, 2014),「리더십: 이론과 실제」(비앤엠북스, 2011),「조직론 2판」(비앤엠북스, 2013) 등을 비롯하여「성공으로 가는 경영학 : Milestones in Management」(학문사, 1999),「비즈니스 기 살리기 : The Mentor 15 Keys to Sucess in Sales, Business and Life」(더난출판사, 2003) 등의 번역서를 출판하였다. E-mail : yghong@daelim.ac.kr

리더십: 경영과 행정의 이론과 실제 [2판]

2011년 4월 21일 초판 발행
2019년 8월 01일 2 판 인쇄
2025년 2월 28일 2 판 3 쇄 발행

저　　자 : 임창희 · 홍용기
발 행 인 : 정 광 식
발 행 처 : **비앤엠북스**
주　　소 : 서울 금천구 가산디지털1로 70(호서대벤처타워 B1-103)
등　　록 : 2004. 12. 29. / 제313-2004-00298호
전　　화 : 02-2627-5710 팩스 : 02-2627-5720
홈페이지 : www.대학교재.net
이 메 일 : bnmbook@daum.net

▪ 이 책이 나오기까지 ▪

출판총담당 정 경 식
교　정 최 윤 영
표지디자인 디아뜨디자인
편집디자인 최 승 희
사　진 한광석 · 임재문
제　본 한마음문화
인　쇄 봉덕인쇄
출　력 한진CTP

정가 30,000원

ISBN 978-89-6821-091-4